유종호
깊이
읽기

유종호 깊이 읽기

정과리 엮음 · 김우창 외 23인 지음

민음사

차례

서문
『유종호 깊이 읽기』를 엮으며/정과리 ■■ 7

비평가와의 대화
지성의 창조와 문학의 위의 25년/이남호·박성창 ■■ 11
시 읽기는 주체적인 삶의 영역/김사인 ■■ 42
운명애와 현실주의/이황직 ■■ 71

비평의 원리
쉰 목소리 속에서/김우창 ■■ 84
비평가의 항심/이상옥 ■■ 118
비순수로부터 동시대에로의 전개/이남호 ■■ 126
인간과 문학의 전면적 진실/이광호 ■■ 148
자족의 비평과 지적 교양주의/강경화 ■■ 163
대가 비평의 초상 — 강단 비평의 운명/한기 ■■ 212

비평의 궤적

비평의 방법과 그 정신의 문제/권영민 ■■ 241
원숙한 비평과 넓혀진 상상력/최동호 ■■ 251
솜씨 좋게 제기된 한국 문학의 문제들/이상섭 ■■ 258
문학개론의 새로운 모습/곽광수 ■■ 261
언어와 리얼리즘적 관점/박철희 ■■ 269
인문주의와 90년대/김준오 ■■ 279
역풍과 나침반, 혹은 경험적 고전주의자의 시선/정과리 ■■ 285
감각과 비정 — '연구'의 중립성을 넘어서/윤영천 ■■ 299
자서전의 시대/윤해동 ■■ 304

인상과 회고

내가 만난 유종호/신경림 ■■ 309
열린 정신과 자유인/이청준 ■■ 317
멀리서 바라본 유종호 선생의 모습/김광규 ■■ 323
30년 세월/이문열 ■■ 328
공자 · 아우어바흐 · 유종호/김철 ■■ 333
시인의 꿈으로 영근 격조 높은 문장/박선이 ■■ 339

유종호 연보 ■■ 344

■ 서문

『유종호 깊이 읽기』를 엮으며

　유종호 비평의 의미는 점점 더 확대되어 가고 있다. 태생적이라고 여겨질 만큼 묵직한 교양의 수레를 끌고 한국 비평의 문턱을 넘어섰던 그이는 자기 세계의 쉼 없는 단련을 통해, 또한 한국 문학의 성장에 의해, 그리고 한국 사회의 상황적 변동에 조응하여, 끊임없이 자신의 관점을 정밀하게 다듬고 그 실속을 풍요롭게 다져왔다. 적어도 오늘의 시점에서 그이의 비평은 세 겹의 의미를 갖는다. 그 하나는 그이가 해방 이후 한국 현대 비평사의 산 증인이라는 것이고, 그 둘은 그이의 비평이 관점의 엔트로피가 점증하는 상황 속에서 항상적인 표준을 제공한다는 것이며, 그 셋은 인간의 해체가 확산되어 가는 현대 문명의 추세에 대해 인문주의적 가치의 소중함을 일깨운다는 것이다.
　실로 유종호 비평의 개인적 여정에서 우리는 한국 현대 비평의 역사 전체가 농축되어 있음을 발견할 수 있다. 그렇다는 것은 단순히 전시대 비평의 자취가 배어있다는 뜻이 아니라 한국 현대문학의 파노라마가 통째로 그이의 비평에서 살아 숨 쉬고 있다는 것을 가리킨다. 다시 말해, 가장 오래된 평문에서 최근작에 이르기까지 한결같은 활력을 느끼게 하는 단단한 내구성을 그이의 비평이 가지고 있다는 것이다. 그리고 그것은 우선은 그이의 비평이 시시각각의 현실적 문제들에 대한 가장 성실한 문학적 응전으로서 그 역사적 가치를 보존했다는 사실에 있을 것이나, 더 나아가 시대에 배를 붙여야 한다는 비평의 존재 양식 속에 은밀히 문학의 항구적 의의를 개발하고 보존하는 작업을 새겨 넣음으로써 비평의 글쓰기 자체를 그러한 문학의 증빙 자료로 삼았다는 사실에서 더 유래할 것이다. 그렇기 때문에 유종호 비평에는 시공간적 핍진함에 육박하는 만큼 취향과 판단과 어법과 제언이 고루 고품질의 격조를 띠고 완미한 미적 텍스트를 만들어내는 데 기여하고 있는 것이다. 이 아름다운 텍스트는 그 자신의 존재 전체를 통해 범람하는 이론들의 온갖 이탈적 미학에 대해 결정적인 경계와 핵심을 가리킴으로써 미적 규범의 금기를 깨뜨리는 것만큼 미적 욕망의 한계를 깊이 성찰하는 일의 뜻을 새삼 깨닫게 해준다. 그러한 본원적 태도의 밑바닥에 놓여있는 것은 사람됨에 대한 그 역시 본원적인 깨달음이다. 즉 사람이 세계의 동적 주체로 나서면서 세워두었던 사람됨의 이정표로서의 인문주의적 가치들이 단순히 세계의 주인 행세를 하기 위해 고안된 것들이 아니라 스스로를 거듭 갱신하고 또한 부단히 성찰하기 위해서, 다시 말해 온당한 방식으로 거듭 나기 위해서 사람이 자신에게 건 약속과 맹세의 상징이라는 인식이다. 그 인식이 그이를 원숙한 교양인이자 섬세한 분석가이며, 동시에 세상의 혼란과 불공정을 교정하기 위한 최선의 행동을 나름의 영역에서 나름의 방식으로 끈기 있게 실행하는 조용한 실천가의 자세를 시종 지켜내게끔 한 원천인 것이다. 존재가 의식을 결정한다는 게 상식적인 진리라고 한다면 유종호 비평이야말로, 정보의 팽창과 역사의 붕괴 그리고 이론의 폭발이라는 오늘의 상황 속에서, 규정하는 힘인 존재에게 규정당하는 의식이 개입해 존재의 운동에 정지와 성찰과 교정을 촉발하는 역류의 힘으로 작용하는 희귀한 덕목을 보여주고 있다고 할 수 있으며, 그이의 비평을 오늘날 더욱 절실하게 읽히게 하는 원천은 이 덕목에 있을 것이다.

유종호 비평의 변함없는 현존성은 매우 풍부한 비평의 비평을 낳았다. 여기에 모인 글들은 유종호 비평의 미덕과 깊이에 상응하여 저마다의 방식으로 깊은 이해를 향해 천착한 글들이다. 독자들은 이 모음을 통해 한 비평가의 고유한 원리와 총체적 궤적을 일람할 수 있을 것이며 또한 품격과 풍취가 어우러진 비평들 사이의 대화를 경험할 수 있을 것이다. 재수록을 허락하고 새 글을 써주신 모든 필자들에게 감사드린다. 이 책이 유종호 비평의 이해를 넘어 체감토록 해줄 촉매가 되기를 바란다.

2006년 2월 1일
정과리

■ 비평가와의 대화

지성의 창조와 문학의 위의 25년

이남호(고려대 교수)
박성창(서울대 교수)

창간 전후의 사정

이남호:
오랜만에 뵙겠습니다. 《세계의 문학》이 벌써 100호를 내게 되었다니, 감개가 큽니다. 1976년 가을에 창간된 이후로 정치적, 사회적, 경제적으로 어려운 고비들이 많았지만, 《세계의 문학》은 단 한 번의 결호도 없이 우리 사회와 문학의 바른 모습과 풍요로움을 위하여 매진해 왔다는 사실은 자축할 만한 사실이 아닐 수 없겠지요. 유 선생님께서는 《세계의 문학》을 직접 창간하신 분이신데, 창간 의도와 창간 당시의 분위기를 먼저 회고해 보는 것이 순서일 것 같군요. 창간할 때, 선생님과 김우창 선생님 외에 최인훈 씨하고 고은 씨도 참가하셨습니까?

유종호:
고은 씨가 참가했죠. 그리고 오늘의 작가상 심사할 적엔 박경리 씨, 최인훈 씨, 고은 씨, 김우창 씨, 나 이렇게 다섯 사람이 처음에 하기로 했었죠.

이남호:

그 다섯 분이 모두 창간호 편집위원 멤버가 아니었나요?

유종호:

그런 건 아니고요. 저와 김우창 선생이 주로 했었죠. 고은 씨는 당시에 민음사와 가까운 관계였죠. 그때만 해도 고은 씨 입장이 (나중에는 정치 현실에 적극적으로 참여하게 되었지만) 과도기였어요. 처음에 민음사와 가까이 지내다가 《창작과비평》 쪽으로 가서, 말하자면 그쪽의 열성적인 필자가 된 거죠.

이남호:

1960년대 지식 사회의 어떤 터미널이라고 해야 할까 광장이라고 해야 할까, 중심 역할을 했던 잡지가 《사상계》[1]라고 얘기할 수 있죠. 그런데 1970년대 초에 《사상계》가 정치적 이유로 폐간되면서 그다음에 지식 사회의 중심 매체로서 계간지들이 그 역할을 이어받았다는 생각이 들거든요. 다른 계간지에 비해 《창작과비평》[2]이나 《문학과지성》[3]이 조금 더 빨랐지 않습니까? 그것과 관련해서 《세계의 문학》을 창간하시고 초기 《세계의 문학》을 이끌어나가실 때, 어떤 입장이랄까 방향성 같은 것이 있었을 것으로 짐작됩니다. 《세계의 문학》이 처음부터 지녔던 독자성 같은 것이겠지요. 그것을 어떻게 이야기할 수 있을까요?

유종호:

물론 독자성을 지니고 출발했지만, 어떤 선명한 이념을 내세우지는 않았어요. 그보다는 정말 좋은 문학 계간지 하나를 만들어 우리 지식 사회와 문단에 기여를 하고자 하는 다소 막연한 의도에서 출발했다고나 해야 할까요. 그렇지만 이념의 선명성이 드러낼 수밖에 없는 좁은

---

1) 1953년 4월 장준하 선생이 창간하였고, 김지하의 「오적」을 게재했다는 이유로 당국의 폐간 조치를 받아 1970년 5월에 종간되었다.
2) 1966년 창간.
3) 1970년 창간.

한계와 위험성을 생각해 본다면,《세계의 문학》이 지닌 다소 포괄적인 입장이 지닌 장점도 분명히 있다고 해야겠지요.《창작과비평》이나《문학과지성》은 말하자면 영업과 편집이 일치했어요. 출자자하고 편집자들이 일치했다는 거죠. 그런데《세계의 문학》의 경우, 출자자는 민음사이고 민음사 측에서 편집하는 사람들이 필요해서 우리에게 위탁한 거죠. 우리는 고용된 편집위원들이고 저쪽은 자기들이 문화적인 자각을 가지고 편집도 하고 돈도 출자하고 이런 관계가 다른 점이랄까요.

이남호:

그런데 그 당시 선생님과 김우창 선생님의 성향을 이렇게 말씀드리면 어떨지 모르겠는데, 선생님께서는 『비순수의 선언』[4] 이후로 현실 참여적인 성격이 비교적 강하셨던 분이고, 김우창 선생님도 마찬가지였다고 생각됩니다. 그러나《창작과비평》측의 현실 참여 노선이 문학적 차원을 너무 경시하면서 경직되어 간다는 비판 의식과 또《문학과지성》측이 비현실적 인문주의 쪽으로 너무 경사되어 있다는 비판 의식이 있지 않았을까요. 그런 점에서《세계의 문학》의 창간은 어떤 균형 감각의 요청에 대한 적절한 대응의 형식이 아니었을까요?

유종호:

그렇게 볼 수도 있겠지요. 그러나 처음부터 우리가 이니셔티브를 잡고,《창작과비평》이나《문학과지성》과는 성질이 다른 잡지를 내자고 한 것이 아니에요. 민음사에서 먼저《세계의 문학》이라고 하는 지호를 받아 등록 신청을 해놓은 상태였어요. 다시 말해 민음사에서 문학 계간지 창간 준비를 해놓은 상태에서 나와 김우창 선생이 편집을 의뢰받은 셈이지요. 그리고 지호에 대해서 말씀드리자면, 당시 당국에서는 잡지의 창간을 좀처럼 허락해 주지 않았어요. 지식인들이 발언하는 것을 아주 싫어했지요. 문학 계간지도 거의 허가가 나지 않았어요. 그래서 마치 외국 문학을 소개하는 잡지인 것처럼 해가지고《세계의 문학》

---

4) 신구문화사, 1962.

이라는 것을 얻어낸 거예요. 상황적 장애물을 피해 가기 위한 지호였던 셈이지요. 그러나 실제로 세계의 문학과 지적 담론을 이전과는 좀 다른 차원에서 소개할 시대적 필요성은 분명히 있었어요.《세계의 문학》이 창간 이후 계속 그런 면에 노력을 기울이기도 했고요. 그런 점에서《세계의 문학》이라는 지호도 무의미한 방편만은 아니었어요.

그리고 이왕 잡지를 창간하게 된 이상, 뭔가 좀 차이점을 가져야 되지 않겠느냐 하고 생각하게 된 것은 사실이지요. 그 당시에《창작과비평》이 상당히 강경 노선에 가깝게 되니까 이런 식으로 가면 문학을 너무 협소하게 몰아가는 거 아니냐 하는 생각이 들었고 우리는 폭을 넓게 잡자는 생각을 많이 한 편이지요. 여기에다 특히 강조한 것이 있는데, 세계문학 속의 한국 문학이 되어야 한다, 우리끼리만 그냥 상호 인지하는 그러한 민족 문학이 아니라 세계문학 속에서 자리를 잡을 수 있는, 인정을 받을 수 있는 한국 문학이 되기 위해선 뭔가 달라져야 한다는 생각을 한 것은 사실이에요. 처음부터 투철한 의식을 가지고 혹은 대안 의식을 가지고 혹은 차이 의식을 가지고 출발한 것은 아니었지만, 방향성은 분명히 있었지요.

이남호:

이건 좀 사적인 질문이 되겠는데, 유 선생님하고 김우창 선생님하고 박맹호 사장님하고 처음에 어떤 계기로 만났고 또 두 분 선생님께서 어떻게《세계의 문학》에 참여하시게 되셨는지요?

유종호:

박맹호 사장하고는 학교 때부터 알았지요. 대학생 때부터 박맹호 사장은 문리대 문학회라는 데에서《문학》이란 잡지를 냈어요. 얼마 전까지 나도 그걸 갖고 있었는데 요즘 없어졌어요. 여하튼 그때 박 사장하고 이어령 씨하고 최승묵 씨라고 일찍 돌아간 수재가 있었어요. 그리고 이영우 씨라고《동아일보》에서 출판국장 하던 사람이 있어요. 이 네 사람이 소설을 썼어요. 당시 박 사장이 쓴 소설이《한국일보》[5]에 당선되었어요. 그런데 정치적, 풍자적인 작품이라서 검열에 걸린다,

안 된다. 그래서 당선이 유보되고 오상원의 「유예」가 당선된 거예요. 이(박맹호 사장의) 작품을 《문학》이라는 잡지에 실었죠. 내가 그때 《대학신문》에다 그 잡지에 실린 작품에 대한 평을 썼어요. 그때 한 20장 정도 썼는데 고려대 여석기 선생이 날 만날 때마다 내가 유종호란 이름을 처음 알게 된 것은 《대학신문》에서였다라고 하셨어요. 신문이나 잡지가 별로 없으니까 대학 교수도 대학생이 쓴 글을 기억할 정도로 바닥이 좁았어요. 그렇게 해서 박 사장하고 친해졌죠. 김우창 씨는 내가 민음사의 박 사장에게 소개를 한 거죠. 그리고 우리가 미국에 가있는 동안에 '현대 시인 총서'라는 걸 김현 씨랑 몇몇 사람들이 처음 내기 시작했어요. 그때 김우창 씨가 천상병 씨, 정현종 씨 작품에도 해설을 쓰고 하면서 서로 가까워졌죠.

《세계의 문학》출신 문인들

이남호:

좋은 문학지의 가장 중요한 요건은 좋은 작품을 많이 발굴, 게재하고 또 좋은 문인들을 많이 배출하는 것이라고 말할 수 있겠습니다. 그런 면에서 지난 25년 동안 수많은 명작과 훌륭한 문인들을 선보인 《세계의 문학》은 자부심을 가질 만하다고 생각합니다. 기성 작가와 시인들은 《세계의 문학》에 작품을 발표하는 것을 영예로 생각했고, 또 신인들은 《세계의 문학》을 통해서 등단하는 것을 자랑스럽게 여겼지요. 《세계의 문학》이 낳은 작품과 문인에 대해서 이야기하려면, 아무래도 오늘의 작가상부터 말이 나와야 하겠지요. 제1회 수상작이 한수산의 『부초』였던 것으로 기억합니다만, 당시 상황은 어떠했습니까?

유종호:

---
5) 1955년 《한국일보》 신춘문예를 말한다.

1회는 한수산 씨의 『부초』가 당선됐어요. 한수산의 『부초』는 작가가 응모한 것은 아니었고, 사실은 황석영 씨가 원고를 가져온 겁니다. 황석영 씨가 원고를 가져왔는데, 지금 와서 이렇게 얘기하는 건 좀 우습지만, 처음 그 작품을 읽었을 적에 저는 열성적이지 않았어요. 그런데 황석영 씨가 뒤에서 열렬히 밀었고 최인훈 씨가 그 작품이 괜찮다, 이렇게 말한 거예요. 지금도 보면 아시겠지만 황석영 씨와 최인훈 씨가 그 작품에 대해서 글을 썼어요. 그건 《세계의 문학》 제2호를 보면 알 겁니다. 황석영 씨가 열렬히 추천을 했고 최인훈 씨도 동의하면서 자연히 수상자로 하기로 된 거죠. 그런데 그게 의외로 많이 나갔죠. 그 당시 초베스트셀러였어요. 한수산 씨가 요즘 말로 부상이 된 거죠.

이남호:

초기 오늘의 작가상 당선자들은 다 굉장히 큰 작가로서 성장하고 사회적인 호응도가 굉장히 높았었죠. 작가상 수상 소설들은 모두 베스트셀러가 되고, 또 수상자들은 모두 문단을 대표하는 작가로 성장하지 않았습니까?

유종호:

2회 때 박영한 씨의 『머나먼 쏭바강』은 월남전을 다룬 점이 특이해 선정했었어요. 3회 때는 『사람의 아들』인데 그 작품에 대해서는 사실 처음엔 김우창 씨하고 최인훈 씨가 상당히 유보감을 표시했어요. 그게 마치 수사반장 비슷한 부분이 있지요.(나도 그 점이 참 못마땅했는데) 수사반장과 비슷한 부분 말고 여타의 소설 지문이 좋다는 점을 취해서 난상 토론 끝에 당선작으로 결정했지요. 그런데 성공하기도 했지만 그것보다 그 후속 작품이 다 좋았어요. 사실 뭐 나중에 《세계의 문학》의 무슨 간판스타처럼 돼버렸지요.

이남호:

그렇게 한 10회 정도까지는 오늘의 작가상 수상자들이 우리 문단의 대표성을 띨 만큼 모두 큰 작가로서 성장했고 독자들의 호응도 역시 굉장히 컸었지요. 그런데 그 이후로는 무슨 이유 때문인지 힘이 많이 빠졌는데, 그 이유가 무엇일까요? 물론 좋은 작가와 시인 들이 많이 배출되는 특별한 시기가 있을 수 있겠지만, 90년대 이후에는 대형 작가가 잘 나오지 않았던 것 같아요.

유종호:

작가가 1년에 한 번씩 척척 나오는 게 아니잖아요. 나올 만한 사람들이 다 나왔으니까 그렇게 된 거겠지요. 그때도 처음에는 소설 작가를 중심으로 선정했는데 소설 작품이 잘 안 돼서 김광규, 김명수, 최승호 시인 들도 냈죠. 최승호 씨는 《세계의 문학》 때문에 부상한 시인이었죠. 김명수 씨도 처음엔 참신한 인상을 줬는데 나중에 현실 참여 쪽으로 나가면서 작품은 오히려 초기의 참신한 맛을 잃지 않았나 생각됩니다.

이남호:

오늘의 작가상 수상자들 외에도 《세계의 문학》은 좋은 작가와 시인들을 많이 배출했습니다. 《세계의 문학》은 등단 제도가 좀 특이했지요. 잡지에 투고된 작품들에 대해서 기성 문인과 신인 들을 구분하지 않고 그 작품만으로 엄격하게 판단해서 게재하는 것을 원칙으로 삼았고, 이 원칙을 잘 지켰다고 봅니다. 어떤 사람이든지 원고가 좋으면 받아서 실었어요. 시, 논문, 서평, 소설 등 구분하지 않고 좋은 원고가 있으면 실었고 그 원고가 최초의 발표였다면 다른 형식적인 절차 없이 등단이 돼버려요. 그런 잡지가 《세계의 문학》 말고는 없을 겁니다. 그래서 언제든지 기성의 권위나 형식 들에 의존하지 않고 늘 원고 자체에 대한 존중으로써 냉정하고 객관적으로 좋은 잡지를 만들려고 했던 태도 같은 것들은 앞으로도 계속 《세계의 문학》이 쭉 살려줬으면 좋겠어요. 사실 편집자의 입장에서 이 원칙을 지키느라고 어려움이 많았습니다. 우리 사회는 정실이 많이 작용하는 사회라서, 그 정실을 무시하고 원칙을 지키기 위해서는 악역을 많이 해야 했지요. 그리고 다른 지면을 통해서 등단한 신인들도 《세계의 문학》에 작품을 게재하고는 비로소 정식으로 등단했다고 여기는 분들이 많았어요. 또 한 가지

특기할 점은, 《세계의 문학》을 통해 등단하신 문인들 사이에는 동인 의식 같은 것이 거의 없었다는 것입니다. 이 점은 《세계의 문학》이 응집력이 없다는 뜻도 되지만, 또 문단의 파벌 같은 것으로부터 초연했다는 뜻도 됩니다.

김수영 문학상의 제정 경위

유종호:

《세계의 문학》이 시인들에게 주는 상으로 김수영 문학상이 있지요. 김수영 문학상은 등단 10년 이내의 젊은 시인에게 주는 상인데, 초기의 수상자들은 지금 시단을 대표하는 분들이 되어 있지요.

이남호:

김수영 문학상은 어떻게 해서 제정됐습니까? 《세계의 문학》에서 시 문학상을 하나 마련해야겠다는 생각이 있었다면 그 생각이 왜 하필이면 '김수영' 문학상으로 정해지게 됐을까요?

유종호:

김수영 문학상은 시인의 동생인 김수명 씨의 오빠에 대한 개인적인 애정과도 관련 있고 또 민음사가 김수영의 저작물을 많이 내고 하니까, 서로 왕래하다가 자연스럽게 얘기된 것이 아닌가 그런 생각이 들어요. 민음사에서 김수영의 『거대한 뿌리』가 나왔잖아요. 그 시집이 상당히 많이 나갔지요. 오늘의 시인 총서 중에서도 성공작이었죠. 또 그 이후에 『퓨리턴의 초상』이라고 하는 산문집도 민음사에서 내고 그 다음에 또 시선집을 하나 낸 게 있어요. 『달의 행로를 밟을지라도』였죠, 아마.

이남호:

김수영 시인이 60년대 말 뜻밖의 사고로 돌아가신 후, 70년대의 사회적 상황과 관련해서 김수영 시에 대한 관심이 아주 높았습니다. 김수영 시인의 치열한 시정신이 문학 청년들이나 젊은 시인들 그리고 나아가서는 지식인들에게까지 큰 자극을 주었지요. 제가 70년대에 대학교에 다닐 때는, 김수영의 시가 대학생들 사이에서 제일 많이 읽히는 시였습니다. 그런 만큼 김수영 문학상 역시 권위가 있었습니다.

오늘의 시인 총서와 오늘의 작가 총서

유종호:

김수영 문학상의 토대가 된 김수영의 시집 『거대한 뿌리』는 오늘의 시인 총서 제1권이었고 김춘수, 천상병 씨의 시집이 그다음을 이었습니다.

이남호:

이야기가 나온 김에 시인 총서와 작가 총서 이야기도 좀 해볼까요? 민음사에서는 《세계의 문학》 발간과 병행해서 오늘의 시인 총서[6], 오늘의 작가 총서[7]라는 새로운 포맷으로 문학 출간을 하기 시작했는데, 기획이나 장정이나 편집 등이 당시로서는 획기적이었죠. 특히 시집 앞부분에 특이하게 해설을 붙였어요. 그게 시의 독자를 확산시키는 데 크게 기여했고, 이것이 대유행이 돼서 그 이후로 작품에 해설을 안 붙이면 안 되는 것처럼 되었죠. 그 시발점이 오늘의 시인 총서하고 오늘의 작가 총서라고 할 수 있죠. 그리고 곧 시집 붐을 일으켰죠. 그 전에는 시집을 모두 단행본 식으로 내었고 한정판으로 찍어서 자비 출판하는 방식이었는데, 총서를 시리즈로 출판하는 형태가 그때 처음 시작됐던 것 같아요.

유종호:

---

[6] 김수영의 『거대한 뿌리』를 시작으로 1974년부터 간행하기 시작하였다.
[7] 이호철의 『문』을 시작으로 1974년부터 간행하기 시작하였다.

오늘의 작가 총서보다 오늘의 시인 총서가 먼저 나왔어요. 그건 김현 씨가 발간 취지문을 쓰고 김현 씨 아이디어가 많이 들어간 기획물이에요. 오늘의 시인 총서 뒤 표지의 '기획의 변'을 내가 썼다고 하는 사람이 있는데, 내가 쓴 게 아니에요. 거기에 보면 "문학의 성감대"[8]라는 말이 있는데 옛날부터 나는 '성감대'라는 말을 안 썼어요. 그건 김현 씨의 아이디어예요.

이남호:

오늘의 시인 총서 뒤 표지의 글은 김현 선생이 썼는지 몰라도, 작품마다 해설을 붙이는 것은 박맹호 사장 아이디어였다는데요. 박맹호 사장이 시를 일반 독자들한테 보다 가깝게 하려는 방편이 없을까 궁리해서 만든 거랍니다.

유종호:

오늘의 시인 총서라고 이름 짓긴 했는데 박 사장 얘기에 따르면, 나중에 알고 보니 1950년대에 이미 오늘의 시인 총서라는 게 있었다더군요. 박 사장 자신이 처음 발명한 줄 알았는데 김수영의 『달나라의 장난』, 전봉건의 『사랑을 위한 되풀이』, 이런 것들이 오늘의 시인 총서라는 이름으로 나왔어요.[9]

이남호:

아까 오늘의 시인 총서, 오늘의 작가 총서 말씀하시니까 생각이 들었는데, 그때 그분들이 초기에 글을 많이 쓰시고 또 참여하신 분들이 관여하셔서 오늘의 산문 총서도 내셨죠. 선생님의 『문학과 현실』이라는 책도 있는 걸로 기억합니다. 오늘의 산문 총서 같은 것도 그 당시에는 신선한 기획이라는 생각이 드는데 왜 도중에 흐지부지됐죠?

----

8) "문학이 그것을 산출케 한 사회의 정신적 모습을 가장 날카롭게 보여주고 있다면, 시는 그 문학의 가장 예민한 성감대를 이룬다." —오늘의 시인 총서 뒤 표지 글 중에서.
9) 춘조사에서 간행된 오늘의 시인 총서를 말한다.

유종호:

  오늘의 시인 총서하고 그다음에 오늘의 산문 총서가 시작됐고 오늘의 작가 총서는 조금 뒤에 나왔죠. 오늘의 작가 총서 뒤 표지의 취지문은 제가 쓴 거예요. 작가 총서와 시인 총서는 지금까지 생명력을 갖고 계속되고 있지만, 산문 총서는 처음에 몇 권 내고는 중단되어 버렸지요. 시와 소설과는 달리 산문 독자는 별로 없나 봐요.

새로운 필자들의 발굴

이남호:

  《세계의 문학》이 신선하고 풍성한 느낌을 주었던 것은 여러 가지 이유가 있겠지만, 그 가운데서 새로운 필자들을 많이 선보였다는 사실도 그 이유가 되리라 생각합니다. 새로운 필자들이 쓴 새로운 내용의 글들이 신선한 지적 충격을 주었지요. 초기에 어떤 식으로 청탁을 하고, 또 그 면면들은 어떠했는지요?

유종호:

  주로 사회학계 사람들의 글을 많이 실었어요. 창간호를 보면 이규호 씨가 시와 신화에 관해서 쓰고, 한완상 씨가 사회에 관해서 쓰고, 권태준 씨가 도시에 관해 썼어요. 그때만 하더라도 도시문제에 대해 쓴 사람이 별로 없거든요.

이남호:

  또 요즘 한창 화제가 되고 있는 도올 김용옥 씨도 《세계의 문학》에 「동양학 어떻게 할 것인가」라는 글을 발표함으로써 지식 사회에 널리 알려지게 되었지요. 그런 일들이 많았던 것 같습니다. 문학잡지면서도 다양한 분야의 지적 관심을 폭넓게 보여준 것은 역시 《세계의 문학》의 큰 장점이 아니었을까 생각이 드네요.

유종호:

사회적인 관심의 폭이 넓었지요. 그리고 '세계 속의 한국 문학'이라는 구호를 내세웠어요. 가령 아메리칸 인디언 중에 '호 드 노 쏘 니'족이라고 있어요. 이 사람들이 환경 문화 백서[10]라는 걸 스위스에서 발표한 것이 있어요. 간단히 말해 지구가 썩어가고 있다, 큰일 난다 하는 식의 백서이죠. 1970년대 중반만 하더라도 환경문제가 커다란 이슈로 등장한 잡지가 없었거든요. 그때 벌써 그런 환경문제를 얘기하고 그랬지요. 그게 그 당시에 반응이 없었어서 그렇지, 일찌감치 우리 사회의 여러 가지 국면에 대해서 관심을 갖고 그런 글을 실은 게 사실이죠. 그러나 그러다 보니 나중에는 《세계의 문학》의 구심점이 좀 흐려졌다고 볼 수도 있어요.

이남호:

그래도 계속해서 그런 새로운 사회적 변화나 새로운 지적 흐름, 폭넓은 지적 흐름 같은 것들을 《세계의 문학》이 소개하고 제대로 알리면서 많은 기획들이 이어져왔던 것 같습니다. 후기구조주의 특집이라든가 포스트모더니즘 특집이라든가 이런 것들도 다른 잡지에서 크게 관심을 가지기 이전에 선구적으로 계속 해왔던 것 같습니다.

유종호:

바로 그런 점이 《세계의 문학》의 큰 장점이긴 하지만, 다른 한편으로 볼 때 너무 관심의 폭이 넓었기 때문에 고정 독자를 확보하는 데는 불리했던 것 같아요. 지나서 볼 때 그런 느낌이 들어요.

이남호:

고정 독자와 관련해서는 이런 면도 있지 않나 싶은데요. 가령 《창작과비평》의 경우는 현실 문제에 대한 발언을 직설적으로 많이 했기 때문에 시대와 연관 지어볼 때 어떤 장점이 있었던 것 같아요. 《세계의 문학》의 경우는 현실에 늘 관심을 갖지만 그 현실 문제를 직설적이거나 저널과 같은 방식이 아니라 조금은 문학적인 차원 또는 아카데미즘

---

[10] 1980년 봄 호에 게재된 호 드 노 쏘 니족의 「의식화를 위한 기본 선언」을 말한다.

적인 차원에서 한 걸음 거리를 두고 늘 분석적으로 생각하고 발언했기 때문에, 독자들에게 그렇게 직접적으로 강하게 다가가지는 않았지 않나 하는 생각이 듭니다.

유종호:
어쨌든 여러 가지 관심을 많이 수용하려고 하는데 거기에 부응할 만한 독자를, 어찌 됐든 간에 고정 독자를 얻는 데 그렇게 도움을 받지 못했다는 건 사실인 것 같아요.

박성창:
고정 독자 말씀하셨지만은 사실 《세계의 문학》의 고정 독자는 사회에 대한 어떤 비판 의식을 가진 독자들이기보다는 제목 그대로 외국문학이라든지 세계문학의 현재 동향이라든지 외국 이론의 최신 흐름이라든지 하는 것에 관심 갖는 독자들이 아닐까 하는 생각이 들거든요.

유종호:
여러 가지 이유가 있을 거예요. 그런데 지금 얘기하고 싶은 것은 상대적으로《창작과비평》의 고정 독자는 늘 사 보는데, 《세계의 문학》은 때때로 자기들이 흥미 있는 특집이나 그런 걸 선택적으로 읽는 독자들이 많지 않았나, 하는 것이 나의 관찰이고 나의 생각이에요.

서평의 중요성

이남호:
《세계의 문학》이 처음부터 강조했고 계속해서 중점을 두었던 것은 서평란이었다고 생각이 돼요.

유종호:
처음에 그랬죠.

이남호:
서평의 학문적, 사회적 중요성에 대해서 굉장히 큰 인식들을 가지

고 있었죠. 좋은 책들을 심도 있게 리뷰해서 독자들한테 잘 소개하고, 그러한 서평 문화를 통해서 지적 분위기를 고양시킨다 하는 것이 《세계의 문학》이 하고 싶었던 중요한 기능 중의 하나였다고 할 수 있어요.

유종호:

실제로 초기의 서평들은 상당히 중량감이 있어요. 그때 우리가 그런 생각을 한 것은 미국의 《뉴욕 리뷰 오브 북스》라는 서평 잡지를 염두에 두고 한 거예요. 그런데 이 잡지는 서평 잡지임에도 불구하고 책 한 권만 선택해서 리뷰하는 게 아니라 대여섯 권을 놓고 같은 주제를 다루는 거예요. 가령 프랑스혁명에 관한 거라면 근래에 나온 프랑스혁명에 관한 책 다섯 권을 놓고 리뷰하는 거죠. 서평자가 자신의 프랑스혁명에 대한 생각을 나타내는 서평이기도 하고 동시에 본격적인 논문 같기도 해요. 그래서 이렇게 책을 리뷰하는 잡지가 있으면 참 좋겠다는 생각을 많이 했기 때문에 처음에 서평에 중점을 두었는데, 사실 동일한 주제를 가진 대여섯 권의 책을 놓고 리뷰한다는 게 우리나라에서는 어렵잖아요. 저작이 많이 나오기도 힘들고. 그래서 최초의 의도만큼은 잘 실행되지 않았지만 역점을 둔 것은 사실이고 그때 모형으로 미국의 《뉴욕 리뷰 오브 북스》 같은 걸 마음속에 두었다는 거죠. 그때에는 우리나라에 번역이 안 된 외국 책이라도 서평을 했어요.

외국 작품과 이론 들의 소개

이남호:

《세계의 문학》은 그 이름에 걸맞게, 외국 문학작품과 지적 흐름을 소개하는 데도 열심이었지요. 새로운 관점에서 좋은 책들을 많이 소개해서, 우리 문단과 지식 사회의 시야를 넓히는 데 큰 기여를 했다고 말할 수 있을 것입니다. 문학 면에서 볼 때 《세계의 문학》은 문학을 담는 그릇의 역할, 문학을 알리는 메신저로서의 역할 들을 쭉 해온 한편으로, 아까도 말씀드렸지만 《세계의 문학》은 1960년대 《사상계》의 힘이 약화된 이후로 중요한 문학 계간지와 더불어 지식 사회의 한 중심적 역할을 해왔다고 볼 수 있죠. 지식 사회의 한 터미널이었죠. 다른 계간지들도 어느 정도 그런 기능을 했지만 특히 《세계의 문학》은 많은 지적 관심을 보여주었어요. 그래서 지식인들의 관심을 넓혔고, 관심이 있는 지식인들은 한 번쯤 보고 세상 동향을 읽고 지적 동향을 기대하는 그런 잡지였다고 생각을 해요.

유종호:

외국 소설로는 초창기에 파스칼 레네의 『레이스 뜨는 여자』를 번역해 싣기도 하고 가르시아 마르케스의 단편들을 특집으로 구성해 가지고 싣기도 하고 그랬죠. 외국의 좋은 작품을 많이 번역해서 보여주자는 의도였죠.

이남호:

그 당시에 국내에 잘 알려지지 않은 좋은 외국 작품들은 유종호 선생님하고 김우창 선생님께서 많이 소개하셨고, 문학작품뿐만 아니라 인문 이론서들 같은 것, 가령 『미메시스』[11]는 오랫동안 번역해서 《세계의 문학》에 연재하셨지요. 『미메시스』뿐만 아니라 이데아 총서에서 볼 수 있는 굵직한 인문과학 서적들은 두 선생님께서 틀을 잡았다고 할 수 있죠. 그것도 우리 지식 사회의 중요한 한 변화라고 할 수 있을 겁니다.

유종호:

창간호의 번역 논문을 보면, 골드먼의 「소설 사회학을 위한 서론」이 번역되어 있고 또 곰브리치의 「예술 형식의 기원」이 번역되어 있어요. 「예술 형식의 기원」에서는 장난감 말에 대한 고찰을 시도했는데 이것은 골드먼의 입장과 정 반대되는 거지요. 그 내력을 말하자면, 너무 한쪽만 보지 말고 이런 것도 보고 저런 것도 보자는 취지에서 곰브리

---

11) 2호부터 42호까지 약 10년간 번역 수록하였다.

치를 우리나라에 처음으로 소개한 거죠. 장난감 말에 대한 명상 같은 것은 지금도 읽어볼 만한 가치가 있는 고전적인 에세이예요. 이렇게 한 가지에만 치우치지 말고 이것도 보고 저것도 보고 해서 독자들한테 생각할 기회를 주자는 생각을 늘 염두에 두었죠.

이남호:

1970년대 초중반 계간지들이 생길 무렵 그 당시에 있어서 그 흐름들을 주도해 오신 선생님들이 유종호, 김우창 선생님과《문학과지성》이나《창작과비평》을 이끌어오신 선생님들인데, 그 세대의 선생님들께서는 현대 지성사에서 큰 위치를 차지하고 있다고 볼 수 있습니다. 그때 새로운 책과 새로운 이론가 들, 새로운 지적 지평들을 굉장히 많이 열어줬어요. 그 당시 대학생이나 젊은 세대에게 큰 영향을 주었고 많은 사람들이 애독했던『문학과 예술의 사회사』를《창작과비평》에서 번역했는데 그 책도 유 선생님께서 소개하신 책이라고 제가 알고 있는데요.

유종호:

《창작과비평》이 나올 무렵 주변 사람들에게 그 책에 대한 얘기를 한 것은 사실이에요.

이남호:

그런 지적 흐름들을 소개해서 새로운 지식 사회의 분위기를 만드는 역할들을 계속 해오신 것 같아요. 저희 세대들은 그런 책들을 통해서 지식을 맛보곤 했다고 볼 수 있죠.

박성창:

《창작과비평》의 경우『문학과 예술의 사회사』의 입장과《창작과비평》의 입장이 연결되는 부분이 있고,《문학과지성》의 경우에는 바슐라르와 같은 상상력 쪽으로 연결되는 부분이 있습니다. 그런데 유 선생님께서『미메시스』를 김우창 선생님과 같이 공역해서 민음사에서 펴내면서 많은 사람들이《세계의 문학》과 민음사와『미메시스』를 같이 연결하여 기억하고 있는 것 같거든요.『미메시스』를 선택했을 때 문학을 바라보는 관점 같은 것들이 직간접적으로 투영되는 부분들이 없으셨는지요.

이남호:

『미메시스』의 내용은 문학작품의 문체 분석이기 때문에 번역이 매우 어려운 책이라고 생각됩니다. 아마도 이런 책을 번역하는 일이란, 그 이전에는 불가능했을 거예요.

유종호:

단편적인 논문 몇 개만 번역하지 말고 책 하나를 번역해서 집중적인 충격을 주는 게 좋지 않겠느냐 하다 보니까 선택된 거죠. 사실은 『미메시스』가 서구 지식 사회에서 더 알려진 저작입니다. 아마도 하우저의 책은 1950년대 초에 미국에서 출판되었을 거예요. 그런데 『미메시스』는 그 전에 이미 망명지에서 써졌죠. 그래서 해방 직후인 1946년도에 『미메시스』가 나왔어요. 그러니까 순서가 좀 바뀌었죠. 또 이 책을 선택하였던 또 다른 이유는 텍스트에 대한 존중이 필요하다는 점 때문이었어요. 하우저의 저작은 하나의 통사 아닙니까? 추상적인 얘기로서는 다 옳지만, 막상 하나하나를 이해해 보려면 잘 안 들어오거든요. 텍스트 자체를 꼼꼼하게 보는 관점도 필요하다 싶어, 그렇다면 『미메시스』와 같은 걸 번역하자 그랬던 거예요. 그런데 이 책은 읽기 힘들죠. 통사가 아니니까.

사회 정치적 관심들

이남호:

한편으로는 잡지의 성격이 학문적인 방향으로 가면서도, 또 한편으로는 중요한 사회 문제가 있을 때 수시로 그 문제 자체를 지적인 방향으로 이슈화하려는 그런 기획들이 늘 있었어요. 가령 헌법 개정 문제가 나왔을 때나, 지방자치제라든가, 선거에 관한 문제라든가 노동쟁의

나 노동문제와 관련되어 시위가 심할 때 등등, 사회적으로 큰 혼란이 왔을 때 그 혼란에 대해서 많은 의견들을 모아서 이성적으로 생각해 보는 그런 기획들은 늘 꾸준히 시대를 따라가면서 해왔다고 할 수 있죠.

유종호:

개헌 문제 같은 것은 잡지가 판매 금지를 당할 위험이 있다고 판단되었기 때문에 일부러 부록으로 내기도 했지요. 당시로서는 상당한 모험이었습니다. 전두환 정권 말기에 개헌 문제가 나왔을 때 직접선거 등을 주장하는 내용이 많은 부록을 내었는데, 각계각층의 의견을 모은 것이었어요. 잘못하면 잡지가 못 나오게 될 수도 있었기 때문에 부록으로 냈죠. 1987년인가 1986년인가 그래요. 1985년인가.[12]

이남호:

그리고 동구권이 붕괴, 몰락했을 때에도 우리가 어떻게 그 사태를 수용하고 바라보고 이해해야 되는가를 특집으로 기획하기도 했지요. 그렇게 커다란 사회적, 역사적인 흐름들에 대해서 《세계의 문학》이 늘 한 걸음 물러서 있는 듯하지만 실제적으로는 더 이성적이고 폭넓은 관점에서 보려고 노력을 해왔다고 할 수 있습니다.

편집위원의 변화

박성창:

이남호 선생님께서 처음 두 분 선생님과 함께 일하기 시작하셨던 연도하고 그렇게 참여하실 때의 정황에 대해 말씀 좀 해주세요. 그때 이남호 선생님께서도 많은 어려움을 겪으셨을 텐데요.

---

12) 1986년 가을 호에 창간 10주년 기념으로 별도 간행된 단행본 『헌법, 오늘의 문제와 내일의 희망』을 말한다.

이남호:

처음엔 뭐, 두 분 선생님 심부름만 했죠. (모두 웃음) 두 분 선생님 편집회의 하시면 제가 그걸 받아 적어 가지고 정리하고, 연락하고, 실행에 옮기는 일만 했죠. 그러면서 제가 많이 배웠죠. 두 분 선생님께서 진행하시는 회의는 별로 집중적인 스타일이 아니에요. 편집회의를 하시면 주제 하나를 놓고 말씀하시다가 곁가지로 한없이 퍼져나가시죠. 그래서 나중에는 회의 주제는 없어지고 딴 말씀을 많이 하시는데 그런 이야기를 늘 들으면서 제가 많이 배웠죠. 문학을 보는 관점도 그렇고 문학과 사회의 연관성도 그렇고 지식인의 태도나 삶의 자세 같은 것도 그렇고, 여러 가지로 저는 편집회의에 참가했다기보다는 편집회의를 통해 심부름하면서 배우는 입장이었죠. 아주 오랫동안. 지금까지도 그렇죠.

유종호:

그랬는지는 잘 모르지만, 나중에는 사실상 이남호 선생이 주로 일을 다 보셨죠. 나이도 점점 먹어가고 그러니까 점점 더 열의가 없어졌다고 할 수도 있고 긴장이 풀어졌다고 할 수도 있죠. 그럴 때 이 선생이 참여해서 젊은 열의를 가지고 주관을 많이 하셨죠.

이남호:

사실 저 말고도 여러 분이 《세계의 문학》 편집에 참여하신 적이 있어요. 한때 민음사 편집 주간을 했던 정병규, 김원우, 황지우, 최승호, 이영준 등등 여러 분들의 족적이 《세계의 문학》에 남아있지요. 제가 참여한 이후로는 제가 주로 많은 일을 했습니다. 가령 편집 초안 같은 것은 제가 편집장하고 상의해서 일단 만들었고, 그 초안을 가지고 두 분 선생님들의 의견을 참고해서 기획을 확정 짓고, 다른 아이디어를 보강받고 해서 잡지가 꾸려졌죠. 그래도 뭐, 늘 두 분 선생님 후광 속에서 움직였죠. 그 뒤에 제가 한 10년 동안 관여를 했는데, 그러니까 첫 10년은 두 분 선생님께서 쭉 이끌어오셨고, 그 두 번째 10년 동안은 제가 관여를 했던 것 같습니다. 그다음 5년은 제 후배 분들이

해오셨는데, 제가 한 10년 동안 하면서 그 후반부에는 새로운 편집위원들 가령 김성기, 우찬제, 이광호 씨 등과 같이 일했죠.

사회의 변화와 문학의 위상

박성창:

지령 100호를 맞이한 《세계의 문학》은 앞으로 어떻게 변화, 발전해 가야 할까요? 문학의 사회적 위상도 달라졌고, 또 문학 계간지의 위상도 달라졌다고 생각되는데, 그러한 변화 속에서 《세계의 문학》은 어떤 태도를 보여주어야 한다고 생각하십니까?

이남호:

우리의 문학과 사회 그리고 문화는 워낙 빨리 변하니까, 아까 말했듯이 그 변화에 대해 늘 일정한 거리를 두고 지적 여과 과정을 거쳐서 수용하려는 태도를 견지하는 《세계의 문학》으로서는 너무 빠른 변화에 즉각 즉각 반응하기가 힘들었고, 그런 사정이 더욱 심화되는 것 같아요. 1980년대 중반 이후, 특히 1990년대 이후는 《세계의 문학》뿐만 아니라 모든 문학 계간지들이 상당히 고전하고 있지요.

1970년대에서 1980년대 초까지의 문학 판의 분위기, 또는 문학의 성격, 문학의 사회적 위상과 역할은 2001년 현재와 비교해 볼 때 모든 면에서 달라졌고, 그에 따라서 계간지도 어떤 방식으로 존재해야 될지 지금 100호를 맞이한 점에서 다시 한번 재고해 봐야 할 거예요. 현재 편집을 맡고 있는 박성창 선생이 이 자리에 계시지만, 지금은 잡지를 어떤 방향으로 끌어나가야 될지 과거의 《세계의 문학》의 전통을 어느 만큼 수정하면서 그 수정에 새로움을 보태서 나아가야 될지 고민해야 되는 어려운 시기일 것 같아요.

유종호:

1970년대 말쯤에는 정치적으로 억압적인 상황이었고, 그러니까 학생들이나 청년들의 지적인 열망이나 정치적인 분출 욕구 같은 것이 문학 쪽으로 많이 배출되었어요. 그래서 문학작품을 통해서 의식화 교육을 시키는 경우도 많았고, 문학의 위상이 젊은이들의 지적인 생활에서 상당히 큰 비중을 차지했다고 볼 수 있죠. 그 이후에 정치적인 억압 상황이 무너지고 나서부터는 과거에 자의 반 타의 반으로 문학이 짊어졌던 책임이 많이 덜어졌죠. 지금은 문학이 완전히 주변화되어 변두리로 밀려 나갔다, 변두리로 밀려 나가면서 상당히 가벼워지고 있다, 이런 느낌이 듭니다. 사실 이런 생각을 하면서도 우린 한편으로 이것 역시 시대에 맞지 않은 노인의, 말하자면 편견에 찬 관점이 아닐까 하고 생각하기도 하죠.

박성창:
그렇다면 우리 시대의 문학의 위상은 어떻다고 볼 수 있습니까.

유종호:
지금 문학은 옛날보다 집중적인 조명을 못 받고 있죠. 왜냐하면 우리나라의 지적 분야의 영토가 많이 확장되어서 문학의 영토가 상대적으로 줄어들었기 때문이죠. 인류학, 여성학 등등은 예전에는 열세였던 분야들이지요. 그래서 문학 쪽으로 많이 몰렸었는데 이제는 각개 분산이 된 겁니다. 그러나 반드시 문학의 위상이 쇠퇴했다고만 볼 수는 없다고 생각해요. 직업의 다양화와 병행하는 현상일 겁니다. 우리나라에는 직업이 15,000개나 있어요. 이렇게 다양한 직업을 가진 사람들이 문학만 읽겠어요? 사회가 다양화되었고, 그에 비해 문학 인구가 총인구에 비례해서 늘지 않으니까 문학의 위상이 약해지는 것 아니냐는 물음이 제기된 겁니다. 문학의 위상이 약해졌다기보다는 사회의 관심이 그만큼 분산되었다고 말할 수 있어요. 아까도 말했지만, 억압적인 상황 속에서의 울분이나 그 정열 같은 것이 문학 쪽으로 향했을 적에는 상당히 격정적인 것이 있었단 말이에요. 정치적인 억압은 분노의 감정을 이끌어내지요. 분노의 감정이란 웃음이나 개그의 현상과는 다른 거란 말이지요. 그런데 지금은 그런 게 많이 느슨해지면서 분노의 감정

은 없어지고 모든 것을 해학적이고 개그적인 수준으로 받아들이는 성향이 많아진 거예요. 그것이 반드시 나쁜 경향이라고 볼 수만은 없고 사회가 그만큼 많이 변화하고 있다. 그렇게 생각할 수밖에 없죠. 또 하나는 1990년대에 일어난 혁명이라는 게 인터넷 혁명 아니에요. 세상의 중요한 변화죠. 책 문화가 옛날처럼 문화의 중심이 아니라는 점, 이게 상당히 중요한 거죠.

이남호:

방금 인터넷 세상이 됐다고 말씀하셨는데, 저는 예전에 우리가 생각해 왔던 문학이 점점 범위가 좁아지거나 쇠퇴하거나 변두리로 밀린다는 느낌들을 선생님이 표현하신 것보다 훨씬 더 강하게 느끼는 편이에요. 방금 선생님이 말씀하신 내용들에 다 동의하면서 또 다른 이유도 좀 생각해 보게 돼요. 그 이유들은 현재 전체적인 문화 상황에서 사람들이 가지고 있는 사유의 어떤 성격이나 심리적 감각적 특성 같은 것들이 전자 시대에 맞게끔 바뀌어가고 있는 게 아닐까 싶어요. 가령 인터넷 사이트에서의 서핑을 예로 들어 생각해 볼 수 있어요. 그것은 수십 개의 채널들을 이리저리 빠르게 돌리면서 텔레비전을 보는 것과 동일한 것이지요. 이제 사람들은 늘 그렇게 빨리 바뀌는 단편적인 장면과 이미지와 단편적인 인상 속에서 살아가고 있어요. 그래서 예전식의 선으로 된 긴 이야기들, 선으로 된 긴 책들에 대해서 사람들이 견뎌내지 못하는 게 아닌가 싶어요. 옛날 우리가 읽었던 도스토예프스키나 톨스토이의 소설들은 아마 지금 사람들은 거의 읽지 않을 거예요. 우리 대학교 때만 해도 알든 모르든 들고 다니면서 애써 읽곤 했는데 지금은 그렇게 지루하게 긴 소설들은 아예 볼 엄두를 못 낼 겁니다. 너무나 빠르게 변하는 이런 문화에 익숙해진 사람들, 전자 매체가 중심이 돼있는 세상의 사람들이 갖고 있는 사유의 방식이나 심리적 감성들은 문자가 중심이었던 시대의 사람들과 상당히 다르다고 생각해요. 그렇다면 문학이 존재할 수 있는 바탕 자체가 굉장히 약해졌다고 볼 수 있죠. 어떤 면에서 문학이 가벼워지고 있고, (선생님 말씀처럼)

개그가 된다거나 엉뚱하고 엽기적이며 변태적인 쾌락들만 추구한다든가 하는 그런 문학적인 현상들도, 결국에는 우리가 가지고 있는 심리적 바탕이 변하고 있기 때문에 그렇지 않은가 싶어요. 심리적 바탕이 변하고 있다는 것은 우리가 예전에 문학을 통해 얻었던 가치들과 유산들을 이제 더 이상 우리 것으로 만들지 못하게 되는 세상이 아닌가 하는 점과 연관돼요. 이런 점에서 저는 문학에 대해서 굉장히 큰 위기감을 느끼고 있어요. 중학교 선생님한테 들었는데, 자기 반 아이들에게 최근에 책 한 권이라도 읽은 사람 손 들어보라고 그러니까 한 대여섯 명 나섰대요. 그래서 다시 그 대여섯 명에게 무슨 책을 읽었냐고 물어보니까 HOT 자서전을 읽었답니다. 그 자서전이라는 게 엉터리 출판사에서 대충 끼워 맞추고 사진 넣어가지고 편집하고 그런 책인데 그런 것밖에 읽을 수 없는 상황이 돼버린 게 아닌가 말이에요. 그랬을 때 문학이 그런 학생들한테 할 수 있는 게 뭔가, 그런 학생들이 과연 옛날에 우리가 읽었던 선 굵은 소설들을 인내심을 가지고 읽고, 거기서 또 어떤 의미를 발견해 낼 수 있을까요? 문학이 서식할 수 있는 바탕이 점점 더 황폐화되어 간다는 점에서 저는 다소 절망감을 느낍니다.

유종호:

옛날 사람들도 사실 공부하려고 해서 책을 읽은 것은 아니에요. 소설을 읽고 공부하는 건 아니죠. 그 나름대로의 인생을 향유하는 한 방식으로 읽었어요. 지금 사람들은 그 방식으로는 재미를 못 느낍니다. 자신들한테 적합한, 삶을 향유하는 새로운 방식이 있다 해서 좋아하면 할 수 없는 거죠.

이남호:

어쩔 수 없는 사회적 변화겠지요. 사실 뭐 문학이라고 해서 영생해야 된다는 법은 없죠. 문화의 한 분야니까 문학도 흥망성쇠가 있는 게 아닙니까? 소설이라는 장르도 흥망성쇠가 있고 시라는 장르도 흥망성쇠가 있는데, 사람 목숨을 억지로 연장할 수 없듯이 그 성쇠 또한 연장할 수 없는 거지요. 그러나 문학 그 자체는 어떤 다른 형태로 바뀔 수 있지만, 문학이 담고 있었던 지적 유산들은 포기될 수 없다고 생각합니다. 근대 이후에 쌓아 올린 인류의 가장 높고 귀중한 지적 유산들은 지금의 문학이라는 형태로 가장 많이 남아있다고 흔히들 얘기하잖아요? 그런데 그러한 지적 유산들을 다 포기하는 것 혹은 포기되는 것이 좋은 일이냐는 되짚어 봐야 해요. 반드시 문학의 그릇이 아니더라도 다시 말해 다른 그릇을 통해서라도, 예전에 문학이 담고 있었던 인류의 정신들을 오늘 다시 불러내서 현재화하고 오늘을 이해하는 데 참조하고 우리의 등불로 삼아야 그게 참 현명한 길이 아닌가, 이런 생각이 드는 거죠. 문학 자체가 위대하고 훌륭하고 영생해야 되는 것이 아니라, 지금까지 문학이 담아왔던 많은 훌륭한 정신적 유산들과 가치들을 우리가 영생시키고 찾아내려는 게 중요하죠.

유종호:

이렇게 볼 수 있습니다. 문학은 언어예술이라는 점에서 그림이나 음악과 같은 예술 장르와는 다릅니다. 언어라는 것은 사고와 분리될 수 없지요. 그러니까 미술이나 음악을 즐길 때의 사고와, 언어를 매체로 한 문학을 즐길 때의 사고하고는 다를 것이란 말이에요. 이것은 문학만이 가질 수 있는 예술적인 특성이라고 할 수 있어요. 이것이 만약 없어진다면 정말 큰 손실이며, 과연 이것을 대체할 수 있는 다른 장르가 있나 하는 것이 문제인데, 당분간은 이를 대체할 만한 게 없어요. 중요한 점은 사람에겐 즐기는 것뿐만 아니라 사고에 대한 갈망도 있다는 겁니다. 그렇다면 문학을 찾는 이들이 비율은 적어진다 하더라도 끊이지는 않을 것입니다. 단순히 재미만 찾는 데 그치지 않고, 문학이 주는 어떤 사고나 인생의 통찰을 찾고자 하는 갈망도 있을 겁니다. 사실 문학을 정말로 좋아하는 사람들은 옛날이나 지금이나 소수파 아닌가요? 그렇게 생각한다면 너무 비관할 필요가 없지요. 항상 소수파는 남아있으면서 그 소수파가 전통이라는 것을 유지해 주는 것이 아니냐, 이렇게 생각하면 너무 비관적으로 생각할 필요도 없지 않나 그런 생각이 들어요.

지적 공론의 장

이남호:

문학이 조금 변두리로 밀리는 것과 마찬가지로 지금 우리 지식 사회에서는 소위 공론의 장이 점차 사라져가고 있어요. 1960년대에 《사상계》가 했던 역할, 그리고 1970년대와 1980년대에 문학 계간지가 했던 역할이 지적 공론의 장을 제공하는 것이었다고 할 수 있습니다. 그러나 이제 문학 계간지들이 그런 역할을 못하는 것 같아요. 유 선생님 말씀대로 오늘날 지적 관심들이 많이 분화되고 확대되어서 그런 면이 있기도 할 거예요. 지금은 여러 분야의 지식인들이 함께 모여서 새로운 지적 흐름들을 만들어가고, 의견들을 나누고, 공론화할 수 있는 역할을 문학 계간지가 하기 어려운 것 같습니다. 공론의 장이 사라진다는 것은 지식 사회가 점차 소멸되고 있음을 뜻하는 것이 아닐까요? 다시 말해 그러한 매체 형식의 쇠퇴와 함께 단순히 학자로서가 아니라 지식인으로서의 관심이나 태도나 역할 들이 점차 소멸되어 가고 있는 현상이라고 볼 수 있지 않나요?

유종호:

지금 그렇게 볼 수 있는 면이 분명 있지만, 한편으로 생각하면, 아까도 말했지만, 너무 분화되어 있어서 우리가 구심점을 못 찾는 것일 거예요. 역사 비평이니 인문 비평이니 하면서 계간지가 분산돼 있죠. 언론 관계면 언론 관계, 역사 관계면 역사 관계, 이렇게 분산되어서 종합의 장이 없어진 것 같아요. 그런 것이지, 지식인들의 토론의 광장 자체가 없어진 건 아닙니다.

이남호:

프랑스나 독일, 미국 등에서는 어떤 중요한 사회 문제가 나왔을 때, 지식인들이 비록 해당 분야의 전문인이 아니더라도 중요한 사회적 발언을 하고 깊이 있는 사유를 전개하는 장이 있지 않습니까? 그렇게 어떠한 공론을 형성하는 장이 있어야 사회가 건강하게 유지될 수 있지 않겠습니까?

유종호:

우리나라에서 공론의 장은 계간지에서보다 월간지에서 먼저 없어졌죠. 《사상계》가 없어지고 나서, 《신동아》 역시 한동안은 공론지의 역할을 했는데 공론지의 역할을 완전히 없애고 완전히 일간 신문의 재판(再版)이나, 내막 얘기 등 흥미 중심으로 흐르다 보니 그런 의미에서 보면 공론지가 없어요. 지식인들이 따로따로 노는 거랑 관계 있지 않을까요. 일본만 하더라도 지금 몇 개의 잡지가 있어서, 우익은 우익대로 좌파는 좌파대로 자기들의 공론을 만들어가고 있죠. 우리는 지금 없어졌죠. 그만한 구심점을 갖춘 공론지가 우리나라엔 없는 거죠.

이남호:

예. 계간지가 어느 정도 그 역할을 해왔었는데 지금은 계간지가 그 역할을 못한다기보다는, 지금의 우리 지식 사회 자체가 계간지의 그런 역할을 존중해 주지 않는 것 같아요.

문학 계간지의 현실

박성창:

요즘에 선생님께서는 문학 계간지가 나올 때마다 댁으로 많이 배송되고 그럴 텐데 들춰 보시고 그러세요?

유종호:

잘 그러지 않죠. 시간도 없고, 읽어도 머리에 들어오지 않고. 아까도 내가 말했지만, 60세가 넘으면 웬만한 건 머릿속에 안 들어와요. 기운이 남아있는 동안에 그래도 조금은 무게 있는 책을 한동안 더 읽어야 될 것 같아서 가능하면 잡지보다는 책을 읽으려 해요. 잡지까지 볼 여력이 없어요.

이남호:

저 역시 잡지들에 실리는 글들에서 재미를 못 느껴요. 시든 소설이든 평론이든. 왜 그러한 관심을 가지고 그러한 글을 쓰는지 제대로 밝혀진 글들이 많지 않고, 충분히 사유되었거나 충분히 당당한 존재성을 가진 글들이 드물어요. 이런 글들을 읽으면 뭔가 얻는다는 기분이 들기보다는, 이런 글을 구태여 이렇게 어렵게 쓸까 조금은 씁쓸한 느낌이 들어서 저도 차근차근 많이 찾아 읽진 않아요. 대충대충 볼 때가 많아요. 저만 재미없는지 정말 우리가 현재 생산하는 작품이나 문학담론 들이 대중적 호소력이나 지적 호소력이 그만큼 약화된 것인지 잘 모르겠어요. 하여튼 아, 이걸 한번 읽어봐야 되겠다, 아 읽고 나니까 정말 뭔가 하나 맛있는 음식을 배불리 먹었다는 뿌듯함을 느낀다 하는 글을 최근에 보기가 참 힘들어요. 아쉬움이죠.

박성창:

그런 아쉬움에도 불구하고 1990년대 이후로 문학 계간지들이 많이 늘어났고 또 시 전문지들도 많이 생겼지요?

유종호:

그 문학잡지라는 게 일종의 지적인 유행이죠. 우리가 볼 때에는 지금의 문학잡지는 너무 가벼워요. 요새 평론은 첫머리부터 반농담이 나와요. 옛날엔 상상할 수도 없었던 거예요. 이렇게 얘기하면 젊은 양반들은 공연히 목에다 힘주는 엄숙주의라고 할지 모르겠는데, 저는 《뉴욕 리뷰 오브 북스》라고 하는 서평지를 1960년대부터 봐오고 있거든요. 그 잡지는 시대가 변하든 말든 한결같아요. 지금도 여전히 엄숙하다면 엄숙하고 어깨에 힘준다면 힘준다는 사람들이 주류로 있단 말이에요. 그런데 우리의 경우 철학 교수의 글이나 문단 비평가의 글이나 문학 교수의 글이나, 읽어보면 처음부터 반농담조란 말이에요. 한두 사람이 그렇게 쓰면 재미있겠지만 모두 다 그렇게 되어가고 있는 게 나로서는 잘 이해가 안 가죠. 우리는 전부 다 하향 평준화가 되었는가 하는 생각이 들어요. 시대에 잘 맞지 않은 노인의 폄하 현상이 아닌가 스스로에게 단서를 붙여가면서도 그런 생각만은 거부할 수가 없어요.

젊은 평론가가 쓴 상당히 무게 있는 평론의 끝 부분에 지나가는 사람에게 문학이 뭐냐고 물어보는 내용이 나와요. 답변을 하는데 그게 완전히 농담이더군요. 지금 내가 보는 외국의 책이나 잡지에서는 그렇지 않아요. 왜 우리만 그러냐, 거기에 대해서 의문이 들어요. 그런 조류가 유행이 되어있어요.

이남호:

그리고 지금 문학상을 보면 굉장히 응모작들이 많고 문학잡지들이 계속해서 창간되어 많이 나오고 있는데, 이런 현상에 근거하여 문학이 굳건히 살아있다고 말씀하시는 분들이 있어요. 그렇지만 저는 전혀 다르게 생각해요. 그것은 문학의 사회적 수요가 늘어서 또는 참으로 문학에 투여하고자 하는 의욕이 높아서 그런 현상들이 나타나는 것이 아니고, 문학과 상관없는 어떤 제도의 문제로서 또는 문학과 전혀 상관없는 사회 변화의 문제로서 그런 점들이 나타난다고 봐요. 가령 경제 규모가 점점 커지니까 잡지 한 권 내고 책 한 권 내는 데 옛날만큼 어렵지가 않아요. 조금만 다른 데서 지원을 받으면 잡지를 낼 수가 있어요. 책도 낼 수가 있어요. 그리고 많은 대학들이 양적으로 팽창해 가면서 막연한 생각으로 문예창작과를 늘려놨어요. 그래서 문창과에서 글쓰기 훈련을 받은 학생들이 신춘문예나 신인상 응모를 많이 하게 되었지만, 거기에서 좋은 작가나 진정한 문학을 하는 사람이 많이 배출되기는 힘들다고 생각해요. 그리고 지금 문예지들도 많이 나오지만 그것이 정말 문학을 풍성하게 하고 있다거나 그 자체가 문학적 자생력을 가지고 있다거나 이렇게 보여지지는 않아요. 그것하고 문학의 실질적인 생존력하고는 다른 문제라는 생각이 들어요.

유종호:

그 말도 일리가 있지만, 또 한편으로 생각하면, 그렇게 제도화되고 문예창작과가 늘어나고 하는 것이 문학이 살아남는 방법이 될 수도 있지 않겠습니까?

이남호:

그런 면이 없지는 않겠죠.

유종호:

그 사람들이 모두 우수한 작가들이 되지는 못하겠지만, 항상 문학을 읽어주는 독자로 남아있어서 그야말로 문학의 하부구조를 이루어준다고 볼 수 있지 않을까요. 그러므로 그들이 문학에 대한 근본적인 욕망이나 갈구를 보여주지 못한다고 너무 절망할 필요는 없을 겁니다. 그런 사람들이 많아지면 결국 문학의 하부구조가 튼튼해지는 면도 있을 것입니다.

이남호:

그 사람들이 수업 시간에 사서 보는 시집이나 소설집만 돼도 꽤 될 테니까 문학의 유통에 상당한 기여를 한다고도 볼 수 있죠. 그런데 내가 가까이에서 보면, 그 사람들이 옛날처럼 시집이나 소설집을 읽고 자기 글의 자양분을 얻는 게 아니고. 재즈 듣고 비디오 보고 하면서 거기에서 작품의 소재를 얻거나 해요. 또 우스갯소리에 가까운 말이지만, 문창과가 많이 생기니까 글 좀 쓰시는 분들은 교수들로 다 가셨어요. 그러니까 써야 될 분들이 거기 가서 학생들 가르치고 있어요. 실제로 그런 현상들이 꽤 많을 겁니다. 심각한 자극이 없으니까 거기에 안주해서 글 안 쓰시는 분들이 많죠.

유종호:

아마 그렇게 볼 수 있겠지요. 그러나 안주해서 글을 안 쓴다는 사람은 비록 지금 안주하지 않고 있더라도 좋은 글을 못 쓸 가능성이 많은 사람이죠. 릴케적인 발상이란 게 그런 거란 말이에요. 쓰지 않고는 못 배긴다, 하는 식의 필연성에 의해서 쓰는 사람이 있고, 어떤 사람은 그런 필연성이 없으니까 문학에 대한 하나의 자질이 부족한 거라고 볼 수 있는 거죠.

희망을 위하여

이남호:

이쯤 해서 얘기를 마무리해야 될 것 같은데 마무리하기 전에 선생님께 여쭙고 싶은 것이 있습니다. 선생님께서는 사회적 관심이 상당히 많으시고 우리나라의 정치적 파행성에 대한 비판 의식이 상당히 높으시면서도 또 한편으로는 우리가 이렇게 잘살게 된 것에 대한 냉정한 긍정을 자주 말씀하십니다. 이와 관련하여 선생님께서 우리 사회를 관찰하시고 관여해 오신 지금까지의 연장선에서 앞으로 우리 사회의 미래를 어떻게 보시는지요. 좀 희망이 있습니까?

유종호:

언제 우리가 희망으로 살아왔습니까? 당일치기라는 말이 있지요. 학교 다닐 때 시험 기간이 되면 당일치기로 공부한다는 투로 쓰이는 말이지요. 우리가 어렸을 때 대부분의 한국 사람들은 한 달치 양식을 준비해 두면서 살아가는 것이 아니라 그때그때 당일치기로 살았어요. 그런 식으로 살아오다가 겨우 최근에 와서야 그것을 면하게 된 것이지요. 그런 의미에서 해방 이후의 역사 과정을 단순히 정치적 관용 어구로만 판단하는 것은 일면적이라 생각해요. 인권이나 민주적 이상이란 관점에서만 바라볼 수는 없다는 것이지요. 이른바 문민정부나 국민의 정부의 행태를 보고 그런 생각을 자주, 또 많이 하게 되었어요.

젊을 적에는 우리 사회가 낙후되어 있어 문제가 많지만 어느 정도 국민의 의식 수준이 높아지면 많은 문제가 해결될 거라고 막연히 생각했지요. 그렇지만 생활 수준이나 의식 수준이 높다는 나라들에게도 크게 기대할 것이 없다는 생각을 근자에 하게 되었어요. 아이제이어 벌린이라는 라트비아 출신의 영국 사상사가(思想史家)가 즐겨 인용하는 대목이 있어요. "인간 본성이라는 비뚤어진 결의 재목으로부터는 무엇 하나 반듯한 것이 나올 수 없다."는 칸트의 말과 "나는 역사의 오페라 대사를 믿지 않는다."는 알렉산드르 게르첸의 말이 그것입니다. 공감이 가는 얘기입니다. 성급한 기대를 갖지 말고 꾸준히 노력하여 조금씩 나아지기를 바라는 수밖에 없다고 생각합니다.

　좋은 사회가 좋은 사람을 만들어내는 것도 사실이겠지만 좋은 사람이 다수파가 되지 않고서는 좋은 사회가 될 리 없어요. 문학 사회학자인 리오 로엔설은 "정치 구조상의 변화보다도 사람의 제거를 통한 사회 변화를 주장하는 부류"를 거짓 예언자라고 했어요. 선동가라는 얘기인데, 해방 이후 우리의 정치사는 선동가들의 교체 극이라는 측면이 강하지요. 너무 쉽게 듣기 좋은 얘기와 약속만 하면서 사회 변두리 인간의 불안이나 불만을 이용하는 거짓 예언자들을 우리는 경계해야 할 것입니다. 그들을 믿다가는 번번이 참담한 실망감을 갖게 될 것입니다. 그동안 우리는 집권자가 변할 때마다 갖가지 정치 교육을 받았어요. 이제는 정말 우리가 거짓 예언자들의 술수에 넘어가지 않고 냉철한 판단을 해야 할 단계라고 생각합니다만, 성급한 기대는 여기서도 금물이겠지요. 그렇더라도 국민들의 정치적 수준 향상만이 그나마 우리의 희망이지요. 이것이 저의 근자의 소회입니다.

　이남호:

　좋은 말씀 감사합니다.

(《세계의 문학》 2001년 여름 호)

■ 비평가와의 대화

시 읽기는 주체적인 삶의 영역

김사인(문학평론가)

김사인:
먼저 『다시 읽는 한국시인』 출간을 축하드립니다. 선생님께서는 문학작품들을 꼼꼼하고 조심스럽게 귀담아 읽고 들어 주시는 분으로 정평이 나있으십니다. 처음 평필을 들었던 1950년대 후반 이후 오늘에 이르기까지 선생님의 비평적인 역정은 그 세심함과 모색의 치열함과 일관성이 어우러져 특유의 품격과 아름다움을 이루고 있다고 저는 봅니다.
그런데 선생님, 말문 열기 겸 허튼 질문부터 하나 여쭙겠습니다. 젊은이들 못지않게 꾸준하고 왕성한 필력의 비결이 어디 있습니까? 동년배 분들 가운데 단연 돋보이시는데요.

유종호:
저는 글을 많이 쓰지 못한 편이지요. 우리 쪽 평균적인 생산량에 비하면 영세한 편입니다. 20대엔 책을 많이 읽을 여건이나 처지가 안 되어서 30대 이후에 부족한 면을 보충하려 애쓴 편이지요. 우선 많이 읽어보자는 욕심도 있고 해서 내 깜냥으로는 읽는 편에 치중했습니다.

국내외 작품을 비교적 폭넓게 읽은 편이라 자부합니다. 요즘은 읽어야 머리에 남는 것도 없고 해서 쓰기에 역점을 두는 편이지요. 필력이 왕성하다는 헛인상을 주었다면 그 때문일 것입니다. 외국 문학에서 우리 문학 쪽으로 일자리가 바뀐 것도 한 이유가 될 겁니다.

김사인:

(웃음) 상황에 따른 얼마간의 넘나듦이 없지는 않겠습니다만, 『비순수의 선언』 이후 비평가로서 선생님의 일관성을 '참다운 리얼리즘의 추구' 쪽으로 크게 아우르는 얘기들을 종종 듣습니다. 그러한 평가 속에는 물론 굳어지거나 속화된 리얼리즘을 경계해 온 선생님의 노력을 소중히 여기는 시각이 담겨있겠습니다. 그런 얘기들에 대해 선생님 자신은 어떻게 생각하시는지요. 리얼리즘이란 말이 혹 부담스럽지는 않으신지요.

유종호:

문학이 당대 사회의 객관적인 묘사를 지향함으로써 넓은 의미의 '의식화', 그리고 보다 인간화된 사회를 마련하는 데 기여해야 한다는 생각에 있어서는 리얼리즘을 추구해 왔다고 할 수 있겠습니다. 그러나 세부적으로는 차이를 인정해야 할 것입니다. 소설과 서정시라는 명백히 구분되는 두 장르에 같은 것을 요구할 수는 없다고 생각합니다. 소설이 사회적인 소음으로 가득 찬 것이라면 서정시는 사회적인 소음에 거리를 둔 채 개인의 내면성에 충직한 장르입니다. 소설은 인간과 사회의 미메시스라 할 수 있지만 서정시는 미메시스와는 좀 다르지 않습니까? 서정시를 '감정의 미메시스'라고 느슨히 말할 수는 있겠지만요. 그런 것을 참작한다면 부담은 없습니다.

김사인:

시와 소설을 약간 구별해서 말씀하셨습니다만, 선생님이 시와 관련해서 일관되게 가져오신 언어에 대한 관심의 방식이 저로서는 대단히 인상적이었습니다. 선생님의 관심은 막연히 문학의 토대, 시의 토대인 언어 일반에 대한 것이라기보다 모국어 내지는 토착어적 차원에 대한 것이라고 느껴졌습니다.

유종호:

문학의 매체요 토대로서의 언어를 생각하면서 적어도 20세기 우리 시의 경우 언어의 문제는 토착어의 문제로 귀착된다는 생각을 하게 된 것이지요. 이것은 무슨 추상적인 논의가 아니라 우리 시의 성숙 과정을 살펴보면 풀뿌리 말에 대한 개안, 토착어의 조직과 세련에 성공한 시인들이 결국 시적 성취에 이르렀다는 결론을 내리게 된 것이지요. 시간의 풍화작용을 이겨낸 시인과 작품을 검토해 보면 드러난다고 봅니다. 그렇다고 풀뿌리 말만 가지고 써야 한다는 얘기는 아닙니다.

김사인:

이 땅에서 시라는 것이 언어로 만들어진다는 진리를 최초로 자각하고 실천한 시인이라는 점에서 정지용을 매우 높이 평가하셨던 글을 기억하는데요. 변함 없으시겠군요.

유종호:

변함은 없지만 그렇다고 정지용만이 시인이라고 할 수는 없지요. 20년대에도 김소월과 한용운이 있었습니다. 그러나 한용운은 전문적인 시인이 아니었고 김소월은 25세 이후에도 시인 되기를 뚜렷이 지향한 시인이 아니었습니다. 그런데 정지용에 오면 전문적인 시인으로서의 자각이 뚜렷해지지요. 언어에 대한 각별한 자의식, 방법적인 자각이 있었다고 생각합니다.

김사인:

앞당겨서 여쭙는지 모르겠습니다만, 50년대 이후 60년대, 70년대, 80년대 이렇게 10년 단위로 한 번씩 불러보면, 그중 한 번도 순탄하게 넘어간 때가 없었던 듯합니다. 그런 와중에 문학에 대한 논의 역시, 예컨대 순수다 참여다 리얼리즘이다 모더니즘이다 하는 식의 왈가왈부가 적지 않았는데요, 그런 우여곡절의 시절을 선생님께서는 다 거쳐오셨습니다. 문학이 놓여야 할 마땅한 자리랄까, 문학의 힘, 한계, 이런 것에 대해서 지금은 어떻게 생각하고 계신지요.

유종호:
젊을 때엔 누구나 이상주의적 경향을 갖게 됩니다. 인간에 대한 신뢰, 사회와 역사에 대한 낙관론, 보다 나은 미래에 대한 확신 등이 이상주의의 형태로 나타납니다. 그러한 시기엔 문학의 기능과 역할에 대해서도 과도한 무게를 두게 마련이지요. 그러나 경험은 이러한 이상주의적 낙관론이 깊이 없는 희망적 관측일지도 모른다는 회의를 갖게 합니다. 자연히 문학의 기능이나 역할에 대해서도 냉정을 되찾게 되지요. 문학이 사회적 공감의 영역을 넓히는 것도 사실이지만 필경은 독자의 세계 향유의 일환이라는 생각을 하게 됩니다. 즐기면서 세계를 보는 눈을 밝히는 것이지요.

김사인:
이번 책을 읽으면서 선생님이 쓰시는 '적정성'이란 용어가 또 인상적이었습니다. 정립된 미학상의 용어는 아닐지 모르지만 선생님이 쓰시는 그 말 속에는 많은 것이 함축되어 있다는 느낌을 받았습니다. 아마 선생님의 문학과 삶을 버텨온 마음의 어느 자리와 관련이 있는 개념이 아닌가 합니다. 또 풋내기들로서는 미치기 어려운, 어떤 경지와도 관련이 있을 듯하고요. (웃음)

유종호:
한 작품은 여러 차원으로 접근할 수 있고 여러 가지로 해석할 수 있습니다. 그러나 다양한 해석이 가능하다고 해서 모든 해석이 동등한 무게를 갖는다고 할 수는 없을 것입니다. 수학 문제의 답안처럼 어느 것은 옳고 어느 것은 틀렸다고 할 수도 없습니다. 문학이 우리에게 시사하는 것의 하나는 이 세상이 꽤나 복잡하고 어떤 문제에도 정답은 없다는 것입니다. 그러나 극단적인 상대주의는 가치의 허무주의로 나아갈 수밖에 없지요. 그러한 난문제를 생각하는 과정에서 적정성이란 용어를 떠올리고 채택한 것이지요. 이를테면 한용운의 시를 여러 차원에서 접근할 수 있고 또 그렇게 하고 있지만 그중에는 적정성이 희박한 것이 있고 적정성이 있는 것이 있는 셈이지요. 요즘에는 가령 들뢰

즈나 레비나스를 우리 작품에 덮어씌워서 억지 춘향으로 엮는 경향이 많아요. 적정성이란 기준으로 판단해야 할 것 같아요.

김사인:

다른 글에서도 그렇지만, 선생님께서는 역시 90년대 이후 비교적 젊은 세대를 중심으로 이루어진 해체다, 포스트모던이다 하는 논의들에 대해서 좀 불편해하시는 것 같습니다. (웃음)

유종호:

듣고 보니 사실인 것 같습니다. 젊은 세대의 글이라고 해서 안 읽는 것이 아니라 워낙 많은 책이 쏟아져 나오고 정보량이 많은 시대이기 때문에 책 읽기에 선택적이 될 수밖에 없어요. 따라서 참조가 필요하다거나 심사를 하는 경우와 같이 꼭 읽어야 하는 경우가 아니라면 평소 관심이 있는 한정된 분들의 글밖에 읽지 못합니다. 나이도 있고요. 그러나 문학을 공부하는 입장에서 새로운 이론이나 접근법에 대해서 아주 무지할 수도 없어서 얼추 윤곽이라도 파악하려고 노력은 하고 있어요. 하지만 윤곽만 짐작하는 것에 관해서 얘기하거나 쓸 수는 없는 것이지요. 따라서 그런 문제를 저 자신이 정공적으로 얘기하는 적은 없어요. 그러니까 김 선생 말씀대로 불편해하는 모양이 될지도 모르지요.

또 새로운 이론들만 해도 제대로 이해하자면 한이 없습니다. 푸코, 데리다, 라캉, 바흐친 등등 하나만 골라잡아 연구하려 해도 반평생 사업이 될 지경이지요. 문학 공부도 점점 어려워지고 연구 대상도 넓어지고 있어요. 그렇지만 가령 크리스테바가 처음 발설한 "상호텍스트성" 같은 개념은 읽기, 해석, 비평에서 실제 적용할 수 있고 또 꼭 알아두어야 할 부분이라고 생각해서 그쪽에 관해서는 쓰기를 통해서 이해를 견고히 하려고 생각하고 있습니다.

대체로 우리 사이에서, 특히 각급 학위논문을 위한 연구에서는 비(非)문학적 학문 체계나 지식을 활용해서 작품을 해석하려는 정당한 시도가 자칫 문학과는 너무나 동떨어진 특수 언어가 되고 마는 경향이 있다고 생각합니다. 가령 아도르노는 「하이네의 상처」라는 길지 않은 시인론에서 하이네의 규격화된 주제인 짝사랑이 고향 상실 혹은 뿌리 없음의 비유이며 짝사랑을 노래한 시편이 소외 그 자체를 친숙한 경험 영역으로 당겨 넣으려는 기도라고 말하고 있습니다. 하이네의 상처는 소외가 지양되고 화해가 성취된 사회에서나 치유될 것이라고 말하는 이 비판 이론가의 결론은 하이네 시의 사회적 차원에 대한 조명으로서 그 나름의 의미가 있을 것입니다. 그렇다고 해서 하이네 초기의 사랑 시편을 일차적으로 사랑 노래로 읽지 않고 자본주의 사회에서의 소외 경험의 알레고리로 읽는 것은 주객이 전도되는 것이라고 생각합니다. 아도르노는 하이네 사랑 시편에 대한 정공적 접근과 거기 기초한 2차 문서가 과도할 정도로 축적된 사회에서 새로운 관점을 부가해 본 것이지요. 그러한 전체적 맥락에 대한 고려도 없이 다짜고짜 소외의 비유라고 나서면 불편해지지요. 그래서 적정성이란 말을 하게 되는 것입니다.

김사인:

농담입니다만 선생님의 '적정성' 개념에 대해서도 한쪽에서는 주관적이라고 시비를 할 수 있을 텐데요.

유종호:

모든 사람이 수용하고 비평적 동의를 얻을 수 있는 개념이 있다면 그것은 상식이라고 오도적으로 번역되어 있는 공통 감각(common sense) 비슷한 것이겠지요. 대개의 개념이나 용어는 주관적인 것이 아닐까요? (웃음) 그렇기 때문에 정의니 민주주의니 하는 말도 쓰는 사람에 따라 뜻이 달라지는 것 아닐까요?

김사인:

자연스럽게 이번에 내신 『다시 읽는 한국시인』 얘기로 넘어가겠습니다. 이 자리를 빌려서 저는 이 책을 읽으면서 궁금했던 점들을 실컷 여쭙고 다시 공부하는 기회로 삼을 작정을 하고 나왔습니다. 머리말에서 밝히셨습니다만, 이번 책에서 유독 임화, 오장환, 이용악, 백석,

이 네 시인을 다루신 다른 까닭이라도 있습니까?

유종호:

특별한 이유는 없습니다. 우리 문단 쪽에서 별로 거론이 안 된 시인들 아닙니까? 금지되었다는 이유로 한쪽에서는 과대평가하는 경향이 있는가 하면 다른 한쪽에서는 바로 그 때문에 평가절하한다고 생각되는 면도 있었지요. 균형도 잡고 또 반듯하게 꼼꼼히 읽어서 우리 쪽 정전(正典)에 입적되도록 노력해야 할 것이 아닌가 하는 생각을 했습니다. 홀대받는 약한 자의 편에 서는 것이 문학이 해야 할 소임의 하나라는 생각을 줄곧 해왔기 때문에 자연스레 선택이 된 것입니다. 개인적인 편향된 관점이지만 저는 해방 전 식민지 시대의 문학 가운데서 소설보다는 시 쪽의 성과를 높이 사는 편입니다. 30년대 소설은 텍스트 읽는 것 자체가 고단한 경우가 많아요. 짧기 때문이기도 하겠지만 시 쪽이 시간의 부식 작용을 잘 견디어낸다고 생각합니다. 그러나 가장 근본적인 이유를 든다면, 개인적으로 이들의 시를 좋아하고 높이 평가하기 때문에 다시 읽어본 것이지요. 소년 시절에 이들을 아주 좋아했습니다.

김사인:

선생님 소년 시절에는 그분들 책을 읽을 수 있었습니까?

유종호:

있었습니다. 백석은 해방 이후에 시집을 내지 않았지만 오장환, 이용악은 해방 후에 시집을 냈기 때문에 읽을 수 있었지요. 해방이 되었는데 학교에는 우리말이나 문학에 관한 책이 전혀 없었어요. 그래서 다만 몇 권이라도 책을 꽂아두어야 했는데, 당시 시집이 얄팍해서 값이 비교적 쌌지요. 그래서 정지용이나 윤동주, 오장환 정도가 중학 도서실 같은 데 명목상 꽂혀있었습니다. 재정이 어렵던 시절이라 공립중학 같은 데서 많이 사지는 못했지요. 6·25 전의 일입니다.

김사인:

선생님이 어린 시절부터 마음에 두고 있었던 시인들을 이번에 본격적으로…….

유종호:

뭐 이들만 좋아했던 것은 아닙니다. 청록파 시인도 좋아했고, 좋은 시는 다 좋아했습니다. 설정식의 "곡식이 익어도 익어도 쓸데없는 땅／모든 인민이 등을 대고 돌아선 땅" 같은 대목은 지금도 기억하고 있습니다. 이념을 떠나 얼마나 울림 있고 리드미컬합니까? 이런 성향은 지금도 마찬가지입니다.

김사인:

선생님 세대의 소년기가 저희 3, 40대들의 소년기보다 문학적으로는 훨씬 다양한 체험이 가능했던 듯합니다.

유종호:

그랬습니다. 또 하나 좋은 점은 그 당시만 하더라도 시 비평이 별로 없었어요. 소설 평은 있었던 것 같지만요. 편향된 관점으로 시인을 재단하거나 텍스트와 유관성이 별로 없는 장황한 해석을 내린다든가 하는 일이 없었어요. 그러니까 신뢰할 만한 것이 못 되는 비평을 매개로 해서 시를 읽고 오도적인 글로부터 자진 세뇌를 받고 자기 의견이라고 생각할 확률이 상대적으로 적었습니다. 작품과 감수성의 직거래를 통해서 시를 읽을 수 있었다는 것이 돌아보면 다행이라고 생각합니다. 제가 생경하고 구호적인 정치 시에 거리를 둔 것도 그것과 연관된다고 생각합니다. 시에 대한, 넓은 의미의 홍보나 선전 면에서는 그쪽이 강했으니까요.

흔히 관리 사회란 말을 쓰지 않습니까? 모든 것이 조작(操作)과 관리의 대상이 되어있어, 의견이나 생활 실감 같은 것은 말할 것도 없고 심지어 행복감이나 성취감조차도 관리의 대상이 되어있고 포로가 되어 있습니다. 이런 시대에 문학 향수나 미적 향수는 희귀하게 남아있는 자발성과 진정성의 주체적 영역이라고 생각합니다. 대중문화의 경우에 잘 드러나듯이 이런 분야에서도 자발성과 진정성을 온전히 유지하기가 어렵게 되어있지만요.

해방 직후엔 훈련받은 국어 교사도 없었어요. 그렇기 때문에 모든 것을 편향되게 지도하는 사람도 없었지요. 물론 민족주의나 애국심을 강조하는 풍조는 그때도 있었고 되다 만 자작시를 교실에서 읽어주는 문학청년도 있었죠. 요즘엔 훈련받은 이들이 도리어 오도하는 경우가 많습니다.

김사인:

어설픈 비평의 해독을 입지 않을 수 있었다는 것은 부럽기 이를 데 없는데요. (웃음)

책의 제일 앞에 임화를 다루었고, 분량도 가장 많을 뿐 아니라 분석과 비판에서도 각별한 자상함이 지불되고 있다고 여겨졌는데요. 그걸 보면서 임화에 대한 선생님의 태도 속에는 뭔가 애증이 얽힌 착잡함 같은 게 있을 거라고 짐작을 했습니다.

유종호:

임화는 여러모로 위로받아 마땅한 사람이라고 생각하고 있습니다. 다방면으로 재주도 있고 일도 많이 했습니다. 몇 편의 초기 시편은 20년대 우리 시의 대표적 시편이라 생각하고 있고 해방 후의 정치적 격문 시도 일정한 기여를 했다고 봅니다. 그러나 전체적으로 임화 시는 요설이 많고 감정 탐닉이 많아요. 그래서 백조파의 낭만주의 플러스 사회주의가 임화 시의 핵심이라고 파악하고 있습니다. 시에는 기억 촉진적 요소가 있고 따라서 좋은 시는 저절로 기억되는 법입니다. 역으로 말하면 쉽게 외워지는 시가 좋은 시라고 할 수 있습니다. 임화 시에서 제가 기억할 수 있는 대목은 "눈을 떠도 눈을 떠도/티끌이 날려오는 날/봄보다도 먼저/3월 1일이 온다" 정도입니다. 실감 나는 대목이지요.

일부에서 그의 평론을 높이 평가하는 경향이 있는데, 일정 부분 취할 점이 있습니다. 이념에 대한 일관된 충직성 같은 것은 평가를 받아야겠지요. 그렇지만 진중하게 사고한 흔적이 없고 너무 선두에 서있으려 한 데다 문장도 지리멸렬한 대목이 많아요. 그래서 어떤 유보감을 갖게 됩니다. 제가 쓴 것에 대해 "임화만큼 치열했던 정신이 어디 또 있느냐."는 비판을 받았는데 맞는 말이지만 문학은 또 표현입니다. 제게 임화는 반면교사입니다. 반면교사도 교사이고, 또 흔치 않습니다. 그런 점에서는 김 선생 말씀대로 임화에 대해서는 애증 병존적이라 할까 앰비벌런트한 태도를 가지고 있습니다. 임화의 『현해탄』 초판본을 지금도 가지고 있는데, 친구가 준 것입니다. 그래서 개인적 소회도 있습니다.

김사인:
대학교 시절인가요?

유종호:
아니 중학 시절입니다. 6·25 전이지요. 내가 문학을 좋아하는 걸 알고, 문학 책을 보려면 이런 책을 보아야 한다며 준 것입니다. 초등학교 동기인데 정치적으로 조숙했던 친구였지요. 좌파였던 그의 삼촌에게서 영향을 받은 것이지요. 그러나 아까 얘기한 대로 임화 시는 좋아지지가 않았어요. 「인민항쟁가」의 작사가로서 임화의 성가는 알 만한 사람에게는 알려져있었습니다. 이번 책에서 임화 부분이 길어진 것은 임화의 생산량이 많은 까닭도 있지만 일부의 과대평가에 대한 반응도 있었고, 또 독립된 읽을거리로서도 충실한 글을 만들어보자는 취지에서 이모저모를 다룬 결과라 생각합니다.

김사인:
무엇보다도 1920~30년대 임화의 사상 내용이 갖는 피상성, 경박성에 대한 지적, 그리고 그것이 일본의 유행 사조를 그대로 옮겨 온 데서 기인한다는 지적은 통렬했습니다.

유종호:
통렬하다기보다는 사실 확인을 한 것에 지나지 않는다고 생각해요. 각별히 임화에 대해서 가혹하다기보다는…….

김사인:
그와 더불어 임화 시가 지니는 한계의 일단을 전통 한문 교양의 부

재와 관련해서 해명하셨는데요.

유종호:

한겨레신문의 최재봉 기자가 그 대목을 두고 "쟁론을 요하는 가설"이라고 썼더군요. 추정적인 가설이지요. 저는 근래에 우리 전통문화 속에서의 한문의 기능이나 한문 소양의 의미에 대해서 생각을 좀 해보았어요. 대체적으로 유학의 소양을 가진 분이나 유학 가문의 도야를 거친 이들이 가령 기독교 집안의 기독교인들보다 완고하고 시대와 화해롭지 못할지는 모르지만 인품에서는 윗길이 아닌가 생각하고 있어요. 이것도 추정적 가설이고 잘못 전해지면 큰일 날 소리지요. 숫자면에서 유학 가문 출신이 적으니까 돋보이는 면이 있는 것이고 다수파에는 그만큼 흠이 많이 섞이게 마련이고 그것이 돋보이게 마련이지요. 나름대로 그 차이를 검토하고 있는 중입니다. 그런 맥락에서 임화의 한문 소양과 작품적 성취의 미흡 혹은 허술한 문장을 거론한 것이지요. 몸 기(己), 뱀 사(巳), 이미 이(已) 자에서 볼 수 있듯이 한자는 조그만 차이라도 소홀히 하면 익힐 수가 없어요. 한문은 구문의 특성상 꼼꼼히 읽지 않을 수가 없어요. 또 여러 가지 관습 규칙을 지켜야 하는 한시는 산문과의 차이를 자명하게 터득도록 합니다. 이광수, 김동인, 김소월, 정지용, 이태준만 하더라도 기초적 한문 소양이 있고 그것이 그들의 비교적 탄탄한 문장력과 연관되어 있는 것이 아닌가 생각해서 조심스럽게 거론한 것입니다. 임화나 백철에게 한문 소양이 있었다면 좀 더 정연한 글을 쓰지 않았을까 여겨집니다.

김사인:

임화의 시가 직역된 번역 시 투라는 점에서 이상의 시와 마찬가지라는 말씀을 하셨는데요. 임화 역시 모던 보이 행세를 하던 시절이 있었지요?

유종호:

그렇죠. 다다이스트죠.

김사인:

이상의 창작 심리 속에는 한문 교양으로 대표되는 전통 가치에 대한 애증의 양면이 같이 있는 것처럼 보이기도 합니다. 사실 이상의 삶과 문학이 보여주는 다다적 혹은 모던 보이적 편향 역시 자신 속에 깊이 밴 전통 가치에 대한 '어깃장'이라고 볼 때 이해가 되는 대목이 있고요. 물론 그런 추정 방식이 임화에 그대로 적용되기는 어렵겠습니다만, 연배로 짐작건대 한문에 대한 교양이 없었다고 보기는 어렵지 않을까요……. (웃음)

유종호:

이상에게는 한문 소양이 있고 임화의 경우에는 없다고 할 수는 없을 테지요. 다만 이상이 문학에 관한 한 한결 개방적이어서 다채롭게 작품을 읽었다고 말할 수는 있을 것 같습니다. 이상에게는 일본에서 나온 20세기 문학의 번역서들 그리고 일본의 모더니스트들이 하나의 문학적 모범 혹은 모형이 되지 않았나 생각됩니다. 가령 「오감도」의 "무서운 아이들"에는 단순히 두려워하는 아이뿐만이 아니라 '깜찍한 아이들'의 뜻도 들어있다고 봅니다. 장 콕토의 『앙팡 테리블』 같은 것이 번역되어 모더니스트들 사이에서 널리 읽혔거든요. 이에 반해서 임화가 읽은 것은 일본의 프롤레타리아 시인들의 시와 한참 신흥 과학이라는 이름으로 쏟아져 나온 마르크스주의 흐름의 책이었다고 추정됩니다. 그의 자전적인 글에 그런 면이 강조되어 있지요. 또 개인적인 차이도 고려해야지요. 이상이 훨씬 문학 쪽으로 기울어 사회과학 쪽엔 관심이 없었던 것으로 생각돼요. 공식 교육도 차이를 만들지요. 전문학교까지 나온 이상이 중학 중퇴의 임화보다는 일본 말도 더 잘했을 것 같아요. 이상은 뛰어난 산문가였지만 임화의 산문은 엄밀성과 정연함이 아주 부족하지요. 하지만 시에 관한 한 저는 임화 편입니다.

김사인:

특히 임화와 정지용 간의 긴장이 흥미로운데요. 서로를 어떻게 의식하고 있었는지 궁금합니다. 선생님께서는 두 사람의 대립이 사회파 대 기교파의 차원과 더불어 낭만주의 대 고전주의의 대립을 포함하고 있다고 지적하셨는데요.

유종호:

임화로서는 정지용을 의식했겠지만 정지용 쪽에서는 후배인 임화를 크게 의식하지 않았을 겁니다. 고전주의적 완벽성과 절제를 지향했던 정지용은 감정의 절제를 모르고 장광설 토로하기를 일삼는 낭만주의자 임화를 얼마쯤 미숙한 시인으로 보았을 것 같아요. 한편 시인으로서의 성가는 당시 정지용 쪽이 높았기 때문에 임화로서는 신경이 쓰였겠지요. 정지용처럼 사회적으로 무책임하고 식민지 지식인으로서의 의식을 갖지 않은 시인이 훌륭한 시인으로 통한다는 것에 노여움 같은 것을 느꼈던 것 같아요. 그래서 시편에서 정지용을 야유하기도 하고…….

그런데 해방 후엔 사정이 달라지지요. 해방 직후는 일제에 대한 투쟁 경력이 있는 임화 등 카프 계열이나 과거의 동반자 작가들이 기를 편 시기였지요. 임화는 실질적으로 문학가 동맹의 실세였고요. 그래서 정지용도 "해방 전에는 임화가 가장 멀고 또 무섭게 느껴졌는데 요새는 가장 가깝게 느껴진단 말이야."라고 말하고 있어요. 일종의 보비위지요. 박산운이라는 전위 시인이 「정지용 방문기」란 글을 쓴 게 있어요. 해방 후 나왔다가 사라진 《신세대》란 단명의 잡지가 있었는데 거기에 정지용 댁에 갔더니 어린 딸에게 『시경』을 가르치고 있었다는 인터뷰 기사가 나와요. 중학 때 정지용 팬이어서 정지용의 이름이 나오는 글이 있으면 서점에서 '서서 읽기'로 읽어치웠습니다. 그때 읽은 것인데 그 후 그 잡지를 다시는 보지 못했습니다. 김학동 교수한테 얘기했더니 그 잡지가 찾아지지 않는답니다. 정지용의 「의자」란 시도 그 잡지에 났었습니다. 해방 직후엔 정지용뿐 아니라 김기림도 임화에게 한몫을 단단히 주었습니다. 해방 전에 김기림은 시평 같은 데서 임화를 언급도 하지 않았지요. 그런데 해방 후에 나온 『문학개론』에서는 읽어야 할 문학 서목으로 『현해탄』을 『정지용 시집』보다 앞에 두고 있어요. 이번 책의 각주 부분에서 간략히 언급했지요.

김사인:

크게 보아 임화의 시들이 우리의 전통적 문학 토양에 착근하는 데는 실패했다고 말할 수 있을까요?

유종호:

그렇지는 않을 겁니다. 「우리 오빠와 화로」 같은 시는 지금도 낭독하면 아주 좋아요. 1920년대에 이만한 시가 많지 않지요. 이상화의 「빼앗긴 들에도 봄은 오는가」와 견주어 손색이 없는 작품이라고 생각합니다. 또 정치적 격문 시 분야에서 임화의 영향력은 컸습니다. 오장환, 신동엽의 시에서 그 흔적을 찾을 수 있어요. 임화가 다방면에서 활동했기 때문에 시에 전념하지 않은 것이 시인으로서 상대적 취약성으로 귀결된 것이 아닐까 생각해요.

김사인:

그런 측면은 없겠습니까? 임화로부터 시작되는 격문 시들이 형식 자체만 놓고 볼 때는 단조로워 보이지만, 시의 내용에 해당하는 강렬한 사회적 의식 또는 행동을 향한 긴장과 결합될 때 나타나는 위력은 감안해야 하지 않을까요? 신동엽, 김남주 같은 시인의 성공적인 작품들이 그런 경우라고 생각되고요.

유종호:

격문 시의 일반적 특징은 사태를 단순화해서 이분법으로 분류해 놓고 어느 한편을 성토하고 공격하는 것입니다. 그러니까 당장의 효과도 있고 얘기도 있습니다. 김 선생이 지적한 대로입니다. 사르트르도 『문학이란 무엇인가』에서 바나나가 금방 땄을 때 가장 맛있는 것처럼 문학작품도 당장에 소화되어야 한다는 말을 하고 있어요. 그런 입장에서 보면 격문 시는 그 나름의 의미와 가치를 가지고 있습니다. 문제는 세상만사를 선명한 이분법으로 가를 수 있는가, 하는 점에 있습니다. 또 구비 시라면 몰라도 독자를 위해 써진 시가 반복적 향수를 견디어내지 못하면 좋은 시가 되기가 어렵지 않은가 생각됩니다. 그러나 저 자신도 무슨 소린지 모르는 주문 같은 산문체 시보다는 격문 시를 좋아합니다.

김사인:

좀 다른 얘기가 되겠습니다만, 22쪽에 "시인의 시작 과정이 무로부터의 불가사의한 창조가 아니며 신들린 상태에서 자신도 모르게 주어지는 영감의 산물도 아니고 개인의 경험과 선행 작품을 질료로 한 기술적 제작 과정임을 인정할 때"란 대목이 있습니다. 임화를 다루는 대목에선데요, 시 창작 과정은 그런 것이라는 선생님의 생각이신지요? 시인들의 입장에서는 좀 미진하게 들리지 않을까요?

유종호:

그건 제 생각이라기보다 상호텍스트성(intertextuality) 이론의 관점인데 대체로 옳다고 생각합니다. 사실에 맞는다는 의미에서 말입니다. 시작 과정에는 시인이 의식하는 부분과 의식하지 못하는 부분이 있는데 무의식의 수준에서는 선행 작품에 많이 의존한다고 봅니다. 많이 읽어야 좋은 작품을 쓸 수 있다는 것도 이와 관련된다고 생각합니다. 물론 개인차는 인정해야겠지요.

김사인:

혹 선생님께서 시를 포함해서 예술 작품이 내포하는 일종의 비의적 차원이랄까 계시적 차원이랄까 하는 것을 너무 배제하시는 건 아닌가, 텍스트에 대한 충실성을 강조하시는 선생님의 시에 대한 태도가, 외람된 표현일지 모르겠습니다만, 자칫 과도한 과학주의로 비칠 수도 있지 않나, 뭐 그런 생각도 들었습니다.

유종호:

김 선생이 말씀하시는 비의적 차원의 설정 자체가 시작 과정이나 문학 자체를 조금은 신비화하는 것이 아닌가 생각합니다. 비의적 차원 얘기가 나왔으니 얘기인데 가령 낭만주의가 강조하고 숭상한 영감이라는 것도 사실은 무의식의 수준에서 꾸준히 추구한 것이 어느 날 갑자기 의식의 수준으로 떠오른 것이라 할 수 있습니다. 무의식에서 의식으로 떠운 메시지가 의식에 수신된 것이지요. 영감이라는 것도 깊이 생각해 보면 상호텍스트성의 문제로 귀착 내지는 환원되지 않을까 막연히 생각하고 있어요. 다만 글을 쓰다 보면 의외로운 요행을 만나는 수가 있습니다. 뜻하지 않은 행복한 표현 같은 것이 있게 마련이지요. 내가 쓴 것이 아니라 쓰기가 내게 쓰게 했다는 말에는 일단의 진실이 있습니다. 글쓰기뿐 아니라 말하기에서도 마찬가지예요. 차근차근히 생각하면서 말을 하면 뜻하지 않은 행복한 생각이나 표현을 만나는 일이 없어요. 그러나 충동에 말을 맡기고 막 지껄이다 보면 의외로운 착상이나 표현이 저절로 나오는 경우가 있는 게 사실입니다. 물론 아주 조그만 착상이요 표현이지요. 그러나 그것을 '과대평가' 할 수는 없다고 생각합니다. 과학주의란 말은 달갑지 않지만 신비화에 동조하지 않는다는 뜻이라면 받아들이겠습니다.

김사인:

(웃음) 네. 알겠습니다. 또 105쪽의 이런 대목도 제가 밑줄을 쳐가면서 읽었습니다. "시간은 모든 것을 선연하게 밝혀주게 마련인데 이 사실은 하나의 계고로서 받아들여야 할 것이다. 정치 권력뿐 아니라 문학 권력에 대한 해바라기 동작이나 문학 권력을 위한 공작적 작태는 모두 에누리 없이 훤하게 드러나게 마련이다."라는 부분인데요, 문맥을 넘어 선생님의 육성이 그대로 전해지는 듯했고, 또 그 시간의 불가사의한 힘이란 것에도 생각이 미치면서 얼마간 숙연해졌습니다.

유종호:

정지용의「유리창」을 혹평한 임화가 윤곤강의「소」를 애송에 값하는 가작이라는 투로 고평하고 있는 것에 대해, 옛 카프 파의 동료에 대한 패거리 우애의 공개적 교환이라고 말하는 문맥에서 한 얘기입니다. 거기 있는 대로 시간이 지나면 다 훤히 드러나지요. 오늘날 누가 윤곤강의「소」를 정지용의「유리창」보다 훌륭한 작품이라고 하겠습니까? 오늘에도 그런 공공연한 우정 교환이 있다면 미구에 다 드러날 것입니다. 비평 행위는 선별 행위이기도 합니다. 시간이 가장 냉혹한 비평가란 말을 나는 믿습니다. 그렇지만 그 대목도 아주 엄숙한 마음으로 쓴 것이라기보다는 약간 희롱조로 쓴 것입니다.

김사인:

제가 너무 무겁게 얘기했나 봅니다.

유종호:

사람 사는 곳에 힘 있는 사람이 있게 마련이고 문단이라고 해서 예외는 아닐 겁니다. 힘 있는 사람들이 얼마쯤 과도한 대접을 받거나 평가를 받는 것은 피할 수 없는 것이고 그런 것을 염두에 두고 한 소리입니다.

김사인:

문단의 권력이 지금은 주로 어디에 있다고 보십니까? (웃음)

유종호:

권력이라는 것은 사방에 있는 것이지 어디 중심이 있어서 거기에서부터 나오는 것이 아니잖아요. 그때그때 현장에 다 있는 거죠. 문학동네에 오면 문학동네에 있는 거고……. (웃음)

김사인:

말씀 내신 김에 '문학 권력 논쟁'이란 이름으로 불리는 일각의 설왕설래에 대해서도 한 말씀 들려주십시오.

유종호:

권력을 얘기하는 것 자체가 권력투쟁의 일환이 아닐까요? 나이도 있고 해서 별로 관심이 없어요. 관심 가질 여유가 없다고 말하는 편이 진실에 가까운 것인지도 모르겠어요. 요즘은 성적(性的)인 것을 비롯하여 까발리기가 성행하는 것 같아요. 좋게 말해서 한결 솔직해지는 것인지도 모르지요. 그러나 기운이 있을 때 지적 자본을 축적하고 내구성 있는 글을 쓰는 것이 더 보람 있는 일이 아닌가 생각합니다.

김사인:

이번 책에서 오장환은 상대적으로 소략하게 다루어진 느낌이던데요?

유종호:

의도적인 것은 아니고 지면 조절을 하다 보니 그렇게 된 것일 뿐입니다. 저는 오장환을 시인으로서는 가령 김기림보다 더 높이 평가하는 편이에요. 물론 오장환이 김기림의 후배이기 때문에 훨씬 유리한 지점에서 시적 출발을 했다는 점을 무시할 수는 없지요. 그가 국내에서 낸 시집이 네 권인데 해방 전에 응분의 평가를 받은 『헌사』 시편을 중심으로 얘기하기 때문에 『나 사는 곳』 시편이 거둔 성과에는 별 언급이 없었어요. 종전의 평가를 그대로 무자각적으로 답습했거든요. 그래서 『나 사는 곳』 시편에 역점을 두었습니다. 오장환은 음률성에 남달리 착안한 시인이었습니다. 그 점에 그의 장점도 있고 취약점도 있어요. 해방 전 우리 시의 정상 부분을 장식하고 있는 시인이라고 봅니다.

김사인:

미당의 「자화상」도 그렇습니다만, 오장환 초기 시들에 현저하게 드러나는 '저주받은 시인'의 이미지는 대체 어디서 온 것인가요? 거기 수반되는 퇴폐와 위악의 분위기가 아직도 시인, 예술가의 이미지에 겹쳐져 있다고 보는데요.

유종호:

좋은 지적입니다. 그러나 '저주받은 시인'이란 자임은 얼마쯤 과장되고 또 작위적인 면도 있다고 보아요. 보들레르를 필두로 한 몇몇 프랑스 시인의 영향도 있고, 시인의 사회적 소외와 연관해서 이루어진 자기 정의라고 생각합니다. 카프 문학이 퇴조한 시기에 등장한 이들은 식민지 현실에 대한 사회적 저항이 불가능한 시기에 자학과 위악을 통해 저항하려 했다고 생각합니다. 심리적인 측면에서 그렇다는 것이지요. 시인도 사회 속에서 밥을 먹고 살아야 하는데, 한글 시를 써서는 전혀 불가능한 시기였지요. 그래서 자연스레 '저주받은 시인'이란 자임과 자기 정의가 나오게 된 것이라 봅니다. 《시인부락》이란 동인지 표제에 벌써 그 점이 드러나 있지요. 또 시인이 저주받은 존재란 것은 세계 도처에서 시인의 삶이 보여주고 있기도 하지요. 우리의 경우 김삿갓이 그렇고…….

김사인:

《시인부락》의 '부락'이란 말이 단순히 '마을'만을 뜻하는 게 아니고, 그런 자학과 위악의 의미가 강하게 실린 것인 줄을 이번 선생님의 책에서 배웠습니다.

유종호:

네, 그것은 갖바치나 백정 등 옛 천민 층이 사는 동네를 가리키는 일본 말이지요. 일본 말에서도 부락이 통상적인 뜻을 가지고 있어서 비교적 소수의 민가를 구성 요소로 하는 지연단체나 공동체로서의 매듭을 가지고 있는 민가의 무리를 가리킵니다. 그러나 신분적, 사회적으로 심한 차별 대우를 받는 사람들이 집단적으로 거주하는 지역을 가리키기도 해서 부락민이라 할 때는 차별 대우 받는 사람들을 말합니다. 미당의 「자화상」이나 오장환의 「성씨보」에는 일종의 부락민 의식이 과장되어 나타나지요. 그러니까 《장미촌》의 그 촌이 아니라 어디까지나 '부락민'의 그 부락이라 생각합니다. 반속적 저항과 위악적 자학 심리가 배어있는 동인지 표제라 생각해요.

김사인:

그런 여러 공통점들에도 불구하고, 선생님께서는 오장환을 결국 미당에는 미치지 못하는 시인으로 평가하셨지요?

유종호:

해방 당시나 직후의 시점에서 양자를 비교하면 우열을 가리기 힘들지요. 오히려 오장환이 풍성했지요. 그러나 오장환은 해방 후 월북해서 작품이 끊어졌으니까 장수한 미당에는 미치지 못하지요. 그러나 미당의 잠재적 가능성은 컸습니다. 오장환처럼 쉽게 시를 쓰지 않았고 과작이었지요. 그 점이 큰 차이예요.

김사인:

미당 얘기가 나왔으니 친일 문제, 친일 문학 문제에 대해서 짚어주셨으면 좋겠습니다. 이번 책의 이용악 대목에서 얼마간 다루고 계십니다만······.

유종호:

극히 중요하면서도 민감한 문제여서 말로 하기가 주저됩니다. 친일 문제는 미당을 떠나서도 아주 중요한 문제지요. 저도 그 문제에 대해서는 나름의 의견을 가지고 있습니다. 그러나 짤막한 지면에 엄밀성이 없는 말로 다루기는 싫습니다. 다만 몇 가지만 말씀을 드리지요. 친일을 비롯해 몇몇 미당의 행적에 대해서는 참 실망스러운 점이 많지요. 그의 행적을 옹호할 수는 없고, 해서도 안 되지요. 그러나 정상참작은 필요하지 않느냐는 것입니다.

아까 유학 전통과 인품을 잠깐 얘기했는데 가령 이육사를 보세요. 유가에서 자란 정통 선비예요. 그러니까 거기서「광야」란 시도 나오고 지사의 일생도 나옵니다. 그러나 "애비는 종이었다"는 저주받은 이에게 이육사의 위엄이 가능할까요? 이광수, 김동인을 비롯한 개화 선구자들이 유학 전통과 무관하다는 것은 연구 대상이에요. 육당도 학문은 있었으나 중인 출신이었지요. 친일에서 자유롭다는 벽초도 유가 출신이고 돌아갈 땅이 있었기에 가능했다고 봅니다.

저는 해방 후의 인물로 유병진이란 법관에 대해서 경의를 가지고 있어요. 자유당 때 평화통일론이 국시 위반이라 해서 검찰에서 사형 구형을 받은 조봉암에게 그 부분에는 무죄를 선고하고, 권총 소지에만 법령 위반이라며 2년을 선고한 분이죠. 그날로 형사 법원에서 민사 법원으로 전근 발령이 났고 반공 청년들이 집 앞에서 시위를 했어요. 용공 판사 물러가라고. 그 때문에 존경하는 게 아니에요. 젊을 적에『재판관의 고민』이란 그의 얄팍한 책을 본 적이 있어요. 제목도 좀 우습고 문장도 마음에 안들었어요. 그러나 그 정신에 감동받았어요. 9·28 수복되고 나서 부역자 처리를 하게 되었는데 그는 당시 서울 지법의 판사였어요. 처벌 대상이 너무 많고 당시 부역자 처리법이 중형 주의여서 웬만하면 무기징역 아니면 사형이었다는 거지요. 이 많은 사람들을 다 중형에 처해야 옳은가? 고민이 컸답니다. 그래서 자기가 피고의 입장에 서서 자기도 부역을 하지 않을 수 없었다고 생각되는 경우에는 과감히 무죄를 선고하고, 안 할 수 있었다고 생각되거나 과도하게 행동했다고 생각되는 경우엔 유죄를 선고했다는 것입니다. 그가 담당한 피고는 대다수 무죄를 선고받아 용공 판사 아니냐는 의혹도 받았답니다. 우리가 타인을 단죄할 경우엔 유병진과 같은 심정이 돼보아야 한다고 생각합니다. 더욱이 문학인의 경우엔 말이지요. 지금 유병진을 기억하는 이는 아무도 없어요. 나도 그분에 대해 앞에 말한 부분 이외에는 알지 못합니다. 그러나 그것만 가지고도 경의에 값하는 인물이라 생각합니다. 이런 인물이 완전히 망각되고 직업적인 거짓말꾼이나 무책임한 날라리 들이 사회를 운전하고 있다는 점에 우리 사회의 문제가 있다고 생각합니다.

미당의 입장이 되어 자신은 친일을 안 했을 것이라고 장담할 수 있는 인물만이 그를 성토할 수 있다고 생각합니다. 그러자면 일제 말기가 어떤 시대였는지에 관한 연구와 역사적 상상력이 필요하다고 생각합니다. 또 미당 시를 정말로 좋아했던 경험이 있으면 심한 소리는 못하게 되지 않나 생각합니다. 미당 시가 별거냐 하는 사람의 안목과 판단력은 믿지 않습니다. 미당에 대한 정상참작의 필요성을 얘기했습니다만 그것으로 끝은 아니지요. 정상참작을 얘기함으로써 내가 불리한 입장에 선다는 것을 알고 있습니다. 그러나 문학인에게는 검사보다는 변호인의 역할이 어울리는 것이라 믿고 있습니다. 엄격한 기준을 가지고 검토하면 망명객 아니고서는 남아날 사람이 없다고 생각합니다.

또 보들레르까지 가지 않더라도 톨스토이나 도스토예프스키를 위시해서 인간적인 과오 문제에서 자유로운 문인은 없습니다. 브레히트나 루카치도 인간적인 악한이었어요. 하이데거도 한나 아렌트에게 한 짓은 비열의 극치입니다. 그렇다고 만날 이들을 성토하거나 이들의 작품을 안 읽는다면 누가 손해겠어요.

김사인:

다른 분야와 달리 예술을 다루는 자리에서 곧 친일 논의가 좀 더 섬세하게 이루어져야 되지 않을까요? '친일'이라는 용어 자체도 많이 거칠다 여겨지고요.

유종호:

동감입니다. 그리고 역사 공부도 많이 해야겠지요. 비판보다도 계고적인 국면을 고려하면서 반면교사로 삼아야 할 것입니다. 미당을 읽는 것은 독자의 세계 향수를 위해서이지 미당을 위해서가 아닙니다.

김사인:

이 책에서 이용악은 식민지 시대의 경향성 시인들 가운데 상대적으로 우월한 시인으로 평가되고 있습니다. 이용악이 가졌던 구체적인 가난의 체험 때문일까요?

유종호:

그런 면도 있겠지요. 그는 추상적인 차원에서 식민지 현실을 노래한 것이 아니라 자기의 빈곤 경험이나 불행한 가족사와 같은 구체적 세목에서 출발해서 작품을 썼어요. 「풀벌레 소리 가득 차 있었다」, 「전라도 가시내」 같은 작품에서 그것을 엿볼 수 있지요. 그러나 한편 그가 과작의 시인이라는 것도 고려해야 할 것입니다. 뜸을 들여 썼고 공허하고 구호적인 관념에서 출발한 경우가 적습니다. 그 나름대로 풀뿌리 말에 대한 탐구를 했어요. 초기 작품과 『오랑캐꽃』 시편을 비교해 보면 알 수 있습니다.

김사인:

이용악 대목의 어느 자리에서 선생님께서는, 좋은 시의 경우 불가피한 비의성을 가질 수 있으며, 또한 산문적인 전언의 모호성이 도리어 작품의 매혹으로 이어질 수 있다는 뜻의 말씀을 하고 계십니다. 부분적인 것을 가지고 제가 떼를 쓰는 느낌도 있습니다만, 그러한 유보의 태도와 앞에서도 들려주신 선생님의 시독법의 기본 원칙들 간에 갈등은 없습니까?

유종호:

별로 느끼지 못하겠는데요. 저는 한용운의 「알 수 없어요」를 굉장히 좋아합니다. 잘 모르면서도 가령 랭보의 시도 늘 읽었습니다. 영역본도 세 권이나 가지고 있어요. 다만 미숙함에서 오는 모호성이라고 생각되는 작품에 대해서는 아주 비판적입니다. 그것 때문에 김 선생의 질문이 촉발된 것이 아닌가 생각되네요.

김사인:

백석이 남아있습니다만, 어떻든 1930년대의 우리 시가 전례 없는 속도로 예술적 세련을 이루었다는 사실에는 이의가 없을 텐데요. 이것이 어떻게 가능했다고 보시는지요?

유종호:

상승 단계의 문학에서 흔히 일어나는 현상이라고 생각됩니다. 역동적인 변화가 한꺼번에 일어나는 시기가 있는 것 같아요. 러시아 문학 같은 데서도 비슷한 현상이 일어났고 일본도 마찬가지가 아닌가 생각합니다. 20년대의 준비 기간을 거쳐 문학적 에너지가 폭발한 것이지요.

김사인:

그 시대에 시를 쓰고자 한다는 것은 대체 어떤 의미를 갖는 욕망이었을까요?

유종호:

거기에 문학의 힘이 있다고 생각합니다. 남의 시를 읽고 감동받아서 자기도 시를 쓰고 싶어하는 것이 보통이지요. 르네 지라르가 얘기하는 매개에 의한 타인의 모방이라는 측면도 강하고요. 음악이나 미술이나 감동받고 스스로 연주가나 미술가가 되기를 꿈꾸는 것인데, 이런 경우 대개 가정에서 반대했지요. 그럼에도 동경을 버리지 않고 어려운 길을 가게 하는 데서 예술의 힘을 볼 수 있는 것이지요. 자기표현의 욕망이라고 하지만 예술에는 그런 마력이 있어요.

김사인:

당시에도 시를 한다는 것이 돈 되는 일은 아니었을 텐데요…….

유종호:

돈이 되기는커녕 굶어 죽기 알맞은 일이 아니었을까요? 그래서 어느 정도 여유 있는 사람이 했어요. 하다 못해 중등교육이라도 받은 사람이 한 것 아니겠어요? 오늘날보다 훨씬 험한 길이었지요. 다만 긍지나 자부심 같은 것은 더 컸으리라 생각합니다. 일종의 과잉 보상으로 말이지요.

김사인:

그냥 건너뛰어서 백석 대목으로 넘어가겠습니다. 흥미로운 것 중의 하나는 백석의 방언들이고, 이것을 중요한 부분으로 삼고 있는 백석 초기 시의 정체가 무엇인가가 늘 궁금합니다.

유종호:

저는 그렇게 생각했어요. 백석 시대만 하더라도 표준어의 개념이 확립된 게 아니었죠. 그 당시 한글학회에서 맞춤법을 제정하고 또 소위 서울 중류 계급의 말을 표준말로 한다고 했는데, 지금처럼 표준말의 개념이 아직 성립되지 않았을 때였지요. 그런데 백석 시 자체가 어린 시절의 회상 시 아니겠어요? 그런데 어린 시절의 어휘라는 것이 서울로 공부하러 와서 배운 언어가 아니라 자기의 토박이 언어인 평안도 방언이었단 말예요. 그러니까 백석으로서는 유년기의 회상을 소재로 채택한 이상 방언을 쓰는 것이 정직한 것이지요. 표준말로 옮겨놓으면 유년의 원형이라는 게 깨질 것 아니겠어요? 그래서 그것은 당연한 일이 아니었는가 생각하고요. 또 백석이라는 사람이 왜 유년 체험에 집착했는가 하는 것은 그의 개인적 취향이나 성향과 관계된다고 보아야지요. 사회 적응에 문제 있는 사람들이 어린 시절에 고착한다는 얘기도 있지요.

김사인:

백석은 일본에 유학 가서 영문학을 전공했고, 또 조이스를 국내에 소개하기도 했지요?

유종호:

러시아인 미르스키의 조이스 언어에 대한 에세이를 번역했었지요. 아일랜드 극작가 싱(Synge)에 관한 언급이 있는데 백석은 진한 아일랜드 방언으로 어촌 생활을 다룬 싱에 관심이 있었고 또 일정 부분 배운 바도 있는 것 같아요.

김사인:

김기림은 백석의 『사슴』 시편을 두고 당시 일련의 향토 주의와는 명료하게 구별되는 모더니티를 품고 있다고 언급했고, 이후에도 백석의 방언 지향을 모더니스트적 본질과 관련해서 해명해 보려는 노력이 적지 않았는데, 선생님께서는 어떻게 보시는지요?

유종호:

그건 맞지 않는 것 같아요. 기법상으로 모더니스트의 그것이 조금 엿보인다고 해서 모더니스트라고 하면 모더니스트 아닌 사람이 어디 있겠어요. 백석 작품 가운데서 아카시아 꽃에 관한 것 등 단시 몇 편을 제외하면 기법상의 근사치를 보이는 것도 별로 없어요. 모더니스트 김기림은 자기가 보고 싶은 것만 본 것이지요.

김사인:

백석 초기 시편들의 언어를 유년 경험의 회복, 또는 심신 상관체 기억의 재현 과정에서 무자각적으로 구사되는 방언이라고 보기는 어렵지 않을지요. 그렇게만 보기에는 시들이 굉장히 절제되어 있고, 그 행간에 서려있는 침묵의 밀도가 대단하다고 생각됐어요.

유종호:

시인이 언어에 대해서 완전히 무자각적일 수는 없지요. 그러면 시인이 아니지요. 또 젊은 날에는 자기의 독자성을 과장하여 보이고 싶어 하니까 백석의 방언 주의나 열거법도 그런 일면으로 이해할 수 있지요. 하지만 유년 회상의 과정에서 필연적으로 나온 부분도 무시할 수 없다고 생각해요. 동시 발생적인 것이 아닌가 생각합니다.

김사인:

백석의 경우 범생명 주의라 해야 할지, 일종의 영안(靈眼)이 열려있던 시인으로 제겐 느껴집니다. 선생님께서는 '동화적 상상력'이라 말씀하셨습니다만, 1930년대 우리 문학 속에 생명에 대한 그토록 깊은 연민과 외경의 의식이 있었다는 것은 놀랍고 큰 일이라고 생각합니다.

유종호:

이른바 '마법으로부터의 세계 해방'을 경험하기 이전의 전근대적 상상력이 아닐까요. 그것을 시인의 비전이라고 흔히 얘기하는 것이지요. 또 근본적으로는 친화적 세계 이해에서 오는 특성이라고도 생각합니다.

김사인:

근대 이전 당대 일반인들의 심성이라 할지라도, 그것이 백석에서처럼 적확한 조선어의 몸을 입고 나타나는 것은 유례가 없지 않습니까?

유종호:

그렇죠. 지금 방금 적확하다는 말씀을 하셨는데요. 저는 정지용의 시를 보면 참 적확하다, 다른 말로 대체할 수 없다는 느낌을 많이 받아요. 반면 백석의 경우에는 그런 느낌보다는 오히려 소박하고 원초적이란 느낌을 많이 받았어요. 정지용의 경우에는 말 한마디를 골라서 대체하는 게 불가능하다 했는데 백석의 경우에는 얼마든지 대체가 가능할 것 같아요.

김사인:

시의 여백이나 울림, 이런 점에서 비교하면 또 다를 수도 있을 듯한데요. 어쨌든 선생님께서는 정지용 쪽에 좀 더 후하신 편이지요? (웃음)

유종호:

그것보다는 정지용이 훨씬 표준적인 시인이고 백석은 얼마쯤 일탈적인 시인이란 것이지요.

김사인:

선생님께서는 30년대 시인들에 대해서도 그러하고 요즘 시인들에 대해서 역시 모국어의 단련과 연마를 시인 됨의 가장 큰 할 일로 꼽고 계신 듯합니다.

유종호:

사회적으로 소외를 받음에도 불구하고 시인이 사회에 기여하고 사회에서 힘을 발휘하는 것은 시가 사회를 정화하고 더 나아가 신축성, 유연성, 활력을 불어넣기 때문이 아닌가, 이것이 결과적으로 사회에 커다란 기여가 되는 게 아닌가 하는 생각이 들고요. 역기능을 하는 사람이 있다면 시인으로서 훌륭한 시인이 아니라고 생각합니다. 내가 이상을 평가하지 않는 이유가 여기에 있습니다. 모든 나라에서 좋은 시는 그 나라만의 특색을 활용하고 있어요. 그런데 이상의 시를 보면 우리나라 말을 잘 활용했다거나 우리나라 말의 독특한 표현이 기가 막히게 맞다거나 하는 것이 없어요. 김소월의 경우에 "죽어도 아니 눈물 흘리우리다"는 한국적인 표현이란 말이에요. '내가 죽어도 거기에는 안 간다.' 하는 것이 한국적인 표현이죠. 그런데 이상의 시에는 그런 것이 하나도 없어요.

김사인:

선생님께서 말씀하시는 모국어, 부족의 언어의 범위가 넓혀질 여지는 없겠습니까?

유종호:

너무 넓히다 보면 나중에는 차별성이 없어져요. 그러니까 일단 이것을 강조하려면 자연히 좁혀가면서 강조를 해야지…… 무작정 강조만 하려다 보면 나중에는 무엇을 강조하려는지 모르게 되는 것 아니겠어요?

김사인:

이번 책을 읽으면서 의아했던 것 가운데 하나가 이상에 대한 선생님의 평가가 너무 야박하신 건 아닌가 하는 점이었는데요. 그처럼 대조적으로 보이는 산문과 시가 모두 가능했던 이상의 의식 자체가 지니는 의미가 또 있지 않겠습니까? 시작 행위 또는 언어 행위가 갖는 주술적 힘이랄까요. 뭐라 설명하기 어려운 차원이 있는 것 아닐까요.

유종호:

산문가로서의 이상은 천재적이라고 생각해요. 구분할 필요가 있다고 봅니다.

김사인:

시를 쓰는 일은 선생님께 어떤 의미인지요. 지면에 시를 발표하기 시작하신 것은 근년의 일이지만, 신경림 선생님 말씀으로는 중학교 시절부터 좋은 시를 쓰셨다고요.

유종호:

간단해요. 중학교 2, 3학년 때는 많이 썼어요. 그러다가 6 · 25가 났고 그다음부터는 안 썼습니다. 정지용의 글에, 아는 사람이 있는데 시를 매우 좋아하지만 시를 쓸 생각을 전혀 하지 않아 그것만 가지고도 시를 아는 이라고 여기고 있다는 대목이 있습니다. 나도 그런 사람이 되려고 했지요. 또 시 쓰기나 시인 됨에 내포된 잠재적 위험성, 생활의 파괴력 같은 것을 막연히 알고 있었고 두려워했어요. 토마스 만에 대한 관심과 공명도 그런 것과 관련이 있지요. 잘나가다가 육십이 되니까 무어 그리 엄격하게 생각하나, 생전에 문집 하나 갖는 것도 좋지 않은가, 그런 생각이 들어 워드프로세서 장만한 김에 다시 써본 것이지요. 발표한 것을 후회한 때도 있어요. 쓸 만한 작품이 한 30편 모이면 문집 한 권만 내렵니다. 시인 소리 듣고 싶은 생각은 전혀 없습니다. 소설도 한 번은 쓰고 싶고요. 서양에서는 시집 안 낸 문인이 없지요.

김사인:

『다시 읽는 한국시인』에 이어 어떤 작업을 준비중이신지…….

유종호:

특별히 준비하고 있는 건 없습니다. 있다 하더라도 말이 앞서 가면 되나요. 그때그때 주문에 응해서 쓰는 글은 안 쓰럽니다. 간략한 '한국 현대 시사' 정도는 써야 하지 않을까 생각하고 있어요. 또 모더니티나 우리 문학사의 특수성에 대한 에세이는 자기 입장 정리를 위해 쓰려고 합니다.

김사인:

좋은 말씀 많이 들었습니다. 『다시 읽는 한국시인』을 읽으면서 시를 읽는 즐거움을 깨닫고 시와 더불어 세계를 즐기는 사람들이 더욱더 늘어나리라 생각합니다. 앞으로도 계속 건강하시고 이번 책처럼 유익한 저술을 많이 하셨으면 합니다. 긴 시간 수고하셨습니다.

유종호:
고맙습니다.

(《문학동네》 2002년 가을 호)

■ 비평가와의 대화

운명애와 현실주의

이황직(숙명여대 교수)

　초겨울 추위가 유난하다. 겨울 끝 꽃샘추위는 매워도 한나절인데, 다 못 거둔 밭에 내린 첫서리는 겨우내 가슴을 저민다. 제법 식견을 갖춘 소설가 이태준이 "이상이견빙지(履霜而堅氷至)"라며 닥쳐올 암흑시대를 예견했을 때 식민지 민족의 상황이 그랬으리라. 자고 일어나 보니 '성을 갈 놈'이 되었고 '우상을 숭배하는' 무리가 되었다. 그 한탄조차 우리말로 할 수 없으니 더욱 슬펐다. 하지만 윤동주는 이태준의 말을 뒤집어 서릿발에서 "멀리 봄이 올 것"을 보았고, 역사는 그것을 실증하였다. 한글보다 히라가나를 먼저 익힌 조선의 어린이들은 해방이 되자마자 그 한스러움을 메우기 위해서 가장 아름다운 우리 시를 찾아 읽고 또 외웠다. 오늘 가장 정확한 평론과 박진감 넘치는 산문을 쓰는 이로 평가받는 유종호 교수가 바로 그 주인공이다.

　이미 일가를 이룬 선생의 업적을 여기에 적는 것은 되레 어색하다. 전집 다섯 권을 묶어낸 것이 1995년인데 그 이후에도 두 권의 저서 그리고 여럿이 쓴 산문집을 냈었다. 인사를 드리고 나서 바로 지난여름에 새로 낸 『다시 읽는 한국시인』에 대해 여쭤보았다. 이 책은 1930년대 시단의 중심인물이었지만 해방 이후 월북 또는 재북의 이유로 잊혀왔던 임화, 오장환, 이용악, 백석, 이 네 시인의 작품에 대한 깊이 있는 독서의 성과물이다.

"새 책에 대한 독자들 반응은 어떤가요?"

"제게 직접 말을 하는 사람은 없으니까요. (웃음) 월드컵이 한창이던 6월에 내보내서 내심 걱정도 했었는데, 8월에 2쇄를 찍었답니다."

"이번 책 역시 언어예술로서의 시 이해를 기본으로 하고 있다는 점에서 선생님의 지론을 확대, 발전시키는 것으로 읽었습니다. 그런데 만약이지만, 정지용이나 백석이 참여시를 썼다면 조금 달라지지 않았을까요?"

"한 시인에게 너무 많은 것을 요구할 수는 없습니다. 더구나 1930년대라고 해봐야 우리 현대 시의 출발점에서 겨우 10여 년 지나온 시점입니다. 그들은 우선 서정시의 틀을 세우기 위해 노력해야 할 의무를 부여받은 사람들이지요. 물론 그들의 세계 이해가 좀 더 넓게 열려있지 않았다는 점에 대해서는 저 역시 아쉬워하고 있습니다."

"《문장》 신인 추천 과정에서 지용이 훗날 청록파의 멤버가 되는 조지훈과 박목월의 시를 두고 생활의 흔적은 없이 기교만 승하다며 비판한 뜻 가운데서 지용의 사회참여관을 엿볼 수 있지 않을까요?"

"그런 구절도 있지만, 전반적으로는 신인들에게 절차탁마하여 천의무봉의 경지에 이르라는 선배의 격려로 보는 것이 낫습니다. 다시 말해 높은 수준으로 언어를 갈고 닦으면 기교를 부린 티가 나지 않습니다. 지용의 뜻은 그런 것입니다."

"60년대 신동엽의 성공을 일제강점기에는 상정할 수 없었겠습니까?"

"똑같이 정치 시를 썼어도 임화와 달리 신동엽이 성공을 거둘 수 있던 것은 그가 뒷자리에 있었기 때문에, 다시 말해 선행 시인들의 문학적 숙련의 영향을 보고 배운 게 많은 까닭입니다. 그는 임화에게서 간결한 정치 시의 호흡을 배웠지만, 거기서 머물지 않고 우리말을 가다듬는 노력을 기울였는데 그것이 바로 선행 시인의 영향입니다."

"이번 책으로 해서 해방 전 중요 시인들에 대한 평가 작업이 거의 마무리된 듯합니다. 체계적인 현대 시사(詩史) 쓰기의 유혹은 없습니까?"

"아직 구체적인 계획은 없지만, 20세기 시문학의 흐름을 고증보다 시 이해에 충실하게 조감하는 책을 간략하게 써볼 생각입니다. 지금까지 미뤄두었던 김기림, 이상, 김광균과 같은 30년대 모더니스트를 검토하고 나면, 자연스럽게 그 일이 가능하지 않을까 생각합니다."

백석의 대표작으로 시인들에게 애송되어 온 「남신의주 유동 박시봉방」은 1948년 10월 《학풍》 창간호에 발표되었지만, 연구자들은 그 시의 분위기로 보아 해방 이전에 씌었을 것으로 추측하였다. 사실 딱히 그걸 입증할 자료도 없는 형편이다. 그런데 유종호 선생은 백석의 다른 시와 달리, 그 시에 유독 쉼표와 마침표 같은 문장 부호가 사용되었다는 점에 착안하였다. 일점일획도 제 놓아질 위치에 있어야만 한다는(물론 이는 정지용의 말이지만) 서정시의 세계에서, 시인이 안 쓰던 문장 부호를 썼다는 것은 중대한 변화이다. 이러한 '발견'을 통해 알려진 자료를 검토하면 기존의 해석과는 전혀 다른 결과, 곧 그 시가 해방 후에 쓴 것임이 드러나는 것이다. 이와 같은 꼼꼼한 시 읽기는 영미 신비평 훈련의 결과라기보다 우리 시에 대한 진실된 사랑에서 자연스럽게 우러나온 것이다. 정지용의 시어 중 "누뤼"(「구성동」에 보임)를 '노을'로 해석하던 관례를 깨기 위해 선생이 기댄 것은 충청도 방언 사전이 아니었다. 선생은 그 시를 자연스럽게 읽어가면서 그 뜻이 '우박'임을 밝혔다. 이는 지용의 「비로봉」에 다시 한번 등장하는 "누뤼 알"에서 확증되는 것이다. 까닭에 선생은 자신 있게 "시의 비밀은 시인의 다른 시편 속에 잠복해 있다."고 가르치는 것이다.

선생의 비상한 기억력은 문학 연구자들에게 정평이 나있다. 문헌 고증이라고 산더미 같은 기록물을 뒤질 수는 없다. 지관이 수맥을 찾을 때처럼, 뛰어난 문학 연구자는 문학사와 사회사를 통해 얻은 직관과 영감으로 뜻밖의 자료를 발굴한다. 망실된 자료는 기억으로만 존재할 수 있는데, 그런 경우에는 기억을 통해 문헌 부족을 메워야 한다. 때로는 다른 이들이 거들떠보지 않던 작은 흔적에 주의를 집중하여 전혀 새로운 해석을 내놓기도 한다. 이런 덕목을 고루 갖췄기에 선생의 '평론'은 '연구'보다 더 '실증적'이다. 최근 몇 년간 선생은 그 기억력을 바탕으로 해방 전후 사회사를 경험적으로 재구성하는 작업을 하고 있다. 1999년의 《작가》 연재(이는 『아름다운 시간의 나무』라는 제목의 4인 공저 산문집으로 묶여 나왔다.), 그리고 현재 《문예중앙》 연재가 그것이다.

"기억력의 원천이 혹시 쭈욱 쓰신 일기에 있는 것은 아닌지요?"
"중요한 단어만 적어놓으면 나중에 다 기억할 거라고 믿었기 때문에 일지처럼 매일 적어두었지요. 지금도 그날그날 중요한 일이라든가 대화 내용 같은 걸 요점만 적어둡니다. 그런데 이젠 그걸 읽어도 옛 장면들이 떠오르지 않습니다.(웃음) 그나마 이사 통에 거의 분실되었고요. 기억의 강도는 관심에 비례한다는 게 제 경험적 확신입니다. 사랑하는 사람의 이름을 잊었다는 박인환의 시 구절은 그가 그 사람을 그만큼 절실하게 사랑하지 않았다는 걸 반증합니다."
이 연재가 끝나면 『나의 해방 전후』로 묶으시겠다는 말씀에, 문득 이태준의 단편소설 「해방 전후」를 염두에 둔 것은 아닌가 해서 보충 질문을 던졌다.
"그렇긴 합니다. 하지만 아무래도 소설은 허구적 구성에 의존할 수밖에 없습니다. 저는 기억이 더 쇠하기 전에 살아온 그대로 역사적 비극의 한 모퉁이를 그리려고 합니다. 예를 들어, 초등학교 시절의 기억이 불분명하면 그때 동창들에게 물어봅니다. 여러 사람이 한 모퉁이씩의 기억을 갖고 있는데, 그 기억들을 오려 붙이면 그것이 곧 온전한 '실록'이지 않겠습니까? 우리네 사회사 연구의 지리멸렬함은 사실 민중의 기록이 많지 않은 까닭에 기인합니다. '당시를 살아보지 않은 이들'이 빠지기 쉬운 낭만적 환상과 다른, 어렵고 고단한 현실을 보여주고 싶었습니다."

필자는 선생의 《작가》 연재 당시 첫 회분을 읽으면서 그것이 5·16에 관한 회상에 바쳐졌다는 점에 새삼 주목했다. 그만큼 중요한 '기억'이라면, 그것은 꼭 있어야 할 것의 '결핍'에 대한 반응이리라. 사실 선생이 5·16 직후에 쓴 평론 「한국의 페시미즘」은 단절된 민주주의의 역사에 대한 지식인의 뼈저린 슬픔을 담은 암유다. 해방 전후에 대한 그의 기억 또한 그런 결핍을 증거하고자 하는 의도가 아닐까. 질문은 자연스럽게 선생의 어린 시절로 거슬러 올라갔다.

"1935년 충주 생으로 기록되어 있는데, 혹시 진천 생이 아닌가요?"

"1941년에 증평으로 이사하기 전에 진천에서 쭉 자란 것은 사실이지만, 당시 풍습에 따라 태어나기는 외가가 있는 충주에서였습니다."

"증평으로 이사한 것은 학교 입학을 위해서인가요?"

"아닙니다. 이사하고 나서 얼마 후 그곳에 있는 학교에 들어간 것입니다."

"문학에 관심을 둔 계기는 어떤 것입니까?"

"열 살 때 충주로 옮겨 가서야 서점 구경을 했습니다. 그러다 보니 책 읽기를 좋아한 것도 대부분 세 살 위 누님의 교과서를 읽으면서였습니다. 그 가운데 초사흘 달을 향해 "내게 칠난팔고(七難八苦)를 달라."고 외치는 사무라이. 그 이름도 기억합니다, 야마나카 시카노스케라고. 허구의 인물을 위해 눈물을 흘린 건 그때가 처음이었습니다. 읽을 게 귀하니 소리 내서 읽고 외우기를 즐겨 했습니다."

선생은 입학 전에 천자문을 배웠다. 하지만 어린 시절에 집 앞 마당에 곱돌[활석]로 글자를 쓰고 노는 것을 보고 동네 노인들이 칭찬은커녕 너무 어린애에게 공부를 가르치면 해롭다며 강제로 공부를 그만두게 했다. 그렇다면 문자언어로서 체계적으로 배운 것은 일본어가 처음이고, 음률에 대한 감각을 배운 것도 바로 그 제국의 언어를 통해서였던 것이다. 선생은 그것을 사실로 정직하게 인정함으로써 해방 이후 모국어에 그 몇 배의 사랑과 노력을 기울일 수 있었던 게 아닐까.

"해방 후 군정청에서 나온 『한글 첫걸음』을 통해 ㄱ ㄴ ㄷ을 처음 배웠습니다. 서점에 가면 《새벗》,《별나라》,《소학생》 등의 잡지가 나와 있었어요. 사지는 않고 마냥 읽기만 하는 아이를 좋아할 서점 주인은 없으니까, 거기서 함께 취급하는 학용품을 몇 개 사요. 그러면 일종의 면책특권이랄까, 사지 않고도 잠깐이나마 책을 읽을 수 있었습니다. 동요와 시는 짧으니까 그 자리에서 외워 나올 수 있었지요.(웃음) 동시집으로는 박영종(박목월)의 『초록별』, 이원수의 『종달새』가 기억 나고, 방정환의 동화집도 읽었습니다. 산문으로는 순 우리말로 된 김성칠의 『조선 역사』를 읽었는데, 박제상이니 원효 스님의 이야기가 재미있어서 몇 번이고 읽었습니다."

"윤동주가 정지용의 동시집을 통해 시를 배운 것과 비슷하군요."

"그렇습니다. 동요가 모든 시의 근본입니다."

"선생님께서 비록 좌익 측 문학에 대해 유보적인 태도를 가지고 있지만 그래도 김동석 평론은 뛰어나다고 했는데, 그것을 읽은 것도 그 시기 아닙니까?"

"중학교에 들어가자 벌써 민청(좌익계)과 학련(우익계)이 갈려서 제게 이런저런 얘기를 했습니다. 좌익 쪽 선배들이 '우익은 공부 못하는 학생들이다, 문학을 하려면 좌익 쪽이어야 한다.'며 설득도 했고, 또 심정적으로도 좌익 쪽에 끌리지 않은 것은 아니지만, 그쪽 문학은 어린 눈으로 봐도 재미가 없었어요. 그래서 단체 활동에는 일절 가담하지 않고, 조용히 책 읽는 일에만 열중했습니다."

"서울대에 진학할 때 국문과가 아닌 영문과에 진학하신 것은 어떤 연유이신지요?"

"문학을 하려면 책을 많이 읽어야겠는데, 그러기 위해서는 우선 외국어를 마스터해야 된다는 생각이 들어서 그랬습니다. 좋아하던 한국 문인들, 예를 들자면 정지용이나 김동석이 영문과 출신이었다는 것도 문학인의 길을 가려는 어린 제게 그것이 바람직한 코스라는 인상을 심어주었습니다."

윤동주가 도시샤 대학에 안착한 이유 중 하나는 흠모하던 시인 정지용이 그곳 영문과 출신이었기 때문이었는데, 유종호 선생은 같은 이유로 '영문과'를 택한 셈이다. 이미 충주 지역에서 총명하기로 소문난 그가 법과가 아닌 영문과를 택한 것을 두고 중학 시절 은사로 충북 지역 교육계에서 명망이 높던 이백하 선생은 혀를 쯧쯧 차며 안타까워했단다. 넉넉잖은 제자의 가세로 볼 때, 역시 당대발복은 법과가 낫다고 본 까닭이다. 그렇게 결단을 내리고 들어왔건만 막상 서울대 영문과는 그 시절 한국 대학의 일반적 분위기를 따라 배움에 큰 도움이 되지 못했다. 대개의 교수진은 그의 눈에 실력도 열의도 있어 보이지 않았다. 마침 연희를 떠나 그곳에 적을 두었던 실력자 이양하 선생은 사전 제작을 위해 미국에 체류 중이셨기에 수업을 들을 기회가 없었다. 아직까지 생존해 계신 권중휘 선생만이 꼼꼼하게 영어를 가르치셨기에 그분께 배운 것이 많았다고 술회하신다. 시인이기도 한 송욱 교수의 수업에서 기억이 남는 게 하나 있는데, 영시의 'listen!' 구절을 '들어라!'로 옮길 줄 알았는데 뜻밖에 '귀 기울여라!'로 옮기시는 데에 역시 시인이시구나 느꼈다고 한다. 이런 형편이다 보니 대개의 수업에는 충실할 수 없었고, 성적도 좋지 못했다. 그런 성적은 훗날 그가 모교와 다시 관계를 맺으려 할 때 장애 요인이 되기도 했다.

"수업을 등한시한 것과 고전 음악 취미가 혹시 관련이 있습니까?"
"그때 동급생 하나가 아주 음악광이었어요. 친구를 따라 음악다방을 다니며 고전음악에 쭉 빠졌지요. 그때 음악이라는 말은 곧 서양 고전음악을 일렀는데, 달리 들을 만한 음악이 있었던 것도 아니던 시절이었습니다. 일정 때 SP 음반 대신 LP 음반이 나온 게 바로 그 무렵인데, 다방 주인들은 LP 음반을 구입해 놓고도 새걸 아끼느라고 예전의 SP 음반을 틀어주던 시기이지요."

시간 관계상 음악 감상에 관한 질문은 그만두었다. 선생은 방송국에서 고전음악 프로그램의 디제이를 맡아달라고 요청받을 정도로 그 분야에선 뛰어난 귀를 가진 애호가로 알려져있다.

"신경림 시인과의 관계에 대해서 궁금해하는 사람이 많습니다."

"4학년 때 처음 만났는데, 몇 달간 같이 하숙 생활을 하기도 했습니다. 고교 시절에 '신응식'이라는 이름으로 그가 교지에 낸 글들을 읽고 재능 있는 후배구나라는 생각을 하긴 했었지만, 처음 '신경림'이라는 이름으로 발표된 그의 시를 보았을 때, 그게 바로 후배 '신응식'인지는 몰랐지요."

"평론가 활동을 처음 시작하던 무렵의 글을 이번에 다시 읽어봤는데, 이미 시에 관해서는 뚜렷한 관점과 뛰어난 안목이 있었음을 확인할 수 있었습니다. 그 당시 얘기 좀 들려주시지요."

"그때만 해도 시에 관한 평론은 시인들이 쓰는 것으로 인식되어 왔습니다. 비로소 우리 세대가 거기에 도전을 한 셈인데, 사실 시라는 장르에 대해서만큼은 시인들의 평가가 정확하기도 합니다. 좋은 시와 그렇지 않은 시를 구분하는 안목이 있는 평론가는 요즘도 많지 않다고 생각하고 있습니다."

"언어예술로서의 시 인식, 그리고 토착어 지향성의 강조 등의 방법이 이미 40년 전의 평론에 나타나있습니다. 그것이 상대적으로 소설 평론보다 시 평론을 더욱 두드러지게 만드는 이유는 아닐까요?"

"그렇습니까? 시라는 장르는 항간의 소음에서 격절되어서, 다시 말해 내면성의 울림 속에서만 존립 가능합니다. 반면에 소설은 아무래도 소음이 많은 장르입니다. 그래서 더욱 세계 모순에 대한 명확한 인식과 삶의 전면적 진실을 포착하려는 소설가의 노력을 높이 평가해 왔습니다."

"이른바 '산문정신'으로서의 소설에 대한 관심이시지요?"

"그렇습니다. 하지만 소설을 읽을 때도 언어에 대한 작가의 감수성에 주목하는 것은 마찬가지입니다. 작가의 스타일만 봐도 대성할 작가

인지 아닌지를 느낄 수 있어요."

"스타일의 부재와 소설이 무척 길어지고 있다는 것이 상관이 있을까요?"

"그럴 거라고 봅니다. 워드프로세서의 도입이나 원고료 등 외적인 문제도 있지만, 무엇보다도 작가 개성의 표현인 스타일의 부재 때문에 길어진다고 봅니다. 중편이면 다 쓸 걸 분량만 늘려놓고는 장편이니 대하(소설)니 합니다. 분량이 늘어나려면 합당한 이유가 있어야 하는데, 그렇지 않고 분량으로 승부하려는 책들을 읽으려면 지루하고 눈이 피로해 결국 덮어버리고 맙니다."

"요즘은 주로 시 평론을 쓰시는데요."

"글 청탁이 주로 시에 대한 것으로 집중되니 주문생산자로서는 어쩔 수 없습니다.(웃음) 사실 나이가 드니까 예전보다 더 밀도 있고 응축된 형식인 시에 관심을 갖게 되는 것 같습니다."

"일부에서는 세계화 시대에 선생님이 주창해 온 '부족 방언의 순화'라는 국민국가 시대의 시 논리가 여전히 유효한가에 대해 회의감을 표시하고 있는데요?"

"물질세계의 변화는 인정합니다. 다만 시가 언어예술인 한 시의 기능은 변하지 않을 것입니다. 다시 말해 영어가 국제어가 된다고 해서 영어로 시를 쓴다는 것은 상상할 수 없습니다. 우리의 언어가 유지되는 한, 시는 우리말 표현의 확장과 심화의 기능을 계속해야 할 것입니다."

"토착어 지향성도 마찬가지일까요?"

"오해가 있는데, 제가 토착어만 갖고 시를 쓰라고 한 적은 없습니다. 예를 들어 이용악의 경우 초기에 한자어가 많이 노출되었는데, 나중에 토착어 사용이 많아지면서 뛰어난 시들이 많아졌다. 이런 식의 분석을 보여주었을 뿐입니다. 다시 말해 무슨 추상적 담론으로 들고 나온 게 아니라 우리 시의 역사적 발전 과정을 관찰하고 내린 결론입니다. 제가 시를 많이 왼다고들 하는데, 그건 제가 외는 시가 좋은 시이기 때문일 겁니다. 좋은 시는 저절로 외워집니다. 저절로 외워지는 시는 그만큼 우리의 정서를 언어로 다듬어 음률화하는 데 뛰어남을 반증합니다."

 선생은 대학 졸업반 때 선친의 와병으로 가족 부양을 떠맡아야 했다. 충주 사범학교 교사 시절은 그런 연유로 얻어야 했던 일자리였다. 당시 재능은 있되 가난한 부모를 둔 젊은이들이 그곳에 모여들었다. 동병상련이랄까, 고향이되 벽지하향이라 할 거기서 당신과 같은 처지의 학생들을 보면서 자신은 차라리 행복한 편이라고 절실하게 느꼈다고 한다. 청주교대, 공주사대에서 가르치다가 풀브라이트 프로그램의 지원으로 뉴욕 주립대학원(버팔로)을 마쳤고, 돌아와서 인하대를 거쳐서 비로소 1977년 이화여대에 올 때까지 그는 모든 방면에서 서울로의 종주화가 극심한 한국에서 문화적 변두리만을 돌아다녔다. 선생께 관립 대학 출신다운 분위기가 느껴지지 않는 이유를 묻자, 바로 20년에 걸친 '유랑' 속에서 겪은 문단 및 학계와의 물리적 고립 덕분 아닐까 하고는 말씀을 아꼈다.

 "시인에게 학벌은 짐이 될지언정 도움이 되지는 않는다는 것을 압니다. 하지만 특정 학교에서 배운 시인이 그 학풍에 영향을 받는다는 것은 충분히 가능하리라는 생각이 드는데요. 예를 들어 연희전문 없이는 윤동주를 이해할 수 없습니다. 그래서 여쭙는데, 1996년부터 선생께서 가르치고 계신 이곳 연세의 시인들에 대해서는 어떻게 생각하시는지 듣고 싶습니다."

 "밖에 있을 때는 짐작만 했었는데, 막상 와 보니 연세 교풍의 자유로움이 시인에 미친 영향이 대단한 것임을 알았습니다. 윤동주뿐 아니라 아주 잠깐 연희와 인연을 맺었던 유치환이나 김수영 시인의 개성을 이해할 때도 학풍을 건너뛸 수 없습니다. 그것은 현역 시인들의 경우에도 마찬가지입니다. 시인들이 슬픔의 주조음밖에 모르던 시기에, 정현종 시인은 고통을 노래할 때도 위트를 섞을 수 있다는 것을 처음으로 보여주었습니다. (필자는 언젠가 선생이 쓴 글 가운데 정현종 시인을 생각할 때면 떠오르는 시가 「꽃피는 애인들을 위한 노래」였고, 비교적 근래작으로 「좋은 풍경」 등을 들어 "해학의 친화력"이라 표현했음을 덧붙인다.) 요절한 기형도는 한 시대와 '상징적 대응 관계'에 있다는 점에서 독특한 시인이었습니다. 언젠가 「한 오백 년」을 부를 때의 구성진 소리가 아직도 귓전에 울리는 듯합니다. 나희덕 시인은 요즘 시인들치고는 드물게 건실한 창작 활동을 보여준다는 점에서 큰 기대를 걸고 있습니다. 아직 젊은 시인이므로 칭찬을 아끼고, 대신 덧붙이자면, 좀 더 완벽해지라는 주문을 할까 합니다."

"아까 말씀하신 간략한 현대 시사 말고 따로 준비하고 있는 책은 무엇입니까?"

"준비라기보다는 구상하고 있는 책이 하나 있습니다. 한국의 근대성에 관한 연구인데요. 그동안 우리의 문학사 연구는 자기 정의 없이 그때그때 편의에 따라 이뤄져왔고, 그러다 보니 남의 생각만을 숨차게 뒤쫓아 왔습니다. 기왕의 서구 거대 담론에 의존하는 방식 대신에 실제 근대 전후의 문학작품을 통해서 근대 전후의 차별성을 드러내고 싶습니다."

선생다운 생각이어서 향후 저작을 벌써부터 기대해 본다. 선생은 요즘 귀울림이 생겨서 북한산은 못 가고 근처의 야산을 산책하는 것으로 건강 관리를 대신하신단다. 끝으로 최근 틈틈이 발표되어 시인들을 아연 긴장시키고 있는 선생의 창작 시에 관해 여쭈었다. 컴퓨터에 한글 자판을 깔고 나서 타자 연습 삼아 썼다고 말씀하시지만, 사실 선생은 중학교 시절에 이미 뛰어난 시를 쓰고 있었다는 신경림의 증언이 있다. 6·25가 앗아 간 계량화할 수 없는 문화사적 손실의 목록 가운데 '시인 유종호'라는 이름이 있었던 것이다. 이순이 넘어서 본격 발표된 그의 서정 시편 가운데 한 편 자천해 달라고 자꾸 조르자, 《세계의 문학》 1997년 겨울 호에 실은 「고추잠자리」를 여전히 맑고 힘 있는 목소리로 직접 암송해 주셨다.

쇠똥에 딩굴어도 이승이 좋아
쇠똥구리처럼 말똥구리처럼
똥밭에 딩굴어도 이승이 좋다고
우리네 조선 사람 말하더니

死者를 다스리는 왕이기보다
(그러니까 염라대왕 되기보다도)
째지게 없는 집 종살이를 하더라도

따 위에서 땅 위에서 살고 싶노라
亡者 아킬레스는 말하던데
정말로 그러한가?
지겹지도 않은가?

고개 드매 문득
그제 같은 하늘에
어른 어른 몇 마린가 고추잠자리

"구극에서는 기법을 망각하라."고 한 것은 정지용의 말인데, 감히 말하자면 이 시가 그런 듯하다. 읽을 만한 것 30편 남겨 문집으로 묶고 싶다고 겸연쩍게 말씀하신다. 문득 선생이 평론집을 묶으면서 "불멸의 한 줄은커녕"이라는 부제를 달아놓은 「서시」의 쓸쓸함이 떠오르기도 했지만, 어쨌든 독자들은 대가의 겸손의 말을 곧이곧대로 믿지 않을 것이다. 질문할 것은 아직 천지인데, 약속 시간은 훌쩍 앞질러 갔다.

연구실 탐방을 끝내고 돌아가는 길에 써야 할 글의 초두를 골똘히 잡아보았다. 선생을 현실주의자라고 부른다면, 현실의 고난을 운명애로 감싸 안는다는 의미에서 사실이다. 그 운명애는 모국의 비애에 대한 현실적 이해의 기초이었기에, 남의 인간적 허물에는 역지사지할 만큼 '현실적'이다가도, 당신의 슬픔에는 아랑곳하지 않으며 묵묵히 앞날을 개척한다는 면에서는 '이상적'이다. 요즘 한국인에게서는 찾아보기 힘든 마음이다.

《진리·자유》2002년 가을 호)

■ 비평의 원리

쉰 목소리 속에서
―유종호 씨의 비평과 리얼리즘

김우창(문학평론가)

1

  한 사람의 삶을 어떤 주제에 의해 정리하여 살핀다는 것은 말할 것도 없이 어리석은 짓이다. 그렇게 할 수 없다는 것이 소설과 현실의 삶의 차이이고 이것이 우리의 삶을 그 모양새 없음으로 하여 따분하고 의미 없는 것이게도 하고 또는 다른 한편으로 자유롭고 풍부한 것이게 한다. 어떤 경우는 둘을 혼동함으로써——소설과 삶, 또는 하나의 지적 공식과 한 사람의 삶을 혼동함으로써 희극과 비극, 허황된 환상과 가혹한 처형의 드라마가 벌어지기도 한다. 여기에 비해 원래부터 어떤 의도 속에 기획되게 마련인 글은 주제나 관심의 일관성으로 정리될 수 있는 것이다. 그러나 이것도 한 편의 글이나 저작이 아니고 한 사람의 긴 지적 활동의 결과일 때 당연시할 수는 없는 일이다. 더구나 그것이 문학과 같은, 지적 활동임에 틀림없으면서도 그것을 넘어서 삶의 리듬에 일치하고자 하는 글의 경우에 그렇다. 사람이 하는 일이란 어떤 경우에나 시간 속에서의 행동이기 때문에 결과에 못지않게 과정이 주요한 것이라 하겠고(산다는 것은 순수한 과정 이외의 다른 어떤 것도 아니다.), 글도 결론이나 요지 또는 요약 이상의 과정이며 또 그럼으로써만 살아있는 의미를 간직하는 명이 있다. 문학의 글이 특히 그러한 것이다. 이것은 평론과 같은 시간적 체험보다는 지적 구도로서 성립하는 글의 경우도 그렇다. 어떻게 체험이면서 이성적 질서일 수 있느냐 하는 문학의 고민을 평론도 쉽게 벗어날 수는 없다.

1957년부터 오늘까지 30년 이상의 긴 평론 활동으로부터 뽑은 선집을 개관하면서 유종호 씨를 리얼리스트라 하고 그의 저작의 역정을 리얼리스트의 역정이라 하는 것은 극히 조잡한 단순화에 불과하다. 그러나 이러한 단순화가 조잡하면서도 불가피하다는 것을 떠나서도 그를 리얼리스트라 부르는 것은 꼬리표로써 단순화하는 것이 아니라 그의 삶과 지적 작업이 삶의—우리 시대의 삶의 복잡한 상황으로 열려있는 것이었다고 말하는 것이라는—변명을 가지고 있기 때문이다. 지난 30여 년 동안의 그의 비평 작업은 우리 시대의 가능성에 대하여 가장 열려있는 의식으로 대하여 온 지적 궤적을 대표하는 것이라 할 수 있고, 리얼리스트라는 이름은 이 사실을 지적하는 말에 불과하다.

2

유종호 씨를 리얼리스트라고 부를 때 그것이 지적으로, 감성적으로 참으로 개방적인 상태를 지적하는 일이라는 것을 우리는 다시 한번 강조할 필요가 있다. 이러나저러나 리얼리스트란 현실에 즉하여 살고 생각하는 사람일 텐데, 그것이 간단한 것이 아님은 말할 것도 없다. 현실이란 무엇인가? 그것에 즉하여 있다는 것은 무엇인가? 이러한 질문과의 씨름—단순히 이론적인 씨름이 아니고 그야말로 현실적인 씨름이 여기에 전제되어 있는 것이다. 우리의 이름을 정당화하기 전에, 조금 우회가 되더라도, 이러한 문제들을 서구 리얼리즘의 논의와 관련하여 살펴보자.

이미 잘 알려져있듯이, 적어도 문화적 논의에서 이야기될 때의 리얼리즘은 대체로 한 가지 전제와 서로 모순되는 듯한 두 계기를 가지고 있다. 리얼리즘의 가장 적절한 번역은 현실주의다. 리얼리즘은 모든 것의 출발을 현실에서 찾는다. 그런데 한 가지 전제되어 있는 것은 이 현실이 무엇보다도 사회적인 것으로 생각되어야 한다는 것이다. 디오게네스나 산림처사의 삶이 불가능한 것은 아닌 까닭에, 언제나 맞는 것이라 할 수는 없겠지만, 하여튼 리얼리즘은 인간이 사회적인 존재라는 것을 받아들인다.(엄격하게 말하여 디오게네스와 같은 경우도 완전히 혼자 살 수 있는 것은 아니지만, 여기서 우리는 대체적인 상황만을 이야기하고 있는 것이다.) 그리고 사람은 그의 생존의 문제를 해결하는 데에 있어서나 그 창달을 위해서 사회를 필요로 한다고 생각한다. 문학에 있어서의 리얼리즘은 이러한 현실을 있는 그대로 그려내고자 한다. 그러니만큼 있는 현실을 수용한다. 적어도 그것의 중요성을 인정하는 것이 아니라면 구태여 그것의 언어적 재현이 큰 관심사가 될 수 있겠는가? 이러한 현실의 수용은 어떤 경우는 현실 긍정과 쉽게 구별되지 않을 수도 있다. 리얼리즘의 또 하나의 계기가 이것에 대하여 다른 쪽으로 평형추 노릇을 한다. 그것은 보다 나은 미래에 대한 이상이다. 그리하여 문학에서의 리얼리즘은, 그것이 비판이나 부정으로 표현되든 아니면 낭만적이고 낙관적으로 표현되든, 문학이 이 이상에 봉사할 것을 요구한다. 물론 이론적 관점에서는 리얼리즘의 두 계기는 서로 다른 요소를 접합해 놓은 것이 아니라 하나의 과정의 양면일 뿐이다. 현실은 이미 그것을 넘어서 보다 나은 미래로 나아가는 변증법을 담고 있다. 이 현실의 자기 초월을 궁극적으로 보장해 주는 것은 역사 진보의 법칙이다.

 그러나 현실 안에서 또는 역사 법칙 안에서의 모순의 통합은 어디까지나 이론이고, 실제의 현실이 그렇게 뚜렷한 모양을 보여주는 것은 매우 드문 일이다. 그럴 때 리얼리즘의 요구는 서로 합칠 수 없는 두 개의 선택을 강요하게 된다. 현실의 수용 또는 미래의 이상 추구——이것 중 어느 하나만이 가능한 선택이 되는 것이다. 얼핏 보기에 전자의 선택의 결과는 자명한 것 같다. 이에 대하여 현실에 관계없이 이상을 택하는 것은 고결한 일로 보인다. 그러나 그것은 부질없는 모험주의, 생명의 무분별한 낭비, 소영웅주의, 또 어떤 경우는 광증에 끝나는 것일 수도 있다. 그런가 하면 현실의 수용 또는 현실에 철저한 태도는 기회주의, 냉소주의, 순응 주의로 이어지는 것이지만, 다른 한편으로서는 사람의 삶 그것이 현실 이외의 다른 것일 수 없다는 뜻에서 생명 긍정적인 가치에의 개방성을 의미할 수도 있다. 더 나아가 보다 나은 삶을 향한 갈망이 사람의 삶에 본래적인 것이고, 진보적 역사 이해 또는 진보하는 역사에 대한 소망도 거기에서 오는 것이라면, 현실에 철저한 것이 오히려, 이론적 정연함이 주는 만족은 없다고 하더라도, 보다 나은 미래에 대한 탐색의 일부가 될 수도 있다고 하겠다. 리얼리즘의 출발이 현실을 인간의 유일무이한 생존의 장이라고 보는 데 있다는 것은 삶의 문제의 해결을 낭만적 영웅주의의 도박을 통해서가 아니라, 되든 안 되든 현실 안에서 또는 현실의 가능성 안에서 찾아야 한다는 말이기 때문이다. 물론 어떤 경우에나 선택은 쉬운 것이 아니며 또 온전할 수 있는 것도 아니다. 이것은 특히 선택이 어떤 상황에서나 주어진 삶을 살아야 하는 사람의 실존적 선택이 될 때 그럴 수밖에 없다.

　말할 것도 없이 역사 그것이 진보하는 것이든 아니든,'그것이 객관적 사실로 존재하든 아니하든, 그것은 삶의 요구에서 나오고 또 그러니만큼 역사적 세력이 된다. 제1차적으로 역사의 진보 또는 발전에 대한 요구는 삶의 비참성의 해결 방책으로서 대두된다. 이 비참성이 참을 수 없는 것일 때, 그야말로 노예의 쇠사슬 이외에는 잃을 것이 없다는 심정에 이르렀을 때, 막보기의 도박이 없을 수 없는 것은 아니다. 비참의 상황이 쇠사슬 이외에 아무것도 잃을 것이 없는 경우가 많은 것이 또 인생이다. 비참성은 역동적 변화 속에서 또는 더 나아가 불균형 발전의 역학 속에서 발생한다. 그리하여 그것은 보다 나은 삶에 대한 약속으로 또는 그것을 향한 목표와의 관련 속에서 대두된다. 리얼리즘의 정치학에서(문학적 리얼리즘은 물론, 보다 넓은 리얼리즘의 일부이다.) 비참성의 의미는 그 자체에서보다 그것의 사회적, 역사적

극복과의 관계에서 생겨난다. 따라서 비참성의 극복을 위한 대응이나 행동에 있어서도, 리얼리즘의 정치학의 핵심은 개인적 행동의 심리적, 도덕적 정당성의 옹호에 있지 않고 보다 넓은 사회적, 세대적 유대에 의하여 정당화되는 실제적 효율성, 달리 말하여 새로운 역사 창조의 가능성을 찾아내고 설득하는 데 있다. 그리고 역사는, 마르크스의 유명한 말대로, 해결 가능한 문제만을 사람에게 주고 또 다른 한편으로는, 역사는 주어진 조건 아래에서만 만들어진다. 이러한 생각의 맥락에서 생각해 볼 때 견딜 수 없는 상황에서의 개인적인 결단의 문제는 매우 착잡한 것이 된다. 그런 경우에 현실주의적 비참이나 개인적이고 도덕적이고 헛된 선택, 둘 중의 하나가 있을 뿐이기 때문이다.

사회 현실의 중요성은 비참성의 역사적 해결과는 조금 다른 동기로부터도 나온다. 삶의 비참성은, 적어도 리얼리즘의 관점에서, 사회적 해결을 필요로 한다. 그러나 어떤 인간 이해에 있어서 사회는 급한 문제를 해결하기 위한 필수적 조건이기보다 보람 있는 삶의 실현을 위한 조건이다. 어떤 관점에서는 참으로 좋은 삶이란 사회 속에서의 좋은 관계를 통하여 실현된다. 이것이 가능하기 위해서는 사회가 바른 상태에 있을 것이 요청된다. 그러나 이 관점에서 사회가 어떠한 조건 아래에 있든지 사회로부터의 은둔은 사람다운 삶으로 생각되지 아니한다. 극단적으로는 사회 속에 있으면서 사회에 속하지 않는 방식으로라도 사회적으로 존재하는 것이 사람다운 삶이 되는 것이다.

물론 보람 있는 삶의 문제가 비참의 문제와 전혀 별개의 것은 아니다. 보람 있는 삶은 사람다운 삶, 사람의 본성과 가능성에 입각한 삶을 말한다. 사회가 동료 인간의 비참성을 창조하는 것이라면 그 사회 속의 삶이 사람다운 삶일 수 없다. 그리고 역사적으로 보람 있는 삶 또는 사람다운 삶에 대한 일반적인 소망은 비참성에 대한 극복 의지의 연장선상에 있기 쉽다. 앞에 말한 바와 같이 흔히 비참성의 자각은 발전적 역사의 산물이다. 그리고 발전의 과정에서 쉽게 그것은 상대적인 성격을 띤다. 불균형 발전에서의 상대적 박탈감을 뜻할 수 있다는 것만이 아니라, 그것은 최소한도로 생물학적 생존을 확보할 수 없는 상태를 지칭할 수도 있고 조금 더 여유 있게 사람다운 삶이 불가능한 상태를 말하는 것일 수도 있다. 후자의 경우, 사람다운 삶은 사회의 물질적, 문화적 수준과 그에 대한 여러 사람의 공감을 통해서 정해진다. 그리하여 그것은 더 적극적인 의미에서 사람다운 삶, 보람 있는 삶에 대한 요구로 발전한다. 그러니까 그것이 어떤 원인에서 나온 것이든 또는 어떤 삶의 필요와 가능성에 대한 인지에서 나온 것이든, 사회의 발전이나 진보에 대한 요구는 한마디로 보다 나은 삶에 대한 요구라고 요약할 수 있다. 그러나 다른 한편으로 비참성의 문제와 보람 있는 삶 또는 사람다운, 참으로 사람다운 삶의 문제가 서로 다른 뉘앙스를 가지고 있는 문제임에는 틀림이 없다. 그리고 그것은 사회와 문학에 대한 생각에서 달리 강조될 수 있다.

 마르크스의 사회 비판이나 진보적 역사관에서, 두 가지 문제에 대한 관심은 다 같이 나타난다. 그러나 대체로 후자는 그의 철학적 순간에만 두드러진다. 가령 『독일 이데올로기』에서 진보된 사회에서는 아침에 사냥하고 오후에 낚시하고 등등의 이상적 향수의 상태를 말한 부분, 또는 『경제 철학 수고』에서 '유적 존재'로서의 인간을 시사한 부분 같은 데에서 주로, 그는 역사가 현실화할 수 있는 높은 삶의 가능성을 이야기하였다. 그의 생각에 이러한 상태는 물론 사회적 발전의 궁극적인 단계로만 실현될 수 있는 것이다. 그것은 "진정한 공동체에서 개인의 자유는 다른 사람과의 연합을 통하여 또 연합 속에서 얻어지기"(『독일 이데올로기』) 때문이다. 그러나 보람 있는 삶의 문제가 참으로 주요한 관심사가 되는 것은 루카치와 같은 이론가에 있어서다. 그의 문학 이론에 동기를 제공해 주고 있는 것은 거의 전적으로 보람 있는 삶의 가능성 또는 그가 괴테론에서 자주 거론하는 "자유롭고 충만한 인격의 발전"의 조건에 대한 관심이다. 사실 레싱, 괴테, 실러로부터 토마스 만에 이르는 독일 문학 해석에 있어서 그가 끈질기게 묻고 있는 것은 여기에 대한 질문이다. 이것은 그의 사회주의의 이론과 실천에의 투신에도 불구하고 그로 하여금 부르주아 문학의 테두리를 벗어나지 못하게 하고 또 공산 당국자들과의 마찰의 한 원인을 제공해 주는 것으로도 생각되지만, 그의 문학평론을 풍부케 하고 궁극적으로는 사회주의 전통의 풍요화에 기여할 수 있게 하는 한 요인이 되게 된 것이다. 문학을 바라보는 관점으로서(특히 19세기 부르주아 문학의 경우), 한 사회에 가능한 가장 풍부한 삶의 가능성이 무엇인가를 묻는 것은 그 사회의 하한선의 삶이 어떤 것인가를 묻는 것보다 방법론적으로 생산적일 수 있다. 이러한 물음의 방식은 독자로 하여금 작품을 작품 자체의 전체 속에서 볼 수 있게 하면서 동시에 작품의 세계와 작품의 관점에 비판적 거리를 유지하게 해준다.(또 그러는 사이에 하한선의 삶에 대한 문제는 대두되게 마련이다.) 루카치의 공적의 하나는 독일 문학의 고전적 전통을 마르크스주의에 다시 접목한 것이라고 하겠는데, 그것은 그가 이 전통의 핵심적인 질문이 이러한 것임을 지적하고 그것을 마르크스주의 비평의 질문이 되게 한 것이라고 해석될 수도 있다.(마르크스는 『경제 철학 수고』에서 "문학과 문명의 전 세계를 추상적으로 부정하고 아무 요구도 없는 가난하고 교양 없는 사람, 그것을 넘어가기는커녕 사유재산의 단계에 이르지도 못한 사람의 부자연스러운 소박성으로 돌아가는 일"에 날카로운 조소를 보내고 있다.)

괴테의 『젊은 베르테르의 슬픔』이나 『빌헬름 마이스터』 연작에서의 중심적 질문은 이미 말한 바와 같이 인격의 발전이다. 그런데 이것은 행동적 삶에 있어서 가능하고 그것은 '사회 속에서의 상호 작용'을 뜻한다. 그러나 부르주아 사회는 이러한 인격적 이상 또는 의미 있는 대인 관계를 허용하지 아니한다. 그리하여 도처에서 인격의 가능성은 사회의 제약에 부딪히게 된다. 그러나 괴테의 위대성은, 루카치에 의하면, 모든 부정적인 요소에도 불구하고 내면성이나 낭만적 환상 또는 추상적 이상으로 도피하지 않은 것이었다. 그 결과는 체념과 주어진 현실에의 적응이지만, 루카치의 생각으로는 그러한 결과에도 불구하고 어디까지나 현실의 우위를 지키는 것이 바른 리얼리즘의 길이고 참으로 진보적인 역사에 기여하는 길이다. 물론 체념이나 적응이 완전한 항복을 뜻하는 것은 아니다. 어떠한 주관적 조작의 도입도 거부하는 현실주의는 바로 그 철저성을 통하여 현실을 비판 부정하는 또 다른 결과를 낳는다.

물론 이것이 괴테 자신의 동기였는지는 분명치 않다. 아마 여기에 작용하고 있는 동기는 마르크스나 루카치의 진보의 변증법보다는 괴테 자신의 '조화된 인격'의 논리일는지 모른다. 그것은 스스로의 능력들의 조화된 발달과 함께 사회와의 조화를 의미하는 것이다. 따라서 그것은 한쪽으로는 그러한 조화가 가능한 사회에 대한 요청이 되지만, 다른 한쪽으로는 이미 있는 사회에의 순응일 수도 있다. 이것은 사실 괴테적 인격의 조화, 전인적 인간의 이상을 떠나서도 부정적 조건에서 인격적 완성 또는 적어도 인격적 온전함을 추구하려는 사람이 부딪히는 딜레마이다. 또 주어진 상황에서 유달리 모난 행동을 주저하는 것이 범상한 인간의 본능적 사회성의 일부이기도 하다. 이러한 인격적 이상이나 본능적 사회성은 사람의 사람다움을 이루는 것이면서 혁명적 정치 기획에 있어서는 거추장스러운 것으로 간주될 수 있는 것이다. 이러한 관찰에서 우리가 깨닫게 되는 것은 리얼리즘의 요청 속에 들어 있는—이때의 리얼리즘은 문학과 정치와 개체적 삶 모두에 관계된다—깊은 윤리적 물음이다. 리얼리즘은 단순한 예술 기법상의 또는 정치 노선의 추상적 선택의 문제가 아니고 윤리적 실존의 문제이다. 그리고 이 문제에 대한 답변은 깊은 양의적 모호함을 가질 수밖에 없다. 내일의 인간적인 삶 또는 오늘의 인간적인 삶—어느 것도 모순에 찬 것이 아닐 수 없는 것이다. 괴테에 있어서, 적어도 루카치의 너그러운 해석으로는, 다행스럽게도 인격적 완성에 대한 이상은 넓은 사실적 감각과 결부되어 중요한 현실 비판의 기능을 갖는다. 또는 괴테의 인격적 이상이 그의 비판적 현실 의식을 강화해 준다고도 할 수 있다. 괴테는 현실을 택하였다. 그러면서 궁극적인 의미에서 그의 윤리적 동기를 손상할 필요가 없었다. 그의 괴테에 대한 평가에서 루카치의 현실주의는 철저하다. 그 부정적 가능성에도 불구하고 현실에 철저한 것이 작가의 위대성 그리고 진보성의 표시인 것이다.

이러한 관점에서 그는 현실적 괴테를 정치적 정열에 불탔던 실러보다도 높이 평가한다. 그가 20세기의 가장 위대한 독일 작가로 부르주아 작가 토마스 만을 치는 것도 같은 맥락에서이다. 사실 괴테가 실러보다 보수적이었다면, 만은 괴테보다도 더 보수적이었다. 괴테는 그래도 가지고 있었던 유토피아에 대한 희망——'경제적 토대와 사회 도덕에 입각한 인간의 쇄신과 해방'에 대한 유토피아적 희망——이 토마스 만에게는 완전히 결여되어 있음을 루카치는 지적한다. 그는 철저하게 기존의 부르주아 세계에 남아있었다. 그러나 동시에 루카치에 의하면 그의 리얼리즘은 부르주아 세계에 대한 가장 통렬한 비판이 된다. 이것을 가능하게 하는 것은 바로 현실 자체에서 포착된 변증법으로 인한 것이다. "토마스 만의 작품 속에서 우리에게 제공되는 것은 부르주아적 독일…… 그것의 내적 문제성에 대한 심원한 파악이다. 이 문제성의 변증법은 자연히 그 자체를 넘어서는 곳으로 나아가지만, 결코 마술적으로 현실화하여 리얼리스틱하게 생기를 띠게 되는 유토피아적 미래의 전망을 보여주지는 않는다."[1] 이것은 이미 헤겔이 밝힌 바 있는 변증법이다. "당위는 칸트 또는 대부분의 경우 실러에게서처럼, 물질적 삶과 동떨어진 상태에서 당위와 다른 성질의 현실에 대립할 필요가 없이, 헤겔 식으로 말하자면, 현상과 본질의 모순에 찬 동일성으로부터 생겨난다."[2] 이렇게 하여 현실의 재생은 그대로 현실 그것의 비판 또는 부정이 되는 것이다.

리얼리즘의 핵심으로서의 현실 우위의 견지 그리고 삶의 상한적 가능성으로부터의 현실 비판은 괴테나 만과 같은, 궁극적으로 보수적이

---

1) 반성완 외 옮김, 『리얼리즘 문학의 실제 비평』(까치, 1987), 453~454쪽. 약간 수정 인용하였음.
2) 같은 책, 460쪽. 수정 인용.

라고 할 수 있는 작가의 경우에만 의미 있는 것은 아니다. 적어도 루카치의 평가로는 19세기 독문학에서 가장 진보적인 작가였던 뷔히너나 하이네의 위대성도 같은 관점에서 논해진다. 물론 그들의 현실 원칙이 어떻게 단순한 현실 긍정이 아니고 진정한 의미에서 역사의 바른 인식 또는 진보적 인식의 일부를 이루는가를 판단하는 것은 간단한 일이 아니다. 위에 언급된 헤겔의 말대로 현실의 움직임의 특징이 모순의 통일일 수도 있고 또는 헤겔의 생각과는 달리 모순의 모순으로서의 지속일 수도 있다. 현실을 포착하고자 하는 인간의 노력도 모순에 찬 것일 수밖에 없다. 하이네의 경우 우리는 낭만과 아이러니, 진지성과 역설, 귀족주의와 민중주의, 무신론과 종교적 귀의— '환호의 낙관론에서 암담한 절망으로 왔다 갔다 한 진동의 공간'—의 구체적 이해를 경유하여서만 그의 현실적, 진보적 의미를 파악할 수 있다. 이러한 '진통' 이야말로 그의 작가적 의식이 현실 속에서 인간적 의미를 구출하려고 한 작가적 실천의 표현이었던 것이다. 하이네나 뷔히너의 문제는 희망하는 사회에 대한 환상이나 구상을 제시하는 것도, 또는 그 희망을 향한 진군의 나팔만을 울리고 있는 것도 아니고 그것의 현실적 계리를 포착하는 것이었다.

이것은 이들로 하여금 당대의 현실적 선택에 있어서 매우 모호한 입장에 처하게 하였다. 가령 이러한 선택의 모호성, 그러면서 현실적이고 진보적인 모호성은 루카치의 해석으로는 뷔히너의 대표작 『당통의 죽음』에 가장 잘 이야기되어 있다. 연극의 핵심적 문제는 공포정치 시대에 있어서의, 혁명 지도자의 한 사람이었던 당통의 혁명 대열로부터의 이탈이다. 이것은 그의 근본적 보수성 또는 부르주아성으로, 또는 물질적 유혹에의 굴복과 타락으로, 또는 심약한 인도주의적 또는 도덕적 망설임 등 여러 가지로 해석될 수 있는 것이다. 루카치는 이러한 가능성들을 완전히 배제하지 아니하면서 그리고 이 시점에서의 당통의 민중으로부터의 유리를 인정하면서도 당통의 입장에서 현실성 그리고 모순의 일치의 진보성을 읽는다. 공포정치의 시기에 와서 프랑스

혁명의 결과로 민중의 물질적 상황은 향상은 고사하고 악화되었음이 드러난다. 그리하여 한편에서 혁명의 포기가 주장된다. 그러나 다른 한편에서는 "민주적—평민적인 혁명가들은 자코뱅 당의 공포정치를 끝까지 밀고 나가면 대중은 자연히 그들의 물질적 비참함으로부터 해방된다는—환상을 가지고 있었다."[3] 당통은 이 두 가지의 선택을 다 거부한다. 그는 자코뱅 당과 로베스피에르의 '루소적 도덕 원칙'을 거부한다. 그것은 그가 철저한 유물주의자였기 때문이었다. 그에게 절실한 문제는 한편으로는 '굶주림'의 문제였고 다른 한편으로는 삶의 감각적 향수의 문제였다. 물론 굶주림의 문제는 이 연극에 있어서(또 프랑스혁명에 있어서) 당통보다는 생쥐스트에 의하여 대표되고, 당통을 로베스피에르 그리고 민중으로부터 떨어져 나가게 하는 것은 그의 쾌락의 철학이다. 이것은 당통의 세계관 속에 대두된 그리고 사실 지배계급이 표현한 "인간의 도덕이 더 이상 금욕적 제한의 구속을 받지 않는, 보다 나은 새로운 세계에 대한 동경"[4]에 연결되는 것이다.

그러나 그것은 루카치에 의하면 당대의 현실 속에서 문제적인 것이면서도 진보적 전통이 수용하는 긍정적 내용이기도 하였다. 하이네는 "티치아노의 그림 속의 빛나는 살, 그것이 바로 프로테스탄티즘이다. 그가 그린 비너스의 궁둥이가, 독일 승려가 비텐베르크의 교회 문에 붙인 강령보다 훨씬 더 근본적인 것이다."[5]라고 인간의 현세적 해방의 가능성에 대하여 썼다. 마르크스와 엥겔스에게도 '금욕적 혁명론'에 대한 투쟁은 그들의 변증법적 유물론의 일부였다. 이렇게 볼 때 뷔히너의 당통은 문제가 없지 않은 대로, 또는 바로 그의 양의적 문제성으로 하여 진보적 인물이 된다. 이것을 간과한 것이 루카치의 판단으로는 '뷔히너의 위대한 리얼리즘'의 결과인 것이다.

---

3) 같은 책, 210쪽.
4) 같은 책, 219쪽.
5) 같은 책, 220쪽.

3

 이러한 리얼리즘에 대한 간단한 고찰이 그 모든 양상을 제대로 설명하는 것이 아님은 말할 필요도 없다. 이러한 고찰의 의도는 리얼리즘의 문제가 간단한 것이 아니라는 것을 시사하려는 것에 지나지 않는다. 또는 달리 말하여 그것은 가장 단순하게 리얼리즘이 현실을 존중하는 문학과 삶의 태도 이외의 다른 것이 아니라는 것을 말하려는 것이라고 할 수도 있다. 그것은 삶, 그것이 삶의 현장이라는 것을 확인하는 일일 뿐이다. 역사적으로 형성된 리얼리즘의 신조에 현실에 대한 특수한 이해가 들어있는 것은 사실이다. 이것은 인식의 경제를 위하여 불가피한 것이다. 그리고 그 대강에 있어서 상식을 크게 벗어나는 것이 아니다. 여기에서 현실이란 현실의 전체를 말하는 것이고, 이것은 역사적으로 형성된 구조를 이루며 이 역사는 보다 나은 사회를 가져올 수 있는 계기를 가지고 있는 것으로 생각된다. 그렇다는 것은 현실이 단일한 덩어리의 균형이 아니라 서로 모순 갈등하는 요소로 이루어졌다는 것을 말한다. 이 모순 갈등이 오늘을 내일로 나아가게 하는 역동성을 현실에 부여한다. 조금 더 한정적으로는 현실의 이 균열의 근본은 생산력과 그것의 사회적 조직의 불안정성에 있다. 이 균열에 따라 투쟁적 관계에 놓일 수밖에 없는 계급의 갈등은 역사의 역동성의 주된 요인이 된다. 물론 문학도 이러한 사회의 역사 속에 위치한다. 이러한 현실의 이론은 있을 수 있는 관점임에 틀림이 없으나 그렇다고 그 엄밀한 타당성에 대한 회의를 배제할 수 있는 것이 아니다. 그러나 어떤 경우에나 현실 존중의 원칙은 리얼리즘의 구체적인 표현을 쉽게 도식화할 수 없는 것이게 한다. 현실 존중이란 바로 현실의 다양함에 대한 열려있음을 말한다. 주어진 시점에서의 상황의 다양한 가능성은 관련된 구체적 사실과 구체적 인간과 구체적 행위를 통하여서만 인지될 수 있다.(하나의 상황은 사람 또는 사람들의 실존적 관심이 구성해 내는 사실과 행위의 앙상블이다. 그것은 사회 전체 속에 있으면서 이 전체의 바탕(ground)에 대하여 표적의 대상(figure)이 된다. 그러나 다른 한편으로 구체적 상황의 총체적 양상들이 바로 사회의 전체성이다.) 리얼리즘의 원형적인 모습은 결국 현실에 대한 어떤 이론에서보다는 현실과의 씨름, 또 주어진 현실 속에 계시되는 현실의 가능성, 그리고 이것에 포함된 인간적 가능성과의 씨름에 있다고 하여야 할 것이다.

　이러한 복합적인 의미에서, 또는 단순한 의미에서 우리는 유종호 씨를 우리의 가장 대표적인 리얼리스트라고 부를 수 있다. 그의 비평적 업적의 핵심은 우리의 사회 현실과 문학 현실이다. 그러나 주목해야 할 것은 그의 문학관이 리얼리즘의 그것이라고 하더라도 그것은 어떤 리얼리즘의 이론보다 현실에 근접하여 그것을 점검하고 그것의 가능성을 탐구하는 끊임없는 노력으로 특징 지어지는 리얼리즘이라는 점이다. 물론 현실이든, 아니면 어떤 다른 대상이든 아무 준비 없는 눈에 드러나는 것이 별로 없음은 말할 것도 없다. 우리가 말하려는 것은 유종호 씨에게 아무런 이론이 없다는 것이 아니다. 사회적인 것이든 문학적인 것이든 리얼리즘의 이론적, 실제적 전통에 대하여——사실 또 서양 문학이나 한국 문학의 구체적인 업적에 대하여 유종호 씨만큼 넓고 깊은 준비를 갖추고 있는 문학 이론가를 달리 찾기는 쉽지 않은 일이다. 1957년의 최초의 평문으로부터 시작하여 그의 글의 특징을 이루었던 것은 그 지적인 준비의 탄탄함이다.(어설프기 짝이 없었다고 할 수밖에 없는 1950년대의 평단에서 대학을 갓 졸업한 20대 초의 비평가의 펜이 엮어내는 탄탄한 지적 사고의 텍스트는 실로 경이에 가까운 것이었다.) 그러나 그의 지적 탄탄함이란 단순히 해박한 지식보다는 생각하는 힘이고, 그것도 추상적인 생각의 힘이 아니라 현실과——그것이 검토되고 있는 작품이든 우리의 사회 현실이든, 그리고 그의 관점에서 이 두 개는 전혀 따로 있는 것이 아니다——씨름하는 생각의 힘이다. 35년에 걸친 그의 비평적 업적은 이 생각의 씨름의 궤적을 이룬다. 그것은 그 나름으로——또 궁극적으로는 정태적 현실의 모습이 아니라 계속 움직여 가는 우리의 현실을 확인할 수 있는 힘을 우리에게 주는 것이기 때문에——보다 중요한 의미에서 우리 현실과 우리 문학 또 세계 문학에서 어떠한 태도가, 또 어떠한 문학이 현실에 철하는 것이며 보다 나은 우리의 삶에 기여하는 것인가를 밝혀준다.

유종호 씨의 리얼리스트로서의 공식적 신조는 분명하고 놀랍게도 그의 비평 경력을 통틀어 거의 단초부터 오늘날까지 흔들림 없이 유지되어 있다는 것이다. 그것은 간단하게 요약될 수 있다. 즉 문학은 사회 현실에 깊이 개입되어 있고, 문학 하는 사람은 이 사회 현실의 개조를 위하여 노력하여야 할 진보적 사명을 가지고 있으며, 그것은 가난하고 억눌린 사람들의 현실에 주목하고 그들과 함께 보다 평등하고 정의로운 사회를 실현하는 일에 참여하여야 한다는 것이다. 이러한 그의 신조가 그의 어느 글에서나 기본 틀을 이루고 있음은 거의 변함이 없는 일이다. 그럼에도 불구하고 그의 특이성은 그것이 지루하게 주장되지도 않고 드높이 외쳐지지도 아니한다는 것이다. 그는 문학과 이념의 관계를 논하는 자리에서 그것이 불가분의 것이며 또 문학이 이념의 일부가 되는 것도 불가피한 것이라고 하면서 동시에 이념은 작품 안에서 직접적이 아니라 암시적으로만 효과적인 기능을 가질 수 있다고 말한 바 있다. 이것은 바로 그 자신에 해당되는 것이다. 그러나 그의 글에서 그의 리얼리스트로서의 신조가 암시적 편재성으로만 존재한다고 한다면, 단순히 효율성이나 전략의 고려에 의해서만 그러한 것은 아니다. 그에게 리얼리즘의 의미는 그러한 신조에 있는 것이 아니고, 그 신조의 계기를 현실에서 확인하는 데서 생기는 것이다. 그리고 그는 현실에 대하여—현실의 불가피하게 다양한 함축에 대하여 있을 수 있는 모든 물음, 그 비참함에 대하여, 또 오늘의 삶의 심화에 대하여 모든 물음을 묻는다. 그리고 이러한 질문들이 구체적인 상황 속에서 물어질 때 그의 리얼리즘은 더욱 복합적인 것이 될 수밖에 없다. 그렇다고 이 암시성이나 복합성이 세련이나 현학적 취미에서 나오는 것은 아니다. 이것은 리얼리즘의 참뜻으로부터 연역되어 나오는 것이지만, 다른 한편으로는 개인적인—또는 개인적인 것이 아니라 모든 지적 작업의 전제 요건이 되는 진리에 대한, 있는 사실에 대한 충실성에서 나오는 것이다. (유종호 씨가 그의 비평적 경력의 단초에 쓴 「언어의 유곡(幽谷)」은 언어와 현실 사이에 존재할 수 있는 간격의 문제를 다룬, 말하자면 일종의 진리론인데 진리 표현의 어려움과 조심스러움에 대한 느낌은 내내 그의 걱정거리의 하나로 남는다.)

그의 신조는 그렇다 하더라도 그에게 주어진 현실은 어떤 것인가? 그것이 그러한 신조에 대하여서는 스쳐 지나는 관계밖에 갖지 아니할 때 어떤 종류의 리얼리즘이 가능할 것인가? 우리의 현실 그 자체가 어떤 것이든지 간에 문학의 현실은 리얼리즘의 요청에, 특히 유종호 씨가 글을 쓰기 시작할 무렵에 있어서, 그러한 요청에 맞는 것이 아니었다.(문학이 어떤 경우에나 현실의 반영이라고 한다면 위대한 리얼리즘 문학의 부재는 그것에 맞는 현실의 변증법의 부재를 말한다고 하겠는데, 그 원인은 현실의 미성숙, 심한 탄압의 상황 또는 의식의 미성숙 또는 그 복합, 어느 것일 수도 있다.) 이러한 상황에서 주어진 작품의 현실과 현실주의의 요청은 매우 복잡한 맥락 속에서 합치될 수밖에 없었다. 거의 서로 얽히지 않는 관계는 유종호 씨의 경우 그의 초기의 작품론, 작가론에서 가장 두드러지게 또 흥미롭게 드러난다. 가령 「산문정신고」나 「한국의 페시미즘」은 황순원, 백석, 이효석, 김동리 등의 작품에 대한 섬세하고 자상스러운 음미를 담고 있다. 그럼에도 불구하고 그러한 음미의 결과는 이들 작가들의 리얼리즘 부족에 대한 비판이다. 황순원론의 끝에서 그는 쓰고 있다.

> 황순원 씨로 대표되는 시적 소설의 계열은 자기류의 독자적 가치를 가지고 있고 또 사실상 많은 주옥편을 내고 있다. 그러나 우리는 동시에 인간 현실의 전면적 관찰과 이에 따른 인생에 대한 통찰을 주성분으로 하는, 요컨대 진정한 의미의 산문정신을 태반(胎盤)으로 하는 '인생의 서사시'를 요구한다. (1958)

위에 든 다른 작가의 경우도 황순원에 대한 것과 비슷한 공감적 음미와 냉철한 판단이 그 주조를 이룬다. 가령 유종호 씨는 이효석의 작품을 이야기하고 구체적으로 구절을 분석하면서——이효석은 비판적 결론에도 불구하고 유종호 씨를 사로잡았던 작가의 한 사람으로 보인다——그의 "세련된 문자, 탈속한 페이소스의 서정감, 어디론가의 노스탤지어"를 공감적으로 감별해 낸다. 그러나 결론에 있어서 그는 다른 작가의 경우에나 마찬가지로 그의 문학이 한국적 페시미즘을 구현하고 있음을 지적하고 그것은 초극되어야 할 유산이라고 역설한다. "우리들의 운명론적 페시미즘은 이러한 '니체적 강건성이 있는' 옵티미즘으로 대치되어야" 하고 "그것을 우리의 현실 속에서 실천해야 할 것"이라고 주장하는 것이다.

　황순원이나 이효석에 대한 비판적 결론이 틀린 것은 아닐 것이다. 그러나 여기서 지적하고자 하는 것은 그 논의의 특이한 구조이다. 즉 그 결론들이 작품의 분석으로부터 저절로 나오는 것이 아니라 마지막에서의 조금 갑작스러운 규범적 요청으로 등장하는 것이다. 그리고 결론 전까지는 작품의, 대체적으로는 긍정적인 감상에 받쳐져있다. 이러한 논의 구조에 대하여 우리는 그 논리적 설득력의 약함을 탓할 수도 있지만, 달리 생각해 보면 그것은 그 나름의 현실에 대한 충실성을 구현하려는 글의 전략으로도 보인다. 황순원이나 이효석이 우수한 작가라면 그것은 그들의 작품이 그 나름의 현실성을 가지고 있기 때문일 것이다. 또 유종호 씨 자신이 그것의 현실성에 공감할 수 있기 때문에 그것을 긍정적으로 섬세하게 감식할 수 있는 것일 것이다. 그러나 동시에 그는 이것이 현실이면서 마땅히 있어야 할 현실은 아니라고 판단한다. 이 부재의 현실은 작품 밖으로부터 규범적으로 환기될 수밖에 없다. 이렇게 본다면 유종호 씨가 직면하고 있는 것은 적어도 리얼리즘의 요청이라는 관점에서는 부재의, 또는 의식으로 포착될 정도로 성숙하지 못한 현실이고 그것의 문제성을 그의 논의가 드러내는 것이다.

　다음 세대의 작가를 다룰 때에 유종호 씨와 현실의 관계는 조금 더 깊숙이 엉키는 것이 된다. 이것은 다른 이유도 있겠으나 현실의 성숙과 관련이 있는 것으로 보인다. 「감수성의 혁명」(1966)과 같은 글은 김승옥의 문명을 굳히는 데 도움을 준 글인데, 여기에서 우리는 유종호 씨의 리얼리즘의 기준이 위의 경우보다 더 복잡하게 작용하는 것을 볼 수 있는 것이다. 김승옥은 말할 것도 없이 본격적인 현실주의적 작가라고 할 수는 없는 작가이다. 유종호 씨도 그의 계보가 모더니즘적인 흐름에 있음을 인정한다. 그럼에도 불구하고 그의 탁월성은 그가 근접해 간 리얼리즘의 기준으로 평가된다. 유종호 씨는 「무진기행」의 실감을 섬세한 분석을 통하여 칭찬의 대상으로 삼고 있지만, 동시에 이 작품이 윤리적 가치에 있어서도 리얼리즘의 그것을 가지고 있음을 높게 평가한다. "그 결합을 통해서 인간이 위대한 순간을 마련할 수 있고 고양된 시간을 호흡할 수 있었던 인간 상호 간의 공감이 이 심리적 고립과 소외의 시대에도 건강하게 남아있다는 것을 우리에게 실감시켜" 준 것이 「무진기행」인 것이다. 이러한 긍정적, 현실주의적 판단에도 불구하고 「무진기행」의, 또는 김승옥의 작품 세계가 리얼리즘의 세계라고 할 수는 없다. 그리하여 유종호 씨는 그의 문학의 결함과 관련하여 "위대한 종합 능력이 결해 있는 문학은 결국 사회의 쇠약의 산물이며 그것이 아무리 첨예한 미를 지향하더라도 필경은 전환기의 황혼을 장식하다 스러지는 저녁놀 이상의 구실을 하지 못한다는" 준엄한 경고를 말한다. 이러한 경고는 리얼리즘의 비평에서 흔히 보는 것이지만, 여기서 주의하고자 하는 것은 이것이 앞의 경우보다 일관성 있는 논의 속에서 나오는 것이라는 점이다. 왜냐하면 처음부터 문제가 되었던 것이 바로 서정적 묘사가 아니라 현실성과 현실주의 도덕이었기 때문이다.

그러나 문제는 여전히 미성숙의 현실에서의 리얼리즘의 문제이다. 김승옥의 작품을 읽는 데 있어서 리얼리즘은 조금 더 유기적 성격을 가지게 된다고 할 수 있지만 그것이 참으로 성숙한 상태의 현실에 관계하는 것이라고 말할 수는 없다. 오늘날까지도 많은 현실주의적 비평이 생경한 당위론의 되풀이가 되는 것을 우리는 보는 것이다. 유종호 씨가 해결하려고 했던, 그리고 그에 대하여 그 나름의 전략을 찾을 수 있었던 문제가 오늘에도 상존하고 있는 것이다. 그러나 작품의 현실과 현실주의의 요구의 균형을 유종호 씨가 전혀 찾지 못한 것은 아니다. 그의 비평 활동의 중기에 그는 하근찬 씨의 작품 같은 데에서 그러한 균형을 보았다.[6] 하근찬 씨는 "외유내강한 리얼리스트"이다. 그의 문학은 "이 나라의 사회의 병리에 대한 가장 날카로운 증언이 되어있고 가장 뼈대 있는 문학적 저항이 되어있는" 리얼리즘의 문학이다. 그것은 한편으로 "체험의 협소성에서 나온 창조적 불모의 자의식"이나 "언어의 상인"의 문학과는 먼 "오직 심장의 언어만"으로 쓰인 것이다. 그렇다고 그것은 '휴머니즘'의 문학도 아니다. "인간성의 신화(는)⋯⋯ 현존 사회의 기존 질서를 승인하고 들어가는 순응 주의가 빚어낸 허위의식"이다. 그러나 다른 한편으로 하근찬 씨는 요란한 저항, 증언 등의 제스처를 즐기지는 않는다. 그의 작품에는 "이른바 현실 고발이나 사회 현실에 깊은 관심을 표방하고 있는 작품에서 볼 수 있는 일체의 공식성, 의도의 노출, 성급한 시위성을 찾아볼 수 없다." 그의 진술의 의도가 어떤 것이든지 간에, 그것은 정확한 사실, 토착적 상황에서 나오는 토착적 언어, 면밀한 구성을 통하여 이루어진다. 이렇게 하여 하근찬 씨가 그려내는 세계는 전형적 농촌이다. 그것은 전적으로 그럴싸한 세계이다. 그러면서 그것은 사회의 전체적인 고통에 이어져있고 그것을 예시한다. 하근찬 씨가 이룩해 내는 것은 "당장 그리고 있는 소외의 현실에 충실하면서 그것을 넘어서는 포괄성을 가지며 전형적인 국면을 포착하는(해 내는) 관찰"이다.

4

하근찬 씨의 작품들이 드물게 정직한 기율에서 나오는 것은 사실이지만 그가 참으로 포괄적이고 전형적인 현실 재현의 예를 보여준다고

---

6) 하근찬, 「화해의 거부」, 1966.

할 수 있을지는 알 수 없다. 그러나 대체적으로 현실주의의 요청과 현실이 맞아떨어지는 경우가 흔하지 아니한 것이 문학의 실상일 것이다. 이미 되풀이하여 비친 바와 같이 우리나라와 같은 사회에서의 리얼리즘 문학관의 패러독스는 현실주의가 현실을 찾지 못한다는 것이다. 근년에 와서 유종호 씨는 리얼리즘에 대한 학술적인 논문을 여러 편 썼다. 이것은 여러 군데에서 있었던 리얼리즘론들과 함께 시사적 요청에 답하여 이루어진 업적일 것이다. 그러나 동시에 문학작품을 생각함에 있어서 시대의 삶에 대한 절실한 느낌과 그것에 대응하는 규범적 요구의 결합에서 생겨난 리얼리즘의 처방이 부딪히는 아포리아를 넘어서 문학과 시대의 상호 관련에 대한 보다 넓은 성찰을 꾀해보고자 하는 노력이 이러한 리얼리즘 연구에 의식적 또는 무의식적 동기가 되었던 것이 아닌가 짐작해 볼 수도 있다. 하여튼 이러한 연구와 병행하여 유종호 씨의 비평은 한결 덜 재단적인, 텍스트의 여러 관련들을 지적하는 데에서 더욱 복합적인 종류의 것이 된 것으로 보이는 것이다.(이러한 변화는—변화가 참으로 있다고 한다면—연령의 탓으로 보아야 하는 것인지도 모른다. 깐깐하고 논리적이기도 하면서도 격정적이고 화려했던 문체는 근년에 와서 전에 비하여 훨씬 간결, 직설적인 것이 된다. 이것도 나이와 관계있는 것일까?) 문학과 사회에 대한 넓은 고찰이 양자의 관계가 참으로 역사의 포괄적 움직임에 의하여 결정되는 것이라면—사실 인간사의 많은 것이 그러한 것이라면 작품 하나를 두고, 또는 어느 한 사건을 두고 일희일비하는 것은 부질없는 짓일 수밖에 없다.

　리얼리즘의 논의는 근래 서구 소설의 발생을 이해하고자 하는 노력의 일부로서 일어난 것이다. 리얼리즘 소설은 서양 근대사에 있어서 정치적, 사회적, 철학적 변화—앙시앙 레짐의 붕괴, 중산계급의 흥기, 경험주의적, 개인주의적 인식론의 우세가 가져온 거대한 문화혁명의 일부를 이루는 것이다. 그러면서 물론 그것은 역사의 진보적 경향, 특히 민중과 인간 해방의 동력을 나타내고 있는 것으로 해석되어 단순히 사회학적인 사실 이상의 규범적 가치의 담당자로 생각되어진다. 유종호 씨는 여기에 관한 논의들을 적절히 정리하여 소개한다. 그러나 리얼리즘 문학의 역사적 이해에 있어서 유종호 씨에게 더 강력한 설명력을 갖는 것은 스타일의 분리와 통합의 개념이다. 에리히 아우어바흐는 『미메시스』에서 근대의 혁명적 시각보다는 긴 서구의 역사를 통하여 서구 문학의 현실 재현 능력의 성장과 한편으로는 민중의 역사적 대두, 다른 한편으로는 보편적 인간 이념의 확대의 병행을 추적한다. 이 과정에서 핵심적인 개념의 하나가 역사 변화에 대한 의식 내의, 그리고 문학적인 표시 기호인 스타일의 원리이다. 소재의 경중에 따라 달라져야 하는 것으로 생각되는 문체의 위엄의 높낮이는 사회 계급의 상하에 밀접히 관계되어 있는 것인데, 고대로부터 현대에 이르는 서양 문학의 발단은 한편으로 현실 재현의 계속적인 확대, 즉 인간 현실 묘사의 전면화, 다른 한편으로 계급적 구분의 타파를 뜻한다. 이러한 민주적 발전과 밀접한 함수관계에 있는 것이 문체의 분리로부터 혼합에로 나아가는 문체의 발달이다. 이 변화에 대하여 유종호 씨가 전적으로 긍정적인 환영의 뜻을 가지고 있는 것은 말할 것도 없다.

사회 변화와 문학의 변화에 대하여 중요한, 그리고 독자적인 유종호 씨의 관찰은 문학 형식의 부침도 민주의 상승에 병행한다는 것이다. 이것은 그가 같은 제목의 논문(1984)에서 '변두리 형식의 주류화'라고 부른 것인데 이것은 주로 한국 문학에 있어서의 현상을 설명하는 것이지만 잠재적으로는 문학의 사회적 변화를 설명하는 데에 있어서 가장 포괄적인 개념이다. 그 자신이 지적하고 있듯이 변두리 양식의 주류화의 가장 대표적인 예가 근대문학 장르 중 가장 큰 장르인 소설이고, 스타일의 혼합은 양식의 민중적 변화라는 구조적 변화에 조응하는 구체적인 결(texture)의 변화라고 할 수 있기 때문이다. 본래 변두리 현실의 주류화라는 생각에 대한 암시는 러시아 형식주의에서 온 것이다. 익숙하던 서술의 방법, 관점, 전개 등을 창조적으로 전위함으로써 사물을 새롭게 보이게 하는 것은 문학에 두루 보이는 수법이다. 새로움의 놀라움이 지각의 조건인 것은 널리 주목되는 현상이다. 또한 역으로, 묵은 것은 지각의 피로를 가져온다. 이런저런 이유로 하여 새로움은 예술에 있어서 특별한 위치를 가지고 있다. 슈클로프스키는 지각의 갱신을 위한 문학적 수법으로서 '낯설게 하기'를 말하였다. 또 로만 야콥슨은 비슷한 새로움의 추구가 이유가 되어 시기에 따라서 '지배적' 장르가 바뀌게 됨을 말하였다. 유종호 씨는 이러한 러시아 형식주의의 착상들을 더 일반화하여 문학사뿐만 아니라 사회사 또는 일반적인 역사 변화의 현상으로 파악하는 것이다.

위에서 말한 바와 같이 변두리 형식의 주류화 현상의 중요한 증거의 하나는 서양 근대소설의 부상에 있지만 유종호 씨는 이 개념으로써 주로 한국 현대문학을 설명한다. 한용운이나 김소월의 문학적 업적의 비결은 그들이 영감을 전통적인 관점에서 주류일 수가 없었던 지류 또는 지하수의 흐름으로부터 얻어 왔다는 데에 있다. 그러면서 그들은 이 비주류의 것을 우리 문학에 있어서, 또 우리 사회의 체험의 배분에 있어서 한가운데에 놓이게 한 것이다. 이미 다른 사람도 지적한 바이지만, 독자는 이들 시인의 목소리가 여성의 것인 점에 주목할 수 있다. 이것이 그들의 시의 유연한 정서 표현에 관계되어 있는 것은 누구나 직감할 수 있는 것이다. 그런데 이러한 표현의 힘은 전통적인 내간체에 고유한 어떤 스타일의 힘에서 오는 것이다. 특히 김소월의 경우 그의 업적에 있어서 민요의 형식과 체험의 중요성은 절대적이다. 그러나 이러한 것들이 편리한 외형적 틀이나 진진한 소재의 발굴을 말하는 것만이 아님은 물론이다. 눌려있던 내간체나 민요의 상승은 눌려있던 사회 계층, 즉 여성 민중의 상승을 뜻하고, 계급적 억압은 일반적으로 그 계층이 대표하는 인간성의 일부의 억압을 뜻하는 까닭에, 내간체나 민요의 부활은 시인의——물론 독자의 "물질적, 육체적 근원으로의 하강"과 그 상승을 위한 노력을 뜻하는 한용운이나 김소월의 시 외에도 한국 현대소설의 발생 자체가 서양 소설의 경우와 마찬가지로 변두리 형식의 부상을 뜻하는 것이지만(서양과 일본에서 이미 얻어진 소설의 높은 지위, 또는 높은 위광을 가진 외세의 문화적 장식으로서 본고장에서

보다 더욱 높아진 지위와의 기묘한 연결 속에서), 유종호 씨는 근년에 와서 두드러지게 변두리 형식의 대두를 볼 수 있다고 생각한다. 가령 1970년대, 1980년대의 정치투쟁의 격화와 민중적 에너지의 방출과 병행하여 보게 된 마당극의 실험과 같은 것이 그 가장 좋은 예이다. 또는 현저하게 판소리나 민요 그리고 시장의 민중 언어에 줄을 대고 있는 김지하와 같은 경우도 이 테두리에 든다. 그러나 이런 민중적인 관련이 두드러지지 아니하더라도 주요 장르를 주축으로 하여 서열적 사고에서 제외되기 쉬운 새로운 표현 양식의 가능성에 대하여서도 주목할 필요가 있다. 수필이나 르포르타주, 전기 등이, 유종호 씨의 견해로는, 중요한 문학적 내용을 담지 말란 법이 없는 것이다. 가령 그는 이영희 교수의 「전쟁과 인간」과 같은 기록이 그 리얼리즘이나 성찰의 깊이에도 불구하고 주요 양식의 밖에 있기 때문에 문학적 검토로부터 빠지게 되는 것을 유감으로 생각한다.

반드시 체제에 대한 대결의 형태를 취한 것은 아니라고 하더라도 역시 사회의 민중화 또는 대중화에 관계되는 여러 문화 산업의 산품들, 연속극, 베스트셀러 극장, 르포르타주, 수기, 전기 등의 많은 것도 비주류의 진출로 볼 수 있다. 유종호 씨는 이러한 것들에 대하여서도 개방적일 필요를 말한다. 그러나 오늘날의 대중문화 현상에 대해서는 환영보다는 비판의 느낌을 그는 가지고 있다. 어떤 경우에나 모든 민중적 또는 대중적 양식과 그 사례들이 문학이나 역사의 발전을 나타내는 것은 아니다. 그 많은 것이 사람의 자연스러운 문화 욕구를 오도하고 끝내는 사람의 심성 자체를 부패하게 하는 소비문화의 판매 활동의 일부라는 사실에 눈을 놀릴 수는 없는 것이다. 또 반드시 그러한 흉물스러운 동기를 가진 것은 아니라고 하더라도 확대하고 이완된 표현 기회의 산물들이 드러내는 "엇비슷한 규격화, 상투형에 대한 권태 없는 의존, 몇몇 공식의 상습적인 응용, 삶의 진실로부터의 터무니없는 유리, 삶에 있어서의 비정을 벌충하려는 듯한 기세의 감상주의, 해묵은 것에 대한 병적 집착을 보여주는 보수주의", "현실 고발이나 세계의 교화를 표방하면서 사실은 선정주의, 폭력과 성도착의 세계로의 편향을 보여주는 경향", 내면성의 결여, 역사에 대한 영웅호걸 주의나 음모 주의적 해석(「거짓 화해의 세계」, 1984) 들이 커다란 문제점을 갖지 않을 수 없는 것이다. 새로운 표현 가능성에 대하여 개방적 태도가 중요함에도 불구하고 모든 형태의 문학의 궁극적 기준은 그 "교화 기능"이고 "형성적 영향력"이다. (「변두리 형식의 주류화」) 또 문학의 임무는 "과부족 없는 자기의식과 시민 정신과 시민적 세련을 성취하는 일"을 돕는 것이다. (「거짓 화해의 세계」)

변두리 형식에 대한 주목은 당대 비평적인 성격을 가지고 있으면서 동시에, 이미 말한 바와 같이, 사회와 문학의 관계에 대한 보다 넓은 연구 또는 성찰의 일부가 된다. 이것은 사실 당대적 관심의 초급함으로부터 조금 뒤로 물러나 사물을 살핀다는 것을 말한다. 그런데 이러한 연구를 전후하여 유종호 씨의 문학비평 자체가 한결 더 여유 있는 것이 되었는지는, 위에서 그러하다는 의견을 비친 바 있음에도 불구하고 분명한 것은 아니다. (어느 때에나 그것이 급하고 초조한 것은 아니었으나) 그러나 시사적인 것은 그의 문학의 사회적 조건에 대한 탐구가 소설의 사회사 그리고 그 예로서 염상섭의 소설에 경도하는 것과 같은 시기라는 점이다. 염상섭의 리얼리즘은 리얼리즘의 이상과 현실 사이의 고민을 잇지는 아니하면서도 사실성의 큰 근본을 벗어나지 않는, 그리하여 완전히 "무이상, 무해결, 무관심"(「승리와 패배: '만세전'과 '일대의 위업'의 거리」, 1965)의 현실과의 타협에 끝날 위험에도 불구하고, 종국적으로는 현실의 우위를 고집하는 리얼리즘이다. 그의 작품들이 보여주는 것은 현실에 대한 특수하고 이상적 해결이 아니라 그것의 엄청난 무게이다. 유종호 씨는 그의 염상섭론들에서 염상섭의 뛰어남을 주로 작가가 그려내는 현실적 무게의 여러 모습에서 찾는다.

「이심」은 제한적이기는 하지만 일제하의, 일제하이기 때문에 일어나는 삶의 왜곡을 다루고 있다. 유종호 씨가 주목하는 것은 그것 자체보다도 그것의 높은 사실성 또는 "경험 세계에 대한 뜻 깊은 조응성"

이다. 가령 주인공은 주로 환경과 나쁜 사람들의 순진한 희생물이지만, 염상섭은 이 순진성의 다른 면을 놓치지 아니한다. 그녀는 순진한 처녀이면서 동시에 그 나름으로 "깔끔하고 악지가 세고 사박스러운 성격"도 가지고 있다. 또 그녀의 행동도 이중적이고 모호한 것으로 드러난다. 그런데 이러한 성격이나 행동의 이중성은 단순히 개인의 우연성에 기인하는 것이 아니라 환경의 필연성 속에서 형성된 것이고, 유종호 씨의 해독에 의하면 "일제 치하에서 면종복배의 정신으로 살고 있는 작가 자신과 같은 많은 생존 방식에 대한 은유적 조응"이 된다. 또는 "주의자"로서 감옥을 살고 나온 남자 주인공은 고결한 '주의자' 만은 아니다. 그는 그의 아내를 부정했다는 이유로 사창가에 팔아넘긴다. 유종호 씨는 이것을 "억압적 구조의 반인간성은 이렇게 희생자를 가해자로 변형시키면서 그 과정을 한정 없이 확대하고 재생산시킨다."라고 설명한다. 이러한 인물이나 상황의 이중성은 다시 말하면 비뚤린 개인 취미나 특이한 기교의 소산이 아니다. 그것은 "경험적 전체에 대한 작가의 포괄적 의지"의 표현이다. 거기에는, 다른 논문에서 인용하건대 "사태의 진전이 복합적인 원인에 의해서 이루어지는 것이며 단일한 원인을 추적하는 환원적 방법에 의해서 설명될 수 없다는 성숙한 현실 이해가 바탕에 깔려있는 것이다."(「결혼의 사회 경제적 기초: 염상섭의 '모란꽃 필 때'」)

「이심」의 상황은 일제라는 정치적 상황이다. 유종호 씨가 이것을 대전제로 유념하고 있는 것은 말할 것도 없다. 그러면서 그 정치적 상황이 구체적 인간 현실에서 만들어내는 합병증에 주의하는 것이다. 주의의 초점에 있는 것은 일제의 탄압이 첨예화되어 있는 부분도 아니고 또 그것을 타도할 전략도 아니다. 그러므로 이러한 종류의 관찰은 조금 유장한 느낌을 줄 수 있다. 여기에서 이러한 머리카락을 가르는 구분을 해보는 것은 유종호 씨의 염상섭론이 사회사적 고찰의 테두리에서 이루어지고 있음을 상기하자는 것이다. 사실상 사회사적 관심은 실천적 관심으로부터 거리가 있을 수 있는 것이다. 전자에 우세한 것은 실천보다는 인식의 가능성이다. 사회사로서의 문학의 정당성의 일부는, 유종호 씨가 인용하는 리오 로엔설이 말하듯이 "작가의 창조적 과업이 수행된 후에야 비로소 사회는 자신의 곤경을 인식하게 된다."는 점에 있다. 이것은 우리 밖에 있는 사회 상황뿐만 아니라 우리 자신의 내면의 경우도 그렇다. 라 몰 후작의 집에서 쥘리앵 소렐의 권태는 위기에 있는 구제도의 인습성에서 나오는 분비물이다.(「스타일 분리에서 혼합으로」) 서양의 '긍정적 사랑'이 보여주듯이 사랑이란 것도 인위적인 구성물일 수 있다. 근대적 양성 간의 사랑은 핵가족의 이데올로기일 수도 있다. 그런가 하면 유종호 씨가 분석하는 「모란꽃 필 때」가 보여주듯이, 부르주아 사회에 있어서 사랑의 밑바탕에는 그 사회 경제적 기초가 있게 마련이다. 그런데 이러한 관찰들은 어떤 사회적 의미를 갖는가? 얼핏 보아 그것은 사회 현실의 개선과의 관련에서 별로 실천적 의미를 갖는 것 같지 않고 호사 취미를 충족해 주거나 인간의 동기에 대한 냉소주의의 태도를 정당화해 주는 데 불과한 것으로 여겨진다. 그러나 인간의 참다운 자유는 이러한 종류의 자기 이해와 탈신비──비록 냉소주의나 허무주의에 이르는 한이 있더라도──과정을 거칠 수밖에 없다. 그렇지 않고서야 계급과 성과 종족과 또 다른 사회적 조건과 범주 들이 구성해 놓은 자아가 원하는 것의 참뜻을 어떻게 알 수 있겠는가? 큰 상황이 만들어내는 작은 인간적 합병의 상황에 대한 이해 없이 인간 해방에의 노력은 궁극적으로 헛된 연자방아 돌리기에 불과할 것이다. 인식 없는 실천은 공허하고 맹목적일 수밖에 없다.

유종호 씨는 염상섭의 사회사적 관심을 당대의 역사소설의 유행과 대비하여 다음과 같이 정당화하고 있다.

당시의(8·15 전의) 작가들에게 있어 역사소설은 여러모로 손쉬운 현실 도망의 방편이 되어주었다. 현실에 대한 불만을 가지고 있으나 미래에 대한 능동적, 진취적 구상을 가지고 있지 못하며 그 전망조차 불확실할 때 사람들은 지나간 과거에 대해서 애착과 그리움을 느끼게 마련이다. 뿐만 아니라 식민지 상황에 묶여있는 작가에게 역사적 과거는 유서 깊은 독립 왕국으로서의 조국을 작품 배경으로 제공해 주었다. 따라서 역사소설 쓰기는 한편으로 식민지 작가의 손상당한 자부심을 쓰다듬어주면서 한편으로 독자들의 민족의식을 계도한다는 즐거운 선량 의식까지도 제공해 주었다고 할 수 있다. 역사소설 쓰기에 열중한 작가들이 대체로 의식 있는 민족주의자로 자처했다는 것도 우연이 아니다. 한편 미래에 대한 독자적이고 체계적인 전망과 구상을 가지고 있는 사회주의를 진하게든 엷게든 수용했던 작가들이 역사소설에 손대지 않았다는 것도 우연한 일은 아니다.

이러한 상황 아래에서 염상섭이 역사소설을 쓰지 아니한 것은 당연하였다. 그 대신 그는 사회소설을 썼다. "그의 역사의식은 염상섭으로 하여금 역사소설 쓰기를 방지하고 그를 뛰어난 당대 사회의 역사소설 작가로 남아있게 하였다."(벽초의 『임꺽정』만이 예외였으나, 유종호 씨는 그것이 성공적인 것은 역사소설임과 동시에 사회소설이었기 때문이라고 말한다.)

그런데 일제하에서 산출된 이른바 역사소설에 대한 비판은 모든 현실의 관념적, 낭만적 구성에 해당되는 것일 것이다. 그 구성은 모든 좋은 의도를 다 가지고 있을 수 있다. 그러나 구체적 사실의 시련을 통과하는 것이 아닌 한, 그것은 진정한 역사의식의 형성에 별로 도움을 주는 것이 아니다. 유종호 씨의 역사소설 비판, 사회소설 옹호는 철저한 경험적 사실 존중 또는 현실 존중으로부터 저절로 나오는 것이다. 그러면서 이러한 존중은 진정한 사회소설이 진정한 역사소설이 되듯이 경험적 사실, 주어진 현실을 넘어 역사의 미래로 나아가는 것이다. 이 후자의 가능성이 어디엔가 있다면 그것은 바로 현실 안에 있는 것이 아니면 아니 된다. 우리는 다시 한번 그의 사회사적 관심의 국면에서도 진보적 리얼리즘의 신조가 변함이 없음을 확인한다. 더 보탤 것이 있다면, 그것이 한결 더 구체적인 형태로 더 복합적인 관련 속에서 표현된다는 것이다.

물론 그것은 이미 처음부터 그러했고 또는 그러해지고 있었다고 할 수 있다. 가령 1978년의 「가난·소외·농촌·옛날」은 당시의 문제작들과 문제적 사회상을 일변하는 글인데, 여기에서 인간의 고통을 이야기하는 언어의 구체성은 매우 증후적인 것이다. 그것의 이데올로기적 공식과 다른 구체성은 아주 특징적인 것이다.

사람 살이를 속절없이 처참하게 하는 것에 가지가지가 있지만 그중에서도 가장 두드러지고 근본적인 것은 굶주림을 핵심으로 하는 가난, 보람 없는 중노동과 고역으로 점철된 나날, 전쟁 통에 생겨난 참변이나 혹은 부당한 박해나 육체적, 정신적 곤욕 등일 것이다.

또는 『장길산』의 조선조 사회와 관련하여, 그는 "자연의 우연이나 인사의 포학에 대해 무방비 상태로 노출되어 있던 사람들에게서 삶의 덧없음과 갑작스러운 재앙과 죄 없는 어린이들의 떼죽음과 포악한 자들의 번창 등은 삶이란 무엇이며 어디서 와 어디로 가는 것일까 하는 근원적인 물음을 간절하게 일으켰음에 틀림이 없다."라고 관찰한다. 이러한 비참성에 대한 구체적인 느낌은 이 글에서 논의의 대상이 되었던 박경리 씨의 『토지』나 황석영 씨의 『장길산』에 대한 비판에서도 잘 나타난다. 유종호 씨는 이들 작품이 자연 상태의 사회를 낭만적으로 높이 치는 것, 그리하여 참으로 인간적인 문명의 필요를 경시하는 것은 인간의 고통의 구체적 존재 방식을 충분히 이해하지 못하기 때문이라고 말한다.

걸치는 옷가지가 적을수록 사회와 문명의 억압적인 제약도 적으리라는 생각은 대체로 허구였음이 드러났다. 설사 사람의 자연 상태가 문명의 억압적인 제약에서 벗어나 있다 하더라도 그것은 그만큼 자의적인 자연의 포학에 속절없이 노출되어 있다. 문화나 문명이란 단순화해서 본다면 자연의 자의적인 포학으로부터 사람들을 보호하기 위해서 마련된 보호와 질서의 체계일 것이다. 그런 의미에서 문자 그대로 방책이다. 그리고 이 방책이 크고 조밀하면 할수록 그 억압적인 요소도 증대하지만 그것은 방책이 제공하는 안전에 대하여 불가피하게 치러야 할 보상이라 할 수 있다.

위의 인용에서 인간 조건에 대한 구체적인 고려는 사회제도에 대한 존중으로 옮겨 감을 우리는 볼 수 있다. 이것은 다시 사람의 삶의 전체적 조건에 대한 현실적 태도로 이어지는 것이다.

5

유종호 씨의 비평을 말하면서 빼놓을 수 없는 것은 그의 언어에 대한 관심이다. 그의 첫 출발의 가장 중요한 논문은 「언어의 유곡」이었다. 그는 그 후로도 언어의 문제에 대하여 쓰기를 그치지 아니하였다. 1969년의 「한글만으로의 길」도 언어의 문제를 광범위하게 다룬 것이다. 이외에도 그의 평문에서 우리는 무수히 언어—문학 언어의 문제에 대한 언급을 만난다. 말할 것도 없이 언어가 문학의 핵심에 있고 유종호 씨가 끊임없이 이것을 의식하는 것은 당연한 (그러면서도 너무나 흔히 그렇지 않게 되는) 일이다. 그러나 언어의 문제가 유종호 씨에게 각별하게 중요한 것임을 주목하지 아니할 수 없다. 그리고 그에게 그것이 그렇게 중요한 것은 구체적인 현실과, 그 사회적 정체성 속에서 인간의 근본적이고 역사적인 소망을 간직할 수 있다는 의미에 있어서, 이상으로의 현실이 언어를 통하여 구출될 수 있기 때문이다.

1962년의 「현대 시의 50년」에서 한국 현대 시의 신기원을 이룩한 시인으로 정지용을 들면서 유종호 씨는 정지용의 "경이에 값하는" 작품의 선언적 의미를 다음과 같이 요약하였다. 즉 지용은 1) 시란 언어로 만들어지고 그것의 우열에 의하여 평가되어야 한다; 2) 언어 예술로서의 시는 자율적이어야 하며 정치 이데올로기에 의하여 지배되지 말아야 한다; 3) 우리말의 가능성은 정밀하게 탐구될 수 있다; 4) 정형에 입각한 구조(舊調)를 벗어난 내재율의 수립이 가능하다——이러한 것들을 실례로써 보여준 것이다. 여기에 이야기되어 있는 것은 정지용의 업적 내지 신조이기도 하지만 또 유종호 씨의 시에 대한 생각의 근본이기도 하다. 여기에서 특이한 것은 그의 시에 대한 생각이 얼핏 보아 비정치적이란 것이다. 물론 정치적 입장이 확실해짐에 따라 시와 정치에 대한 그의 생각은 조금 더 모호한 것이 되었을 것으로 추측할 수는 있다. 그러나 결코 정치와 시 사이의 긴장을 그가 일방적으로 결정한 일은 없다고 하는 것이 옳을 것이다. 1989년의 「문학개론」에서도 그는 시의 '우의적 해설', 즉 정치적 해석을 통한 시의 희석화를 분명하게 거부한다. 우리가 알아야 할 것은 이런 거부가 반드시 시가 궁극적으로 정치에 무관하다는 것을 말하는 것이 아니라는 사실이다. 어떤 관점에서 시의 정치적 의미는 그것을 정치적 이념에 충족시키기에는 너무 큰 것이다. 어떤 종류의 시적 영감이 느끼게 해주는 높은 삶의 암시 없이는 정치는 무의미하다. 그리하여 이 시적 영감의 보존은 정치로부터 따로 있어서 오히려 격렬하게 정치적일 수도 있다. (관계는 조금 더 복합적이다. 다른 예에 비교하여 말하건대 정치와 삶의 관계에서 정치가 삶을 위하여 있지, 삶이 정치를 위하여 있는 것은 아니다. 그러나 어떤 경우, 삶 자체를 위하는 길은 정치의 완성을 위하여 삶을 버리는 일일 수도 있다. 김수영이 말한 것처럼 시를 버리는 것이 시를 위하는 것일 수도 있다.) 유종호 씨의 시 예술론은 보다 큰 정치론의 일부이다.

위의 정지용의 업적에 대한 나열 중 구조(舊調)의 문제는 유종호 씨의 견해가 바뀐 것으로 보는 것이 옳을는지 모른다. 위의 정지용 평가에서 이미 우리말의 가능성의 탐구가 중요시되고는 있지만, 그의 시에 대한 생각은 구조에 속한다고 하여야 할 민요에 대한 적극적 긍정에 점점 굳게 이어지기 때문이다. 이것은 그의 현대 시사의 영웅이 정지용보다 김소월 쪽으로 기울게 되는 데에서 볼 수 있다. 그런데 이 경위에 대해서 생각하는 것은 바로 시의 정치적 의미에 대한 그의 견해를 알아보는 손쉬운 방법이다.

　유종호 씨의 시에 대한 견해는 민요 또는 민요의 특징을 이루는 토착어 옹호에 집약된다. 그리하여 조금 기이한 집념으로도 보이는 나중의 극단적인 견해에서는 시인이 사용하는 토착어만이 시의 시금석인 양 주장되기까지 하는 것이다. 유종호 씨의 토착어에 대한 집착은 해묵은 것이다. 이것은 산문의 경우에도 일찍부터 그러하다. 그에게 하근찬의 우수성은 적잖이 그의 민요의 언어에 가까운 토착적 언어에 기인한다. 염상섭의 경우도 마찬가지다. 신인의 경우, 이미 말한 바와 같이 김소월이나 김지하 또는 황진이 시의 뚜렷함은 거의 전적으로 그들의 토착어와의 관계에 힘입고 있다. 그러나 그의 토착어 숭배가 유종호 씨의 어떤 특이한 형식주의를 나타내는 것이 아님은 물론이다. 그가 토착어의 음악과 연상을 그 자체로 즐기는 것은 그의 진정임에 틀림없다. 그러나 이 즐김에는, 사람이 즐기는 모든 것이 그러하듯, 깊은 의미가 없지 않은 것이다. 다만 그것을 의도적인 의미의 선택에서 출발하는 것으로 아는 것은 잘못이다. 사람은 먼저 사랑하고 그다음에 그 의미를 발견한다. 이것은 삶의 참으로 중요한 많은 계기에서 그렇다. 문학의 경우도 그러한 것이 아닌가 한다.

　의미의 관점에서 자명한 것은 토착어의 계층적 관련이다. 유종호 씨는 하근찬 씨의 언어를 논하면서 이미 그의 "어리수굿하면서도 사무치는 저항 정신이나 토착어 유머는 우리 민요의 가장 생기 있는 부분과 제휴되어 있다."고 하고, 그의 자아를 앞세우지 않는 문체도 "집단적 감정과 의식의 대변자인 민요 시인과 연결되어 있는" 것이라고 말한 바 있다. 이것은 유종호 씨의 다른 시어론들에서도 되풀이되는 주제이지만, 그 민중적 관련은 토착어가 시어 또는 문학어가 되어야 한다는 주장의 중요한 근거이다. 그러나 토착어가 민중어이기 때문에 써야 되는 것이라고 한다면, 그것은 지당한 말이면서 너무나 미리 정해진 말일 수 있다. 문학의 특성은 그것이 미리 작정해 놓은 생각을 넘어가는 자연 발생적인 자유의 활동이라는 데에 있다. 그런 의미에서 그것은 언어에 대해서까지도 물신화된 처방을 싫어한다. 다시 말하여 사랑의 의무에 앞서는 자유의 영역이 예술이다. 유종호 씨가 토착어를 강하게 미는 이유는 그것이 바로 좁은 처방을 넘어가는, 사람됨의 전체의 자유로운 표현일 수 있기 때문이다. 또 이 전체성은 밖으로부터 걷어 모아 이루어지는 것이 아니라 사람의 깊이에 연결됨으로써 가능해지는 것이다. 이 깊이가 자연스럽고 자유스럽고 창조적일 때 이 자연스러움, 자유스러움, 창조성의 결과가 바로 전체성을 이룬다. 유종호 씨는 어린 시절의 언어야말로 강력한 호소력을 갖는다고 말한다. 우리의 어휘 중에서도 기초적인 단어들이 특별한 힘을 갖는 것은 이로 인한 것이다.

 기초적인 단어일수록 어려서 습득한 단어이고 따라서 그런 단어는 개개인의 의식 속에서 가장 오랜 역사를 가지고 있는 낱말들이다. 그 기원은 이제는 심층 속으로 잠겨 들어간 아득한 어린 날이다. 따라서 이런 낱말들로 구성된 시는 잃어버린 낙원의 심층부에 깊이 호소하는 힘을 가지고 있고 따라서 향수자는 민감하게 정서적인 전염을 경험하게 된다.

—「시와 토착어 지향」

 우리말에서 토착어의 근원성은 그것이 어린 시절의 기초어라는 데에서부터 시작한다. 그것은 커다란 정서적인 호소력을 갖는다.
 그러나 이 호소력은 더 많은 것에 결정적인 기초가 된다. 그것은 모든 것을 결정한다. 유종호 씨의 생각으로는, 토착어는 사고의 힘도 겸비한 언어이다. 이것은 토착어 지향의 시가 생각과 느낌의 통합에 실패한 한자어 시에 비하여 이러한 통합에 성공한 경우가 많다는 데에서 증거되는 것이다. 그것은 토착어가 많은 사람들의 경험과 그 표현과 전달에 관계되는 오랜 역사를 가지고 있는 말들이기 때문이라고 유종호 씨는 말한다. 그러나 여기에 추가하여 다시 중요한 것은 원초적 정서이다. 한자어 시에 비하여 토착어 시의 성공은 토착어의 사고 기능의 탁월함보다 사고의 조건으로서 정서의 선행 또는 병존이 필수적임을 말해 주는 면이 있는 것이다. 흔히 생각하는 것과는 달리 강력한 사고는 강력한 감정의 기초 위에서 가능한 것이다. 토착어의 정서적 근원성은 그 민중적 성격에도 중요한 의미를 갖는다. 위에서 말한 바와 같이 토착어는 민중의 언어이지만 또 공동체적 언어라고 할 수 있겠는데(민중이 다수라는 의미 이상을 갖는 것은 그 공동체적 성격 때문이다.), 토착어가 가지고 있는 것이 공동체적 합일의 근본이 되는 정서이다. 이 정서는 어릴 때의 낙원의 체험에 관계된다. 이 낙원, 유종호 씨가 잃어버린 낙원이라고 부르는 것이 정서의 원천이 되고 공동체적 이상의 원형이 되는 것이다. 이렇게 따져볼 때 토착어가 매개하는 것은 자아의 내면과 내면, 느낌과 생각, 사람과 사람, 개인과 집단의 근원적 연결과 유대이다. 그것은 여기에 대한 자연스럽고 자유스럽고 창조적인——일체적 체험의 모태를 이룬다. 바로 같은 상태에서 분출하는 독특한 사고의 표현인 문학에 그러한 토착어는 중요할 수밖에 없다.(그러나 모든 문학 언어는 토착어든 아니든 이러한 근원적 일체성의 언어라고 할 수 있다. 가령 유종호 씨의 예로도 김승옥 같은 작가의 힘은 "지적 체험을 감각적, 정감적 체험과 마찬가지로 직접적, 구체적으로 표출해 낼 수 있는 능력"이며 그것은 궁극적으로 "참신한 언어 재능"의 힘이다. 김승옥 씨를 우리는 토착적 작가 또는 토착 언어의 작가라고 할 수는 없을 것이다.)

토착어의 중요성은 이와 같이 단순한 민족주의나 민중 주의에서가 아니라 인간과 문학 언어에 대한 깊은 통찰에서 주장되는 것이다.(민족주의나 민중 주의는 이러한 근거에서 긍정된다.) 시의 중요성은 여기에 있다. 물론 시의 기능은 더 부연 확대하여 말해질 수 있다. "삶의 외경과 신비에 대한 감각, 모든 생명 있는 것에 대한 공감과 연민, 고통 받는 사람들에 대한 상상적 이해, 자연과 세계의 아름다움에 대한 경탄, 도덕적 염결성과 정의에 대한 간구, 그리고 보다 정의롭고 보다 사람다운 사회에 대한 지속적인 갈망과 같은 것의 끊임없는 세련과 재생산"에 시는 관계된다. 또 시인은 "조화로운 감정교육, 균형 잡힌 전인교육"의 담당자이고 "야만과 폭력의 논리를 거부하면서 인간에의 길을 꾸준히 모색하는 존재"이다. 그리하여 시인의 작업은 막중한 "시민적 책임"이 된다.(「시인과 모국어」) 그러나 이러한 시인의 일과 책임의 핵심은 단순한 그의 시적 작업에 있으며 또 그 작업은 토착어의 일체적 영감에 충실하는 것이다. 유종호 씨의 시적 영웅 김소월은 '구전적 전통과 병형된 회화체의 청각적 충실'을 통해서 자기를 형성하였다.

　유종호 씨의 시적 언어는, 다시 말하여 자아와 공동체의 일체적 실현을 보여주는 범례이다. 이것은 그가 소설과 사회의 현실주의적 추구에 있어서도 모색하던 이상적 상태이기도 하다. 다만 소설과 사회의 일체적 현실화, 엔텔레키아는 부재와 부정으로 채워질 수밖에 없다. 시의 순간에 그것은 조금도 실질적인 수가 있다. 물론 그것도 충만한 현실로 주어지기보다는 시의 과정에서(또 소설을 포함한 모든 예술의 과정에서) 가능성으로 암시될 뿐이다. 그것은 위안의 성질을 가진 것이다. 시인의 시민적 책임이 수행되고 있는가? 그것은 일반적으로 인정되거나 한 것인가? 또 시에서도 토착 시에 한정된 세계는 얼마나 좁은 것인가? 오늘날 토착어의 세계는 어떠한 상태에 있는가? 신경림 씨의 사라져가는 농촌 공동체에 대한 민요 시를 두고, 유종호 씨 자신은 오늘날 "구전적 전통에의 하강적 회귀"는 불가능하다고 말한 바 있다. 오늘의 시인은 다른 모든 삶들과 더불어 거친 현실을 살면서 그의 시적 순간에 그것의 부드러움을 산다. 유종호 씨가 한 글에서 인용하고 있는 시에서 브레히트는 말한다.

　　　신발보다 더 자주 나라를 바꾸면서
　　　불의만 있고 분노가 없을 때는 절망하면서
　　　계급이 전쟁을 뚫고 우리는 살아
　　　오지 않았느냐.

그러면서 우리는 알게 되었단다.
비천함에 대한 증오도
표정을 일그러뜨린다는 것을.
불의에 대한 분노도
목소리를 쉬게 한다는 것을. 아, 우리는

친절한 우애를 위한 터전을
마련하고자 했었지만
우리 스스로가 친절하지 못했단다.

　브레히트는 분노가 없을 때의 절망과 분노의 추함과 그런 가운데 비치는 친절과 인간애와 관용성을 다 같이 생각하였다. 현실 속에 산다는 것은 이 모든 것을 거머쥐는 일이다. 그것은 모순을 사는 끊임없는 진동이며 불안과 피곤이다. 그러면서 주어진 세계에서 보람 있는 삶의 실현에 가까이 가려는 노력이다. 이번 선집에서 유종호 씨의 머리말은 애상적이다. 우리는 그의 애상의 말에서 현실과의 씨름이 가져온 피로를 느낀다. 보람의 열매는 부질없는 씨름이 아닌 다른 곳에 열리는 것인지 모른다. 그러나 다른 어떤 곳이 있는가? 삶의 현실은 주어진 현실일 뿐이다. 물론 유종호 씨는 이 현실에, 그 막힌 무게와 있을 수 있는 가능성과 그리고 무엇이 어찌되었든, 지금 여기의 삶의 조화와 풍요에 충실하였다. 그의 현실과의 씨름의 궤적에 우리는 경의를 표해 마땅하다.

　　　　　　　　　(『김우창 전집 4——법 없는 길』, 민음사, 1993)

■ 비평의 원리

비평가의 항심

이상옥(문학평론가)

　문예작품을 대할 때 우리는 늘 그 작가를 의식하지 않을 수 없다. 작품은 작가에 의해 빚어지되 일단 작가의 손을 떠나면 더 이상 그의 작품이 아니라든지, 작품을 작가로부터 떼어놓지 않고는 그 작품을 올바로 비평하기가 어렵다든지, 심지어 전기적(傳記的) 비평은 큰 오류를 범하기 마련이라는 식의 비평 이론이 유행한 적이 있었고, 아직도 그런 이론이 평단의 일각을 버젓이 점하고 있다. 이런 이론은 늘 어느 정도의 타당성을 지니고 있지만, 비평적 안목을 한쪽으로만 좁힘으로써 결국 작품의 평가를 그르칠 공산이 높다.
　작품을 작가로부터 떼서 생각하기가 어렵다는 것은 그 작가가 쓴 많은 작품을 한꺼번에 비평적 검토의 대상으로 삼고자 할 때 대번에 드러날 것이다. 특히 오랜 기간에 걸쳐 쓰인 여러 작품을 놓고 그 속에서 하나의 일관성이나 변모 과정을 찾고자 하는 사람들에게는 아주 편리하고 유용하게 찾아가 기댈 수 있는 곳이 바로 그 작가이며 그의 시대이다. 왜냐하면 일관성이나 변모 과정을 역사라는 시간의 흐름에서 분리하여 살핀다는 것은 그것을 올바로 살피지 않겠다는 것이나 마찬가지이기 때문이다.

이 글에서는 '작품'이라는 말의 의미 속에 '창작'적 노력의 결실뿐만 아니라 비평적 노력의 산물까지 포함시키기로 한다. 이는 비평도 엄연히 문학의 한 장르가 아니냐는 상식적 주장이 타당하기 때문만이 아니고, 비평적 노력도 그것이 바람직한 방향에서 성공적으로 이루어질 경우에는 '창작'에 못지않은 성과를 빚을 수 있기 때문이다. 가령 우리는 에드먼드 윌슨이나 라이어넬 트릴링 같은 비평가를 흔히 '작가(writer)'라고 부르기도 하는데, 이는 이들이 일생에 걸친 저술 과정을 통해 소설을 집필한 적이 있기 때문이라기보다, 오히려 그들의 비평적 작업의 문학적 성과가 그들을 '작가'의 반열에 올려놓아도 손색이 없을 정도로 견실하기 때문이다.

비평의 '문학적' 성패 여부를 따지는 데 있어 시금석이 되는 것이 무엇이냐고 묻는다면 물론 답하기가 쉽지 않을 것이다. 윌슨이나 트릴링은 각각 막대한 양의 비평적 문헌을 남겼지만 그 부피가 이들을 '작가'로 만들지는 않는다. 또 이 두 비평가는 오랜 기간에 걸쳐 문학뿐만 아니라 여러 사회문제에 대해서도 깊은 관심을 보임으로써 당대의 중요한 지식인 저술가로서도 상당한 위치를 차지하고 있었지만, 이 사실만으로 이들이 작가가 될 수 있는 것도 아니다. 오히려 이들을 작가이게 하는 요소를 우리는 다른 곳에서 찾아야 할 것이다. 그것은 무엇보다 이들이 남긴 문헌이 비단 문학에 대한 비평적 관심의 수준에만 머물지 않고, 그 독자들로 하여금 삶과 주위 세계 및 시대 상황에 대한 통찰까지 할 수 있게 함으로써 여느 문학작품 못지않은 인식적 충격을 줄 수 있다는 점에서 찾을 수 있을 것이다.

우리가 유종호의 평론집 『현실주의 상상력』의 발간에 대해서 각별히 주목하는 이유도 이 책이 위에서 제기된 문제를 다시 한번 생각해 보게 하기 때문이다. 우선 이 책에 수록된 글들은 30여 년간에 걸쳐 평론 활동을 해온 저자가 자기 손으로 골라 모은 것이므로, 우리는 이를 통해 비평가로서의 그의 성장 혹은 변모 과정에 대한 일종의 자화상을 보게 되리라 기대할 수 있다. 다음으로 우리는 그가 쌓아온 저술이 단순한 '비평적' 업적으로만 그치지 않고 우리 시대의 가장 중요한 '문학적' 성과일 것이라는 평소의 심증을 확인하는 데도 이 평론집을 결정적 증거로 삼을 수 있지 않을까 싶다. 다시 말해, 우리는 『현실주의 상상력』을 통해 유종호라는 한 비평가의 '작가'로서의 모습에 대한 성찰을 꾀해 볼 수 있을 것이다.

권말에 붙은 '저자 연보'에 의하면 유종호는 1957년에 평론 「불모의 도식」과 「언어의 유곡」을 《문학예술》에 발표했다고 한다. 그러므로 그가 평단에 데뷔한 것은 대학을 졸업하던 해였다. 22세라는 나이는 시나 소설 같은 창작품이 아닌 평론을 가지고 문단에 등장하기에는 퍽 이른 나이임에 틀림없지만, 그는 그 나이에 이미 문학평론을 발표하기 시작했던 것이다. 『현실주의 상상력』의 첫머리에 실려있는 「언어의 유곡」을 읽어보건대, 그는 그때부터 이미 상당한 비평가적 감수성과 학문적 온축을 과시하고 있었다. 이 논문의 끝부분에서 그는 "오늘날 우리 문학 세계에서 벌어지고 있는 온갖 후진적이며 비양심적인 추태"라든지 "문장의 혼란으로 한몫 보는 비평가의 추태"를 개탄하는 한편, "우리들의 길은 멀다."고 선언하고 있다. 이처럼 그는 이 무렵에 이미 비평가로서의 소명 의식을 만만찮게 갖추고 있었으며, 그 나름으로 '먼 길'을 떠날 준비를 착실히 하고 있었다.

그 먼 길을 걸어오는 동안 그는 『비순수의 선언』(1962), 『문학과 현실』(1975), 『동시대의 시와 진실』(1982), 『사회역사적 상상력』(1987), 『문학이란 무엇인가』(1989) 등 여러 권의 평론집을 출간했으며, 한 세대가 넘는 긴 세월에 걸쳐 부단히 학문적 관심 영역을 확대하고 비평가적 자기 갱신을 거듭해 왔다. 이를테면 첫 평론집의 제목 속에 함축되어 있듯이 처음에 그는 자기의 젊음에 값하는 비평적 당돌함을 보였지만 세월이 흐르면서 이 당돌함은 원숙한 안목에 의해 차츰 순치되고 있었다. 그의 문체 또한 그러하다. 초기의 평론에서 흔히 눈에 띄곤 하던 화사함이 후기 평론에 이를수록 차츰 차분함으로 바뀌어가고 있다.

 이런 몇 가지 점은 그의 평론을 연대순으로 일람하려 하는 사람들에게는 결코 간과할 수 없을 만큼 흥미 있지만, 유종호라는 평론가의 반생을 체계적으로 살펴보려고 하는 사람들에게는 그다지 중요하지 않다. 왜냐하면 이 정도의 변모는 30여 년간 작가 생활을 해온 사람이라면 누구나 으레 드러내는 변화에 불과할 수도 있기 때문이다. 그러므로 『현실주의 상상력』과 같은 평론 선집을 살펴보고자 하는 사람들이 마땅히 주목해야 할 점은 그 속에서 찾아볼 수 있는 변수가 아니고 늘 그의 비평 속에 일관성 있게 흐르는 상수이다. 이 상수는 그가 비평가로서 갖추고 있는 항심(恒心)과 항산(恒産)이기도 하며, 초년에서 근년에 이르기까지 그의 모든 저작물 속에 꾸준히 나타나는 비평적 자세, 경향 및 신념과 관련되어 있다.

 1950년대 말에서 1960년대에 이르기까지 10여 년간은 문학의 사회적 기능을 지나치게 강조하는 '참여' 문학관이 그 자체로 불온한 것으로 비칠 수 있는 시대였지만 유종호는 대담하게도 '비순수'의 기치를 받쳐 들고 있었다. 특히 군사혁명 직후에 작가들이 겁을 먹고 숨을 죽이던 시절에도 그는 당대의 금기였던 주제들을 다루는 용기를 지니고 있었다. 한편 1970년대 이후에 정치적 억압의 분위기가 어느 정도 이완됨에 따라 그간 고개를 들지 못하고 있던 작가와 비평가 들이 일제히 목청을 높이고 있을 때에도 그는 평소의 목소리를 더 높이지 않았다. 특히 1980년대에 접어들자 '해방'이니 '분단'이니 '투쟁'이니 '노동'이니 '혁명'이니 하는 추상명사들을 들먹이지 않고는 평론을 쓸 수 없을 것처럼 문단의 분위기가 일변하고 있었지만, 그는 이런 낱말들을 거의 들먹이는 일이 없이 의연하게 원래의 모습을 그대로 지키고 있었다. 그러므로 1980년대 말엽부터 시작된 동구권의 정치적 몰락 이후에 우리나라의 일부 지식인들이 허둥대고 있을 때에도, 그는 자세를 조금도 흩뜨리는 일 없이 원래의 모습을 그대로 보일 수가 있었다.

 요컨대 유종호는 남들이 겁을 먹고 있을 때는 용감하다가도, 남들이 일제히 목청을 높일 때는 오히려 자세를 낮추고 있었다. 어떤 사람들은 이를 그의 사회과학적 배경의 한계 탓으로 돌리려고 들지 모른다. 그러나 그런 생각이 잘못된 것임은 쉽게 확인할 수 있다. 가령 다음과 같은 구절을 읽어보자.

사회정의의 실현은 단순히 합법적인 권위에 의거하지 않은 억압이나, 사회적 희생을 분담하는 데 있어서의 불공평을 소극적으로 제거하는 것으로 이루어지지 않는다. 물론 재화와 노동력의 교환에 있어서 교환된 재화와 노동력이 엇비슷한 가치를 지니고 있지 않거나 어느 한쪽이 상당한 강제력을 행사하는 것 같은 수탈 관계의 제거는 초급한 문제다. 그러나 평등의 원리가 적극적으로 보장되어야 비로소 뜻있는 사회정의가 이루어질 것은 정한 이치다.
―「가난·소외·농촌·옛날」

이 구절은 유종호의 좌파 경제 이론 배경이 만만치 않음을 보여주고 있지만, 그가 그 이론을 생경하게 원용하는 일은 좀처럼 없다. 오히려 그는 이런 이론의 깃발 아래서 광분하는 사람들을 멸시하는 편이다. 가령 '저자의 말'에서 "자신은 혁명가로 죽을 생각이 전혀 없으면서 혁명적 수사와 방언으로 무단히 겁주고 혹은 계산하고 혹은 지배하는 행태를 나는 불신한다."고 함으로써 그는 일부 좌파 지식인의 위선적이고 몰염치한 언행에 대한 경멸을 숨김없이 토로하고 있다.

이런 비평가적 태도는 문학작품의 실제 비평에 임할 때 그로 하여금 기본적으로 온당한 시각을 지닐 수 있게 한다. 예를 들어「우의적 해석의 허실」에서 그는 권태웅의「감자꽃」이라는 동요를 일제 말기에 강행된 창씨개명의 부당성에 대한 항변으로만 보는 해석에 대해 반대하는데, 이는 "소박한 동요조차 지나친 우의적 해석이나 정치적 해석으로 처리하는 투의 문학 교육 방식이 문학에 대한 적절한 독자 반응을 오도하고 있다."고 믿기 때문이다. 또「슬픔의 사회적 차원」에서 신경림의 시를 논하면서 "참여시인이라는 세평이 언뜻 환기하는 바와는 달리 신경림은 무엇보다도 우선 서정시인으로 자기 정의를 꾀하였던 시인이다."라고 주장할 때에도, 그는 참여문학론자들의 파당성이 빚을 수 있는 아전인수적인 시각의 왜곡을 경계하고 있다. 특히 다음 구절에서 볼 수 있다시피, 그는 이념에의 맹목적 봉사가 빚을 수 있는 비평적 오류에 대해서도 경고한다.

문학에서의 이념 표현은 (……) 작품의 요구와의 조화라는 관점에서 파악되고 검토되어야 할 것이다. 일률적인 이념 기피는 도리어 주제의 빈곤으로 떨어질 위험성을 안고 있다. 그러나 모든 것은 '문학 이후'의 작품을 두고 논의되어야 한다. '문학 이전'의 작품을 놓고 이념을 운운하는 것은 문제의 잘못된 접근에 지나지 않으며 거기서 얻는 것은 없다고 해야 할 것이다.
——「문학과 이념」

이 구절은 이념을 배제한 문학은 생각할 수 없지만 '문학 이전'의 이념만을 놓고 비평을 꾀하는 것 또한 부질없는 짓이라는 비평가적 신념을 여실히 드러내고 있다. 바로 이런 신념이 있기에 비평가 유종호는 항심을 유지할 수 있다. 그리고 그 항심은 그로 하여금 정치적, 사회적 분위기의 변화에도 불구하고 항상 본연의 자세를 지킬 수 있게 하며, 상충되는 성싶은 많은 견해들마저 별 무리 없이 포용할 수 있게 해준다. 이를테면 그는 「시인과 모국어」에서 모국어에 기여하는 시인의 1차적인 책임과 의무를 이행한 시인이 저항 정신의 결여라는 이유로 응분의 평가를 받지 못한다는 것은 "역사적 공정에서 벗어나는 일"이라고 하는가 하면, 「소설과 사회사」에서는 한국 사회소설의 가장 빼어난 성취의 한 사례를 보여준 염상섭의 역사의식을 찬양하기도 한다. 이때 '역사'에 관계되는 발언들이 언뜻 서로 상충될 듯이 보임에도 불구하고 실은 전혀 그렇지 않을 수 있는 것도 바로 그 발언들 속에 항심이 건재하기 때문이다.

앞서 우리는 유종호의 비평이 거둔 문학적 성과가 그를 거의 '작가'의 반열에 올리고 있을 것이라는 추측을 한 바 있거니와, 사실 이 점을 검증하는 일은 곧 그의 비평의 다른 한 진면목을 살피는 일이기도 하다. 그는 '저자의 말'에서 "문학이 삶이나 세상과의 사랑싸움이라면 비평은 문학과의 사랑싸움이다."라고 말하고 있는데 이때 '문학'이라는 말을 가지고 그는 문예 창작이라는 좁은 의미의 문학을 의미하고 있지 않나 싶다. 어쨌든 여기서 그가 의미하는 것은, 비평이 문학과는 달리 삶이나 세상과의 사랑싸움을 직접 할 수는 없으며 오직 문학—혹은 문학작품—과의 싸움을 통해서 간접적으로 할 수밖에 없다고 하는 점이다. 이 말은 곧 비평이 넓은 의미의 문학 속에 포함될 수는 있지만 문학의 언저리에 놓일 뿐이라는 것을 명시적으로 비치고 있다. 그러나 유종호는, 그 자신의 표현을 빌려 말하건대, 비평이라는 '변두리 형식'을 '주류화'함으로써 자기 자신을 '작가'의 반열에 올려도 손색이 없게 한다.

이 주류화는 무엇보다 그가 독자들에게 일련의 눈뜸을 일으키곤 한다는 사실에서 찾을 수 있다. 물론 이 말에 대해서는 비평도 엄연한 문학의 한 장르인데 눈뜸을 주지 않는 비평이 올바른 비평일 수 있겠는가 하는 반론이 제기될 수도 있다. 그러나 그가 노리는 눈뜸은 흔히 비평적 해설 속에서 볼 수 있는 범상한 수준의 눈뜸과는 그 차원이 다르다. 그의 비평은 비단 문학과의 사랑싸움을 통해 문학의 제반 문제들이 독자들에게 낯설어 보이게 할 뿐만 아니라, 문학이 삶이나 세상을 상대로 벌이는 사랑싸움의 경지까지 넘봄으로써 독자들에게 직접 삶이나 세상이 '낯설어 보이게 하는' 효과까지 노리고 있다. 이 점은 많은 그의 평론 속에서 예증될 수 있다. 이를테면 하근찬의 소설을 논한 「화해의 거부」는 우리가 작가 하근찬을 보는 법을 제시하고 있을 뿐만 아니라 하근찬의 문학 세계를 직접 들여다보는 법까지 암시하고 있다. 「감수성의 혁명」에 대해서도 우리는 똑같은 말을 할 수 있다.

즉 이 논문은 김승옥이라는 작가의 스타일이 지닌 혁신적 성격을 해명하는 데 그치지 않고 작가가 그리고 있는 세계의 성격에 대해서도 상당히 많은 것을 우리에게 말해 주고 있다.

이런 의미에서 생각할 때, 우리는 다음 구절의 요지를 유종호 자신의 비평의 성격을 정의하는 말로 역이용할 수 있지 않을까 싶다.

> 우수한 문학작품일수록 사회사 연구에 풍부한 시사를 던지고 있다는 것은 문학사회학자들의 공통적인 지적 사항인데 그것은 우수한 작품일수록 직접성과 함께 구체적인 삶의 결을 풍부하게 보여주고 있다는 사실과 관련될 것이다. 그것은 우수한 작품일수록 규격화된 관습과 시각에서 벗어나 있다는 뜻이 되기도 한다.
> ─「소설과 사회사」

이 구절에서 우리가 '문학작품'이라는 말에 '문학평론'이라는 말을 대입해서 읽는다면 이는 곧 유종호 자신의 평론이 지닌 기본적인 성격을 설명하는 말로 아주 걸맞을 것이다. 더욱이, 여기서 상론은 피하겠으나, 유종호의 산문이 단순히 평론의 매개체로만 쓰이는 데 그치지 않고 그 자체의 문학적 성격까지 지니고 있어서 읽기에 무척 즐겁다는 사실까지 고려한다면 그의 평론이 지니고 있는 '작품'적 성격과 그 자신의 '작가'적 면모가 그만큼 더 잘 부각될 것이다. 그러므로 그의 평론을 '작품'으로 간주하고 그를 한 사람의 '작가'로 다루려는 본격적 평가의 시도가 머지않은 장래에 있게 되리라 기대해 보는 것도 결코 부질없는 일은 아닐 것이다.

(《외국문학》 1991년 겨울 호)

■ 비평의 원리

비순수로부터 동시대에로의 전개

이남호(고려대 교수)

1

　유종호[1]는 1950년대 말부터 평론 활동을 시작하여 오늘날까지 점증적인 활약을 보여주는 영문학 전공의 문학평론가이다. 우리 현대문학의 성숙 과정에 직접 참여하여 오늘에 이르렀다고 할 수 있다. 그는 지금까지 거의 10년 터울로 평론집을 한 권씩 내고 있는데, 『비순수의 선언』(신구문화사, 1962), 『문학과 현실』(민음사, 1975), 『동시대의 시와 진실』(민음사, 1982) 등 세 권의 평론집[2]이 그것이다. 이 세 권의 평론집은 그의 비평적 안목의 성숙을 그대로 반영하고 있으며 치열한 모색의 현장이기도 하다. 세 번째 평론집에 이르러 그는 완숙한 비평적 역량을 보여주고 있지만 현재의 활동 추세를 보아서 앞으로 그의 비평 세계가 얼마나 심화되어 갈 것인가 짐작하기 어렵다. 뒤에 가서

---

1) 앞으로 유종호에 대한 호칭은 3인칭 대명사 '그'로 통일한다.
2) 세 권의 평론집에서 인용할 경우, 평론의 제목은 명시하고 책 이름과 쪽수, 그 밖의 사항들은 책 이름의 첫 글자에 쪽수만 명시하는 것으로 약한다.

자세히 살펴보겠지만, 세 권의 평론집을 통시적으로 검토해 보면, 앞의 두 권은 모색의 과정이었고 세 번째 평론집에 와서 당당한 출발을 보여주기 때문이다. 따라서 이 글은 그의 비평 세계를 포괄할 수도 없고 할 필요도 느끼지 않는다. 다만 문학작품과 삶과 비평 행위라는 세 가지 축을 가지고 한 사람의 문학비평가가 어떤 문제에 부닥치고 어떻게 문제를 풀면서 어떠한 비평 세계를 전개하고 있는가를 문제 중심으로 살펴보고자 한다. 이러한 방법은 당연히 우리의 문학적 상황이 중요한 척도가 될 것이다. 그리고 아무래도 세 번째 평론집인 『동시대의 시와 진실』이 주된 논의 대상이 될 것이다.

2

유종호의 문학적 관심과 안목은 20년 이상 일관된 흐름을 유지하면서 축차적으로 심화되어 왔고, 그것은 그의 세 권의 평론집에 그대로 반영되고 있다. 10년 터울로 심상치 않은 자기 성숙을 매듭지으며 한 권의 평론집을 내곤 하였지만, 그 매듭들은 모두 한 올의 실에 일관되게 규칙적으로 생긴 것이었다. 그리고 그 평론집들은 그의 문학적 노정임은 말할 것도 없거니와 그 각각이 1960년, 1970년, 1980년 전후의 우리 문학적, 사회적 상황과 밀접한 관련을 맺는 것들이다. 다른 비평가의 여타의 평론집도 물론 마찬가지로 당시의 문학적, 사회적 상황의 조감을 가능케 하는 것이긴 하지만 특히 그의 평론집은 우리의 비평사가 어떠한 문제들에 부딪히면서 전개되어 왔는가를 모범적으로 보여준다. 따라서 우리는 그의 세 권의 평론집을 통시적으로 살펴봄으로써 그의 비평적 안목의 심화 과정을 추적할 수가 있으며, 동시에 1960년 이후(결국 해방 이후라 할 수 있다.) 우리 비평문학의 전개와 발전을 가늠해 볼 수도 있다.

"50년대는 오문 및 악문의 범람 시대"라고 스스로 규정지은 바 있지만, 『비순수의 선언』은 바로 그러한 삭막한 시대에 대한 젊은 혈기의 치기 어린, 그러나 신선한 반항이라는 의의를 갖는다. 거의 편견과 무지와 아부로 일관해 있던 1950년대의 비평적 상황에 대하여, 문학적 감수성이 뛰어나고 지적인 욕구가 남달리 강했던 한 문학청년의 오만과 반항의 결과로 생각될 수 있다. 그가 당시 우리 문학적 상황과 관련하여 당돌하게 제시한 몇 가지 문제점은 맥을 바로 짚는 것이었다. 가령 호랑이 없는 골에서 토끼가 왕 노릇 하듯 시문학파, 청록파가 시단의 주류를 이루고 있던 당시, 젊은 외국 문학도가 과감하게 정지용과 김소월을 높이 평가할 수 있었다는 사실은 그의 문학적 통념을 넘어선다고 할 수 있는 송욱의 『하여지향』과 손창섭의 『낙서족』에 대하여 아주 적절한 이해와 평가를 내리는 동시에 고전적 심미관으로부터의 문학적 해방이란 의미로 '비순수'를 주장하고 나섰다는 뛰어난 비평안이었다. 정치와 역사의 파행적 전개로 말미암아 편견과 무지와 허위가 횡행하던 시대에 우리 문학의 불구성을 그만큼 정직하게 진단하였다는 것은 이 책의 자랑이라 할 수 있다.

어쨌든 6·25의 비극적 폭음과 함께 시작된 50년대는 은둔자 내지는 방관자의 작가적 위치가 빚어내는 패배의 미학만이 문학의 왕도가 아니라는 자각을 문학인에게 선사하였다. 하지만 그뿐이었다. 60년대에 접어든 오늘, 우리가 기대하는 것은 아니, 당연히 그렇게 되어야 할 것은 이러한 자각이 작가들에 의해서 건립되어야 할 것이다.
——「전통의 확립을 위하여」, 비 233쪽

1960년대 초는 문학적 감수성이 매우 세련된 자가 문학의 사회성을 강조하기란 쉽지 않은 상황이었다. 그러나 그는 아주 자연스럽게 문학이 '시대적 양심과 사회적 인간'을 다루어야 할 것이라고 주장하였다. 『비순수의 선언』에서 엿볼 수 있는바, 그는 섬세한 문학적 감식 능력을 지녔으며 동시에 건강한 사고의 방향성을 지녔다. 그러나 이러한 장점 때문에 맥을 찌르는 비평적 발언을 몇 가지 할 수가 있었지만,

역시 오늘날의 안목으로 본다면 『비순수의 선언』은 습작 평론이라고 할 수 있다. 단편적인 문학 지식의 남용이라든가, 비약적이고 단정적인 논리라든가, 감상이 스며있는 문투라든가, 언어의 사치가 심한 문체라든가 따위는 그의 평론의 특징을 이루면서도 동시에 그의 평론의 치명적인 약점이라고 지적될 수 있다. 아마 그의 평론 스타일은 올더스 헉슬리의 영향을 많이 받은 것으로 짐작된다. 스스로 회고하고 있는 바이지만, 그는 헉슬리의 소설 곳곳에 나오는 문학의 본질과 속성에 대한 수많은 계시적 논평을 탐독하였고 그곳에서 지적인 쾌락과 분석의 재능을 얻었다.(「지성과 반지성」, 문 37~43쪽) 헉슬리의 글이 주는 단편적이지만 재기발랄한, 그리고 매우 박학한 문학적 비평이 "의지할 만한 전통이 없다."고 한탄하고 있는 젊은 평론가에게 매혹적이었을 것임은 쉽게 알 수 있다. 그가 『비순수의 선언』에서 보여준 수많은 외국 문학의 인용과 비유는 얼핏 볼 때 대단한 재기요 지적 과시이지만 한편으로는 깊이가 없고 과시적인 느낌이 들어 경박할 따름이다. 아마도 그가 헉슬리를 탐독한 것은 그에게 득보다도 실이 많았을 것으로 생각된다. 그러나 이러한 문체적 결함은 그 자신만의 잘못이 아니라 시대의 한계였을 것이다. 당시는 서구의 껍데기에 대한 맹신이 팽배해 있었고, 글이라면 으레 '저 유명한 누구누구가…….' 라는 인용 구절이 들어가게 마련이었으며, 앞도 뒤도 없는 금언과 격언이 가장 심오한 철학이던 시대였다. 그렇게 본다면 그의 다소 경박한 문체는 오히려 효과가 있었는지 알 수 없다. 그러나 문체는 그렇다고 하더라도 그의 재치 있는 논리 전개 사이에 간혹 발견되는 인용이나 비유의 오류는 평론의 격을 한층 떨어뜨린다. 가령 이 책에서 유일하게 외국 작품인 『보바리 부인』을 다룬 「비속의 미학」이라는 평론은 많은 노력의 흔적에도 불구하고 가장 어쭙잖은 글이 되고 말았다. 왜냐하면 『보바리 부인』에 대한 이해가 대체로 잘못된 것이 많았기 때문이며, 이것은 그가 단편적인 헉슬리류의 문학 지식은 매우 박학하나 깊이와 정확성의 면에서 취약했음을 말해 준다.

정리해서 말한다면, 『비순수의 선언』은 올바르고 세련된 문학적 감성으로 1960년대적 상황에 의미 있는 발언을 하였지만 그런 것들은 단편적인 직관이었을 뿐이고, 아직 자신의 문학관이라든가 그것을 뒷받침할 만한 사고의 깊이와 사실의 검증이 결여된 평론집이라고 할 수 있다.

첫 평론집을 낸 후 13년 만에 두 번째 평론집인 『문학과 현실』을 내었다. 그의 화려하고 자신만만하던 출발에 비하여 13년 만의 업적이라고 보기에는 미흡한 첫인상을 주는 책이다. 그러나 자세히 살펴보면 자기 세계 확립을 위한 각고의 흔적과 그 흔적만큼의 성숙이 발견된다. 우선 문체가 많이 차분해졌다. 지적 과시 욕구가 절제되고 사물을 바라보는 시각이 성급하지가 않다. 보다 중요한 점은 문제의 발견과 그 문제에 대한 놀랄 만한 집중력이다. 이 점은 모든 문제를 단편적이고 단정적으로 처리해 버리던 그로서는 대단한 자세의 변화이다. 『비순수의 선언』 이후 그가 물고 늘어졌던 문제는 대략 세 가지인 것 같으며 그것들은 상호 관련적인 것이었다. 문학과 현실의 관계, 지식인으로서의 문학인이 가져야 할 자세 문제, 전통의 단절과 서구의 범람 속에서 한국적인 문학이란 어떤 것이어야 하는가 등이 바로 그것이다. 이러한 문제의 제기는 그 자신의 개인적 삶에 있어서도 절실하고 건강한 것이었지만, 당시 우리 문학적 상황에 미루어 보아서도 매우 귀중한 것이었다. 또 이 글들이 주로 1960년대 후반에 써졌음에 비하여 이 문제들이 우리 사회에서 주요한 쟁점으로 부각되기 시작한 것은 1970년대 들어와서니까 그의 선구적 혜안을 인정하지 않을 수 없다. 『문학과 현실』이 보여주는 또 하나의 미덕은 이러한 문제들에 대하여 매우 침착하고 조심스러운 태도로 접근하고 있다는 점이다. 사실 위에서 제기된 문제는 상황과도 밀접한 연관이 있으며 어느 한 개인에 의해서 단시일 내에 해결될 수 있는 문제가 아니다. 그래서 그는 서두르지 않고 그 문제들을 조금씩 조금씩 우회해서 접근해 들어간다. 진지하고도 날카로운 하위 질문들을 통하여 큰 질문의 해결을 모색하는 것이다. 그 모색의 노정이 바로 『문학과 현실』이다. 이러한 소박하지만 힘 있는 자세의 유지는 비평적 에스프리가 뛰어난 그로서는 무료하고 힘든 것이었을 것이다. 아마 이 책에 시 평론이 전혀 들어있지 않은 것도 이러한 자기 수련의 자세와 관련이 있는지 모르겠다. 어쨌든 『문학과 현실』은 이름 그대로 우리의 문학과 우리의 현실에 대한 진지한 모색이다. 그러나 해결의 모습을 보여주는 것이 아니라 그 과정만 보여준다. 어떻게 생각하면 이러한 문제는 문제의 제기가 바로 문제의 해결을 암시하지만 중요한 것은 추상적인 모범 답안이 아니라 진지한 모색의 과정일 것이다. 그의 진지한 모색은 『문학과 현실』이라는 한 권의 책으로도 모자랐는지, 1970년대 전반의 몇 년간의 공백 기간을 필요로 하였다. 이러한 모색과 공백기를 거침으로써 어느 정도 자기 정의가 이루어졌을 그는 다시 폭발적인 힘으로 글을 쓰기 시작한다. 그 글들이 모여서 나온 평론집이 『동시대의 시와 진실』이다.

세 번째 평론집 『동시대의 시와 진실』에서 우리는 비로소 한 사람의 성숙된 비평 세계와 만나게 된다. 아마도 그것은 그가 『비순수의 선언』에서 보여주었던 재기발랄한 비평적 에스프리가 마음껏 헤엄칠 수 있는 바다를 그동안의 각고의 모색으로 확보하였기 때문일 것이다. 물론 이 세 번째 평론집이 그의 평론의 완성이라고 할 수는 없지만, 앞의 두 권의 평론집이 이 책의 산파적 기능에 불과하다고까지 말할 수도 있다. 이에 우리는 『문학과 현실』에서 제기되었던 세 가지 문제가 어떤 식으로 귀결되었고, 그것이 실제 평론 속에서 어떤 식으로 투영되었는가를 살펴보아야 할 것이며, 또 그러한 비평 정신과 문학적인 감성이 어떻게 조화로운 결합으로 나타날 수 있는가를 살펴보아야 할 것이다. 그럼으로 해서 그의 비평 세계는 핵심 부분을 드러낼 수 있을 것이고 나아가 비평이 있어야 할 자리와 지녀야 할 모습을 보여주게 될 것이다. 1970년대의 가장 중요한 비평적 성과는 문학과 현실의 관계 회복일 것이고 가장 큰 쟁점은 그 회복된 관계를 조화롭고 현명하게 맺어주는 것이라면, 우리는 『동시대의 시와 진실』에서 앞서 가는 비평 정신을 만나게 된 셈이다.

3

그가 『비순수의 선언』에서 우리 문학을 진맥한 결과, 그 심각한 증상 중의 하나로 사회성의 결핍을 지적한 것은 그 당시의 탁견이었다.

> 사회상을 사상(捨象)하고 나서 인생 국면의 시적 효과만을 추구한 데에 한국 소설의 큰 약체성이 있다는 것은 부정할 수 없는 사실이지만 한편 이것은 한국 작가로 하여금 허약 무쌍한 휴머니스트로 낙착시키고 말았다. 적어도 현대의 휴머니스트는 정치적, 사회적 현실에서 외면하고 소박한 성선설의 단조한 목가만을 부르는 사람은 아닐 터이니까.
> ——「인간 부재」, 비 133쪽

한국 문학의 창백성이 사회성의 부재에서 비롯된 것이라는 논리도 재미있는 것이지만 그보다는 문학의 사회성을 강조하고 있음에 주의를 기울일 필요가 있다. 왜냐하면 그 사회성이라고 하는 것이 일반적으로 말하는 참여문학과 약간 다르다는 느낌을 받을 수 있기 때문이다. 그는 '순수한 문학적인 가치만을 고집'하는 것을 거부하고 비순수의 선언을 하는 바이지만, 참여라기보다는 비순수라는 데 그의 사회성의 특징이 있다. 즉 그의 사회성은 '고전적 심미안의 거부' 정도이거나 '적극적 실천적 휴머니즘' 정도였다. 문학의 사회성이 이처럼 자신 없게 추상적으로 주장된 것을 보면, 『비순수의 선언』에서의 그는 아직 문학과 사회에 대한 주관이 있었다고 보기 어려우며, 다만 직관적으로 문학이 사람이 사는 일에 대하여 보다 많은 관심을 가질 필요가 있음을 막연히 느낀 것 같다. 그 스스로도 말하고 있고 『비순수의 선언』을 읽어봐도 쉽게 느낄 수 있는 것이지만, 그는 문학의 세련된 우아함을 중시하는 보수주의자이다. 단 문학이 꼭 그럴 필요는 없다는 진보적 경향을 지닌 보수주의자이다. 보수적 성향을 지닌 그가 『비순수의 선언』 이후 문학과 삶에 대한 안목이 넓어짐에 따라 문학의 사회성에 더욱 부채감을 느꼈고, 그 문제가 해결되지 않고서는 글을 쓸 수 없다고 생각했는지도 모른다. 하여 그의 비평적 관심은 문학과 현실의 상관관계에 집중되어 나타난다. 『문학과 현실』에서 「누구를 위하여 쓸 것인가」와 「사랑이냐 혐오냐」 등의 평론은 바로 문학의 존재 방식에 대한 탐구의 글이다. 1963년에 발표된 것으로 밝혀져있는 「사랑이냐 혐오냐」에서는 만년의 톨스토이의 문학관과 보들레르나 플로베르의 유미적 문학관을 대비해 고찰하고, 인간을 혐오하는 전자보다는 인간에 대한 사랑으로 가득 찬 후자를 좀 더 선호한다. 그러나 후자 역시 예술성을 상실하고 있으므로 그 중간 지대에 있다고 볼 수 있는 토마스 만의 「토니오 크뢰거」를 이상적인 문학으로 생각하고 있다. 여기서 분명한 것은 그가 세련된 고급 예술성보다도 소박하고 인간적인 사랑을 문학에서 더욱 중요한 요소로 파악하고 있다는 점이다. 논리 전개가 도식적이긴 하지만 그의 문학관이 어떠한 방향으로 여물어가고 있는가를 잘 보여준다. 이러한 생각은 「누구를 위해서 쓸 것인가」에서 약간 다른 방식으로 개진된다. 그는 작가도 사회적 존재인 이상 어쩔 수 없이 모든 작가가 현실에 참여하게 되는데, 문제는 역사의 수레를 바람직한 방향으로 돌리느냐 그렇지 않느냐 하는 점이라는 것이다. 그는 또 작가는 오늘 이 땅의 구체적인 독자를 위해서 글을 써야 한다고 분명하게 말한다.

자기가 살고 있는 시대와 사회적 여건이 가장 절실하게 제출하고 있는 문제를 현상적인 것이라고 외면하고서 작가가 어떻게 미래와 영원을 얘기할 수 있을 것인가. (……) 대답은 명백하다. 우리의 작가들이 염두에 두어야 할 독자는 보증할 아무것도 없는 가공적인 미래의 독자가 아니라 오늘 이 땅에서 발을 디디고 서있는 구체적인 독자여야 할 것이다.
—「누구를 위해서 쓸 것인가」, 문 62쪽

그러나 이러한 명백한 결론이 논리적으로 도출되었다고 해서 문제가 해결되었다고 볼 수는 없다. 그것보다 더욱 중요하고 어려운 것은 이러한 기준이 실제 우리의 작품들에게 어떤 식으로 적용될 수 있는가의 문제이다. 그는 염상섭의 소설을 분석함으로써 이 문제를 처리한다.「승리와 패배」라는 이 글은 표면적으로는 염상섭 문학의 적절한 분석이면서 이면적으로는 그의 문학관의 실제 비평에 있어서의 교묘한 적용이었다. 그는 염상섭의 뛰어난 리얼리즘 기법과 초기 장편의 사회성이 후기 작품에서 '트리비얼리즘'으로 전락하고 만 사실을 차분하게 보여주고 있다. 그는 자신의 비평적 기준을 문학작품에 도식적으로 적용해 보는 것이 아니라 가장 충실한 작품 해설가인 듯하면서도 그 해설과 평가에 자신의 비평적 기준을 실을 줄 아는 솜씨를 이 무렵부터 확보한 것 같다. 이 점이 그와 도식적인 참여주의 문학가들과의 중요한 차이점이라 할 수 있을 것이다.

문학과 현실에 대한 그의 입장이 어느 정도 분명하여졌다 하더라도 이 문제는 그의 계속적인 관심거리로 남아 『동시대의 시와 진실』에서도 이와 관련된 여러 편의 평론을 보여준다.「근대소설과 리얼리즘」,「소설과 사회」,「가난·소외·농촌·옛날」 등이 그러한 글인데 이러한 것들은 개인적으로는 문학과 현실의 관계에 대한 깊이 있는 확인 작업이 될 터이고, 참여 논쟁의 피상성과 상투성이 판을 치던 1970년대 후반의 문학적 상황에는 실속 있는 이성적 천착의 모범이 되는 것이었다. 이러한 차분한 이성적 확인 작업을 통하여 그의 문학관은 보다 성숙된다. 그는 "사람 살이의 가파로움에 대한 올바른 파악이나 진지한 관심이 결여된 문학치고 변변한 것이 없다."고 주장하면서 두 번째 평론집에서 내린 결론을 계속 고수하고 있지만 다음과 같은 구절에서 그 태도는 보다 유연하고 성숙되어 있음을 알게 된다.

시는 원통함과 부끄러움과 주먹을 쥐게 하는 것을 마땅히 포용해야 할 것이다. 그러나 가령 삶의 덧없음과 사랑의 지속적인 치유력과 사람의 위엄을 노래하는 시도 흐트러지기 쉬운 우리의 감정에 어떤 질서를 부여하는 균형의 원리로 작용하면서 그치지 않는 선율로 남아있게 마련이다. (……) 깊은 내면성의 시조차도 못생긴 현실에 대한 의지할 만한 척도이자 역상(逆像)으로서 그 추악함을 몰아내는 부정의 계기로 작용할 수 있다. 지금이 어느 때인데 하는 모든 비상시의 이론에는 비상시임에도 불구하고 이루어놓은 인류의 값진 유산에 대한 당치 않은 불경(不敬)이 깔려있다. 인간의 가능성은 엄청난 것이고 인간 해방에의 길은 결코 외줄기로 나있는 것은 아닐 터이다.
　　　　　──「슬픔의 사회적 차원」, 동 118~119쪽

　이러한 발언은 앞서 언급한 「사랑이냐 혐오냐」에서의 발언과는 상당한 거리가 있다. 이러한 거리는 그동안 이 문제에 대하여 끊임없이 관련 질문을 제기하고 그것에 대해서 이성적인 천착이 있었기 때문에 가능하였을 것이다. 그리고 이러한 유연성이 그의 사회적 입장의 약화나 서투른 자기 변명이 아님은 그의 평론 곳곳에서 확인되는 터이지만 「정의없는 힘의 전율성」에서 가장 뚜렷하게 드러난다. 그는 우리 현실이 가장 암울한 위기에 처했을 때 아서 밀러의 희곡 「시련」을 우리에게 소개함으로써 대사회적 발언을 간접적으로 하였다. 시대의 어둠 앞에서 지식인으로서의 문학인이, 그리고 문학이 어떤 태도를 취할 수 있는가 하는 문제를 문학의 테두리 안에서 가장 분명하게 보여주고 있다. 그것은 상황에 대한 일회용 처방에 그치는 것이 아니라, 「시련」이란 희곡이 그러하고 훌륭한 모든 작품이 그러하듯이 어떤 특정한 상황의 비판으로 나온 글이지만 그 깊이 있는 인식 때문에 상황을 초월하여 의미를 가지는 글이 된다. 그는 「정의없는 힘의 전율성」이란 글에서 아서 밀러의 사회극 「시련」이란 작품의 배경과 내용과 의도를 꼼꼼하게 분석하고 있다. 눈치 빠른 독자라면 그가 왜 이런 외국 작품을 이처럼 꼼꼼하게 분석하고 있는가를 눈치 채겠지만, 눈치 없는 독자라 하더라도 마지막에 그가 덧붙인 다음과 같은 말을 보면 필자의 의도를 분명히 알 수가 있을 것이다.

 우리의 사회적 경험은 현지인들의 실감이 보다 우수한 작품으로 간주하고 있는 「세일즈맨의 죽음」보다는 오히려 「시련」에서 연관성과 충격성을 발견하기를 요청하고 있다. 그럼에도 이 작품이 별로 알려져있지 않은 것은 외국 작품에 대한 비평적 선별이 아직도 우리들의 척도가 아니라 현지인들의 그것에 맹목적으로 의존하고 있음을 보여주는 사례라 할 것이다. 외국 작품은 우리와의 살아있는 관계로서가 아니라 그야말로 책 속의 남의 일로 읽혀지고 평가되고 있는 것이다.
 우리는 하나의 경고로서 또 끊임없는 상기로서 「시련」을 접하고 정의없는 권력의 전율성을 재확인하고 나서 우리가 할 수 있는 일이 무엇인가를 생각해 보아야 할 것이다. 그런 일이 일어날 수 있고 또 실지로 일어났다는 아서 밀러의 말은 파란 많았던 우리에게는 잉여의 사족에 지나지 않는다.
      ─「정의없는 힘의 전율성」, 동 286쪽

지식인의 한 사람으로서 시대의 어둠을 맞이하여, 「시련」이라는 작품의 의미를 음미하며 자신의 위치와 시대의 상처를 가늠해 본다는 것은 당연한 일이다. 물론 그 사고의 건강성과 진실성이 전제가 되어야 하는 것이지만, 모두들 눈앞의 현실에 이리저리 휩쓸리고 있을 때 한 걸음 물러서서 사태를 정확하게 이성적으로 파악하고자 하는 자세는 결코 방관적이라고 할 수 없다. 문학을 버리지 않는 한 그러한 자세는 문학인으로서의 당연한 자세이다. 「정의없는 힘의 전율성」은 문학과 현실과 문학인의 상관관계가 어떠해야 하는가에 대한 그의 성숙된 인식이 잘 표현된 글이라 하겠다.
 『비순수의 선언』에서 막연하게 제기되었던 문학과 현실의 문제가

『동시대의 시와 진실』에 이르러 이렇게 성숙한 결론을 얻었는가를 간략하게 살펴보았다. 그는 문학의 사회성에 대하여 상당히 강경한 발언을 많이 하지만, 그의 실제 비평들을 읽어보면 소위 '문학성'과 '사회성'의 부드러운 결합을 발견하게 된다. 어떻게 보면 그것은 문학의 예술성에 대한 그의 보수주의적 기질, 세련된 감성, 문학과 삶에 대한 그의 정직한 인식이 행복하게 만난 결과라고 볼 수 있을 것이다. 한편 문학성과 사회성의 부드러운 결합은 1970년대 우리 문학적 상황에 대해서도 중요한 기능을 담당하는 것이었다. 문학에 있어서의 순수와 참여가 창조적으로 대립, 발전되지 못하고 상투어의 반복으로 전락되어 있을 때 이러한 진지한 제3의 모색이 당당하게 자기 자리를 지키고 있었다는 것은 매우 다행한 일이기도 하다.

4

문학과 현실의 문제를 생각하다 보면 필연적으로 부딪치게 되는 문제가 있다. 참된 문학을 '오늘 이 땅에서 발을 디디고 서있는 구체적인 독자'를 위한 것이라 할 경우, 서구 문학적 미학과 논리를 벗어난 진정한 한국의 문학은 어떠한 모습인가 생각해 보지 않을 수가 없다.

그리고 아울러 서구 문학적 미학과 논리를 받아들이는 자세도 생각해 보아야 할 것이다. 일제시대 때 왜곡된 형태로 전개되기 시작한 이 땅의 현대문학은 다른 분야와 마찬가지로 서구에 대한 편중 현상을 보였고 이러한 현상은 해방과 6·25를 거치면서 오히려 심화되었다. 1960년대 이후 문학에서뿐만 아니라 사회 모든 분야에서 가장 절실한 과제 중의 하나는 스스로에 대한 주체적 인식의 문제였다. 그래서 전통의 뿌리를 찾고, 우리의 문화들을 재평가하고, 밀려오는 서구 사조들을 비판적으로 인식하려는 움직임이 전개되었다. 문학의 경우에도 이러한 반성이 절실하게 요구되었으나 그동안의 서구 편중도가 너무 컸던 만큼 한국적 미학과 문학 논리를 정립한다는 것은 매우 어려운 일이었다. 그렇게 풍부하다고 볼 수는 없는 우리의 문학적 전통, 그것마저도 20세기에 들어와 상당한 단절감을 느꼈고 그 사이를 서구 문학의 껍데기들이 메워주었다. 상황이 이러하니 만치 그 극복의 과정은 어렵고도 먼 길일 수밖에 없고, 1960년대 이후 지금까지 많은 노력이 있어왔지만 여전히 어려운 숙제로 남아있다.

그는 영문학을 전공한 사람이기 때문에 이러한 문제 해결에 이중의 어려움을 느꼈을 것으로 짐작된다. 세련된 영문학적 문학관과 지식은 한편으로는 평론 활동에 커다란 도움이 되었겠지만 다른 한편으로는 심각한 장애 요소가 되었을 것이다. 어쨌든 그는 영문학을 전공하였지만 문학에 있어서 '한국적인 것'이 어떤 것인가에 대하여 처음부터 남다른 관심을 보였다. 그러나 젊은 영문학도의 눈에 비친 한국 문학의 모습은 애처로운 것이었다. 『비순수의 선언』에서 그가 내린 결론은 한국 문학의 성격은 운명론적 페시미즘이고 '한국적'이란 말은 바로 이 땅의 재래적인 전근대적 인간상을 싸고도는 후광이라는 것이었다. 즉 현재의 한국 문학은 매우 지각한 상태이니 하루빨리 서구의 선진된 문학을 수용해야 한다는 것이다.

> 남에게서 배운다 하더라도 배움을 실천하는 주체가 있는 이상, 자기의 것은 은연중에 제 빛을 발하기 마련이다. 그렇다면 소위 전통에 대한 지나친 쇄국적, 비개방적 태도는 결국은 왜곡된 자격지심이 변형된 상태에 지나지 못할 것이다. (……) 타파해야 할 인습마저 전통이란 미명으로 수식하는 옹졸한 사고는 조속히 지양되어야 할 것이다. 그러므로 우리는 60년대의 문학의 과제가 소박한 전통 개념의 수정과 이에 따른 시야의 확장에 있어야 한다고 믿고 싶다.
> ——「전통의 확립을 위하여」, 비 236쪽

이 말 속에서도 자신감보다는 열등감을 느끼기가 쉽지만, 『비순수의 선언』이 전체적으로 주는 느낌은 우리 문학에 대한 안타까움과 서구 문학에 대한 동경심이다. 물론 사실이 그렇지 않느냐고 따지고 들면 문제는 복잡해진다. 핵심은 서구 문학이 한국 문학의 이상적 모델이 될 수 없다는 점이다. 이 점을 명확하게 인식하지 못하였기 때문에 '지각'이라는 비주체적인 표현이 사용되었다.

그러나 이러한 생각은 그다음 책에서 즉시 반성된다. 그는 서구화와 근대화를 동일시하여 성급한 서구화를 주장하는 사람들이 "추적 망상"에 사로잡혀 있다고 지적하고, 이러한 추적 망상이 불러일으키는 초조감이 사상조차도 유행 같은 경박성을 띠고 나타나게 한다고 말했다. 이어서 그는 맹목적인 서구 추종뿐만 아니라 서구에 대한 맹목적인 적의나 콤플렉스를 보여주는 것도 옳지 못하다고 하였다. 이러한 반성의 결과 위의 인용문에서 주장된 수용론은 아래 인용문처럼 성숙된 논리로 수정되었다.

우리가 남의 것을 배운다는 것은 어떤 역사적 현상을 우리의 역사적, 사회적 문맥과의 유기적 연관 속에서 현실적 요청의 형태로 취사선택한다는 것을 뜻한다.
――「지식인과 문학」, 문 34쪽

이러한 주장은 외국 문물의 수입에 있어서 우리가 어떠한 자세를 가져야 하는가를 분명하게 밝혀준다. 근대화라는 이상향이 저 구름 위에 있는 것이나 서구의 먼 나라에 있는 것이 아니라 우리 삶이 향상되는 것이 바로 근대화이며, 그래서 어떠한 것이라도 우리의 현실적 요청이 있는 것만을 주체적으로 선별 수용해야 한다는 것이다. 그러나 논리는 명료하고 지당하나 그것의 현실적 적용은 매우 어려운 문제이다. 특히 문학의 경우에 구체적으로 현실적 요청이 무엇이며 어떠한 문학작품이 그러한 요청에 부합하는가의 문제는 더욱 어렵다. 이것은 아마도 추상적인 논리의 전개로서는 소득이 없고 어떤 현상이나 작품 하나하나에 대한 개별적인 검증이 오랜 시간을 두고 축적되어야 할 것이다.

세 번째 평론집에서는 이와 같은 개별적인 검증 작업의 소산이라고 보여지는 여러 편의 글이 실려있다. 가령 「시와 토착어 지향」이란 글에서는 토착어를 능수능란하게 많이 사용하는 작가의 작품들이 모두 우수하다는 논리를 전개한다. 이 문제는 일견 평범한 것 같지만, 한국 작가는 토착어에 묻어있는 우리의 역사와 체험에 익숙해야 한다는 중요한 전제를 말해 주고 있다. 구체적인 우리의 삶의 결을 잘 파악하지 못하는 작가는 좋은 작가가 될 수 없다는 말로 비약될 수도 있다. 또 신경림의 시를 논하는 「슬픔의 사회적 차원」이란 글에서는 신경림이 민중적 정서를 재현하기 위하여 줄기차게 시도하고 있는 민요 가락의 도입에 대하여 그 효과 여부를 따져보고 있다. 우리의 가락을 되살린다는 점에서 민요의 도입은 일단 긍정적으로 인정되며, 그중에서도 신경림의 시편들이 가장 성공적이라는 것이 일반적인 인식이다. 그러나 그는 한 걸음 더 나아가 민요의 현대사적 변용이 어떻게 이루어져야 성공할 수 있는가에 대한 세밀한 통찰을 보여준다. 그는 신경림의 시 가운데 옛 가락을 되살린 작품 가운데서 가장 성공하고 있는 것은 「목계장터」라고 말하고 그 이유를 다음과 같이 설명한다.

   (이 작품이 노래하고 있는 것은) 국외자의 설움이요 자기 설득이요 자기 위안이다. 그리고 바탕이 되어있는 것은 쓸쓸하다는 삶의 감회이다. 따라서 원통함이나 청승을 서슴없이 드러내거나 익살이나 너스레를 통제 없이 쏟아내는 민요나 민담의 세계와는 떨어져있다. 그리고 고되게 일하며 사는 생활인의 노래가 아니라는 점에서도 민요의 보편적 감정과도 거리를 유지하고 있다. 따라서 옛 가락의 관점과 울림이라는 외관을 가지고 있음에도 이 작품의 핵심은 근대적 세련을 일단 거친 국외자의 노래요 (……) 그리고 퍼스나가 본질적으로 국외자라는 점에서 구전적 전통이나 민요의 공동체적 공유 감정과도 거리를 유지하고 있다.

                        ―「슬픔의 사회적 차원」, 동 113쪽

옛 가락의 도입이 성공하려면 근대적 세련이라는 상당한 변용 과정을 거치면서 버릴 것은 버리고 새로운 미학으로 재탄생하여야 한다는 말이다. 세부적인 논리 전개에 있어서 필자로서는 의견을 달리하는 점도 있지만, 일단 옛것이면 무조건 좋다고 시대착오적인 민중예술 주의자들이 큰소리를 칠 수 있는 현재의 상황을 고려한다면 위와 같은 섬세한 비평 능력은 소중한 것이 아닐 수 없다. 그는 이어서 "지난날과 오늘의 크나큰 거리를 과소평가한 채 옛 가락을 복원시킬 때 그 가락은 마치 발터 벤야민이 지적한 복제품이 감수할 수밖에 없는 것과 비슷한 진품성의 상실이나 훼손을 면치 못할 것"이라고 분명히 지적하고 우리의 것을 되살리는 전통의 재창조 작업은 오늘의 삶에 입각한 근대적 세련이라는 변용을 거쳐야 한다고 했다.

그리고 「소설과 사회」란 글에서는 소설이란 장르가 서구에서는 원래 어떠한 역사적 배경과 의미를 가지고 있는 것인가를 살펴보고 있다. 이러한 연구는 우리 현대문학에서 소설이란 장르를 어떻게 이해해야 하는가에 대하여 중요한 점을 시사한다. 이 말은 우리의 소설 문학이 서구적 개념임을 확인할 수 있다는 뜻이 아니라, 소설의 서구적 개념에 대한 보다 깊은 이해는 우리의 소설 개념 정립에 많은 도움을 줄 수가 있다는 뜻이다. 이 글 이외에도 그는 영문학자이기 때문에 외국 문학에 관련된 글을 몇 편 싣고 있는데, 그 글들의 한결같은 성격은 그것들이 현재 한국 문학에 대한 일종의 발언 행위라는 점이다. 즉 그의 입장은 영문학을 하더라도 그것이 궁극적으로는 한국 문학을 위한 것이 되어야 한다는 것이다. 이 점은 앞서도 언급한 적이 있는 「정의 없는 힘의 전율성」에서 가장 분명하게 나타난다. 그는 이 글의 후반부에서 외국 작품에 대한 비평적 선별은 그 척도가 현지인의 것이 되어서는 안 되고 우리의 것이어야 한다고 주장하였다. 그래서 그는 아서 밀러의 작품 중에서 현지인들에게 더욱 절실하였기 때문에 대표작이 된 「세일즈맨의 죽음」이라는 작품보다는 「시련」이라는 작품이 우리의 현실에서는 더욱 절실한 작품이고 그래서 「시련」을 소개한다고 하였다. 이러한 주체적인 태도는 『비순수의 선언』에 실린 『보바리 부인』을 다룬 글과 비교해서 생각한다면 놀랄 만한 변신이 아닐 수 없다. 현재 우리 문단의 서구 문학에 대한 태도가 아직도 『비순수의 선언』 정도의 수준을 크게 넘지 못하고 있음을 인정한다면, 『동시대의 시와 진실』에서 보여준 주체적 태도의 질감은 매우 우수한 것이라 할 수 있다. 단 조금 아쉬운 점이 남아있다면, 그것은 외국 문학의 주체적 수용에서 한 걸음 더 나아가 우리의 전통문학과 미학에 대한 재해석 작업에까지는 이르지 못하였다는 사실이다. 그러나 이러한 기대치는, 외국 문학을 전공한 평론가들에게는 지나친 욕심일 것이다.

5

훌륭한 평론은 두 개의 축을 갖는다고 할 수 있다. 하나는 삶과 문학에 대한 인식의 깊이이고 다른 하나는 작품 감식력과 분석력을 가능케 하는 감수성의 섬세함이다. 우리는 지금까지 그의 사고의 깊이가 20여 년 동안 어떻게 성숙되어 왔으며, 또 그 성숙된 사고의 깊이가 우리 문학에 얼마나 귀중한 것인가를 따져보았다. 이제 그의 감수성의 섬세함을 문체와 관련하여 살펴보기로 한다.

그의 평론은 일견 매우 현학적이고 지적인 것 같지만 실제 그의 글의 근간이 되는 것은 뛰어난 감수성이다. 그는 늘 작품의 느낌에 먼저 주목한다. 그가 논리에 뛰어난 평론가이기는 하지만 논리로 작품에 접근하는 것이 아니라 감성으로 접근하여 그 느낌을 논리로 확인할 뿐이다. 그의 평론은 우선 느낌을 구하고 그 느낌을 지적으로 분석하며, 나아가 사회적 의미를 부가하여 작품의 궁극적 가치를 가늠한다. 그는 문학의 참여성을 강조하지만 대부분의 글에서 문학 주의자의 면모가 더욱 강하게 풍긴다. 논리를 중시하되 그 논리가 느낌을 구속한다기보다는 증명한다는 데에 그의 건강함이 있는 것이다. 가령 두 번째 평론집에 실려있는 「감수성의 혁명」이나 「여섯 개의 작품」 같은 것들은 느낌의 반짝거림이 확인될 수 있는 글들이다. 「감수성의 혁명」은 김승옥의「무진기행」이란 작품을 분석한 것인데, 문체 분석을 중심으로 한 작품 해석은 매우 섬세하다. 원 작품의 문체와 감수성도 뛰어나지만 이 평론의 문체와 감수성도 그에 못지않다. 뿐만 아니라 마지막에 가서「무진기행」의 소극성과 수동성을 문제 삼아 "정당하고 창조적인 방향감각을 찾지 못한 재능이 재능의 낭비나 사노(徒勞)를 초래하는 위험성은 언제나 있다."고 김승옥 소설의 창백한 개인적 기질을 비난하는 것을 빠뜨리지 않고 있다.「여섯 개의 작품」이란 글 중에서 특히 서정인의 소설「강」을 분석한 것이 주목된다. 그는 이 짧은 글을 통해서「강」이 주는 그 표현할 길 없는 감동을 단 몇 마디의 논리적인 문장으로 단숨에 설명해 준다.

> 고전 비극의 주인공은 흔히 운명의 일격으로 무참하게 파멸된다. 그러나 이 작품은 인간이란 거창한 파국에 의해서 파멸하는 것이 아니라 조그만 불행의 연속으로 해서 시들어버린다는 비극적 인식을 모티브로 가지고 있다. 거목이 쓰러질 때 나는 쿵 소리조차 내지 못하고 어이없게 자빠지는 범용의 비극이야말로 인생의 가장 비극적인 경험을 이룬다고 작가는 말한다. 때문은 일상의 저변에서 작가가 선명하게 부각시켜 놓은 것은 한 사람의 천재를 비굴한 낙오자로 만들어 버리는 시간의 파괴적인 리듬이며 이 리듬을 터득할 때 비로소 독자들은 이 작품의 표제가 어째서 '강'이어도 좋은가를 실감하게 된다.
> ―「여섯 개의 작품」, 문 156쪽

이러한 비평적 감식력과 현장 확인 능력은 그의 비평가로서의 득의의 영역이라 할 수도 있을 것이다. 시와 소설의 실제 분석에서 이와 같은 뛰어난 비평안은 그의 유력한 문체의 옷을 걸친 채 곳곳에서 활약한다. 김종길의 시를 다룬「점잖음의 미학」이란 글에서 음악적 접근법으로 청춘의 부재를 지적한 것이라든가, 김소월의 시를 다룬 글에서 낭만적 사랑의 의미를 역사적으로 고찰해 본 것이라든가, 이문열의 소설에 대하여 낭만주의의 고질과 낭만주의의 아름다움을 다 함께 보여주고 있다는 지적 등등은 모두 흉내 내기 어려운 그만의 독특한 재치요 순발력이라 할 수 있다. 그러나 이러한 재치가 글의 흐름과 잘 맞아떨어질 때는 빛을 발하지만, 간혹 글의 흐름에서 벗어나 역효과를 내기도 한다. 가령 「임과 집과 길」에서 '현시적 소비'란 개념의 도입이라든가, 「시의 의식화」에서 시의 중층적 모호성에 대한 비판적 진술 등은 전혀 자연스럽지 못하다. 또 「소설과 정치」라는 글에서 가치중립적인 생각이란 진술은 있을 수 없음을 말하기 위하여 몇 편의 시를 언급하고 있는데 이것 역시 최인훈의 「광장」과 「회색인」을 다루는 글의 서두로는 썩 어색한 것이 되고 말았다. 이러한 산만함은 작품의 실제 비평 속에서 주로 발견되는 것인데, 그 까닭은 앞서 지적한 대로 그의 실제 비평이 느낌에 의존해 있고 논리는 다만 그 확인 절차에 불과하기 때문인 것 같다. 작품에 따라서 느낌이 하나의 논리로 잘 꿰어질 때도 있고 그렇지 않을 때도 있다. 그렇지 않을 때까지도 그는 명료한 하나의 논리를 제시하고자 하는 욕심이 있었던 것 같으며 이러한 것이 오히려 역효과를 내는 경우가 되기도 하였다. 그리고 평범한 어떤 느낌이나 현상에 대하여도 지나치게 논리와 의미를 부여하고자 하는 의욕이 오히려 논리의 경박성에 기여하는 경우도 발견되었다. 그러나 이러한 모든 불만은 그의 많은 장점에 가리어 세심한 주의를 기울이지 않으면 드러나지 않는다.

  그의 재기발랄한 감수성과 표리의 관계를 이루는 것이 바로 그의 문체이다. 그의 문체는 대단히 경쾌하고 명료하다. 복잡다단하거나 추상적인 대상들도 그의 문체 속에서는 질서 정연하게 도열한다. 단어의 합성 능력, 그리고 파격적이면서도 효과적인 관형어의 사용, 또 자유자재한 어구 구사 능력, 이것들과 아울러 그의 뛰어난 명명술 등이 그의 문체의 특징이 될 것이다.

  토착어 지향이 운명과의 수동적인 화해나 퇴영적인 정적주의의 수용과 같은 심성의 세계에나 어울린다는 의혹은 부질없는 것임을 보여주고 있다. 자의식의 갈등을 순도 높은 서정으로 용해해서 노래한, 가령 윤동주의 「자화상」에 대해서도 우리는 그것이 전통적인 심성에서 떠나있음을 주목하게 된다.

——「시와 토착어 지향」, 동 631쪽

 시의 진실 계시 능력이나 역동적인 상상력을 통한 행복 기약 능력을 수락할 때 민요적인 과도한 단순성으로의 회귀는 시적 풍요로 가는 길의 두절을 뜻하고 파적을 위한 변주 이상의 소임을 감당하지 못할 것이다.

——「슬픔의 사회적 차원」, 동 119쪽

 두 개의 짤막한 예문만으로도 그의 문체가 지닌 특징이 충분히 증명될 수 있을 것이다. 이러한 특징들이 경쾌하고 명료한 문체를 만들고 나아가 그 글의 설득력으로 작용한다. 그가 지닌 명민한 사고와 뛰어난 감수성이 이러한 문체를 가능케 하는 것이며, 그의 비평적 위력은 상당 부분 문체의 힘에 의존한다고 말할 수 있다. 그러나 그의 문체가 매우 경쾌하고 명료한 것이긴 하지만, 뚜렷한 결점 두 가지를 지적하지 않을 수 없다. 첫 번째 결점은 관형구나 관형절의 지나친 비대로 인하여 균형 잡힌 문장이 되지 못하고 나아가 성분 요소의 파악이 약간 까다롭다는 점이다. 앞의 예문에서 첫 문장을 보면 '것'을 수식하는 관형절 속의 '의혹'이란 단어를 다시 수식하는 절이 엄청나게 길어서 전체 문장의 대부분을 차지한다. 이것은 우리말 문장으로서는 좋지 못한 것이다. 관형절이 길다는 것은 번역 투의 문장과도 관련이 있다. 영어의 관계 절 구문을 우리말로 번역할 때 종종 관형절이 길어져 문장이 이상해지기 마련이다. 관형어의 비대를 꼭 영어의 번역 투라고 할 수는 없고, 그것보다는 어떤 어휘에 미묘한 의미를 첨가하여 정확한 개념 전달을 하기 위한 노력으로 볼 수도 있지만 어쨌든 관형어의 지나친 비대는 매끄러운 우리말 문장이라고 하기 어렵다. 그다음 두 번째 결점은 자유자재의 어휘 구사 능력을 지나치게 남용하는 경우가 있다는 점이다. 이것은 그의 오래된 버릇으로서 『비순수의 선언』에서는 빈번한 외국어의 사용과 함께 문체를 악화시키는 주범이었지만 그 이후 많이 순화되었다. 그렇지만 『동시대의 시와 진실』에서도 눈에 거슬리는 표현들이 가끔 보인다. 가령 "다시 한번 폭력적인 단순화가 허락된다면"과 같은 표현과 "시세에 편승한 비평적 폭거" 같은 구절은 아무래도 말을 너무 함부로 쓰는 것 같다. 그리고 "널리 알려져있지 않은 으슥한 시편에서 골라본 것"이라고 했을 때 '으슥한'이란 기교적 어휘는 의미상 맞지 않는다. 또 "정의없는 힘의 전율성", "거역스러웠을 것이고" 등의 구절에서 '정의없다'라는 말과 '거역스럽다'라는 말은 우리말에는 없는 어휘들이다. 또 "문학의 탐스러운 기능", "생동감과 리얼리즘의 행복스러운 결합" 등의 구절에서 '탐스럽다'와 '행복스럽다'라는 표현이 멋있고 세련되었다기보다는 좀 경박스러운 느낌이 든다. 또 "겉봄에 매혹적인 것이"라고 적고 있지만 익숙한 우리말 표현은 '겉보기에 매혹적인 것이'일 것이다. 이상과 같은 어휘 구사의 지나친 자의성은 한편으로 생각하면 발랄하고 개성적인 멋이라 볼 수도 있다. 그리고 상투 어구를 거부하고 신선한 의미를 창조하기 위한 노력이라고 볼 수도 있다. 실지로 상당 부분은 그러한 개성적인 멋과 신선한 느낌을 지니고 있다. 그러나 그러한 효과를 내지 않는 경우보다 그러한 효과를 내려고 하다가 역효과를 내는 경우가 훨씬 나쁘고 또 가능성도 많다. 모든 것이 그러하겠지만 지나친 기교는 경박한 느낌을 준다. 그의 문체도 어휘를 좀 더 조심스럽게 사용한다면 더욱 좋아질 것이라고 생각한다.

6

지금까지 우리는 그의 비평 세계를 몇 가지 차원에서 간단히 살펴보았다. 우선 세 권의 평론집 사이의 발전적 변모를 살펴보았고, 그다음에는 문학과 현실의 관계 그리고 문학인의 자세 문제를 그가 어떻게 해결해 나갔는가를 알아보았고, 또 주체적인 서구 문학의 수용과 한국 문학의 정립이라는 문제를 풀어나가는 과정을 알아보았다. 그것은 막연하고 서구 지향적이던 비순수의 논리에서 출발하여 문학과 삶에 대한 진지한 모색을 거쳐 구체적이고 주체적인 동시대의 논리로 전개된 과정이라 할 수 있을 것이다. 그리고 마지막으로 그의 평론의 인상적 특징이라 할 수 있는 감수성과 문체에 대하여 살펴보았으며, 특히 문체에 대하여는 주로 그 결점의 지적에 치중하였다. 이상 그의 비평 세계를 살펴보는 데 통로의 역할을 해준 몇 가지 문제점은 그 자신에게도 가장 심각하고 핵심적인 것이었으며, 1960년대에서 1980년대에 이르는 우리 문단에서도 가장 중요한 쟁점이었다. 대체적으로 살펴본 결과, 그의 문제 해결 방향과 해결 수준은 바람직한 것이었으며 그것은 또한 우리의 문학적 상황에 늘 조금씩 앞서 있는 것이었다. 그의 세 번째 평론집인 『동시대의 시와 진실』에서 비로소 완숙한 비평 세계를 보여주는 것으로 봐서(그 이전의 평론들의 성격은 외적 발언 행위라기보다는 내적 모색 행위에 가깝다.) 그의 비평은 이제부터 본격적인 출발일 수도 있다. 이러한 완숙한 비평 세계가 우리 문학을 어떠한 차원으로 심화시킬 것인가 자못 기대된다. 한 가지 분명한 것은 이 글에서 살펴본 문제들의 연장선상에서 심화가 이루어질 것이라는 점이다. 지금까지 우리 문단에서는 노숙함이 곧 무사안일함으로 연결되어 버리고 말았는데, 그는 위의 문제들과 더욱 치열하게 부딪혀서, 계속해서 앞서 가는 정신이 되기를 기대한다. 아울러 지엽적인 문제이지만 세련된 우리말을 위하여 어휘 사용과 구문 작성에도 신경을 써주길 기대한다. 이 시대의 모든 문인들은 한국어의 발전을 위한 세대라기보다는 훌륭한 한국어를 형성하고 확장하는 세대라고 생각하기 때문이다.

(『한심한 영혼아』, 민음사, 1986)

■ 비평의 원리

인간과 문학의 전면적 진실

이광호(서울예대 교수)

1

한 비평가가 하나의 일관된 문학적 입장을 견지하면서 한편으로는 사유의 탄력과 균형을 유지한다는 것은 가능한 일일까? 유종호의 비평은 이러한 점에서 하나의 문제적인 사례이다. 그의 글은 언제나 나지막하고 사려 깊은 목소리로 사태의 양면을 고려하며, 조심스럽게 입장을 세우고 전망을 타진한다. 하지만 그는 언제나 자신의 비평적 척도의 엄정한 준거를 잃지 않는다. 가령 유종호의 비평의 일관된 문학적 입장을 리얼리즘 혹은 현실주의라는 개념으로 이해하는 것은 인정할 만한 관점이다. 하지만 이 경우 우리는 그의 리얼리즘이 리얼리즘이라는 어사를 둘러싼 저 무수한 풍문과 오해로부터 어떻게 구별될 수 있는가를 물어야 한다. 우리는 우선 생각해야 하며, 그것이 하나의 뚜렷한 이념형으로 혹은 문학적 관습으로 자리 잡아 오면서 한편으로는 문학 제도적 권력으로 군림해 왔다는 점을 문제 삼아야 한다.

그런데 유종호의 리얼리즘은 경화된 이념형과 도식적인 창작 방법론에 한정되지 않는다. 그의 리얼리즘은 인간의 삶과 문학 언어 사이의 살아있는 조응에 대한 지향으로서의 리얼리즘이다. 그는 리얼리즘 예술의 본질을 현실을 반영하는 규범적인 양식의 문제가 아니라, 문학 언어가 외부 현실과 맺는 관계 속에서 지니는 인식적 가치의 문제로 이해한다. 여기서 그의 비평은 리얼리즘의 경화와 속류화로부터 반성적 거리를 갖는다. 그에게 중요한 것은 이념으로서의 리얼리즘이 아니라 이념의 현실 왜곡을 간파하는 리얼리스틱한 비전이다. 비평 선집 『현실주의 상상력』(1991)의 저자의 말에서 그가 훌륭한 문학은 "단순화된 세계 파악과 인간 이해", "안이한 해결책의 시사"를 거부하고 "세계의 복잡성과 중층성을 그 뒤얽힘 속에서 파악하고 인간의 모순됨과 복합성을 아울러 인식"하는 문학이라고 규정할 때, 그의 리얼리즘은 세계 인식의 폭과 깊이를 동시에 요구하는 리얼리즘이다.

　리얼리즘 문제에 대한 그의 유연한 사유는 가르시아 마르케스의 『백년의 고독』에 대한 글인 「마술적 리얼리즘」(1974)에서도 입증된다. 그는 "이 작품의 전기적(傳奇的), 환상적인 요소에도 불구하고 등장인물이나 상황이 라틴아메리카의 사회 현실에 깊숙이 뿌리박혀 있음"을 보고 "그것이 전형적인 국면과 인물을 제시하고 있다는 한에서 리얼리즘이라는 규정은 정당한 것"이라는 분석을 내린다. "환상적, 전기적인 것은 리얼리즘에 투철한 결과이며, 현실적인 것과 환상적인 것이 실은 서로 얽혀있는 하나의 전체"라는 것이다. 리얼리즘이란 어사 앞에 '마술적'이라는 관형어를 붙이는 태도 자체에서 그의 리얼리즘이라는 인식 틀의 포괄성과 탄력이 부각된다.

　유종호 비평에서의 리얼리즘의 문제를 구체적으로 살펴보기 위해서는 그의 초기 비평 「산문정신고」(1958)를 검토할 필요가 있다. 이 글에서 우리는 소설에서 리얼리즘의 문제에 대한 그의 문학적 입각점을 엿볼 수 있다. 그는 '산문정신의 본질이란 어떠한 것일까?'라는 질문으로부터 이 글을 출발시킨다. 그는 시와 산문의 정신을 변별하는 준거를 발자크의 통찰을 빌려 "운율과 리듬을 위해서 때로 현실의 사실의 왜곡이나 기피나 방기적 생략을 불사하는 정신"을 시정신의 요체로 파악하고, "현실 관찰의 내용이나 그 전달의 충실을 위해서 운율이나 리듬을 희생시키는 정신"을 산문정신으로 본다. 부연하면 "시는 언어가 지시하고 있는 대상이나 관념(의미)과 함께 언어라고 하는 매체 자체의 실재성을 중요한 구실로 하는 언어 조작의 한 양식"이며, 산문은 "언어의 일의적인 의미의 효용에 충실을 기하는 언어 조직의 양식"이다. 산문정신을 태반으로 하는 소설의 문제는 결국 리얼리즘의 문제로 귀착된다.

그는 올더스 헉슬리의 에세이를 빌려서 "전면적 진실"이라는 개념을 제시한다. 호머의 작품을 예로 들어 설명되는 '전면적 진실'이란 작가가 "기록하는 경험들이 우리의 현실적, 잠재적 경험과 일치"하며 "어떤 한정된 범위 안에서가 아니라 우리의 정신적, 육체적 존재의 전 영역에서의 경험과 일치"한다는 것, "이러한 경험들을 그럴싸하게 보이도록 하는 투철한 예술적 감명력을 가지고 기록한다는 것"을 의미한다. "위대한 작가들의 작품에서 발견하게 되는 인생에 대한 전면적 통찰은 관찰의 정신과 이 전면적 진실의 추구가 낳은 아름다운 결실"이다. 하지만 문제는 여기서 끝나지 않는다. "전면적 진실을 추구하는 산문정신은 인간을 사회적 배경 속에서 포착"하게 되고, 이를 통해서 "사회에 대한 어떤 전반적인 통찰"과 "이에 대한 개인적 반응"이 발생한다. 이 반응이 '사회의 비판'이라고 본다면, '관찰의 정신인 산문정신은 동시에 비판 정신'이 된다. 그러나 이것은 예술성과 배치되는 것이 아니다. 전면적 진실의 파악에는 "투철한 예술적 감명력"이 중요한 조건이 되기 때문이다. 따라서 소설 문학의 완벽한 자기 실현은 "인간 현실의 냉혹한 전면적 관찰자, 이에 따른 통찰적 비판의 철인, 그리고 당초의 언어예술가, 이 3자의 행복한 결합"을 통해 이루어진다. 유종호가 황순원의 소설 「잃어버린 사람들」을 "우리말로 표현된 언어예술의 한 극치"로 고평하면서도 "언어의 예술성이 과도하게 승했을 때 결국은 산문정신과 이반하게 된다는 사실"을 지적하는 것은 이러한 문맥에서이다. 리얼리즘의 문제에 대한 매우 균형 잡힌 인식을 보여주는 이 글에서 '전면적 진실'이라는 개념에 함축된 바의 인간 경험의 총체적 기록으로서의 문학과 그 기록의 중요한 조건이며 성과인 언어 표현의 예술성은 그의 비평의 중심 고리를 이룬다.

소설과 리얼리즘 문제에 대한 그의 비평적 천착은 「근대소설과 리얼리즘」(1976)에서도 드러난다. 이 글에서 그는 근대소설의 발생과 리얼리즘 문제에 대한 역사적, 이론적 고찰을 시도한다. '사회 현실의 객관적 묘사'라는 리얼리즘의 개념이 소설 장르의 기본적 특징과 연결되어 있다는 사실을 주목하면서, 그는 그것이 갖는 교육적, 윤리적 성격을 검토한다. "사회적 유동이 심한 시기에 소설은 어중간하게 교육받은 사람들에게 세상 돌아가는 일과 세상살이에 관해 교육적 역할을 수행"했다는 것이다. 리얼리즘의 현재와 미래에 대한 그의 진단은 리얼리즘 쇠퇴의 역사적 조건을 살피는 것으로 진행된다. 그는 "중산계급의 사이의 자신의 상실", "리얼리스트들이 수행하고 있는 기능이 보다 냉철한 사회학자의 손으로 이루어진다는 생각"의 대두, "소설 속에서 진정한 객관성을 이룩할 수 있다는 믿음"의 붕괴 등을 그 요인으로 지적한다. 이것은 물론 긍정적인 현상이 아니다. 문화적 맥락에서 그와 같은 현상은 "사람들 사이의 공동 경험의 축소와 공유 경험의 붕괴 그리고 경험 교환 가능성에 대한 믿음의 상실과 연관"된다.

소설에서의 리얼리즘의 문제에 대한 그의 이러한 인식은 그의 실제 비평에 광범위하게 적용된다. 「화해의 거부」(1966)에서 그는 하근찬 소설의 리얼리즘적인 성취를 옹호한다. 하근찬의 소설이 "인간 신뢰의 휴머니즘이라는 이름으로 번번이 미화되고 속화되었던 화해적 결말의 작품 구성과 무연"하다는 점을 지적하는 것이다. 그는 하근찬 소설이 "농민의 눈으로 세상을 바라보고 있다."고 분석하면서, "작가 측의 성급한 개입 없이 작품들은 농촌의 비극이 그대로 민족의 비극이 되고 동시에 사회병리의 증언이 된다는 아름다운 조화를 달성"하고 있다고 평가한다. "당장 그리고 있는 소여의 현실에 충실하면서 그것을 넘어서는 포괄성을 가지며 전형적인 국면을 포착하는 관찰의 행복을 누리고" 있다는 것이다. 이러한 평가를 통해 유종호는 하근찬에게 "외유내강한 리얼리스트"라는 칭호를 선사한다. 이 칭호는 물론 진정한 리얼리즘의 성취에 대한 축복의 칭호이다.

「감수성의 혁명」(1966)이라는 글의 제목은 김승옥을 포함한 4·19 이후의 한글세대 작가들의 문학에 대한 유명한 수사가 되어버렸다. 물론 이 글에서 유종호는 김승옥 소설이 보여주는 새로운 감수성의 출현을 주목한다. "평범한 일상의 저변에서 경이를 조성하면서 환상과 현실을 희한하게 조화시키는 허구 조성 능력, 기지가 번뜩이는 분석력, 만화경같이 다채로운 의식의 요술"은 "참신한 언어 재능에 의존하고 있으며 새로운 감수성이란 요컨대 이 언어 재능이 성취한 혁신의 이명에 지나지 않는다."는 것이 그의 분석이다. 하지만 그는 김승옥 소설이 가지는 리얼리즘적인 성과의 한계에 대한 지적을 빠뜨리지 않는다. "인상주의적 수법은 그 자체가 외적 대상에 대한 소극적 수동성을 전제로 하"며, 이것은 "풍요한 종합력을 지향하는 문학의 자세와는 동떨어진 것"이라고 지적한다. "날카로운 감성이나 언어에 대한 감각이 보다 중요한 윤리 의식이나 종합력과 제휴되지 못하고 도리어 그러한 것의 빈곤의 대상으로 획득된 듯이 보일 때 과연 그 재능을 엄격한 의미에서의 재능이라고 부를 수 있는가."라는 반문도 덧붙인다. 김승옥의 뛰어난 언어 능력을 주목하면서도 그의 문학의 제한된 리얼리즘을 비판하는 데서 리얼리스트로서의 유종호 비평의 입장이 선명하게 드러난다.

소설에서의 리얼리즘의 문제와 연관해서 유종호가 적극적으로 평가한 소설가 중의 하나는 염상섭이다. 염상섭 소설에 대한 그의 분석은 염상섭 소설 「이심」을 분석한 「소설과 사회사」(1986), 염상섭의 「모란꽃 필 때」를 분석한 「결혼의 사회 경제적 기초」(1986) 등이다. 염상섭 소설 「이심」에서 그가 주목하는 것은 소설이 성취한 사실성, 즉 "경험 세계에 대한 뜻 깊은 조응성"이다. "심층적으로 일제하의 평행적 조응"이 이 작품의 가장 중요한 사회사적 국면이라고 그는 평가한다. 또

한 그는 「모란꽃 필 때」에 대해서 이 작품의 "사회적 총체성에 대한 지향의 쇠약"을 지적하면서도 이 작품이 "사랑과 결혼의 사회 경제적인 기초에 주목하면서 그러한 국면을 치밀하고 착실하게 그리고 있음"을 확인한다. 이런 측면에서 이 작품은 "몰사회적인 연애소설로 떨어지지 않고 믿음직스러운 풍속소설로 남아있다."는 것이다. 염상섭의 대표작인 『삼대』 등에 비교할 때 그 성취도가 약한 이러한 작품들에 대한 그의 적극적인 평가에는 "경험적 진체에 대한 작가의 포괄적 의지"에 대한 비평적 이해와 평가가 관여하고 있다.

2

유종호 비평의 일관된 또 하나의 관심은 문학 언어의 문제이다. 이것은 그의 리얼리즘 논의와도 밀접한 관련을 갖는다. 리얼리즘이 경험 세계의 문학적 대응이라고 할 때, 그것은 결국 문학 언어가 어떠한 예술적 정직성으로 현실을 드러낼 수 있는가의 문제에 귀착되기 때문이다. 소박한 의미의 리얼리즘이 언어를 통해 세계를 재현할 수 있다는 믿음에 기초한 것이라고 할 때, 유종호 비평에서 언어의 가능성과 한계에 대한 깊은 성찰은 리얼리즘의 당위와 현실 사이의 간격을 인식하도록 만든다. 이 점에서 그의 문학 언어에 관한 탐구는 그의 리얼리즘을 보다 정교하고 유연한 것으로 만들고 있다. 한편으로 근대적인 의미의 문학의 성립이 민족 개별어에 의해 수행되지 않을 수 없다는 점에서, 인문주의자인 유종호가 그의 초기 비평에서부터 최근에 이르기까지 언어와 진실 혹은 민족어와 문학적 진실의 문제에 천착했다는 것은 필연적인 것이다.

언어와 진실의 관련에 대한 유종호 비평의 관심은 「언어의 유곡」(1957)에서 드러난다. 그는 여기서 언어와 현실 사이의 간격을 문제 삼고 있다. 이 글은 서구의 작가들에게서 드러난 언어의 자의식의 문제를 살피고 있다. 그들 작가들은 "언어에 대한 불신임, 언어의 한계성에 대한 자각"을 보여주고 있다는 측면에서 문제적이다. 그 언어의 한계에 관한 인식 중의 하나는 "언어가 리얼리티를 포착할 능력이 없다는 사실"에 관한 것이다. 언어가 갖고 있는 필연적인 "추상성 내지 개괄성"은 언어가 갖고 있는 리얼리즘적인 한계를 보여준다. 더구나 언어의 "추론적인 성격"은 "표현할 수 없는 감정과 욕정과 직접적인 경험에 눈을 돌리는 것은" "신비주의에의 지향"이 되도록 만든다. '언어의 유곡'에 대한 이러한 여행을 통해 그는 현대 작가들의 내면에 나타난 "언어에 대한 치밀한 자의식"을 본 것이다. 이러한 언어에 대한 자의식은 유종호 비평의 중요한 거점이 된다. 언어, 특히 한글과 토착어에 대한 그의 관심은 가히 집요하다고 할 만하다. 그가 한글 전용 문제에 관해 쓴 글 「한글만으로의 길」(1969)를 보면 그는 한글 전용에 대체로 찬성하면서도 그것의 문화적 맥락과 조건에 대해 세밀한 분석을 기한다. 그가 한글 전용 문제에 관해 그것이 "비판력을 가진 민주 시민의 양성이라는 이상에 접근하기 위해서는" "비판 정신이 순조롭게 길러질 수 있는 열린 사회로의 풍토를 적극적으로 보장"해 주는 일이 긴요함을 역설한다. 여기에서도 드러나는 바와 같이 언어에 관한 그의 관심은 진실을 제시하는 언어의 비판적 능력에 관한 이해와 밀접하게 연관된다.

문학 언어에 관한 유종호의 줄기찬 탐구는 시 언어와 문학의 스타일에 관한 그의 비평적 천착으로 이어진다. 「현대 시의 50년」(1962)에서 그는 "이 땅에서 '시란 언어로 만들어진다.'는 평범하나 중요한 진리를 열렬히 자각하고 실천한 최초의 시인"으로 정지용을 꼽는다. 월북 작가인 정지용을 "한국 현대 시의 아버지"로 평가하는 유종호의 당시로서는 과감하고 위험한 평가는 정지용의 정치적 입장에 기댄 것이 아니라 그의 '순수한 우리말의 탐구'에 대한 시적 성취에 기인하는 것이다. 이러한 평가에 곁들여지는 것은 운율이 없는 "산문으로의 하강"으로 인해 "난해성에 대한 맹목적인 우상숭배"로 기울어진 현대 시에 대한 비판이다.

시와 모국어 혹은 토착어에 관한 그의 뜨거운 관심은 유종호 비평의 중요한 줄기를 형성한다. 『문학이란 무엇인가』(1989)의 서문에서 나타난 바의 "모국어를 사랑하는 사람만이 진정한 문학 이해에 이를 수 있다는" "완강한 편견"은 그의 초기 비평과 현재까지를 관통하고 있다. 이에 관한 그의 대표적인 비평은 「시와 토착어 지향」(1981)과 「시인과 모국어」(1984) 등이다. 그는 앞의 글에서 "외래어의 구별 없는 수용에 주저함이 없었던 작가, 시인의 작품보다는 토착어의 발굴과 그 조직에 몰두하였던 작가들의 작품이 시간의 풍화작용을 이겨내면서 그 싱싱함과 푸름을 지켜가고 있다는 사실"에 주목한다. 또한 "언문일치운동의 이상이 부분적으로나마 보다 충실한 성취를 얻은 것도 토착어 지향의 작가, 시인 들"이라는 것이다. 이 문제와 연관해서 그는 소월을 높이 평가한다. "소월에 있어서의 토착어 지향과 외래어 거부는 그가 구비적 전통에 대한 청각적 충실을 통해서 자기 형성을 이룩한 시인이라는 사실과 관련"된다. 그는 "한자에서 나오지 않았거나 혹은 나왔다 하더라도 현 단계에서 한자와의 관련이 모호해진 말들"을 토착어로 규정하고, 그것이 "양반층의 말이라기보다는 민중의 말이요 또 억압적인 질서 아래서 부당히 차별받은 여성들의 말"이었다는 점을 상기시킨다. 그는 1920년대의 만해, 소월, 상화가 토착어의 발굴과 그 세련을 보여주고 "토착어의 배타적 조직을 통해서 시적인 자기 발견과 자기동일성을 성취"한 '시문학파'의 시와 서정주 등의 시를 분석하고 있다. 이러한 분석은 옛 시조에 대해서도 진행되는데, 한결같은 결론은 토착어 지향이 강할수록 작품의 호소력과 시적 성취가 높아진다는 것이다. 여기서 중요한 것은 이런 토착어 지향의 "작위적이고 인습적인 것에서 벗어나 자연스러움과 직접성을 회복하자는 충동은 결국 생활 속의 자연, 즉 현실에의 충동을 도모하는 계기가 되어주었고 현실에의 충실은 다시 날카로운 현실감각과 이에 따른 자기 발견의 성취를 가능"하게 한다는 것이다. 다시 말하면 유종호 비평에서 토착어 지향은 "생활 경험의 충실"이라는 문제와 결부되며, 이는 특유의 현실주의적 문학관에 수렴된다. 유종호가 시에서 생활 경험의 충실을 문제 삼는 것은 이렇게 시 언어의 토착어 지향적인 구체성이라는 매개를 통해서이다.

시 언어와 시적 진실에 대한 그의 지속적인 관심은 「시인과 모국어」에서도 나타난다. 그는 서정주의 「자화상」을 분석하면서 여기에 나오는 "낱말들은 우리의 생활 현장의 구체를 강렬하게 환기시키는 심상의 창고"라고 말하면서, 이 작품의 번역은 그것의 태반을 잃어버리는 결과를 빚는다는 것을 보여준다. 시에서 중요한 것은 "관념으로부터의 출발이 아니라 구체적인 심상이나 정서의 어울림으로부터의 출발"이라는 것이다. 이와 연관해서 그는 시의 사회적 기능을 "모국어에 대한 각별한 책임과 의무"에서 찾는다. "시인으로서의 진정성은 이 모국어에 대한 책임 이해의 정도에 따라서 판가름된다."는 것이다. "언어와 경험의 상호 작용의 연속 속에서 섬세하고 엄정하고 치밀한 언어는 시의 직접적 독자가 아니더라도 언어공동체의 구성원에게 형성적 영향력을 발휘"한다는 것이다. "세련된 언어는 감성의 세련과 의식의 확대에 기여"하기 때문이다.

시 언어에 대한 유종호의 이러한 지속적인 성찰은 김소월, 김수영, 신경림에 대한 시인론인 「임과 집과 길」(1977), 「시의 자유와 관습의 굴레」(1982), 「슬픔의 사회적 차원」(1981) 등에서 재확인된다. 그는 김소월을 "옷과 밥과 자유 없는 고향 상실의 시대에 원초적인 그리움의 정서적인 합법화를 통해서 인간 회복과 민족 회복을 호소한 우리들의 귀한 민족시인"으로 평가한다. 또한 김수영에 관해서도 그가 "우리 시대의 가장 탐구적이고 가장 준열하고 우상파괴적이며 가장 유연한 시적 양심"이었다는 것을 말한다. 신경림에 대해 그는 "풍진 세계와 가난한 삶의 구체와 그 정한을 결곡하고 정갈하게 노래하여 새 경지를 뚫었다."라고 평가하면서도 "민요적인 과도한 단순성으로의 회귀는 시적 풍요로 가는 길의 두절"을 뜻한다고 지적한다. 문학적 편차가 있기는 하지만, 그가 시인론을 통해서 부각시킨 시인들은 시에 있어서의 진실의 계시 기능을 보여준 시인들이라는 유사성으로 묶인다.

문학 언어가 갖고 있는 역동적이고 해방적인 힘에 대한 그의 탐구는 문학의 형식과 스타일 문제에 관한 비평적 성찰을 이끈다. 이러한 측면에서 중요한 그의 글은 「변두리 형식의 주류화」(1984)와 「스타일 분리에서 혼합으로」(1987)이다. 앞의 글에서 그는 "사회 변화와 의식의 변화에 따라서 하위 형식이나 변두리 전통이 중심부로 부상하고 이에 따라 문학의 풍요화 및 스타일의 혼합에 기여했다는 사실"을 지목한다. 문학 형식에 대한 이러한 유연한 사유 때문에, 그는 만해의 내간체 수용이나 김지하의 전래적 익살과 서사적 판소리 수용 그리고 여성 화자의 채택이 갖는 문학사적, 사회적 의미를 높이 평가한다. 심지어 그는 르포르타주와 회고록 같은 논픽션과 마당극, 인형극 같은 전통적 민족 형식, 그리고 연속극과 같은 문화 산업의 품종에 대해서도 면밀한 비평적 검토가 이루어져야 한다고 본다. 그는 이영희의 자전적인 산문인 「정장과 인간」을 고평하면서 "이러한 글을 문학으로 수용하지 못하는 문학관은 옹졸하고 편협한 것"이라고 주장한다.

유종호 비평의 문학 형식에 대한 개방적이고 진보적인 관점은 「스타일 분리에서 혼합으로」에서도 나타난다. 이 글에서 그는 "문학 장르, 등장인물과 행동, 문체와 대화 등이 서로 걸맞아야 한다는" '걸맞음'의 원칙에 의한 스타일 분리가, "고전, 고대로부터 시작하여 신고전주의, 특히 17세기의 프랑스에서 그 극치를 보여주었"다고 정리한다. 여기서 그가 주목하는 것은 이러한 스타일 분리와 혼합이 갖는 역사적 의미이다. "스타일 분리는 분명히 계급적 편견의 반영으로서의 귀족적 세계관의 소산"이며, 한편으로는 "삶의 하나의 통일성 안에서 포착하고 드러내려는 충동과 관련되어 있다."고 지적한다. "스타일 분리에서 스타일 혼합으로의 과정이 경직한 신분 사회 및 계급사회로부터 보다 평등한 사회로의 이행이라고 하는 역사적 변화에 대응하는 현상"이라고 본다. 이것은 "이성의 확대를 반영하는 문학적 평행 현상"이고, "민주적 이상을 향한 지속적인 도상(途上)"의 문학사를 보여주는 것이다.

문학 형식의 혼합과 해체에 관해 쓴 이 글들은 문학에 관한 고전적인 명제들과 연관됨에도 불구하고 1980년대 중반의 당대적인 문제의식을 생생하게 담고 있다. 민중문학의 성장과 더불어 문학 형식에 대한 과감한 실험이 이루어지고 장르 해체의 논의도 본격화된 시기에 나온 그의 발언은 당대의 문학 현장에 대한 중요한 비평적 개입이라고 할 수 있다. 이것은 유종호 비평이 언제나 원론적인 명제들에 뿌리를 두면서도 당대 현실에 대한 문제의식을 유지하고 있다는 점을 보여주는 사례이다.

3

유종호 비평의 리얼리즘적인 전망과 문학 언어와 형식에 대한 섬세하고 유연한 관점 사이에는 긴밀한 연관성이 존재한다. 그가 소설에서와 마찬가지로 시에서도 진실의 중요성을 말할 때, 그리고 전통적인 장르를 넘어서는 변두리 양식에서도 삶의 진실을 읽어낼 때, 그에게 중요한 것은 삶의 전면적 진실을 탐문하려는 치열한 문학적 인식 그 자체이기 때문이다. 그는 문학을 경험 세계에 대한 진실의 추구와 보다 조화로운 삶에 대한 예술적 지향으로서 이해한다. 문학과 인간의 '전면적 진실'이라는 그의 비평적 거점은 총체적 현실 이해와 전인적인 인간 형성에 대한 이상과 만난다. 평론집 『동시대의 시와 진실』(1982)의 서문을 빌리면 "언어를 사실에 맞게 또 사실을 사람의 위엄에 맞게 마련하는 일"은 "문학이 사람의 위엄에 어울리는 인간화된 사회 공간을 이룩하는" 데 기여할 수 있는 필수적인 조건이다. 이 지점에서 우리는 그의 리얼리즘과 언어 형식에 관한 자의식의 밑자리에 인문주의적 가치에 대한 꿋꿋한 믿음이 자리하고 있음을 본다. 가령 그는 신경림론인 「슬픔의 사회적 차원」에서 다음과 같이 말한다.

깊은 내면성의 시조차도 못생긴 현실에 대한 의지할 만한 척도이자 역상으로서 그 추악함을 몰아내는 부정의 계기로 작용할 수 있다. 지금이 어느 때인데 하는 모든 비상시의 이론에는 비상시임에도 불구하고 이루어놓은 인류의 값진 유산에 대한 당치 않은 불경이 깔려있다. 인간의 가능성은 엄청난 것이고 인간 해방으로의 길은 결코 외줄기로 나있는 것은 아닐 터이다.

그는 문학의 사회적 기능을 배제하지 않는다. 하지만 그 기능은 어떤 이념적인 지향성을 뚜렷이 함으로써 이루어지는 것이 아니라 조화로운 인간이라는 이상의 추구와 인간 정신의 위엄과 가능성에 대한 신뢰로써 가능한 것이다. 이런 문맥에서 그는 서구 인문주의 비평의 전통에 서있으면서, 한국적인 상황에서의 그것의 내발적인 동기를 자각하고 내면화한 진정한 인문주의자의 한 사람이라고 할 수 있다. 그는 인문주의의 의상을 입고 있는 지식인이 아니라 토착적이고 육화된 인문주의자이다. 최근에 그가 쓴 「인문주의의 허와 실」(1994)에서 그는 서구 인문주의의 개념과 갈래 그리고 그것의 굴절과 좌절을 자세하게 정리하고 있다. 그는 사회적으로 전문화, 분업화가 진행되고 인문학 내부에서도 "스스로 앉아있는 나뭇가지를 절단하는 듯한 해체적 이론"이 번지고 있는 작금의 현실에서 '인문주의의 이념과 이상은 존속할 수 있을 것인가.'를 묻는다. 그는 전문화의 시대일수록 "전면적 완성에 대한 인문주의 교양 이상"의 요구가 증대하고 있다고 말하면서, 현재로서는 "다만 작은 목소리로 존속의 필요성을 지적할 수 있을 뿐"이라고 말한다. 하지만 그 작은 목소리는 언제나 그렇듯이 단호하고도 엄정하다.

인문주의 이념과 이상의 강점은 보다 나은 대안이 없다는 것이다. 정신병원과 수용소는 대안이 될 수 없다. 종교의 세속적 대안으로 현존하고 있는 인문주의는 보다 나은 대안이 나오기까지는 지금의 자리를 지켜갈 것이고 또 지켜가야 할 것이다. 인문주의 이념과 교양 이상은 허약하고 취약하다. 그러나 취약하고 부드러운 것이야말로 참으로 강건하다는 것을 가르치는 동양의 늙은 지혜가 인문주의만을 고독한 예외로 처리하라는 법은 없다. 상대적인 물질적 풍요가 결코 평안과 행복을 가져다주지 않는다는 것은 우리 시대의 공유 경험이다. 삶의 질을 얘기함에 있어서 전면적 완성을 지향하는 주체의 노력이 도외시될 수는 없다. 지금이야말로 인문주의 이념과 교양 이상의 가시화가 특별히 요구되는 시점이다. 비속성 지향의 대중문화와 교양을 단념하고 스스로 아랫것이 되려는 민중 문화의 해독제로서 또 배금주의 천민 문화의 대체물로서의 인문주의 이념은 우리 사회에서 대안 없는 이상일 것이다.

4

부끄러운 고백이 허락된다면, 나는 유종호의 비평으로부터 비평의 태도와 방법과 문체와 또 이러한 개념들로는 설명할 수 없는 비평의 힘과 신비를 발견하고 배웠다는 것을 말하고 싶다. 르네 지라르의 개념을 차용하면 유종호 비평은 내 글쓰기 욕망의 "외적 중개"로서의 전범이 되는 큰 타자라고 할 수 있다. 내 글쓰기는 그 큰 타자를 모방하고 경외하고 질투하면서 이루어져왔다. 하지만 유종호 비평의 영향력은 필자 개인에게 한정되는 것은 아닐 것이다. 그는 한국의 근대 비평의 한 문학사적 거점을 이룩한 비평가로 남을 것이기 때문이다. 그는 엄격할 정도의 지적 절제와 사려 깊고 유연한 사유의 소유자이기 때문에 지도 비평의 권력에 연연하지 않았고, 특정의 문학 진영을 구성하지 않았으며, 세대적인 전략을 밀고 나가지도 않았다. 이런 이유들로 그의 문학사적 자리가 상대적으로 선명하지 않다는 논리에 우리는 찬성할 수 없다.

그런데 유종호 비평에서 보여준 중요한 몇 가지 테제들은 오늘의 현실에 비추어 볼 때 자기 수정을 요구받고 있는 것으로 보인다. 근대화 과정에 대한 반성적 성찰은 우리 시대의 비판적 지성의 중요한 책무의 하나로 부각되고 있다. 이러한 맥락에서 근대화의 중요한 정신적 토대였던 인문주의적 이념에 대한 성찰 또한 새롭게 요구되는 현실이다. 물론 이는 서구에서의 초기 부르주아의 시민사회적 전망의 현실적 유효성에 대한 질문과 연관될 것이다. 더욱이 문명사회에서의 개발과 진보의 근대화 과정이 자연 파괴의 암울한 현실을 결과한 작금의 상황에서 인문주의적 가치가 생태학적 문제의식을 받아들이면서 새롭게 정립되어야 할 필요성도 가중되고 있다.

문학의 현재적 존재 방식에 대한 탐구 역시 문학의 예후에 대해 낙관적일 수 없게 만든다. 우리가 작금의 문학과 문화 현실에서 보는 것은 인간의 전면적 진실에 대한 리얼리즘을 보존함으로써 궁극적으로 조화로운 인간의 삶을 고양시키는 문학이 아니다. "문학이 사람의 위엄에 어울리는 인간화된 사회 공간을 마련하는 데 기여해야 한다는" 당위는 쓸쓸한 아름다움을 발산할 뿐이다. 적어도 현실적으로는 교양으로서의 문학 개념이 상품으로서의 문학 개념의 득세를 저지하지 못하고 있다. 새로운 미디어들의 개발과 이로 인한 문화 지형의 변화 역시 문학적 인식이 누려온 문화적 특권들을 앗아 갈 조짐을 보이고 있다. 언어의 의미와 표현 사이의 괴리는 전자 매체의 폭발적인 성장으로 더욱 심화되고 있다. 그것들이 쏟아내는 것은 기의 없는 기표들의 축제이다. 기의 없는 기표들의 범람은 언어기호의 진실 제기 능력 자체를 황폐화하는 것이다. 이런 상황에서 리얼리즘적 세계 인식의 한 중요한 전제인 객관세계의 실재성을 뿌리째 흔드는 극단적 회의주의적 이론이 널리 퍼지고 있다. 문학의 정체성은 위협받고 있으며, 문학은 반휴머니즘적인 양식이 되어가고 있다.

첫 비평집 『비순수의 선언』(1962)에서 그는 송욱의 시를 말하면서 그의 시가 심미감의 퇴조를 보여주고 독자로 하여금 문학과 예술에 대해 생각하게 한다는 의미에서의 '비순수의 선언'이라고 규정한다. 이 비평집의 서문에 그는 이를 현대문학과 현대의 중요한 성격이라고 제시하고, "시대의 상황은 언어의 위력과 언어의 비력(非力)을 동시에 절감케 한다. 설령 그것이 비력의 길일지라도 가는 데까지는 가보고 싶다."라고 쓴다. 이러한 발언들은 30년의 시간을 뛰어넘는 성찰이라는 점에 있어서 우리를 놀라게 만든다. 왜냐하면 오늘날이야말로 '언어의 비력'과 '문학의 비순수'가 압도적인 현실로 다가오기 때문이다.

　인간과 문학의 전면적 진실에 대한 우리의 목마름은 결코 채워지지 않은 채로 그 전면적 진실 자체의 성립 가능성을 회의하는 시대에 우리는 살고 있다. 이러한 시대에 유종호 비평의 전면적 진실에 대한 근본적인 회의마저도 그것에 대한 목마름의 일부이며 변형이라는 것을 깨닫게 해줄지도 모른다. 지금이야말로 문학과 인간의 존재성에 대한 근본적이고도 현실적인 사유가 절실하기 때문이다. 이런 여러 가지 이유로 유종호 비평은 우리의 정리와 이해를 기다리는 비평이 아니라, 여전히 문제적인 활동하는 비평이다. 그 '활동'을 지켜보는 일은 우리 문학사에서 몇 안 되는 행복한 경험에 속할 것이다.

(『환멸의 신화──세기말의 한국 문학』, 민음사, 1995)

■ 비평의 원리

자족의 비평과 지적 교양주의

강경화(한양대 연구교수)

1 비평적 자의식과 미적 경험의 충족 양식으로서 비평

 유종호는 번역 작업을 통해 비평 활동을 시작하였다.[1] 외국 문학 전공자들이 전공 분야의 번역 작업이나 이론의 소개에서 비평 활동의 현실적 계기를 마련하는 일은 우리 비평계에서 흔한 현상이다. 유종호의 이론적 토대 역시 자신의 전공인 영미 문학이었다. 그에게 서구 문학은 비평의 이론적 토대이자 현 단계 한국 문학의 반성과 지향을 위한 중요한 참조의 대상이기도 하다. 비평문 곳곳에서 그는 참조 대상으로 혹은 극복 대상으로서 서구 문학의 필요성을 강조한다. 그러나 한국 현대문학에서 그의 자리는 비평가의 존재로 각인되어 있다. 그런 자리에서야 비로소 그다운 개성적인 측면이 부각된다.

---

1) 유종호 비평에 대한 관심의 대표적인 예로는 다음과 같은 글들을 들 수 있다. 김윤식, 「1950년대 한국 문예비평의 세 가지 양상」, 『한국 문학의 근대성 비판』(문예출판사, 1993); 서경석, 「언어, 고전, 인문주의」, 김윤식 외, 『한국 현대 비평가 연구』(강, 1996); 신철하, 「비평의 운명」, 《무애》, 1998. 5.

그의 독특한 면모는 우선 1950년대 비평가이면서도 비평적 생명력이 현재성을 지닌 동시대 현역의 모습으로 다가온다는 점에 있다. 참여와 저항의 논리와 다른 방식으로 제기되는 그의 비평은 당대 비평 담론 공동체에서 언제나 문제 제기적이었다. 김현은 이어령을 두고 "문제 제기의 명수"[2]라 하였지만 유종호 역시 뒤지지 않는다. 다만 이어령이 선언적, 공격적이었다면 유종호는 말의 엄밀한 의미에서 비판적이었다. 즉 지적 반성, 나아가 방향 설정적이었다. 그것은 한국 문학의 조건과 인식에 대한 교정성과 계도의 성격으로 나타난다. 이러한 점들이 그로 하여금 문단 주류의 외곽에 있으면서도(그것은 사실상 담론의 집단적 권력의 문제일 뿐이다.), 그 발언의 개별적 진지성과 밀도로는 언제나 뛰어난 현역 비평가의 모습을 보여주었다. 이런 의미에서 유종호의 비평은 한 시대에 정리된 비평이 아니라 여전히 심화의 과정 혹은 형성의 비평이라고 부를 수도 있다.[3]

사실 비평 인식의 경우 1950년대부터 최근까지 40여 년의 긴 세월에 이르는 동안 외견상 변화의 진폭이 느껴지지 않을 만큼 완만한 변모의 과정을 보여준다. 그럼에도 세밀히 살펴보면 삶과 문학과 현실에 대한 인식의 깊이와 더불어 토착어와 전통에 대한 인식, 한국 문학과 외국 문학의 관계, 문학의 문학성과 사회성에 대한 관심, 외국 이론의 선별적 쓰임새 등등에서 적지 않은 편차가 있다. 그 편차는 곧 한국 문학의 중요한 쟁점의 한 측면을 담당하면서 제기한 비평적 발언의 시대적 전개 과정과 같선다고 할 수 있다. 또한 그 과정에 자기반성을 통해 시각과 인식을 교정해 온 합리성이야말로 유종호 비평의 중요한 미덕이다. 사유의 확장과 인식의 깊이에 비례하는 이론과 실천의 탄력적인

---

2) 김현, 「한국 비평의 가능성」, 『현대 한국 문학의 이론』(민음사, 1974), 188쪽.
3) 이남호가 유종호 비평의 심화의 과정에 주목하고 있는 것이나(「비순수로부터 동시대에로의 전개」), 이광호가 "유종호 비평은 우리의 정리와 이해를 기다리는 비평이 아니라 여전히 문제적인 활동의 비평"(「인간과 문학의 전면적 진실」)으로 바라본 것 역시 이와 같은 맥락이라 생각된다.

균형 감각, 자기반성에 터를 잡은 합리적 성찰과 비평적 유연성이 아무런 집단적 정체성도, 타자와의 긴밀한 연대 없이도 비평의 담론적 힘과 비평가로서의 자기 위치를 공고하게 한 근본적인 동력이었다.

유종호가 확보한 이 같은 비평 주체의 강렬한 개성적 발현의 한 측면은 주체화와 관련된 비평가 되기의 우연성과 그 필연적 내화에서 볼 수 있다. 일상의 한 실존적 주체가 비평이라는 지적인 작업을 자신의 존재 방식으로 선택하였다는 것은 어떤 의미에서 필연적인 과정이 개입되어 있을 것이다. 우리들 삶이 언제나 선택의 자율성을 확보하지 못한다는 경험칙에서 그러하다. 이 경우 필연성은 숙명이든 기질이든 혹은 상황의 내몰림이든 비평가가 아니면 그 무엇이 될 수 없었던, 어쩔 수 없는 운명의 받아들임을 의미한다. 그러나 유종호의 경우는 비평이 아니어도 자기 삶을 유지할 수 있었던 존재가 비평적으로 주체화된 선택적 우연성처럼 보인다. 영문과의 진학, 외국어의 습득, 아르바이트 번역 작업과 투고, 창작의 포기와 비평에의 권유로 이어지는 주체화의 여러 계기들이 그렇다.[4] 또한 그것이 모두가 삶에 허덕이던 곤궁한 시대에 생활의 방편이었다는 점도 덧붙여 생각할 수 있다.

이 때문인지 『비순수의 선언』 서문에 쓰인 "언어의 위력과 비력"이란 구절의 '비력'이 언어적 힘의 한계라는 통상적 의미로만 이해되지 않는다. 여전히 안정된 생활의 방편이 될 수 없었다는 언어에의 자책과 자굴(自屈)의 의미로 읽히곤 한다. 이러한 판단은 "한 사람의 힘없는 시민으로서 또 고단한 생활인으로서 겪어온 진압할 길 없는 폭동 같은 마음속의 회오리"[5]와 같은 내면 의식의 양가성 때문이기도 하며, 손창섭을 논한 「주변성의 탐구」에서 보이는 안타까움과 질책이 비평가 자신을 향한 다짐으로 읽힐 수도 있기 때문이다. 가령 유종호는 손창

---

4) 유종호, 「대담: 1950년대와 한국 문학」, 《작가 연구 1》, 1996. 4 참조. 앞으로 유종호의 글은 이름을 생략할 것임.
5) 『문학과 현실』(민음사, 1975), 서문.

섭 문학의 계고성(戒告性)을 "비록 몸은 변두리에 있더라도, 아니 바로 몸이 변두리에 버려져있기 때문에 의식을 더욱 사회의 한복판으로 밀고 나가야" 한다고 밝힌 바 있다. 여기에는 나 역시 주변성의 인물이었으며 "거기에 있어야 할 행복의 약속은 기약되지" 않은 채 삶의 가파름을 겪어왔다. 그럼에도 나는 사회의 한복판을 향해 걸어왔다는 질책이 숨어있다. 손창섭의 주변성이 함몰된 자리에 유종호의 '언어의 위력과 비력'이 융기한다. "문학은 과연 그것으로 끝나는 것일까? (……) 삶을 보다 높은 것으로 고양시키지 못하고 고양에의 노력을 포기하고 고양 자체를 우습게 여기는 문학이 무엇이란 말인가?"[6]라는 질문 속에 유종호 비평의 언어적, 역사적 사유를 감싸 안은 문학의 현실성과 비평 인식이 존재한다. 그러니까 그의 비평은 삶(생활), 문학(언어), 현실(역사)의 상호 관련성에서 번역으로 추동된 지적 편력의 원천인 서구 문학, 언어 의식과 환상적 현실의 문학적 지평 그리고 사회적 영향과 역할로서 역사적 지평이 만난다.

유종호의 비평적 주체화를 생활의 방편과 우연성에서 말했지만, 그것 자체는 가치중립적이어서 그의 비평을 해명하는 중요한 판단적 요소일 수는 없다. 하지만 그가 "사람과의 만남이건 문화적 소산과의 만남이건 형성기의 우연한 상봉은 막강한 필연의 위력마저 가지고 있다."[7]고 할 때, 이 발언이 우연의 필연적 위력에 대한 운명적 속성에 대한 설명이 아니라, 선택의 우연성을 스스로 필연적인 사실로 받아들여 자신 안에서 강렬하게 내화한 내적 표현이라 한다면 문제는 달라진다. 그것은 무언가를 그 대가로 지불해야만 했던 울음과 고통을 수반하기 때문이다.

작품을 쓰리라던 당초의 나의 욕망에, 지금 내가 하고 있는 일이

---
6) 「주변성의 탐구」, 한국사회과학연구소 편, 『예술과 사회』(민음사, 1979), 101쪽.
7) 『현실주의 상상력』(나남, 1991), 10쪽.

과연 얼마만큼의 플러스가 될는지. 이 우울한 산술의 해답을 나는 모르고 있습니다. 스스로의 발성을 위하여 저쪽 사람들의 목소리도 정확하게 들어보자. 그리하여 빈한한 우리 문학의 유산에서 찾아볼 수 없는 광맥을 탐구해 보자. 말하자면 이런 것이 나의 선량한 의도였겠는데 (……) 시골이었습니다. 강물이 흐르고, 호밀 밭이 있는 언덕에 나는 서있었습니다. 소년기의 나의 가슴을 뿌듯하니 채워주던 알 수 없는 향기. 나는 그 가슴의 충만으로 해서 나의 낙서를 시작하고, 그리하여 나의 불행의 최초의 씨앗을 흘렸습니다. (……) 비 오는 그 어느 오후 나는 마침내 내부에서 꿈틀거리는 하나의 서정시인을 죽였습니다. 그러나 돌아오는 길 교외의 가로수에 기대어 흘린 그날의 참회의 눈물은 아직껏 마르지 않고 있어요.[8]

이 글은 인생의 중요한 한 시기에 전쟁을 경험하고 전후의 삶을 살아야 했던 문학청년답게 풍부한 감성의 단초와 낭만적 인식[9]을 간직하고 있다. 여기에서 과거의 한국 문학에 대한 그의 이해의 수준은 물론, 번역과 서구 문학에의 경도가 새로운 문학적 인식의 '광맥 찾기'였다는 것을 알 수 있다. 그러나 보다 중요하게 음미되어야 할 점은 따로 있다. 우연하게 마주한 번역과 비평의 길을 위해 창작적 욕망을 버려야만 했다는 사실이다. 어쩌면 자신의 본원적 개성일 수 있는 창작적 글쓰기의 버림은 새로운 주체로서 다시 서는 일이다. 그는 이제 "강물이 흐르고 호밀 밭이 있는 언덕"과는 다른 세계에 발 딛게 된다.

---

8) 「당선 소감 낙서」,《문학예술》, 1956. 2. 129쪽.
9) 이 글 자체는 물론 당선 소감이지만 오랜 세월의 더께가 쌓인 후의 글에도 당선 소감류의 문학청년다운 낭만적 인식이 곳곳에서 감지되는데, 유종호의 기질은 낭만주의자의 그것과 매우 닮아있다. 넓게 보자면 그의 비평 인식은 이 어쩔 수 없는 낭만성에 기반을 둔 '기질적 낭만주의'이다. 김소월(「임과 집과 길」), 황순원(「겨레의 기억과 그 진수」), 이문열(「도상의 문학」) 등의 분석에서 보여준 낭만적 세계 인식 혹은 낭만적 사랑에 대한 뛰어난 통찰도 이러한 기질적 낭만성과 무관하지 않을 것이다.

그곳이 도시이고 대학이고 문단이라는 세계였다. 그 세계는 이제 대지의 모성과 화해의 결말이 머물 수 없는 곳이다. 따라서 이에 대한 인식은 타자와 대립하고 부딪쳐야만 될 세계 인식과 다름없다. 그 밀도는 가령, 위의 글에서 "향기"와 "충만"이 "참회의 눈물"과 "서정시인의 죽임"으로 전화된 데서 강렬한 표현을 얻는다.

이 밀도의 강렬함이란 곧 우연성의 필연적 내화의 과정이라 할 수 있다. 그리고 그것은 비평을 선택한 비평적 주체의 자의식의 밀도와 정확히 일치한다. 생존이자 생활로써 자신의 강렬한 자의식적 발현만이 주체로서 주체화될 수 있다면 자신의 선택적 우연성을 필연화했다는 것, 자신의 존재와 자신의 영역에 대해 투철하게 인식했다는 것, 주체의 근거 됨에 대한 인식에서만이 자립적 주체화가 가능하기 때문이다. 유종호의 비평적 자의식의 원형 공간을 이루는 새로운 세계에의 진입과 자립적 주체화는 그래서 언어에 대한, 언어적 국면의 자의식과 비평의 반성적 성찰의 형식으로 발현된다. 그는 비평 정신과 언어의 존재론적 조건에 기대어 비평가로서의 대립 항과 지향 태를 설정하는 것이다. 그렇다면 자의식적 성찰이 얼마큼의 밀도로 이루어지는지를 살펴보지 않을 수 없다.

나는 언어에 대한 자의식이란 말을 썼다. 원래 자의식이라고 하는 것은, 즉 의식의 대상이 자기가 된다는 것은, 자기의 위치가 고경(苦境)에 빠졌거나 환경과의 관계가 순조롭게 진행되지 못할 때 대두하는 것이다. 언어에 의존하고 언어를 유일한 도구로 삼는 작가 시인들이 언어에 대한 자의식을 강렬하게 경험한다면 그것은 그만큼 언어와 자기와의 심각한 괴리를 의식한다는 것이다. 언어에 절망한다는 것이다.[10]

---

10) 「언어의 유곡」, 《문학예술》, 1957. 11. 이 글에서는 『비순수의 선언』(신구문화사, 1962), 139쪽.

「언어의 유곡」은 "문학이나 사고의 문제는 결국 언어의 본질이나 기능의 문제로 귀착하고 만다."는 명제로 시작된다. 이 글에서 주목할 것은 세계와의 단절 의식이 언어적 자의식을 일깨운다는 점이다. 언어의 존재론적 한계와 주체가 부딪치는 바로 그 지점은 곧 언어의 존재론적 조건과 주체의 개성이 격렬하게 충돌하는 지점이다. 이 극심한 딜레마는 언어의 존재론적인 한계와 언어에 대한 인식론적 한계 때문이다. 사회역사적 산물인 언어는 근본적으로 독자적인 개성의 접근을 허용하지 않음을 특징으로 한다. 이때 독창적인 개성의 소유자는 사회의 통념화된 일상적 언어에 절망하며 언어를 신뢰하지 못한 채 고립된다. 언어에 대한 자의식의 근저에는 개성적 발현이 차단된 이 같은 표현의 한계에 대한 자각이 깔려있다.

또한 언어는 실재와 상관없이 그것을 추상적으로 개념화한다. 그러니까 실재계(實在界)의 재현이란 사실상 불가능하다고 본 것이다. 실재 세계와 언어 세계와의 단절은 언어를 통한 어떤 정밀한 표현도 그것이 언어인 한 실재는 실재대로 존재하며, 언어는 언어 자체의 자기 세계만을 가질 수밖에 없다. 그렇다면 언어로 이루어지는 문학은 추상화된 관념에 불과하다는 결론에 도달함은 불가피하다. 참다운 리얼리즘 정신의 요체는 이러한 언어의 한계성을 자각한 뒤의 문제로부터 출발한다는 생각은 그래서 생겨난다. 다음으로 인식론적인 한계에서 오는 언어의 부적성(不適性)을 들 수 있다. 사실상의 차이가 언어적 차이로 인식되지 못하고, 관념과 같은 어떤 특수한 정신적 경험이 일상의 언어적 차원으로 옮겨지는 순간 경험적 차원과 인식적 차원 간의 혼란은 피할 수 없다. 그것이 이해의 절망을 가져온다. 그렇다고 침묵할 수도, 정신 경험의 대수적(지시적 기호) 언어를 만들 수도 없는 딜레마가 언어의 또 다른 절망을 만들어낸다는 것이다.

이렇게 보면 「언어의 유곡」은 한국 문학에서는 매우 이례적으로 언어의 존재론적 조건과 한계를 예민하게 자각하고 그 탐구를 시도한 글인 셈이다. 유종호의 비평 인식이 언어에 대한 자의식과 함께 비롯되고 있음은 그의 남다른 면모를 보여주는 대목이 아닐 수 없다. 그렇다면 그가 자의식을 기반으로 한 '언어의 유곡'을 그토록 배회한 까닭은 무엇인가. 그는 다음과 같이 분명하게 말하고 있다.

> 문학자들의 비평 정신이라고 하는 문학에 대한 자의식의 구조의 심저에서 내가 저들의 언어에 대한 정밀한 자의식을 보아왔기 때문이었다.[11]

그런데 이 구절은 '비평 정신은 언어적 자의식이다.'로 명제화할 수 있다. 그리고 보면 이 발언이 "비평 정신이란 무엇이냐? 한마디로 말하면 그것은 문학에 대한, 혹은 자신의 문학 행위에 대한 자의식이다. 지적 반성이며 성찰이다."[12]라는 명제의 형식과 같은 표현임을 쉽게 알 수 있다. 다시 말해 비평 정신이 문학 행위에 대한 언어적 자의식으로 환치되고 있다. 이는 유종호가 비평과 문학, 그것의 가능성과 한계를 동일한 것으로 인식하고 있었음을 보여준다.

언어 의식으로 형식화된 유종호의 비평 인식은 비평가로서의 자신에 대한 자각이자 비평 역시 언어적 작업인 한 사고와 표현의 매체인 언어에 대한 의식이 각별하다는 의미에서 중요성을 갖는다. 하지만 사물, 실재 혹은 사건을 주어로 가지는 대상 언어에 대한 수준에 머물고 있음도 동시에 지적될 필요가 있다. 유종호의 언어 의식은 사물이나 실재의 술어가 아닌 언어적 표현들을 수식하는 상위 술어로서 메타언어에까지는 미치지 못하고 있다.[13] 그것은 사물과 실재를 드러내는 표

---

11) 앞의 책, 148쪽.
12) 「비평의 반성(상)」, 《현대문학》, 1958. 4, 245쪽.
13) 대상 술어와 상위 술어, 대상 언어와 상위 언어, 표현적 언어와 메타적 언어에 대해서는, Ludwig Wittgenstenin, Tractatus logico - Philosophicus, 이영철 역, 『논리 – 철학 논고』(천지, 1991)와 서광선·정대현 편역, 『비트겐슈타인』(이화여대 출판부, 1980), 2부 참조.

현적 언어에 대한 자의식일 뿐 비평 담론과 같은 메타언어에 대한 인식에 미달하고 있다는 것을 말해 준다. 바꿔 말해 그는 비평 정신을 문학적 글쓰기의 차원과 동일시하였던 것이다. 이는 아직 그에게 비평적 언어와 창작적 언어 사이의 분별이 명료하게 인식되지 못하고 있음을 뜻한다.

비평적 언어와 창작적 언어의 불명료한 인식은 가령 '방법'의 차원보다 승한 '감(感)'의 차원에서나 또한 그의 비평에서 누차 강조되는 비평 정신이 창작과 공유되는 내부의 '데몬'이었다는 점, 문체와 표현의 정밀성에 대한 자의식에서 비평만이 가능한 비평적 글쓰기의 독자적인 영역이 부재하는 데서 볼 수 있다. 말하자면 창작의 언어와 엄밀히 구분되는 비평 고유의 자립성이 창작 언어와 엉켜있어서 구체적인 형태로 드러나지 않는 것이다. 그러나 문제는 이러한 메타언어 의식의 한계가 아니라 언어의 유곡을 통해 유종호가 보고자 했고 또한 보았던 것은 무엇이었던가에 있다. 그가 서구의 저 대가들의 문학에서 언어에 대한 정치한 자의식과 세계관 및 문학관의 축도를 보았다면, 이 땅에서 본 것은 다음과 같은 후진적인 추태였다.

오늘날 우리 문학 세계에서 벌어지고 있는 온갖 후진적이며 비양식적인 추태는 문학자들의 언어의 근본 성격에 대한 통탄할 만한 무의식이 그 원인의 절반이 되어있다는 사실이다. 기만적인 애매성을 주성분으로 문자의 집단을 생산해 놓고서도 자기야말로 현대 문명의 복잡성의 여실한 표현자라고 우기는 추태라든지, 스타일이 없는 데서 오는 문장의 혼란으로 한몫 보는 비평가의 추태라든지 그 예는 얼마든지 있다.[14]

유종호는 현대문학의 여러 문제점들이 언어의 유곡에서 생성되었다

---
14) 앞의 책, 149쪽.

고 파악한다. 이 때문에 언어에 대한 절망과 자의식으로부터 문학의 가능성을 발견한다. 그것은 문학의 본질적인 문제에 대한 재인식의 촉구였다. 하지만 문단이라는 담론 공동체에 대한 전면적인 비판과 관련되어 있음이 위의 인용에서 드러난다. 문학과 언어의 자의식의 시각에서 조망된 한국 문학의 부정적인 모습은 비평적 주체를 정립하려는 유종호에게 당대 비평계에 대한 전반적인 조망과 반성적 성찰을 요구한다. 이러한 반성적 성찰은 「비평의 반성」에서 구체적으로 시도된다. 「비평의 반성」은 "비평의 반성을 시도해 봄으로써 나의 비평 방법을 구체적으로 설계하고 정리"하려는 욕망이 의도되어 있다. 이 글에서 유종호의 비평 인식과 관련하여 검토할 사항은 두 가지이다.

하나는 언어 의식의 형태로 제기된 비평적 주체화가 비평의 반성적 성찰을 거쳐 정립된다고 할 때 비평적 자의식을 일깨우는 정신의 단초가 내재되어 있다는 점이다. "굴종 속에서의 자유", "자기부정의 위험성" 등에 대한 언급이 그것이다. 유종호에 의하면, 비평은 '자기부정의 위험성'을 갖고 있다. 그것은 비평이 다른 논리적 문장과 본질적인 차이가 없음으로 인해 단순한 논리적, 추론적 문장으로 전락할 위험성을 말한다. 그러므로 이에 대한 자각은 비평의 본령에 대한 지속적인 자기 성찰로 이끌게 된다. 또한 김우종과의 논쟁 시 쟁점이 된 바 있는 '굴종 속에서의 자유'는 발레리의 에피소드를 소개하면서 다음과 같은 문맥으로 드러난다. "비평가가 작품을 해석하는 과정에서 향락할 수 있는 자유란" 극히 제한된 자유, 즉 "굴종 속에서의 자유이다." 그것은 역설적일 수 있지만 "이러한 역설적 사실을 비평 행위 중에 강렬하게 경험해 보지 못하고, 그 딜렘마의 곤란성에 괴로워해 보지도 못한 비평가가 있다면 그는 천박한 비평가임에 틀림없"[15]다. 이러한 생각은 해석의 주관성과 독단성을 단호히 경계하는 자세라 하겠다.

여기에 내재된 딜레마의 인식은 비평 행위에 대한 근본적인 질문을

---

[15] 「비평의 반성(하)」, 《현대문학》, 1958. 5, 231쪽.

동반한다는 점에서 강렬한 비평적 자의식의 다른 표현이다. 다시 말해 '굴종 속에서의 자유'란 문리(文理)에의 트임이자 해석의 엄격성으로 받아들여진다. 문학은 인식적 능력과 관련된 고도의 추상적인 언어다. 그런 만큼 언어의 본질에 대한 승복 위에서만 이루어진다. 이러한 생각은 "표현의 진실과 인생의 진실 사이의 실족"에 대한 예민한 인식과 관련되어 있다. 그것은 '주체-언어-세계' 사이에 놓인 어찌할 수 없는 단절의 체험에서 싹튼 인식[16]이었다. 그러니까 문학적 언어(표현)와 현실적 언어(인생) 사이의 단절적 체험과 인식이 작품에 대한 최대한의 경의와 성의, 동시에 자신의 비평에 대한 성실성을 자각하게 하였던 것이다. 비평 주체의 자기 의식의 정립과 관련된 이러한 인식론적 단초는 비평가의 지적 성실성을 가늠하는 기본적인 척도로 작용했을 것인데, "역사적 공정과 가치판단 사이의 긴장을 의식하면서 안이한 편의주의나 자기중심적 선전의 유혹을 물리치는 지적 성실성"[17]의 본바탕을 이루게 된다.

「비평의 반성」에서 검토되어야 할 다른 사항은 당대 비평을 비판적으로 개괄함으로써 자기 극복을 모색하려는 방법론이 개진된다는 점이다. 유종호는 이 글에서 당대 비평의 현황을 역사주의, 분석적 경향, 인상비평으로 파악하고 그것들의 의미와 한계를 세밀하게 따진다. 그 결론으로 자신의 비평 방법과 관련하여, 이 땅의 문예비평이 요구하는 비평가의 이상적 존재 방식을 토마스 만의 "조심성스러운 급진주의자와 과격한 보수주의자"[18]에서 발견한다. 비평 방법이라기보다 비평가의 태도와 전략에 가까운 이 구절은 유종호 비평 전체를 규제하는 중요한 전거로 작용한다. 즉 때론 낙후된 문학 현상을 질타하면서 앞선 문학의 적극적 수용과 사고의 혁신을 의도하는 진보, "누구나 인정할

---

16) 「산문정신고」,《현대문학》, 1958. 9;「비속의 미학」,《현대문학》, 1960. 8~9.
17) 「비평 50년」,『한국 현대문학 50년』(민음사, 1995), 248쪽.
18) 「비평의 반성(하)」, 237쪽.

점을 인정한다."는 "역사적 공정성"[19]에 대한 신뢰와 비평의 위엄을 고수하려는 보수, 이 양자 간의 균형 잡힌 합리주의자의 풍모로, 때론 시대와 생활과 동시대 문학에 침묵해 버리는 절충주의자의 면모로 변주되면서 나타난다.

그런데 언어에 대한 자각과 인식은 언어의 가능성과 한계에 대한 탐구를 통해 세계와 사고, 인식의 논리적 구조와 추론의 본성을 해명하려는 비트겐슈타인의 철학적 사유와 다르며, 또한 구조언어학 혹은 문학을 문학이게 하는 '문학성'을 탐구하는 형식주의자들의 언어 의식과도 다르다. 유종호의 언어 의식은 작가 의식이나 비평 정신의 다른 이름이었다. 그의 언어 의식이 비평 정신과 동질의 자의식인 이유가 여기에 있다. 특히 주목할 것은 그것이 표현의 언어, 삶의 양식으로서 언어 의식이라는 사실이다. 이 때문에 "구극적으로 언어는 한편에 음악을 갖고 한편에 대수를 갖는다."는 발레리의 경구가 유종호에게 중요한 의미를 지닌다. 이런 인식에서 유종호는 언어의 음악성과 지시적 기호성을 시(정신)와 산문(정신)을 가르는 중요한 분별적 표지로 삼았으며(「산문정신고」), 표현의 중요성과 개성적 문체를 애호했던 것이다. 정지용에 대한 아낌없는 극찬도 언어예술로서 시를 자각하고 실천한 최초의 시인에게 주는 찬사와 다름없다. 또한 우리말의 감각성과 산문시적 특질에 대해 우려와 극복의 과제를 제시한 것을 비롯하여(「현대시의 50년」), "표현의 빈곤은 정신의 빈곤"(「비평의 반성」), "정치한 언어 사용은 정치한 에스프리의 소산"(「비평의 제 문제」)이란 생각, 말의 독창적인 재능의 주장과 언어의 허영, 기만, 애매모호함에 대한 비판(「몇 개의 아나로지」) 역시 사고와 표현, 문학인의 의식과 정신으로서의 언어 의식임을 확인시켜 준다. 뿐만 아니라 "시라고 발표되는 저능한 산문의 유행은 모더니스트들의 죄과"[20]라는 비난을 비롯하여 비평

---

19) 「비평 50년」, 앞의 책, 248쪽.
20) 「비순수의 선언」, 《사상계》, 1960. 3, 294쪽.

문 곳곳에서 노골적으로 드러내는 모더니티에 대한 혐오의 일단도 여기에 있다. 그리고 그것은 급기야 '추방령'으로 극단화되기도 한다.

최근의 작품들이 한결같이 (……) 공감을 일으키지 못하고 있다. 완전한 공감의 분실이다. (……) 개인주의의 극단적인 예각화는 필연적으로 인간 상호 간의 교통을 곤란하게 만들었다. 한편으로 매스 커뮤니케이션의 포효가 있는가 하면 한편으로는 이방인들이 발음하는 고독한 암호가 있다. (……) 그러나 우리는 알고 있다. 사회적인 동물인 인간이 동시에 말하는 동물이라는 것, 말을 함으로써 인간 사이의 장벽은 극복될 수 있다는 것, 그리하여 인간의 연대 의식을 획득할 수 있다는 것을. (……) 공감을 분실한 언어 군은 하루속히 개인의 암실 속으로 추방해 버려야 할 것이다.[21]

유종호는 언어에 대한 절망에서 언어를 비틀어 실재에 새롭게 다가서려는 문학적 노력이나 내면으로 굴절된 실재를 새롭게 표현하려는 언어적 자의식의 소산인 언어 운용의 실험성을 인정하지 않았다. 이 점은 언어에 대한 강렬한 자의식과 난해성의 상관관계로 보면 상호 모순적이다. 물론 그러한 사고의 분열이 모순이라고 지적하는 일은 손쉬운 일이다. 하지만 그의 모더니즘 비판이 '눈물겨운 허영'일 뿐인 언어의 난해성 문제였다는 점에 유의해야 한다. 유종호가 실상 언어로부터 인간의 연대 의식을 희망하였기 때문인데, 이러한 인식은 삶과 문학과 현실의 문제가 중첩된 언어의 문제로부터 리얼리즘의 문학관으로 표면화되는 한편, 같은 맥락에서 모더니즘 비판으로 연결된다. 즉 모더니즘은 인간 사이의 공동체적 경험 교환의 가능성에 대한 믿음이 부재한다는 것이다. 그러니까 그의 모더니즘 비판의 핵심은 공감을 상실한 개인적인 언어의 소통 부재에 있었다. 따라서 "난해성이란 곧 부도

---
21) 「공감의 분실」, 《사상계》, 1959. 10. 282쪽.

덕이다."²²⁾라는 톨스토이의 등식은 모더니티의 난해성과 공감의 상실을 혐오하는 유종호의 가치판단으로 보아도 무방하다.

이와 같이 유종호는 문학적 공감에 중요성을 부여한다. 그의 초기 비평에서 그것은 '즐거움'과 불가분의 관계에 있다. "시를 이해하지 않고서는 시를 즐길 수 없다는 것은 명백한 사실이다. 한편 우리가 시를 즐기지 않고는 시를 이해할 수 없다는 것도 진리다."²³⁾라는 엘리엇의 인용이나 "대상에 대한 몰입 내지 공명적 태도 없이는 완전한 이해라고 하는 것은 성립되지 않는다."²⁴⁾는 발언의 진의를 캐보면, 유종호에게 즐김과 이해의 대상은 동일한 것이다. 역으로 그것은 즐거움을 줄 수 없는 시란 이해의 가치조차 없음을 말하고 있는 셈이다. 유종호 비평의 중요한 거점인 즐거움은 근원적으로 아름다움의 감지이며, 파토스적 호소력을 가진 즐거운 경험이다. 비평 주체에게 '즐거움'은 무엇보다 중요하며, 비평가의 분석과 이해와 전달의 원초적인 욕망을 자극하는 심리적 기제다. 말하자면 "일체의 문학비평은 문학 또는 비평 대상에 대한 기본적인 애호가 깔려있을 때 비로소 의미가 있는 것이다."²⁵⁾ 유종호의 비평 인식이 미적 경험의 충족 양식이라고 판단할 근거도 여기에 있다.

이러한 미적 경험의 충족으로서 즐거움은 비평가의 존재를 '향수자' 혹은 '감식가'로서 자리하게 한다. 또한 문학의 진실성 역시 실증 가능성보다 공명의 실감에서 획득된다고 주장한다.²⁶⁾ 그렇기 때문에 그의 초기 비평에서 비평의 기능이나 역할도 분명한 윤곽 속에서 직접적으로 언명되지 않는다. 다만 작가와 독자의 거리를 단축시켜 친근하게 하거나 독자에게 자신의 감회를 재검토하는 기회를 제공하는 것,

---
22) 「사랑이냐 혐오냐」, 《사상계》, 1963. 11, 190쪽.
23) 「현대 시의 표정」, 『비순수의 선언』(신구문화사, 1962), 27쪽.
24) 「비평의 반성(상)」, 《현대문학》, 1958. 4, 251쪽.
25) 「비평 50년」, 『한국 현대문학 50년』(민음사, 1995), 246쪽.
26) 「소설의 문제」, 《현대문학》, 1963. 3, 249쪽.

혹은 작가와 정신적으로 교역하는 정도의 기능적 '매개'의 역할만이 단편적으로 개진될 뿐이다. 유종호의 비평 인식 체계 내에서 비평의 존재는 비평 주체의 자족적 만족감과 타자와의 매개적 기능이 최상의 것으로 인지되었던 것이다. 그것이 '즐거움'의 원천이다. 하지만 경험의 충족으로서 '즐거움'은 여기에 그치지 않는다. 가령 "좋은 작품이 나올 때는 신명이 난다. (……) 대상 작품이 멋지면 이에 대한 대화도 멋지게 나오는"[27] 비평가의 '흥'이 즐거움의 일차적인 의미라면, 경험의 진폭을 넓히는 '인생의 교사'로서 지적 쾌락은 즐거움[28]의 또 다른 의미이다.

문학이 인생의 교사 구실을 할 수 있다는 말에는 두 가지 뜻이 있다. 협의로는 단순히 교훈을 보여준다는 뜻이다. 즉 독자의 사고나 행동에 직접적 영향을 끼칠 수 있는 심리적 태도를 형성한다는 뜻이다. 그러나 광의로는 인생의 숨은 진실을 계시하여 준다는 의미도 있다.[29]

유종호의 미적 경험의 충족은 매슈 아널드의 '맛(sweetness)과 빛(light)'을 연상시키는 '감미(dulce)와 유익(utile)'의 어느 한쪽도 배제하지 않으려는 균형 잡기에서 나온 것이다. 감성의 뿌리일 때 그것은 '감미'의 즐거움이며, 문학을 통해 범속한 일상에서 맛볼 수 없는 삶의 또 다른 충만과 지적 긴장의 요구가 '유익'의 즐거움이다. 이런 관점에서 볼 때 문학의 기능은 실생활의 경험을 반성하게 하고 새로운

---

27) 「몇 개의 아날로지」, 《사상계》, 1959. 10, 276쪽.
28) 이 점에서 유종호의 즐거움은 고전적 앎과 발견의 기쁨에 가깝다. 보수적이라고도 바꿔 말할 수 있는 이 즐거움은 일찍이 아리스토텔레스가 모방(반영)과 관련하여, 무엇을 배운다는 것을 "최상의 즐거움"으로 말한 것과 일치한다. 아리스토텔레스, 천병희 역, 『시학』(문예출판사, 1984), 41쪽.
29) 「문학과 외설의 한계」, 《세대》, 1964. 8, 152쪽.

경험의 폭을 넓혀준다는 데 있다. 유종호에게 "문학이 줄 수 있는 최상의 충격"은 바로 "고양된 인생 의식"[30]이었다. 위대한 작가와 작품이 인생의 교사일 수 있음은 바로 이런 의미에서다. 따라서 "깊이 있는 작품"이란 곧 "인간 통찰의 깊이"라는 주장도 바로 이러한 인식의 표명이라 할 수 있다. 그것은 새로운 경험과 감응 태도, 예상치 못한 경이의 전달과 자기 경험의 재인식, 나아가 인생과 인간과 사회에 대한 통찰을 제시해 준다.[31] 특히 비평이라는 지적 활동에 투신한 자로서의 지적 편력과 문학의 향수 방식을 고백하는 「지성과 반지성」[32]에서 사유의 원천, 관심의 다양성, 분석적 재능의 탐닉 등으로 진술되는 문학의 재미는 그의 자족적 경험의 충족이 지적 인식과 사색, 지적 호기심과 기갈의 충족이었음을 보여준다.

  문학의 즐거움을 비평의 인식 체계와 관련하여 주목해야 할 또 다른 사실은 두 이질적인 향수의 과정을 경유한다는 점이다. 정서적 수용과 인식적 반응(해명)이 그것이다. 유종호의 안목과 감식력은 거의 '비평적 본능'이라 이름 붙일 만한 예민한 감수성에 뿌리를 두고 있다. 정지용의 가치 평가는 물론이고 페이소스의 유로(流路)와 구정(久情)의 갈미봉(김소월), 인생의 진실을 압도하는 표현의 진실로서 우리말로 표현된 언어예술의 한 극치(황순원), 에고티즘의 형태로서 고백의 혐오(손창섭), 치밀한 구성 능력과 뛰어난 문장력에 의해 지탱된 화해의 거부(하근찬), 언어 재능이 성취한 새로운 감수성(김승옥) 등의 뛰어난 안목과 적확한 포착력이 그러하다. 또한 "감수성의 혁명", "범용의 비극"처럼 한마디로 압축시켜 표현하는 탁월한 능력은 비평 주체의 직관적 통찰력이나 감수성 외는 달리 설명하기 어려운 국면이다. 아마도 예민한 감수성의 발동은 그것들이 비평 주체에게 체현될 친근

---

30) 「한국 리얼리즘의 한계」, 『동시대의 시와 진실』(민음사, 1982), 204쪽.
31) 「경험·상상력·관점」, 《사상계》, 1961. 11; 「소설의 문제」, 《현대문학》, 1963. 3.
32) 《문학춘추》, 1964. 5.

한 공감의 대상이었기 때문으로 보인다. 그래서 그의 비평 대상은 언제나 공감의 실체를 자상하게 논리적으로 재현하는 과정이 비중 있게 할애된다.

그러나 그 과정에서 준비되고 있는 것은 지적 규준과 판단이었다. 그의 비평문의 결말은 바로 이 같은 지적 작용을 거친 인식 작용으로 마무리된다. 그러니까 공감의 음미가 정서적 수용이라면, 논리적인 분석과 해명은 대상에 대한 인식적 반응인 것이다. 이러한 이해와 드러냄은 표현과 논리, 감성과 지성, 상상적 기능과 인식적 기능의 통합이라 할 수 있다. 이 과정은 감성적인 수용과 논리적 해명의 과정으로 이루어진다. 요컨대 유종호 비평은 한 개성적인 감수성이 다른 개성적인 감수성과의 만남에서 이루어지는 감수성의 '명명 작업'[33]이며, 지적 논리가 그 감수성을 해명하고 견제하는 작업이라 할 수 있다. 바꿔 말하면 유종호의 비평 인식은 정서적 수용과 인식적 반응의 결합, 곧 그의 표현을 빈다면 Poetic Meaning과 Semantic Meaning의 행복한 결합을 이상적 상태로 하고 있다. 그렇다면 '느낌'의 감각적 수용이라 할 수 있는 그의 감수성의 기원은 무엇인가.

『소월시초』에서 가장 감회 깊은 것은 소월의 산문, 즉 편지였다. (……)『예전엔 미처 몰랐어요』가 그대로 돈타령으로 직결된 이 시인의 심경에서 지사도 못되는 주제에 내 또한 '비추(悲秋)'함은 어인 까닭인가. 필자는 김광균의『루쉰』을 읽으면서 마음을 달래었다.[34]

그의 생애를 일별하고 나서 제일 먼저 느끼게 되는 것은 사람들이 유시(幼時)에 형성한 감정 형태나 인생 태도를 평생토록 견지하게 된

---

33) 이 점에서 유종호가 "독창적인 사람들은 대개 명명자(命名者)였던 것이다."라는 니체의 경구를 인용한 대목은 흥미롭다. 「모멸과 연민」,《현대문학》, 1959. 10.
34) 「한국의 파세틱스」,《현대문학》, 1960. 12. 이 글에서는『비순수의 선언』, 45쪽.

다는 무서운 사실이다. (……) 앞서 나는 『보바리 부인』이 연소한 초심자의 이해를 불허하는 작품이라는 말을 했지만, 이러한 실족의 환멸을 몸소 체험, 의식하지 못해 본 사람들에게 있어 『보바리 부인』의 비밀은 잘 풀리지가 않을 것이다. 인생에 있어서의 시적 현실의 부재를 뼈저리게 경험한 뒤의 (……) 희유하게 준엄했던 플로베르의 문학적 마스크를 연상할 때마다, 그리고 그의 비인간적인 황량한 생활의 도정을 상기할 때마다, 문학의 지난성과 무상성에 등골이 스치는 전율을 느낀다. 그리고 인간의 운명과 운명의 '아이러니'를 생각하게 된다. 문학이 아니었던들 파산당했을지도 모르는 인간 플로베르와 또 생애의 결정적인 시기에 문학을 모르고 지났던들 범용의 행복한 부르주아로 안주할 수 있었을는지도 모르는 작가 플로베르의 가정법이 충분히 가능하다는 의미에서 (……) 사실 생의 많은 영역에 있어서 미와 진실은 결코 일치하지 않는다.[35]

대상을 가슴으로 받아들이는 정서적 감응력과 낭만적 기질 그리고 삶의 기미를 조숙하게 체득한 명민함이 감수성의 본체를 이룬다. 그리고 문학에 대한 폭넓은 지적 교양과 독서 편력, 거기에서 체득된 미적 경험과 선별력이 문학을 향수하는 자리에서 "생각하는 힘"[36]으로 작용하는 지적 탄탄함이자 문학적 감수성의 뿌리다. 이 때문에 "우리의 고향에 자리 잡고 앉아서, 고향을 사랑하는 사람들, 고향에 진저리를 내는 사람들, 고향을 등진 사람들, 이 모든 사람들로 하여금 문득문득 뒤를 돌아보게 하는 구정의 갈미봉이다."[37]라는 진술이 그의 마음에 투영된 갈미봉의 심사로 읽힐 수 있다. 또한 그의 비평문의 많은 부분

---

35) 「비속의 미학」, 《현대문학》, 1960. 8~9. 이 글에서는 『비순수의 선언』, 241, 244, 248쪽.
36) 김우창, 「쉰 목소리 속에서—유종호 씨의 비평과 리얼리즘」, 『김우창 전집 4—법 없는 길』(민음사, 1993), 238쪽.
37) 「한국의 파세틱스」, 『비순수의 선언』, 42쪽.

에서 운명에 관한 사유(「한국의 페시미즘」), 역사의 자의적 수정에 관한 반성적 계기(「산문정신고」), 인간 에고이즘의 탐욕성(「고백이라는 것」), 경험과 기억에 관한 통찰(「경험·상상력·관점」)과 같은 약관의 나이에 감득하기 어려운 섬세한 사유의 흔적을 접할 수 있게 된다.

또한 우리는 그의 비평에서 시적 진술처럼 압축된 표현 속에 삶에 대한 인식이나 자기 감정을 대상과 일치시키는 감정적 동화가 내재되어 있음을 보게 된다. 이것은 그가 문학을 분석과 논리가 아닌 이해와 감응의 대상으로 받아들였음을 뜻한다. 유종호는 문학을 삶의 중요한 일부, 인생의 예지를 던져주는 상호 교감의 대상으로 인식하고 있었던 것이다. 이 점은 이미 비평가의 운명을 선택하기 이전에 본원적 내성으로 간직하고 있었던 창조적 작업에 대한 열망, 그러나 그 선택적 우연성을 운명으로 받아들이면서 내면화시킨 예술가적 욕망의 편린일 수 있음을 보여준다. 이 지울 수 없는 욕망은 결국 창조적 비평에 대한 심정적 경사와도 무관하지 않다. 「비평의 반성」에서 인상비평, 창조적 비평의 독자적인 매력을 '현저한 문학성'에서 찾은 뒤 다음과 같이 발언하는 대목에서 다시 확인해 볼 수 있다.

다른 형태의 비평이 흔히 도입하는 비문학적인 체계에 별로 구애됨이 없이 비평가의 개성과 감수성에 의지하여 대상에서 받은 인상을 발랄하게 표현하는 것은 비평 대상 작품과 의기 상달하는 비평가의 실감에 의하여 실상 작품을 읽는 것과 비슷한 효과를 독자에게 일으킨다. 이 점에 있어서 다른 어떠한 형태의 비평보다도 문학적이다. (……) 자아와 혈연적인 관련성이 있는 작가의 작품을 즐겨 다루며, 또 그렇게 함으로써 은연중 자아를 제시한다. 대개의 경우 그것은 비평자의 작가에 대한 친근감의 고백인 수가 많다. 이때 양자 간의 친근성의 농도가 진하면 진할수록 이런 유의 비평은 자기의 본령을 발휘하고 과시한다. 왜냐하면 친근감이라고 하는 것은 결국 공감에서 싹트는 것이요, 또 공감이라고 하는 것은 이해의 시초이기 때문이다.[38]

위의 인용에 함축된 전언과 비평 주체의 개성과 감수성에 기반을 둔 비평, 애호하는 작가와 작품을 향한 유다른 집착과 호감, 이질적인 대상에 대한 적대감에 가까운 외면과 침묵, 공감과 이해와 즐거움 등을 특징으로 하는 유종호의 비평을 되짚어 보면 창조적 비평에 대한 위의 발언이 바로 자신의 비평관에 대한 진술이었음이 드러난다. 요컨대 유종호 비평의 출발과 지향점은 문학의 언어에 버금가는 창조적 비평이었으며, 그것을 가장 이상적인 비평으로 인식하고 있었다. 그는 비평의 창조적인 발휘를 "독자적인 개성, 예리한 감수성을 지닌 매력적인 영혼의 소유자" 등 비평가의 자질에서 찾고 있다. 이러한 생각이 "풍부한 문학 경험이나 삶의 지혜의 소유자"[39]의 덕목으로 근년에까지 일관되게 지속된다는 사실에 주목하고 보면, 그가 지향하는 비평의 형태가 무엇인지 더욱 분명하게 알 수 있다.

실제 유종호가 이룩한 비평적 성취의 태반은 비평 주체의 감수성과 삶의 체험의 깊이 혹은 세상살이에 대한 명민한 인식이 개성적으로 발현되는 실제 비평에서 이루어졌다. 그러니까 지식의 비평적 전환으로 이루어지는 이론 비평과 달리 비평 주체의 감수성과 선별력이 무엇보다 요구되는 실제 비평에서 빛나는 성과를 냈다는 점도 결코 우연이 아니다. 이를 두고 미적 경험의 충족과 비평 스스로 존재할 수 있는 자족의 비평, 비평 주체의 사유와 매력적인 영혼의 발산이 엮어낸 창조적 비평이라 할 수 있다. 그렇다면 이러한 비평을 두고 비평의 존재가 그대로 '존재 이유이자 존재 가치(raison d'être)'가 되는 비평적 지향이라고 부를 수도 있다. 그것은 "훌륭한 비평 작품은 훌륭한 창작이 그러하듯 독자에게 많은 것을 계시해 주면서 자기의 존재 이유를 스스로 구현화한다."[40]는 자신의 비평 인식에 부합된다.

------

38) 「비평의 반성(하)」, 《현대문학》, 1958. 5, 231쪽.
39) 「비평 50년」, 앞의 책, 269쪽.
40) 「비평의 반성(상)」, 《현대문학》, 1958. 4, 246쪽.

이제까지 우리는 유종호의 비평 인식을 언어적 자의식으로 구체화된 비평 주체의 반성적 성찰과 자각을 중심으로 살펴보았다. 그렇다면 그것으로 비평 정신과 동질의 자의식으로서 언어에 대한 자각과 인식이 설명되었다고 할 수 있는가. 그렇지 않다는 사실이 언어에 반영된 구체적인 '삶의 양식으로서 언어-토착어 의식'으로부터 유종호 비평의 경험 지평과 기대 지평이 형성되는 과정에서 드러난다.

2 경험 지평과 기대 지평 그리고 지적 교양주의

앞에서 살펴본 유종호의 언어 의식은 문학 일반의 언어에 대한 자의식이었다. 반면 토착어 의식은 경험적으로 우리 몸과 정서에 체득된 삶의 언어, 즉 모국어에 대한 자의식으로서의 언어이다. 이 땅 위에서 영위하는 비평 주체에게 비평과 문학이 이루어지는 실제 공간인 모국어의 문학적 가능성과 한계는 절실한 문제일 수밖에 없다. 여기에서 유종호의 언어 의식은 문학 일반의 보편적 담론 공간으로서 언어와 한국 문학의 구체적 실현 공간인 모국어 사이의 인식적 분화가 이루어진다. 언어 일반의 자의식에서 추동된 유종호의 언어 의식은 토착어에 대한 예민한 반응으로 나타난다. 그것은 '토착어에 대한 무한한 애착과 허전한 미흡감의 경험'과 밀접한 관련이 있다. 즉 "우리말을 사랑하고 우리말로 생각하며 또 우리말로 표현하려" 할 때 필연적으로 부딪칠 수밖에 없었던 "형상과 표현상의 문제에서 느낀 모국어에 대한 고충"[41]의 경험에서 의식화된 것이다.

이 경우 우리말은 토착어이다. 토착어는 순수한 우리말과 한자에서 파생되었으나 이미 일반화된 한자어를 말한다. 토착어와 한자어의 혼용은 일상적인 소통에는 장애가 없었다. 그런데 유종호가 보기에 언어를 매체로 하는 예술적 형상화의 경우 '모종의 문제'를 일으키고 있었다. 예술적 형상화에서 일으키는 모종의 문제를 포착할 수 있었던 데

---
41) 「토착어의 인간상」, 《현대문학》, 1959. 12, 192쪽.

에 유종호의 민감한 비평적 안목의 남다름이 있다. 그것은 한마디로 정서와 사고의 분열로 설명할 수 있다. 모종의 문제를 '한마디'로 줄여 말했지만 실상 사정은 그렇게 간단하지 않으며, 간단해질 문제가 아님은 자명하다. 거기에는 양자의 근원적인 이질감이 가로놓여 있으며, 한국 문학의 과제 또한 이 문제에 걸려있는 탓이다.

'후살이'란 말을 접하고 우리가 떠올리는 이미지의 구체적 내용이란 어떤 것일까. (……) 어느 고을에 한 박명한 여인이 있어 그 어느 몹쓸 사나이나 난봉쟁이에게 시집을 가서 소박을 맞았거나 혹은 그 지아비가 요절하여 자식 많은 중년에게 여생을 의탁하는 바와 같은, 요컨대 어떤 소복의 정한이나 박명의 탄식을 상기하게 되는 것이다. 즉 이때에 떠오르는 운명의 여인 상은 '흰 수건이 검은 머리를 두르고. 흰 저고리 치마가 슬픈 몸집을 가리고' 있는 봉건 여성인 것이다.[42]

토착어와 한자어는 정서와 사고의 분열을 단적으로 의미한다. 이 분열은 소박맞은 여인과 하이칼라 여성의 재혼, 흰 모시 두루마기의 시름 많은 나그네와 트렁크를 착용한 중절모의 사나이가 환기하는 이미지의 현격한 거리에 놓여있다. 토착어는 민족의 혈맥에 흐르는 생활 감정에 밀착되어 있다. 그런 만큼 공동 운명체의 구성원만이 감지할 수 있는 정서적 연상대를 확보할 수 있다. 토착어로 구성된 문학의 감화적 호소력의 비밀은 여기에 있다. 우리말은 토착어와 한자어로 구분할 수 있고, 사고나 관념을 담아내는 언어는 이 한자어에 의존하고 있다. 이때의 한자어는 주로 일본인이 만들어낸 서구어의 역어(譯語)로서 서구의 생활감정과 정신사를 배경으로 하고 있어서 만일 시나 소설에 어떤 사고와 관념을 담고자 할 때는 정서적 친밀감을 상실한 채 생경해진다. 문학에서 생경함이란 무엇인가. 그것은 정서적 호소력을 태

---
42) 앞의 글, 193쪽.

반으로 하지 않은 '날것'의 언어에 불과하다. "형상화의 빈곤", "비시(非詩)로의 전락"은 작가의 능력 여하보다 한자어에 의존하는 우리말의 특성에서 연유한다는 것이 유종호의 판단이었다. 우리말의 가능성과 한계에 대한 이 같은 민감한 자의식이 토착어 의식을 통해 강렬하게 환기되었던 것이다. 마찬가지로 근대문학 이후 일급의 수준을 유지하는 작품의 문학적 성취란, 그러므로 작가의 재능 못지않게 토착어를 활용한 문학적 형상화의 성취였다고 할 수 있다. 이에 대한 비평적 개진과 주장은 구체적인 작품과 민족적 생활감정의 일반화를 통해 확인되고 있다. 대표적인 몇몇을 보기로 한다.

민족시인 김소월의 대중적 지위는 민요 가락과 민요에 얽힌 서민의 정한을 자신의 정한으로 직결시켜 민족적 페이소스의 방출구 구실을 했다는 점에 있다. 그러나 그러한 성취의 기반은 무엇보다 모국어로 감득하고 표현한 민족어의 활용에 있었다. 이 점에서 소월이 외래어를 사용하지 않음은 결코 우연한 일이 아니다. 「한국의 파세틱스――소월을 위한 노우트」(《현대문학》, 1960. 12)에서 유종호가 주장한 것의 하나는 민족 구성원의 감정과 의식이 정서적으로 의탁할 수 있는 우리 나름의 표현 방식을 소월이 재생함으로써 '만인의 시'가 될 수 있었다는 점이다. 가락과 주제의 일치가 그것이다. 그러니까 토착어의 리듬과 토착민의 생활감정 사이의 행복한 일치였던 것이다. 같은 맥락에서 미당의 몇몇 시에 대해서도 평가한다. 예컨대 「근업초」에 대한 "기수년의 공적을 가지고는 도저히 엄두도 못 낼 경지"[43]라는 찬사나, 「마흔다섯」에 대해 "이 작품의 솜씨는 완전히 타인의 추종을 불허하는 거의 피안의 명수의 솜씨"[44]라는 감탄 역시 토착어의 원숙한 언어 구사를 근거로 하고 있음을 볼 수 있다.

이러한 생각은 그의 다른 글에서도 반복적으로 개진된다. 자기 체

---

43) 「불모의 도식」, 《문학예술》, 1957. 7. 이 글에서는 『비순수의 선언』, 296쪽.
44) 「공감의 분실」, 《사상계》, 1959. 10, 284쪽.

념과 비애의 '운명론'을 민족적 정서로 일반화한 「한국의 페시미즘」은 그 두드러진 예에 해당한다. 이성적 성찰보다 훨씬 근원적이고 직접적인 정서적 교감이 분석의 눈을 은밀하게 대체하고 있는 듯한 이 글에서 유종호는 백석, 서정주, 이효석, 김동리의 작품들을 통해 운명론적인 허무와 비애의 깊은 부분을 목격한다. "이 겨레의 인생관이 이렇게 높고 처절한 격조를 이루고 있는 것을 나는 달리 알지 못한다."는 백석의 「남신의주 유동 박시봉방」을 다음과 같이 설명하고 있다.

  이 작품이야말로 한국인의 생활철학과 인생관이 집약된 대표적인 사상시라고 말할 수가 있는 것이다. 순수한 우리말로 구성된 이 작품은 한국 사람들만이 미득(味得)할 수 있는 한국의 노래이다. (……) 민속적 내지는 토속적이라는 에피세트를 들어가면서 이 겨레의 생활감정과 그 풍토를 추구한 시인의 절정의 노래가 바로 페시미스틱한 운명론의 귀의라고 하는 사실은 결코 우연이 아닐 것이다.[45]

  유종호는 백석의 이 작품을 페시미즘의 절창이라 평가한다. 이 작품에서 그가 본 것은 운명의 검은 손길을 깨닫는 낙백(落魄)한 영혼의 비애와 회한이었다. 한국적 시인의 한 정신적 구경을 엿보게 한다는 미당의 「마른 여울목」에서도 그는 "비정의 니힐리즘과 악수하는 운명론의 엘레지"를, 이효석의 「가을과 산양(山羊)」에서는 세련된 문장으로 조직된 페이소스의 음색을, 김동리의 「황토기」에서는 자기적(自棄的) 허무감과 운명론을 감지해 낸다. 여기에서 우리는 이들의 문학적 가치를 인정하는 유종호의 입장이 세대적 저항을 뚜렷이 한 이어령의 그것과 상당히 다르다는 사실을 확인할 수 있다. 이 대목에서 "누구나 인정할 점을 인정한다."는 그의 '역사적 공정성'과 비평적 유연성을 마주할 수 있다. 그러나 보다 중요한 것은 토착적 인생관의 주조, 즉

---
[45] 「한국의 페시미즘」, 《현대문학》, 1961. 9~10. 이 글에서는 『비순수의 선언』, 106쪽.

운명적 삶에 대한 문학적 형상화가 우리 문학의 정상을 차지하며, 그 성취가 민족의 운명론적 삶이 내재된 토착어를 통해 확보되었다는 인식을 확인하는 대목에 있다. 위의 예문에 "순수한 우리말로 구성되"었다는 구절은 토착어에 대한 그의 인식을 분명하게 시사한다. 비단 이 부분만이 아니다. "순수한 토착어로 조직", "토착어의 오묘한 묘기", "토착어 조직의 무대", "토착적 인간상", "토착적 운명론" 등등의 구절을 이 글 여러 부분에서 찾을 수 있다.

 결국 이러한 작업은 당연히 "토착어의 세계의 문학적 성과를 새삼 강조하는"[46] 토착어 의식의 중요성을 일깨우는 것이었다. 그러나 간과할 수 없는 사실이 있다. 유종호는 토착어 가치의 중요성 못지않게 그것이 폐기되어야 할 대상이라는 전제 아래 대체되어야 할 새로운 언어군을 상정하고 있다는 점이다. 강나루, 밀밭 길, 찔레꽃, 보릿고개, 막걸리, 갈보, 물레방아, 짚신, 동백기름, 나그네 등의 토착어가 담고 있는 세계란 문명의 세계를 받아보지 못한 온갖 전근대적인 생활양식과 감정이 빚어낸 세계이다. 또한 토착어가 환기하는 인간상은 무지와 빈곤과 궁상으로 얼룩진 전근대적 인간상이다. 토착어는 이러한 생활 감정에 밀착된 친밀한 언어이고 정서적 감화력에 놀라운 효과를 발휘한다. 그런 만큼 토착어의 조직과 세련이 손쉬운 것은 사실이다. 그렇기는 하지만 그것은 뜻하지 않게 시인과 작가 들이 한국의 진면목을 상실한 채 전근대적 인간상의 형상에만 안주할 함정이 될 수도 있다고 유종호는 경고한다. 전근대적 요소를 제거하면서 근대적 의미의 자아와 자유의지를 확립해야 하기 때문이다. 또한 그러한 과정에 놓인 현시점에서 전근대적 인간상의 세계란 퇴화하는 세계, 반드시 극복 소멸되어야 할 세계라고 보았기 때문이다. 따라서 토착어의 세계가 이룩한 문학의 가치는 그에 값하는 평가를 받아야 한다면서도 다음과 같이 주장하는 것이다.

------

46) 김윤식, 『한국 문학의 근대성 비판』(문예출판사, 1993), 245쪽.

우리 문학의 새로운 가능성은 토착어의 자리를 대치하여 가고 있는 생생한 언어 군을 어떻게 예술적으로 형상해 가느냐는 점에서 찾지 않으면 안 될 것이다. 이것은 어려운 일이다. (……) 이 곤란한 가능성을 건설하는 것이 우리 문학의 가장 중요한 과제가 됨은 의심할 여지가 없다.[47]

따지고 보면, 토착어의 문학적 형상화란 삶의 일상적 차원에서 거의 생리적으로 체득된 본능적인 언어에 가깝다. 따라서 예술적 의장이나 언어적 가공과는 거리가 멀다. 그것은 다른 말로 섬세한 자의식과는 거리가 먼 언어라는 점을 시사한다. 그러나 토착어의 운명이 시효를 다한 것으로 파악하는 유종호의 입장에서 그의 실존성과 관련하여 다음과 같은 몇 가지의 의문이 떠오름은 어쩔 수 없다. 가령 서구적 근대를 염두에 둔 까닭에 지나치게 앞만 바라보고 '고향'과 '촌뜨기'로 대변되는 토착어의 세계를 버리고자 했거나, 전근대적 인간상에서 퇴영(退影)의 그림자를 너무 일찍, 그것도 강렬하게 본 것은 아닐까. 혹 무지와 가난의 운명과 현실에 절망하였거나 그것에서 벗어나고자 몸부림을 쳤던 것은 아닐까. 또는 토착어가 간직하고 있는 정서적 연상대를 투시했으면서도 그 구차스러움 속에 한국 문학의 가능성이 비장(秘藏)되어 있다는 사실을 깨닫기에는 그의 "혈기가 너무 젊"[48]었던 것은 아닐까, 하는 부정적인 혐의를 지우기가 어렵다.

이처럼 유종호의 언어적 자의식은 한국어와 한국 문학이 직접적으로 개입할 수 없는 보편성의 공간으로서 언어와 그의 감각적 분석이 포착한 구체적인 언어로서 토착어의 세계를 양면으로 감싸 안고 있다. 이 후자의 세계란 방금 살펴본 바와 같이 언어에 담긴 역사와 삶의 체험적 조건으로서 언어이다. 그러나 그것은 현대의 문화적 맥락과 방향

---

47) 「토착어의 인간상」, 『비순수의 선언』, 201쪽.
48) 「비평의 제 문제」, 《현대문학》, 1958. 12. 248쪽.

성에 의거한다면 마땅히 폐기되어야 할 언어였다. 물론 우리는 긴 안목으로 보면 이러한 생각의 변모 과정을 볼 수 있다. 이를테면 민족에 대한 시인의 기여는 말의 조직과 표상의 선택을 통해 이루어진다는 전제 아래, 소월이 임과 집과 길이 부재한 시대에 외래적 이념을 토착화하여 인간 회복과 민족 회복을 호소한 민족시인이었다고 평가한 「임과 집과 길」(1977), 토착어의 배타적 조직으로 시적인 자기 발견과 자기 동일성을 성취한 것으로 간주되는 시인들의 시적 성취를 통해 토착어 지향성이 모국어의 자기 균형에 대한 응답과 잃어버린 낙원에의 지향이었음을 밝히면서 토착어 지향이 강할수록 작품이 성공한다는 다소 극단적일 수 있다는 가설을 검증하려고 한 「시와 토착어 지향」(1981)은 대표적인 예라 할 수 있다. 물론 어떤 계기가 이러한 인식의 변모를 가져왔는가를 알기란 어렵다. 다만 연륜의 깊이와 더불어 자신이 발 딛은 세계로의 어쩔 수 없는 애정과 회귀라는 보편적 인지상정으로 설명할 수도 있다. 또한 장용학과 몇 번의 논쟁을 거치면서 모국어의 중요성을 새삼 깨달았거나, 신경림의 『농무』를 단서로 토속어의 밀도 깊은 시어와 시적 현실에 관한 문단의 반향에 자극받았을 수도 있다.[49]

그러나 다른 한편으론 비평 주체의 은밀한 의식의 편차와 관련하여 다음과 같이 설명할 수도 있을 것이다. 삶은 변하기 마련이다. 그렇듯 "아라사의 소문이 자주 들리는 곳"[50]에서 산문적(지시적) 의미 없이 시적(정서적) 의미만으로 향유하던 그 정서적 연상대를, 아니면 어떤 혐오감마저 맛보면서 거들떠보지 않던 소월의 시 「밤」에 나타난 소녀적인 감상성이 "지금은 읽히듯"[51]이 토착어가 환기하는 정서의 갈미봉을 보았기 때문일 수 있다. 또는 그가 제거하려고 몸부림치던 고향의 전근대적인 생활과 감정에 그 자신도 어찌할 수 없는 향수를 느꼈고,[52]

▪▪▪▪▪▪▪▪▪

49) 김우창·김종길·백낙청, 「대담: 시인과 현실」, 《신동아》, 1973. 7.
50) 「현대 시의 표정」, 『비순수의 선언』, 28쪽.
51) 「한국의 파세틱스」, 『비순수의 선언』, 44쪽.

그리하여 그 토착어가 환기하는 언어적 가능성과 의미를 분석해 보고자 했을 수도 있다. 그렇다면 토착어에 대한 새로운 관심은 이제 향유의 차원에서 분석과 이해의 차원으로 나아가는 과정이었다고 할 수 있다. 그러나 그 변모의 계기야 어찌되었든 토착어의 발견, 한계, 새롭게 재인식하는 변모의 과정은 그 자체로 유종호 비평의 한 개성적인 모습을 연출한다. 이 점은 마땅히 유종호 비평의 중요한 공적으로 인정되어야 할 것이다.

하지만 초기 비평을 오늘의 시각에서 보자면 인식의 편향성으로 노출된다. 토착어의 세계에서 그가 본 것은 전근대적인 인간상이었다. 그것은 이제 한국의 삶의 양식의 변모와 한국 문학의 전개에 따라 마땅히 폐기되어야 할 퇴영의 흔적들만이 거대한 연상대를 형성하고 있었을 뿐이다. 적어도 유종호가 발견한 모국어의 가능성은 바로 그러한 인간상이 투영된 토착어 대신 새로운 언어 군들로 대체되어야 했다. 그가 말하는 "생생한 언어 군의 예술적 형상"의 의미가 무엇인지 그 분명한 윤곽은 제시되지 않고 있다. 그러나 훗날의 작업까지를 감안하여 살핀다면, 그것은 대체로 근대화의 과정에서 삶의 양식의 변화에 따라 필연적으로 생겨난 언어나 현대적 사변성 그리고 외래적인 요소를 토착화하되 원형을 알아볼 수 없을 만큼 동화 내지 포용하는 근대적 세련과 변용을 거친 예술적 형상화를 뜻한다고 볼 수 있다.[53]

그런데 이러한 의식이 전통에 대한 그의 입장과 직결되어 있다는 점에서 주목할 대목이다. 게다가 토착어에 대한 탁월한 비평적 안목이 주체적인 자기 확인의 과정이 아니라 전통의 부재 혹은 단절되었다는 입장으로 구체화되고 있어 더욱 문제적이다. 토착어의 가능성과 그 문

---

52) 이와 관련하여 유종호가 「시와 토착어 지향」에서 "어려서 습득한 단어일수록 의식의 심층으로 잠겨 들어간 아득한 어린 날의 낙원에 토착어가 호소하는 정서적 환기력이 강하다."는 생각을 피력한 부분을 상기할 필요가 있다.
53) 『동시대의 시와 진실』(민음사, 1982)에 실린 글 중 특히 「시와 토착어 지향」, 「임과 집과 길」, 「슬픔의 사회적 차원」, 「겨레의 기억과 그 전수」 참조.

학적 성과를 예리하게 묘파해 내면서도 결국 그것은 지양되어야 할 그 무엇으로 귀착되고 마는 것이다. 뿐만 아니라 우리는 토착어에 관한 논의 과정에서 동일한 문제의식에 바탕을 둔 유사한 발언이 반복적으로 되풀이되고 있음을 발견하게 된다. 예를 들어 "퇴화 과정에 있는, 그리고 언젠가는 반드시 후진성을 극복해서 소멸되어야 할 무식 대중만으로써 한국적인 것을 이미 대표시킬 수가 없다는 얘기다."라는 구절이나 "이상의 문장에서 나는 전통이란 말을 한 번도 사용하지 않았다."는 의도적 강조, "한국적이란 것이 전근대적 인간상을 싸고도는 후광이라고 하는 사실도 우리들이 간과할 수 없는 중요성을 띠고 있다고 생각한다."(「토착어의 인간상」)는 부분, 그리고 "한국적이란 에피세트를 또 써야 할 판인데 여러 가지 이유로 필자는 이 말에 썩 구미가 당기지 않는다."(「한국의 페시미즘」)는 발언 등이 그것이다. 이러한 발언에 내재한 그의 의도를 감안하면 전통과의 관련성이 선명하게 드러난다. 일단 이런 발언을 기억하면서 다음의 예문을 살펴보자.

　　지금까지의 우리 문학의 특징의 하나로 지적할 수 있는 것은 패배의 미학이었다. 사회 현실에서 도망하여 역사의 방관자로 시종한 문학인들이 즐겨 취재한 것은 저들 자신의 자화상의 일면인 패배자의 애가(哀歌)였다. 그리하여 저들이 주로 형성해 놓은 것도 패배자의 애가를 주조로 한 자기적인 운명론이었다. (……) 자아의식의 근본적 결여를 특징으로 하는 촌뜨기의 형상화에만 골몰하고 언필칭 그것을 '한국적'이란 미명으로 수식하는 것에 자족하여 왔다.[54]

　　토착어가 환기하는 고유 정서만이 한국적이고 또 그것만이 '전통적'이라면, 우리에게 있어 '전통적'이란 '후진적'이란 말이 수식된 미사여구에 지나지 못할 것이다. (……) 이것만이 전통적이라고 우긴다

---
54) 「전통의 확립을 위하여」, 『비순수의 선언』, 232쪽.

면 참으로 눈물겨운 자기 수치가 아닐 수 없다.[55]

이렇게 놓고 보면「한국의 페시미즘」에서 한국 문학의 주조적(主調的) 계보로 일반화한 "운명론적 페시미즘"과 "이 겨레가 두고 두고 노래한 것은 결국 '비가'였으며 대대로 전해 온 것은 다름 아닌 '비화(悲話)'였다."는 구절이「전통의 확립을 위하여」에서 비판했던 '패배의 미학'이었음이 드러난다. 토착어가 환기하는 '한국적'인 것 역시 서민의 혈맥이 흐르고 있음을 부정하지는 않는다. 하지만 결국 "우리가 쓰고 있는 한국적, 곧 전통적이란 관념은 오류라는 사실을 말"하기 위함이었음을 알 수 있다.

전통의 빈곤을 좀 더 구체적으로 살펴보면, 이것은 작가에게는 따라야 할 규범이 없다는 뜻이 되고 비평가에게는 의지할 만한 가치의 기준이 없다는 뜻이 된다. 혹은 반발할 만한 규범도 전도할 만한 가치의 기준도 없다는 뜻이 된다.[56]

적어도 과거의 한국 문학에 관한 한, 한국의 현대 시인, 작가 들이 과거의 유산에 대해서 엘리엇이 말한 "역사적 의식"을 전혀 갖지 않고 창작을 해올 수 있었다는 평범한 사실에 한국 현대문학의 한 특수성이 있다. 좀 더 구체적으로 얘기하면 현대 시인의 시작의 실제에 있어 향가나 이조 가사가 그 시인의 '역사적 의식'의 구체적인 대상은 되지 않고 있다는 말이다. 소설의 경우도 마찬가지여서 소설 습작생이 소설 수업으로『춘향전』이나『장화홍련전』을 정공(正攻)으로 읽는 예는 아마 거의 없을 것이다.[57]

---

55) 앞의 글, 235쪽.
56)「비평의 반성」,《현대문학》, 1958. 4, 246쪽.
57)「현대 시의 50년」,《사상계》, 1962. 5, 305쪽.

유종호가 보기에 우리 문학의 전통은 부재하고 있었다. 그렇기에 토속적인 것만을 한국의 전통으로 내세우는 작태는 전통의 '알리바이' 만을 역설하는 모습으로 비춰졌을 것이다. 그에게 전통이란 살아있는 역사적 과거의 현재성이라 할 수 있다. 오늘의 문학과 창작에 실질적 으로 작용하고 규제하는 역사적 맥락을 의식한다는 것, 그 압력의 하중을 부담해야 하는 것, 예컨대 영감의 원천이자 따르고 극복할 구체적인 그 무엇을 말한다. 그것이야말로 살아있는 전통이자 전통의 위력으로 받아들였다. 그런 의미에서 서기원의 작품과 『홍길동전』, 『청록집』과 「청산별곡」 사이에는 심연에 비길 단층이 존재한다. 그 거리만큼 건너뛸 수 없는 단절을 느끼게 된다. 요컨대 유종호의 전통은 관념적, 당위적 차원이 아니라 실제적인 개념이다. 그러나 전통을 실제적인 영향사적 입장으로만 받아들인다면, 전통의 존재 여부는 구체적인 맥락을 검증하기 어려운 개별적 차원에서 판가름될 위험이 있다. 이런 위험을 제거하기 위해서는 정밀한 자기 탐구는 물론, 적절한 매개 항의 설정과 검토가 필수적으로 요청된다. 하지만 초기 비평에서 유종호는 여기에 대한 관심을 보여주지 않는다. 대신 이런 생각이 더욱 견고한 형태로 표명될 뿐이다.

유종호는 이미 여러 글에서 '한국적인 것이 전통적인 것이다.'라는 등식을 부정하였다. 《사상계》지의 「신문학 50년 심포지엄」(1962. 5), 「소설 50년의 반성과 전망」(1962. 9) 등 일련의 좌담을 통해 '한국적' 인 것에 대해 어떤 형태로든지 다시금 보충 정리할 기회를 원했던 것으로 보인다. 재반론의 성격을 띤 「한국적이라는 것」이 그것이다. 여기서 그는 러시아, 프랑스, 일본의 예까지 자세히 거론하면서 '한국적인 것이 전통적인 것'이라는 생각은 분리되어야 한다는 기왕의 입장을 다시 정리하고 확인한다. 이 글에서 유종호가 주장하는 요지를 요약하면 다음과 같다.

우리 문학의 전통으로서 한국적이란 단순한 지방주의가 아니라 문학상의 개성이나 특수성이어야 한다는 것, 한국적이라 운위되는 영역은 곧 폐기되어야 할 전근대적 삶이고 따라서 근대를 지향하는 현 단계에서 그것은 변모하는 현실의 실상을 포착하지 못한다는 것, 또한 전통은 아직은 없으나 그렇다고 섣불리 허상을 만들어서는 안 된다는 것, 지방주의적 전통의 확정은 한국 문학의 고립과 폐쇄화를 초래할 중대한 위험이라는 사실을 강조한 것으로 요약할 수 있다.[58] 전통에 대해 이렇게 생각한 것은 유종호가 전통 개념을 문학의 발상법이나 표현 양식으로 받아들이고 있었기 때문이다. 문학의 발상법이나 표현 양식으로서 전통의 문제는 "자국어의 틀"[59]로 접근하는 김현과 유사한 문제의식을 보여준다는 점에서 주목된다.[60] 또한 그의 전통이 현재적인 의미가 아니라 미래를 지향한다는 사실을 확인할 수 있다. 다시 말해 그에게 전통은 부재하는 현재이지만 있어야 할 미래적 개념이다. 확실히 여기에는 눈앞의 현실에 대한 부정 의식이 확고하게 자리 잡고 있다.

  이런 점들로 미루어 유종호가 문학은 물론, 사회 전반의 후진성과 문화적 낙후성을 극도로 혐오하고 있었던 것은 분명한 사실로 보인다. 이런 과도한 부정 의식은 현재를 구성하는 대부분을 부정, 전복하고자 한다. 이 점은 국수주의적 전통 개념을 고수하려는 기존 문단에 대해 비판의 형식이었다는 사실과 더불어 결코 무심히 넘어갈 수 없는 대목이다. 전통에 대한 입장과 발언의 진의에서 진지한 열정을 볼 수 있고, 미래를 향한 전망과 기대의 욕망이 움트고 있음을 암시받을 수 있다. 하지만 바로 이 때문에 '한국적'이라 운위되는 공동체적 체험과

---

58) 「한국적이라는 것」, 《사상계》, 1962. 11.
59) 김현, 「한국 문학과 전통의 확립」, 《세대》, 1962. 2.
60) 이러한 문제의식이 갖는 중요한 의미의 하나는 《문학과지성》(1970년 가을 호) '창간사'에 뚜렷하게 표명되고 있는 것처럼, 폐쇄적 국수주의를 지양하고 인간 정신의 확대, 곧 보편적 인식의 가능성을 추구하려는 실제적인 노력의 비평적 인식소였다는 것, 그리고 그것이 문학에 대한 구체적인 해명과 이해에 반영될 때 정밀한 언어적 자의식으로 나타난다는 점을 들 수 있다.

본원적 정서의 문학화에 충분히 공감하면서도 그것을 극복하고 소멸해야 할 대상으로 설정한다. 그리하여 "실내의 창문을 모조리 밀폐"한 채 "정신의 환기를 금지하는 일체의 편협한 정신적 자세를 단호히 거부해야 할 것"과 "창문은 활짝 열어젖혀야 할 것"[61]을 주장하게 되는 것이다. 그가 파악한 방식대로 설명하자면, 플로베르가 지하실 창문으로부터 새어 나오는 고약한 부엌 냄새를 맡은 "악취의 피안"을 경험했듯,[62] 유종호는 저 소멸해야 할 무지렁이의 삶의 양식인 토속적인 것에서 전통을 찾는 '한국적인 것'의 악취를 맡고 절망하거나 현기증을 일으켰을 것으로 생각된다. 그 결정적인 요인은 아무래도 그가 자기 문화와 전통을 자기 눈으로 보는 '자기 눈'을 아직 확보하지 못한 데서 찾을 수 있다. 그에게 '정신의 환기'는 창문을 활짝 열어젖히는 일이고, 정신을 환기할 수 있는 창문은 분명 서구적 창문이었다. 여기서 유종호는 '열린 창'으로 대변되는 서구적인 것에의 경사를 보여준다. 하지만 서구 일방이 아니었음도 지적될 필요가 있는데, 다음과 같은 생각이 지속적으로 그의 서구 일방을 견제하고 있었다.

> 그러나 성급은 금물이다. 초조도 금물이다. (……) 우리의 당장의 의무는 오히려 저쪽에서 시험제가 된 것이라 할지라도 한 번쯤 완벽의 극치까지 가보는 것이 좋다고 생각한다. 이것은 물론 수구적 발언은 아니다. 지각이 우리의 숙명인 이상, 무작정 따라가기 위한 성급만이 도리는 아니다. 성급에서 유래한 피상적인 편승만 피한다면 물론 지각의 극복을 위한 일체의 노력은 적극 권장되어야 한다. 성급과 초조의 산물인 피상적 편승을 지양한 지각의 극복(……)[63]

---

[61] 「전통의 확립을 위하여」, 『비순수의 선언』, 236쪽.
[62] 「비속의 미학」, 《현대문학》, 1960. 8~9.
[63] 「전통의 확립을 위하여」, 『비순수의 선언』, 238쪽.

"시험제의 완벽한 극치까지 가보는 것이 좋다."는 구절에서 그의 보수적 면모와 다시금 대면할 수 있거니와, 유종호 비평의 미덕이랄 수 있는 위 인용의 사고의 합리성은 여러 글들의 문면을 통해 초조하고 성급한 '피상적 편승'을 경계하는 입장으로 표명된다. 이런 입장에서 서구 일방적 함몰을 견제하는 한편 '어떻게 받아들이냐'[64]의 문제로 구체화한다. 그러나 그렇다고 이러한 사실이 한국 문학의 방향을 설정하는 데에 있어서 서구 문학을 준거 틀로 삼았다는 사실 자체를 변경해 주지는 못한다. 유종호 비평에서 실제적 전거의 대상은 서구 문학이었다. 바로 그 서구 문학을 논거로 자책하고 비판하였던 것이다.

'저쪽'의 경우가 참조된 뒤 '이 땅'을 주어로 하여 '어떻게 될까' 혹은 '얼마나 될까'를 서술어로 취한 문장의 이면에는 서구 문학의 준거 틀이 놓여있었다. 가령 "이 땅의 시 작품이나 문학작품 속에서 인유로서 즐겨 언급할 만한 내용이 얼마나 될까.", "시를 두고 우수한 정신의 소산이니 어쩌니 하는 것은 이 땅에서는 아예 생각해 보지 않는 게 좋다."(「공감의 분실」), 혹은 "이 땅의 휴머니즘 문학이 박력 있는 설득력을 획득하기 위해서는 하루빨리 그 교육 동화 작자의 생리를 탈피해야 한다는 사실이다."(「한국 문학에 있어서의 휴머니즘」) 등 그의 비평에서 쉽게 찾을 수 있는 이 같은 발언에는 이미 '저쪽'에 있거나 도달한 수준을 '이 땅'에서 볼 수 없다는 자책이 담겨있다. 그것이 '기원(origin)'의 어의를 담고 있는 '원래'라는 용어를 거느리며 빈번히 나타나고 있거니와 이를 통해서도 이론의 원천이나 준거를 서구의 그것에 두었던 그의 인식적 지향을 확인할 수 있다. 서구 문학과 한국 문학을 바라보는 이러한 시각은 실제 담론의 내용과 논의 구조에도 그대로 반영된다.

---

64) 「비극적 편집」, 《사상계》, 1958. 11; 「지식인—문학과 관련하여」, 《한국 문학》, 1967. 2; 「한국 문학의 전제조건」, 《창작과비평》, 1966. 3; 「서구 소설과 한국 소설의 기법」, 『한국인과 문학 사상』(일조각, 1964) 참조.

위대한 작가들의 작품을 접하고 예외 없이 독자들이 감지한 것은 이러한 새로운 현실의 계시였다. (……) 가령 우리는 19세기의 정력, 발자크의 작품을 읽고 나서 그 방대한 '스케일'과 인간 현실의 구석 구석을 탐지한 거시적인 작가의 눈에 감탄하게 된다. 거기에 있는 것은 어떤 '인생의 단편(La tranche de la vie)'이 아니다. 인생의 총화다.[65]

적어도 인간과 인간에 관한 관심에서 출발한 소설에 있어 인간의 영상이 부재한다는 것은 치명상이 아닐 수 없다는 사실을 지적하기 위해서다. (……) 인간의 탐구, 인간성의 추구보다는 오히려 인간 정황의 한 국면이 주는 정적 효과만을 노리어 마침내 소설에 있어서 사회적 인간이 거세되어 있다는 얘기다. (……) 사회성을 사상하고 나서 인생 국면의 시적 효과만을 추구한 데에 한국 소설의 큰 약체성이 있다는 것은 부정할 수 없는 사실이지만 한편 이것은 한국 작가로 하여금 허약 무쌍한 휴머니스트로 낙착시키고 있었다. (……) 문학자들이 이른바 순수한 문학적인 가치만을 고집하는 한 휴머니즘이란 영원한 피안의 언어로 남아있을 것이다.[66]

위의 인용은 인간과 세계에 대한 포괄력과 총화력을 강조하는 '손창섭론'과 살아있는 인간의 부재와 사상(捨象)된 현실을 비판하는 '휴머니즘론'의 일부이다. 유종호는 이러한 발언을 통해 기대치의 미달과 잘못된 관행에 대한 비판과 계도성을 표출한다. 그의 비평문 곳곳에서 강조되는 세련된 언어 구사에서부터 장편소설을 소설의 본령으로 잡고 장편소설의 확산을 주문하는 것은 물론, 리듬 구성이 천성적으로 불가능한 우리말의 특성에서 산문시의 성격을 극복할 시인들의 배려를 촉구하거나(「현대 시의 50년」), 우둔한 넌센스에 대한 비판(「현대 시의 표

---

65) 「모멸과 연민(상)」,《현대문학》, 1959. 9, 69, 72쪽.
66) 「한국 문학에 있어서의 휴머니즘」,《사상계》, 1962. 9, 79, 81쪽.

정」), 산문적인 것의 대담한 도입과 시 세계의 확대에 대한 지적(「비순수의 선언」), 작품과 작가와의 비분리(「모멸과 연민」, 「고백이라는 것」), 휴머니즘이라는 이름 아래 도식화된 인정 주의적 휴머니즘에 대한 비판(「오열하는 휴머니즘」, 「한국 문학에 있어서의 휴머니즘」), 이분법적 가치 체계의 횡포에 대한 비판과 다가치적 사고의 주장(「사고의 혁신을 위하여」), 소설의 현실성, 경험의 객관화와 상상력, 세계와 인생을 바라보는 작가의 관점을 통해 한국 소설의 약체성을 반성하는 부분(「경험·상상력·관점」), 그리고 작가의 윤리와 신념(「윤리의 확립을」)을 강조하는 데까지 전 방위적으로 비평적 촉수를 들이대는 것이다.

유종호에게 비친 이 땅의 문학적 조건과 현실은 이처럼 만족스럽지 못한 수준이었다. 이러한 기대 미달의 문학 공간이 그의 경험 지평에 놓여있었다. 이 경험 지평에서 아직 현실화되지 않은, 그러나 현실화되기를 갈망하고 그러해야 된다는 가능성의 기대치를 소망했던 것인데, 다음과 같은 비평문의 결구에서 그러한 지향을 볼 수 있다.

> 문제는 이러한 말 놀음이 지나치게 잔재주로 흘렀다는 점에 있겠죠. 더 많은 독자들과 친근해질 필요가 있다는 것은 동감입니다. 『하여지향』 자체가 우수하다는 것보다도 씨의 앞날의 X에 우리는 더 많은 기대를 걸어봅시다.[67]

> 어쨌든 페시미즘은 초극되어야 할 것이다. 운명론의 슬픈 유산은 청산되어야 할 것이다. (……) 우리들의 운명론적 페시미즘은 이러한 비극적 옵티미즘으로 대치되어야 할 것이다. (……) 과연 앞으로 우리는 어디로 갈 것인가.[68]

---

67) 「비순수의 선언」, 《사상계》, 1960. 3. 299쪽.
68) 「한국의 페시미즘」, 『비순수의 선언』, 126쪽.

황순원 씨의 작가적 우수성은 논의를 불허한다. 그러나 우리는 동시에 소설에 있어서 표현의 진실성이 인생의 진실성을 지나치게 압도할 때에, 다시 말하면 언어의 예술성이 과도하게 승했을 때 결국은 산문정신과 이반하게 된다는 사실에 유의하지 않으면 안 된다. (……) 요컨대 진정한 의미의 산문정신을 태반으로 하는 '인생의 서사시'를 요구한다.[69]

인용한 대목은 각각 「비순수의 선언」, 「한국의 페시미즘」, 「산문정신고」의 마지막 부분들이다. 이 글들에서 유종호는 대상이 되는 작가와 작품에 섬세한 비평적 안목과 애정 어린 공감을 보여준다. 그러나 결론에 이르러 그는 이제까지의 애정 어린 공감과는 사뭇 다른 원칙적이고 규범적인 주문을 제시한다. 이미 김우창에 의해 "그 결론들이 작품의 분석으로부터 저절로 나온 것이 아니라 마지막에서의 조금 갑작[70]스럽게 등장한다고 날카롭게 지적받은 이 같은 '규범적 요청'은 유종호 비평의 말미를 장식하는 하나의 정식을 이룬다.[71] 다시 말해 다소 논리적 결락과 논의의 반전을 수반한 마무리의 정식화로 제시된다. 이러한 요청은 그가 소망하는 문학 현실의 기대 그대로다. 인용문의 '기대를 걸어봅시다', '~해야 할 것이다', '~하지 않으면 안 된다', '~를 요구한다'라는 술어와 여러 비평문에서 '모범', '크라이티어리언(criterion)', '규범', '척도'와 같은 용어가 빈번하게 등장한다. 이

---

69) 「산문정신고」, 《현대문학》, 1958. 9, 268~269쪽.
70) 김우창, 「쉰 목소리 속에서」, 『김우창 전집 4 — 법 없는 길』(민음사, 1993), 240쪽.
71) 가령 김승옥을 다룬 「감수성의 혁신」, 『한국 현대문학 전집 17권』(신구문화사, 1966)이나 서정인의 「강」과 「분열식」을 다룬 「작단 시감」, 《동아일보》(1968. 3. 28); 「작단 시감」, 《동아일보》(1968. 5. 23) 그리고 최인훈의 「총독의 소리 II」를 분석한 뒤 부기하는 대목이 그렇고, 손창섭에 대한 비평적 관심의 세 번째 글에 해당하는 「주변성의 탐구」(1977)나 신경림의 시를 대상으로 한 「슬픔의 사회적 차원」(1981)에서도 지속적으로 보인다.

러한 사실은 경험 지평의 만족스럽지 못한 지점에서 그의 기대 지평이 형성되었음을 의미한다. 그리고 기대 지평의 설정에 서구 문학의 미학적 인식 및 준거 틀이 강력한 이론적 모델로 작용한다. 이 점은 물론 비판의 여지가 없지 않으나 외국 문학 전공자로서의 그의 독서 경험, 사고의 틀 등 제반 조건을 고려하면 불가피한 일이기도 했다.

그렇다면 유종호 비평의 중요한 지향 점인 기대 지평이란 무엇인가. 그것은 수용자가 지니고 있는 바람, 선입견, 이해 등 작품에 관계된 전제의 총체를 말한다. 즉 기대의 제반 범주인 기대 지평은 선험, 경험, 전통, 습관, 상식, 교육 등의 전사(vorgeschichte)와 선지식(vorverständnis)을 전제 조건으로 한다. 그리고 독자(혹은 비평가)는 그가 전에 이미 읽었던 작품에서 얻은 특수한 지적 경험이 문학 텍스트의 이해에 경험적으로 작용하고 그로부터 영향을 받는다. 요컨대 기대 지평의 형성은 주체가 처한 상황, 환경, 사회구조, 교육 등에 영향을 받는 것이다.[72] 또한 그것은 기언(旣言)의 작품은 물론, 미언(未言)의 작품에까지 적용될 수 있으며 지평의 재구성, 전환 등의 과정을 통해 인식 주체의 기대치를 재형성한다. 나아가 어떤 이상적 모델의 설정에까지 관여한다고 볼 수 있다.

당대 한국 문학을 바라보는 유종호의 기본적인 시각이나 기대 지평의 전환을 통해 문학적 모델을 발견하고 설정하려는 그의 기획 역시 전사와 선지식으로 형성된 서구 문학의 지적 경험이 무엇보다 중요한 준거 틀이었다. 이 준거는 비평 담론 속에서 작품의 분석과 해석 과정으로 흡수, 혼재, 용해되어 가능성의 기대치를 형성하게 된다. 이것이 전통의 부재와 한국 문학적 특성의 확인으로, 혹은 모델 설정의 욕망으로 현상되었다.[73] 이러한 욕망이 외부를 향할 때는 이론적 모델을

---

72) 차봉희 편저, 『수용미학』(문학과지성사, 1991), 31~38쪽.
73) 그런데 기대 지평은 이쪽의 문학의 전통과 자산 축적의 거리감에 대한 실제적 고려가 없을 때는 동일화의 욕망을 만들어내며, 시각을 우리 문학의 현실로 돌릴 때 전

설정하려 하고, 내부로 향할 때는 우리 문학의 정수를 추출하려는 작업으로 나아간다. 김소월, 정지용, 백석, 김동리, 서정주, 황순원, 손창섭, 김승옥, 하근찬 등의 가치 발견이나 "페시미즘의 절창", "감각적 언어 구사의 비상한 재능", "심경적 시경지", "서정감의 진체", "우리말로 표현된 언어예술의 한 극치" 등의 가치 평가적 술어 등은 이 작업에서 얻은 한국 문학의 정수의 표본이다. 그러므로 유종호의 기대 지평은 경험 지평의 자극이었다는 점에서 상호 보완적이지만, 그 경험 지평은 기대 지평에 의해 폐기될 대상으로 비추어졌다는 점에서 상호 배제적이었다.

우리는 또한 그의 비평 담론에서 헉슬리, 사르트르, 엘리엇, 발자크, 플로베르, 도스토예프스키 등을 위시한 서구의 위대한 작가와 작품들이 수없이 인용의 형태로 등장함을 볼 수 있다. 이것들은 한국 문학(경험 지평)을 비추는 거울(기대 지평)의 구실을 담당한다. 이러한 모습을 통해 유종호의 이론적 모델의 원천이 어디인지 파악할 수 있다. 그는 자신이 설정한 이상적 가능 태에 문학과 비평의 조건을 내걸고 현실의 부정적 현 상태를 긍정의 이상 태로 끌어올리려는 비평적 작업을 수행해 나간다. '전면적 진실'이란 의미 있는 개념을 끌어들인 「산문정신고」를 우선 보자.

「산문정신고」는 황순원의 「잃어버린 사람들」에서 받은 감명을 토로한 뒤 이 작품을 매개로 떠오른 몇 가지의 "단편적 상념"을 기술한 글이다. 그러나 그 전언은 그가 밝힌 것과 달리 결코 '단편적 상념'이 아니다. 다시 말해 '범속한 현실주의'라 규정할 수 있는 유종호 비평의 중심 개념 혹은 기대 지평의 이론적 탐구가 담겨있는 비중 있는 글

통은 부정된다. 유종호의 전통 부정은 이 점으로 설명될 수 있다. 그의 전통 부정은 '전통' 자체의 부정이 아니라 서구적인 미학과 형상화의 틀로 포섭될 준거가 없다는 전통의 부정이며, 과거의 것이 현실적으로 아무런 작용을 하지 못하고 있다는 부정이었기 때문이다.

이다. 이 글에서 유종호는 운율과 리듬, 즉 언어의 자기 충족성 여부로 시정신과 산문정신을 분별한 뒤 "냉혹한 관찰의 정신"을 산문정신의 제1의적 요건으로 제시한다. 소설의 대상인 인간과 현실이 "사람들이 발을 붙이고 살고 있는 뒷골목"의 실제적인 현실에서 생생한 박력을 호소해 오는 것도, 소설의 문제가 결국 리얼리즘으로 귀착되는 것도 이 때문이다. 그런데 관찰의 정신에는 인간을 사회적 배경 속에서, 사회와의 관련 속에서 포착하는 일이며 현실의 과도한 추상화를 경계하는 태도가 전제되어 있다. 경험 세계와의 전면적 맥락이 단절된 부분적 세계의 전면화가 사실의 추상화이기 때문이다. 그것은 인간 경험의 일부만을 집중화하여 획득한 '일면적 진실'에 불과하다.

여기서 헉슬리의 개념을 원용하여 "전면적 진실"을 제시한다. '전면적 진실'이란 "우리의 현실적, 잠재적 경험과 일치한다는 것을 의미한다." 그것은 가령 다음과 같은 것이다. 아무리 가까운 사람이 비참하게 죽어갔다 하더라도 사람은 먹어야 한다는 사실, 시장기가 슬픔보다도 강하다는 사실 등을 말한다.[74] 유종호가 전면적 진실을 통해 강조한 것은 정신적, 육체적 전 영역과 일치하는 인간 경험의 총체이며, 사실을 사실대로 고발하는 정신이다. 이러한 정신은 필연적으로 사회와 현실에 대한 '전면적 통찰'과 '비판 정신'을 요구한다. 그리하여 그는 산문정신을 태반으로 하는 소설의 이상적 모델을 다음과 같이 설정하는 것이다.

---

74) 그러나 전면적 진실이 인간 보편의 근원적 진실을 말한다면, 우리의 정신적, 육체적 전 영역의 경험은 때론 그것을 압도하는 체험의 강도로 인해 전 영역 중의 일부가 가장 민감히 반응할 수 있으며, 이때 그 일부야말로 오히려 인간의 전면적 진실일 수 있다. 특히 전면적 진실이 그의 말대로 "경험들을 그럴싸하게 보이도록 하는 투철한 예술적 감명력"이라면, 식욕을 압도하는 동료를 잃은 슬픔 앞에서 식욕은 부차화될 수 있다. 그럴 때 부차화된 식욕은 선택과 배제의 원리에 의한 전면적 진실에 가깝다고 볼 수도 있을 것이다.

이렇게 해서 나는 인간 현실의 냉혹한 전면적 관찰자, 이에 따른 통찰적 비판의 철인, 그리고 당초의 언어예술가, 이 3자의 행복한 결합을 통해서 산문정신을 태반으로 하는 소설 문학이 완벽한 자기를 실현할 수 있는 것이라고 믿고 싶다. 실상 위대한 작가들에게서 발견하게 되는 것은 이러한 3자의 아름다운 결정 이외의 아무것도 아닌 것이다.[75]

「산문정신고」에서 의미화되는 관찰 정신, 비판 정신 그리고 전면적 진실의 추구는 문학의 존재 조건과 방식을 설정하는 유종호 비평의 핵심 개념으로 자리하게 된다. 이 부분에서 초기 비평부터 이론적 모델의 설정 작업을 통해 자신의 비평관과 문학관을 정립하는 모습을 보게 된다. 한편 유종호의 이론적 모델의 설정은 이와 다른 방식으로 제기되기도 한다.

「사랑이냐 혐오냐」, 「지성과 반지성」에서 의도하는 이론적 모델의 설정은 문학과 사회에 대한 작가의 자세와 구체적인 창작 방법에까지 간여하는 모습을 보여준다. 작가의 예술관과 사회관의 향방을 민중에 대한 사랑과 혐오의 태도에서 포착한 「사랑이냐 혐오냐」에서 유종호는 톨스토이와 플로베르의 민중에 대한 사랑과 예술관을 비교 고찰한다. 그가 고찰한 바에 따르면, 톨스토이는 뜨거운 민중에의 사랑을 가지고 있었다. 하지만 그의 문학은 전달의 문제에 치우친 나머지 '전도서'로 전락하고 만다. 반면 민중과 사회를 극도로 혐오했던 플로베르는 공허한 유미주의에 함몰된다. 톨스토이와 플로베르를 간략히 편람한 유종호는 사랑과 혐오의 두 세계 사이에서 새로운 방식을 제시한다.

그가 보여주려는 것은 토마스 만의 「토니오 크뢰거」였다. 이 작품은 아름답게 결정된 작가의 예술관과 생활관 그리고 예술과 예술가의 본질에 대하여 '의미 깊게' 시사하기 때문이다. 그리하여 유종호는,

---
75) 「산문정신고」, 《현대문학》, 1958. 9. 268쪽.

> 당신네들 미의 찬미자들은 범인들의 행복을 동경하는 것보다 더욱 감미롭고 알 만한 가치가 있는 동경은 없다고, 그렇게 여기는 예술가도 있다는 것을 인식해야 하오······ 나는 마력적인 위대한 미의 길로 나서고 인간을 경멸하는 저들 오만하고 냉정한 위인들에게 감탄하오. 그러나 그들을 부러워하지는 않소. 왜냐하면 한 문학자를 시인으로 만드는 것이 있다면 그것은 평범하고 생기 있는 인간적인 것을 사랑하는 나의 속물적 사랑이기 때문이오.[76]

라는 다소 감상적인 토니오 크뢰거의 편지를 의미 있게 인용한다. 그 것은 범인에의 사랑과 동경으로 압축할 수 있다. 이것을 '범속에의 사랑'으로 바꿔 이해할 수 있다면, 이 사랑은 유종호 비평의 핵심을 차지하는 '범속한 현실주의'의 한 실체라고 생각된다. 결국 톨스토이와 플로베르의 방식을 지양하고 토마스 만에 이르는 유종호의 전언은 인간에의 사랑, 그 인간이 발붙인 사회에의 관심, 더불어 사는 이웃과의 우애, 그리고 그것의 은밀하고 깊이 있는 예술적 표현에 있다. 그것이 곧 그를 사로잡은 '깊은 의미'의 실체이자 그의 기대 지평이 형성한 모델의 하나로 볼 수 있다.

한편 자신의 독서 편력을 흥미 있게 곁들인 「지성과 반지성」은 작중인물의 지적 수준과 행동 양식, 문장구조와 스타일을 중심으로 헉슬리의 지성적 경향과 헤밍웨이의 반지성적 경향을 세심하고 설득력이 있게 분석해 낸 글이다. 그러나 글의 후반부에서 논의의 반전이 시도되면서 다음과 같은 결론을 도출한다.

> 그러나 그러한 다채로운 지성의 묘기가 곧 작품의 사상을 형성하느냐 하는 것은 별개의 문제다. (······) 언뜻 보아 반지성의 풍모를 띠고 있는 헤밍웨이의 문학에 내재되어 있는 유니크한 철학, 소설의 사상

---
[76] 「사랑이냐 혐오냐」, 《사상계》, 1963. 11. 194쪽.

성이란 그렇듯이 은밀하게 비장되어 있는 것이 아닐까 한다. (……) 그런 의미에서 오늘날 '새로움'을 추구하는 작가들이 본받아야 할 작가들은 헉슬리류의 외재적 지성의 작가보다도 스타일을 통한 사상의 비장과 아울러 현실성이 강한 비비드한 인물을 그려낼 수 있는 헤밍웨이류의 작가가 아닐까.[77]

그런데 지적 요소의 도입으로 지성적인 것을 지향하는 작가일수록 반지성의 수법이 요청된다는 유종호의 모델 설정은 창작 방법의 규범 제시와 별반 차이가 없다. 이 점은 그가 '전수의 화용법(話用法)'을 교사하거나 창작 방법론을 억압적으로 선창하지는 않지만 입법비평을 연상시킨다. 서구 문학의 작가와 작품을 가치의 척도로 해서 문학은 '~해야 한다'고 할 때나 혹은 톨스토이, 플로베르, 토마스 만을 놓고 어느 한쪽의 선택을 은연중에 요구하거나 또는 헉슬리와 헤밍웨이를 두고 헤밍웨이의 스타일을 제시할 때 유종호는 입법비평가의 모습을 나타낸다. 그 자신의 말처럼, 가령 "괴테의 고전주의 척도를 기초로 해서 그 세련과 조정을 거친 리얼리즘을 발전시켜야 한다고 루카치가 말할 때 그는 입법비평가의 목소리를 내고 있다. 미적으로 매력 있으나 퇴폐적인 모더니즘이냐 혹은 풍요한 비판적 리얼리즘이냐, 둘 중의 하나를 선택하라고 할 때, 정확히 카프카냐 토마스 만이냐의 양자택일을 요청할 때 그는 입법비평 쪽으로 기"[78]우는 것이다. "시와 소설과 문학이 있어야 하는 이상적인 양태에 대한 평론가의 구상과 소망"이기도 한 유종호의 모델 설정은 이런 의미에서 같은 범주의 자리에 놓여 있다.

그러나 비평적 탄력성과 문학적 감수성이 그와 전혀 다른 자리로 만들고 있다. 아마도 그런 유연성이 없었다면 경직된 창작의 지도성으

---

77) 「지성과 반지성」,《문학춘추》, 1964. 5. 246쪽.
78) 「비평 50년」,『한국 현대문학 50년』(민음사, 1995), 259~260쪽.

로 나타날 수도 있었을 것이다. 유종호는 이론과 실제, 이성과 감성의 분열 속에서도 균형 감각과 유연한 탄력성을 확보한다. 이론에 꿰어 맞추는 작품을 강요하는 것이 아니라 자신의 감성을 만족시켜 줄 수 있는 작품을 선호했던 것이다. 이상적인 이론적 모델을 가지고 있으면서도 그 이론과 모델을 성급하게 요구하거나 문학적 현실을 외면하지 않았다. 이 말은 읽고 즐기고 감동하여 분석하고 싶은 모델은 있으나 주어진 최대한의 작품을 선별하는 일 또한 게을리 하지 않았음을 의미한다. 그의 비평 담론에서 작품과 분리된 관념적이고 추상적인 논의를 찾아보기 어려움은 이 때문이다.

사실 작품은 이러 이러해야 한다고 말할 때 이미 그것은 자신의 내적 수용을 거친 하나의 모델로 설정되기 마련이다. 유종호는 바로 그런 작품의 모델을 설정하고 탐색하고자 하였다. 따라서 그것은 우수한 작가와 완전한 비평가의 조건, 즉 창작과 비평의 조건 만들기[79]로써 풍토를 개량하려는 지적 발언이라 판단된다. 이런 의미에서 문학과 비평에 대한 계도와 교정은 시대와 문학의 조타수 혹은 시금석 제시의 비평적 작업이었다고도 할 수 있을 것이다. 결국 경험 지평과 기대 지평, 그 정수 표본과 이론적 모델의 설정 과정에서 비평 담론의 계몽적 기획과 비평 주체의 개량주의적 면모 또한 보게 된다.

그렇다면 경험 지평과 기대 지평에 내재된 비평 주체의 내면 의식은 무엇인가. 앞에서 우리는 유종호 비평의 비평적 주체화를 설명하기 위한 단서로, 타자를 의식하고 타자와 대립해야 하는 세계 인식으로써 고향의 세계와 확연히 구별되는 도시로의 발 디딤을 언급한 바 있다. 유종호 비평의 경험 지평과 기대 지평은 바로 이 이질적인 세계 인식에 뿌리를 두고 있다. 그러니까 '현실-이상'의 대립적 양태를 띤 경험 지평과 기대 지평은 '고향-도시', '전근대-근대', '토착민-근대인', '한국 문학의 후진성-서구 문학의 선진성'의 2항 대립, 나아가

---

[79]「성장과 심화의 궤적」,《사상계》, 1965. 8. 비평 항목 참조.

전통의 부재와 서구 문학의 동경이 그려낸 의식의 편차인 것이다. 유종호의 기대 지평은 고향으로 표상되는 토속적 풍물과 샤머니즘, 무지몽매와 공동체적 후진성 등 '전근대적 인간상'과 대립되는 '근대적 인간상'의 세계이다. 곧 이성과 교육과 합리성과 개인적 자아의식의 세계였다.

그러나 떠나야 할 세계이지만 떠나질 수 없는 세계로서 고향이 한국 문학의 경험적 현실이라면, 이 불가피하게 역설적인 상황에 매인 비평 주체의 자기의식이 만들어낸 모델과 전망이 기대하는 현실이었던 것이다. 아직 없었지만, 그 때문에 부재의 대상이지만, 있어야 할 미래를 현실화하려는 비평적 욕망, 이것이 유종호 비평의 역동적 이행 속에 내재된 경험 지평과 기대 지평이다. 따라서 그것은 비평 주체에게 억압의 대상이지만 동시에 극복의 통로일 수밖에 없었다. 서구 문학의 지식을 통해 한국 문학을 비추면서, 때론 비하하고 안타까워하면서 의욕을 돋우던 그는 한국 문학으로서 주체를 세워감에 따라 문학적 사고의 틀과 한국 문학에 대한 시각이 교정됨을 보여준다. 그렇다고 보면 정수의 표본 검출과 이론적 모델의 설정은 비평적 충족을 향한 욕망이자 주체 형성 모형의 욕망인 셈이다. 그리고 주체 형성 모형의 기대 욕망이 이론적 모델의 형성 욕망으로 발현되었다고 할 수 있다.

유종호가 초기 비평에서 근년에 이르기까지 놓치지 않는 것이 있다면, 그것은 문학과 현실과의 관련성이다. 이 점은 여러모로 유종호 비평의 특이성을 형성한다. 그의 비평관은 기본적으로 자족의 비평이다. '향유의 즐거움'으로 요약할 수 있는 그것은 비평 주체의 경험의 충족 형식이다. 그럼에도 문학은 그 발생론적 조건에서 삶의 고양에 기여해야 한다는 문학의 역할과 기능론으로 일관된다. 이 두 이질적인 경향의 공존은 겉으로 보면 상호 모순된 현상처럼 보인다. 하지만 이 욕망은 충돌하거나 심각한 모순으로 드러나지 않는다. 이론적 모델의 설정과 현실 사이의 균형 감각을 그 예로 들 수 있다. 이 말은 이론과 실제, 모델로서 작품과 현실 공간의 작품 사이의 거리를 스스로 조정하고 있음을 의미한다. 그것이 분열을 뜻하지 않음은 다음과 같은 이유 때문이다. 세계 내의 실존으로 존재하는 한 외면될 수 없는 비평 주체의 자족적 '즐거움'은 그것대로 충족되기를 갈망하면서도 동시대의 현실과 삶의 문제로부터 격리되지 않았던 것이다. 바꿔 말하면 자기 충족을 중시하되 역사적, 사회적 맥락을 떠나 개진되지 않는다는 점에 유종호 비평의 고유한 특성이 있다. 게다가 지도성 우위의 억압의 담론이 아니라 언제나 원칙적이고 원론적인 사유 위에서 제기된다. 그럼에도 작품을 통해, 작품으로부터 확인하려는 노력에서 담론의 현실적 힘을 확보한다. 이런 입장이 그의 비평의 독특한 위상을 만들어낸다. 문학의 자족적 즐거움을 원천으로 한 현실주의적인 비평의 면모는 이 때문이다.

유종호의 현실주의적인 면모는 문학이 인간의 풍요한 삶을 위해 어떤 형태로든지 현실에 관여해야 한다는 기능적 역할론으로 나타난다. 그러나 그것은 외관에 불과하다. 이 말은 한층 중요하게 파악해야 할 것이 따로 있음을 뜻한다. 즉 인간에의 사랑과 인간의 위엄을 회복하려는 열망이 그 깊은 속내에 자리하고 있었다.

훌륭한 문학은 사람들의 거짓 의식을 끊임없이 고쳐주는 계기를 마련해 주면서 동시에 현실의 참모습을 지칠 줄 모르고 보여준다. 그리하여 그릇 큰 문학은 음으로 양으로 인간 해방에 기여한다. 진실의 발견과 제시는 그대로 해방적 기능으로 이어지기 때문이다. (……) 문학의 역사가 어느 모로는 공감의 사회적 영역을 점진적으로 확대해 온 역사라면 그것은 민주주의의 역사와 다르지 않으며 자유와 이성의 기능 확대의 역사와도 궤적을 같이한다.[80]

진실의 발견과 계시는 인간의 해방으로 이어진다는 관점이 표명되

---

80) 「가난·소외·농촌·옛날」, 『동시대의 시와 진실』(민음사, 1982), 242쪽.

어 있다. 여기에서 우리는 흔히 계몽주의로 담론화되는 서구적 교양주의의 모습을 보게 된다. 소설의 교육적 역할에 대한 유종호의 관심이 머무는 자리도 지혜로운 삶의 영위를 교시하는 문학의 역할론이었다. 이 자리는 소설의 교육적 기능에 대한 통찰에서 이끌어진 것이다. "모든 진실의 드러냄이 말의 엄격한 의미에서 교육의 일면"[81]이라는 그의 언급은 현실의 허위와 진실의 은폐를 전제로 한 발언이다. 또한 사회의 변화에 따른 제반 유동성의 증대와 가치관의 혼란, 참된 삶에 대한 근거의 상실에서 '어떻게 살아야 할 것인가' 하는 절실한 물음과도 관련된다. 문학은 이 물음에 대한 설득력 있는 해답을 제공한다고 보았던 것이다. 소설의 생성과 전개 과정이란 따지고 보면 역사와 현실을 탐구하고 묘사하는 과정에 만들어진 것이며, 이 과정에서 지혜로운 삶의 영위를 가르쳐준다. 그러니까 무지에서 앎으로, 새로운 인식적 깨달음으로서의 추이가 기록되는 것이다. 소설 장르의 특성과 관련하여 "소설은 무지의 상태에서 경험의 상태, 축복이랄 수 있는 무지에서 실제로 세상 돌아가는 것에 대한 깨달음으로의 추이를 기록한다." 혹은 "소설의 주제는 본질적으로 형성의 주제요 교육의 주제인 것이다."[82]라는 모리스 슈로더의 말을 인용했던 의도도 이러한 맥락에서였다.

결국 이러한 생각이 "문학의 교육적 효과는 형성과 교육이다."라는 관점에 이르게 된다. 이 부분을 음미해 보면 그의 문학관이 교양을 지향하는 '교양 주의'였음이 드러난다. 자기 인식에 이르는 소설의 내적 형식에 관한 루카치의 통찰이 그렇듯 "소설은 본래 넓은 의미의 교양 소설"인 것이다. 유종호는 현실에 은폐된 진실을 찾아가는 예술적 진실의 계시가 사회정의와 일치하는 한편 자유와 이성의 확대라는 '인간

---

81) 「근대소설과 리얼리즘」, 《창작과비평》 1976년 봄 호, 234쪽.
82) 「영국 소설과 사회」, 《세계의 문학》 1978년 겨울 호. 이 글에서는 「소설과 사회」, 『동시대의 시와 진실』(민음사, 1982), 167쪽.

의 해방'으로, 나아가 삶의 우아함과 생기를 부여하는 것으로 인식한다. 문학에 대한 이러한 이해 방식이 대중문학이나 통속문학에 대해서는 문학의 진수로, 억압의 체계에서는 인간다운 삶의 요구로, 산업화, 소외, 전문화, 분업화의 상황에서는 인간다움의 위엄, 곧 인간의 자기완성으로 개진되었다. 인간의 자기완성이야말로 교양의 본질이 아닐 것인가. 다시 말해 교양의 형성 과정은 개인의 심화와 확대, 곧 우리의 정신이 좁은 데로부터 넓은 데로 나아가는 인간 정신의 보편성에로의 고양을 말한다.[83] '문학-현실-인간'을 같은 자리에 놓는 유종호에게 자기완성으로서 교양은 이제 예술의 진실 계시 능력, 즉 '언어와 사실', '상상과 이성', '미와 진실'의 조화로운 경지라는 구체화된 표현을 얻는다.

문학과 교화된 문명의 가치 사이의 연관이 의심스러워져 가는 추세를 부정할 수 없다. 이성과 상상의 언어는 무력해만 보인다. 그러나 궁극적으로 문학이 사람의 위엄에 어울리는 인간화된 사회 공간을 이룩하는 데 기여할 수 있다고 믿는다. 그것은 언어를 사실에 맞게 또 사실을 사람의 위엄에 맞게 마련함으로써 가능할 것이다. (……) 그때 말과 사실의 터울은 사라지고 시와 진실은 분리할 수 없는 하나의 경지로 어우러질 것이다. 그것은 모든 글이 지향해야 할 지복의 경지이기도 하다.[84]

위 인용에서 '언어-사실-사람'은 '문학-현실-인간'의 관계와 정확히 일치하는 등식이며, 유종호 비평의 인식 체계이기도 하다. 인간의 위엄에 맞는 문학의 위엄은 시와 진실이 분리될 수 없는 경지에서

---

83) 김우창, 「외국 문학 수용의 철학」, 『김우창 전집 4—법 없는 길』(민음사, 1993), 287~288쪽.
84) 『동시대의 시와 진실』(민음사, 1982), 서문.

마련되며, 그렇게 '어우러진 경지'야말로 모든 글의 '지복의 경지'라는 전언은 매슈 아널드의 문학 이념이자 실천적 덕목이었던 '교양'을 떠올리게 한다. 문학의 즐거움을 언급하면서, 유종호의 미적 경험의 충족이 '감미와 유익'의 어느 한쪽도 배제하지 않으려는 균형 잡기에 있고 이것은 매슈 아널드의 '맛과 빛(sweetness and light)'을 연상시킨다고 앞에서 지적한 바 있다.

이와 관련지어 보면 시와 진실의 조화로운 경지를 주장하는 유종호의 인식은 '완전한 인간에 대한 열정'으로서 맛과 빛, 즉 미와 지성의 조화와 실천으로 요약될 수 있는 아널드의 교양과 일치하는 것이다. 따라서 문학과 '교화'된 문명, 사람의 위엄에 어울리는 인간화된 공간, 시와 진실의 분리할 수 없는 경지를 지향하는 위 예문은, 교양 주의자로서 유종호의 면모를 유감없이 보여주는 대목이다. 특히 근년의 글들인 「인문주의의 허와 실」(《세계의 문학》 1994년 여름 호)이나 「비평 50년」(『한국 현대문학 50년』, 1995) 등의 글들에서도 인간의 존엄성 회복을 향한 인문적 교양의 필요성과 그 대안 없는 핵심으로 문학을 강조하고 있다. 이런 발언에서 인간에의 사랑과 위엄을 회복하려는 교양 주의의 단호한 모습을 발견할 수 있다. 이처럼 교양 주의에 이르는 비평적 궤적은 비평적 자의식으로 추동된 언어 의식, '문학의 즐거움'을 향유하는 자족의 비평과 이론적 모델의 설정, 그리고 '문학-현실-인간'의 현실적 맥락을 지속적으로 탐색하던 유종호의 비평 인식이 지적 교양 주의로 응결되고 있음을 선명하게 보여준다.

(『한국 문학비평의 인식과 담론의 실현화 연구』, 태학사, 1993)

■ 비평의 원리

대가 비평의 초상 — 강단 비평의 운명

한기(서울시립대 교수)

1-1

처음부터 대가인 사람들이 있다. 드물지만 문화, 예술사의 앞자리를 차지하는 사람들은 이런 사람들이다. 대기는 만성이라고 하지만, 만성을 기다리는 동안에 천재는 질주한다. 천재의 질주를 보는 범인의 기분이 어떻다는 것을 우리는 모차르트와 살리에리의 이야기에서 본 바 있다. 이 이야기를 들으며 골똘히 자기의 처지를 돌아보지 않은 사람과 함께라면, 문학과 예술의 비사에 대하여 우리는 별달리 논할 것이 없는지 모른다.

사람들은 흔히 천분을 말한다. 그러나 천분이란 무엇인가. 설명하는 것이 쉽지 않을 때 사람들은 흔히 천분을 말하는 것인지 모른다. 타고났다는 것을 유전자적 소인으로 받아들이면 얘기야 간단하지만, 그리되면 인간적인 의지의 영역은 사라진다. 인간적인 의지의 영역이 배제된 자리에서 무릇 무엇을 논한다는 것은 도로의, 무용의 일이기 쉽다. 누구에게도 도움이 되지 않는 신비화의 길만 재촉하기 때문이다. 타고난 천분에 대해서까지 설명하려는 노력을 포기하지 않을 때

인간과 문화의 길은 넓게 확장될 수 있다. 그렇지 않고 만약 모든 것을 선천적인 천분의 영역으로 귀속한다면 인간과 문화의 많은 것은 신화의 신비 속에 잠기게 된다.

1-2

한국 문예비평사에서 유종호 비평은 처음부터 대가적인 풍모로 그 모습을 드러낸 드문 예의 하나로 살펴질 수 있다. 그 요인의 하나로 우리는 먼저 시운의 측면을 지적할 수 있다. 행운을 가졌다고 보는 것이다. 하기야 행운을 가진 것으로 보면, 비단 유종호만이 아니라 이 세대, 그러니까 전후 세대 전부가 가졌던 어떤 행운의 측면이 지적되어야 한다. 이 세대처럼 유수한 대가 비평가들을 많이 거느린 세대는 별로 찾아보기 어렵다. 전후 비평의 선두 주자 격으로 떠올랐던 이어령에서부터, 이 다음 세대의 또 한 선두 주자 격이었던 김현에 이르기까지, 기라성 같은 이 세대 비평가들의 면모를 헤아리는 것만도 벅차다. 그 지적, 문화적 성운의 지형도는 참으로 현대 정신사의 풍경 그것이다. 혹자는 여기에서 문화 장르의 역사철학적 발생학의 설명에 유혹받을지 모른다. 이를테면 장르 선택과 정신사적 조건의 상관관계이다. 왜 시도 아니고, 소설도 아니고, 하필이면 비평의 양식에서 그들은 자신들의 문화적 역량을 시험하고자 했던가. 이런 질문은 당연히 '비평이란 무엇인가.'의 질문과 떨어질 수 없다.

비평이란 무엇인지에 대한 초보적인, 널리 공유되는 정언의 상식이 있다. 부정의 언술법, 그것은 창작이 아니라고 하는 정언이다. 비평이란 창작에 실패한 자들에게 막다른 선택과 같은 것으로 주어지는 문화의 마지노선으로 이해되기도 한다. 지금이야 이런 우열 획정의 이분론을 신봉하는 자들이 별로 없다고 하더라도, 장르의 본질에 대한 이해에서는 별로 사정이 다르지 않다고 말할 수도 있다. 이를테면 '메타 담론'의 개념이 그렇다. 그것을 쉽게 '2차 담론'으로 번역한다면 사정은 더욱 그렇다. 여기서 1차적인 것과 2차적인 것 사이의 구별을 가치의 높낮이로 준별하지 않는다 하더라도, 1차 담론의 선행 없이는 어쨌든 2차 담론이란 불가능하다는 의미로 거기엔 모종의 중심—주변의 의식이 개입될 수 있다. 만약 이런 관계의 논법으로만 보자면, 전후 비평의 풍요로운 결실이란 전후문학, 곧 전후의 문예 창작의 풍요로운 결실이 전제되지 않고서는 성립될 수 없으리라. 그렇지만 우리가 알기에 전후의 창작 결실이란 그다지 풍부한 것으로 주어지지 못했다. 어떤 점에서 근대 문학사상 가장 영성한 것이 그것이었다. 이 시기에 가장 성론된 비평적 주제의 하나가 '전통론'이었음은 이러한 문맥에서 살펴질 수 있다. 주지하다시피 "우리는 화전민이다!"(이어령)라고 외쳤던 과격한 전통 부정론의 입언이 새로운 세대의 문학적 공감을 불러 일으켰고, 전후 세대의 새로운 비평적 출발이란 이에서 가능할 수 있었다. 그렇다면 그들은 착각한 것일까. 창작의 불모 위에서 화려한 비평의 성채를 구축할 수 있다고 믿은 것은 그렇다면 그들의 돈키호테와 같은 만용의 도전이었을까. 비평이 창작보다도 앞서 나갈 수 있다고 믿은 것, 이 창작에 대한 비평의 지도 가능성, 우위성이란 이를테면 저 프로 문예비평이 신봉한 정론 비평의 관념에서 출발한 것이고, 그렇다면 이들 세대의 비평 의식 역시 하릴없이 한국 근대 문예비평사의 연면한 전통에서부터 연원한 것일까.

개인적으로 볼 때 그러나 비평 양식에 대한 이들의 주체적 선택이란 엄밀한 의미에서 선택 의지가 작용하기도 전에 제도적 선택의 양상으로 나타났다고 여겨진다. 운명이란 말은 아마 이럴 때 쓰이는 말일 것이다. 대학을 졸업하기도 전에, 혹은 대학 졸업장과 함께 이들에게 비평가의 영예가 주어졌다는 것은 이미 비평 양식에로의 길이 운명처럼, 제도적으로 주어졌다는 것을 뜻한다. 이 사정은 아마 당시 월간 문예지, 종합지의 제도적 정착과도 무관하지 않았을 것이다. 문단 수요의 측면에서 그들 앞 세대, 그러니까 일제 말에서 해방기에 이르는 1940년대에 등장한 선배 세대 중에서 월북자 그룹 그리고 조연현이나 백철 같은 몇몇 예외적인 경우를 제외하면 비평가다운 전문직 비평가가 거의 부재했다는 사실—소설가 김동리가 자기 세대를 대변하는 비평가로서의 임무를 자임해 왔다는 그간의 사정은 그 형편의 역설적 증언일 수 있다—은 이 문맥에서 시대적 행운의 구체적 조건으로 살펴질 수 있다. 처음부터 이 세대에게 대가다운 위엄이 부여될 수 있었던 것은 요컨대 선배 세대의 불모, 혹은 부재의 조건이었던 것이다. 선배들에게 위축되지 않고, 오히려 무능한 선배들을 부정하고 조롱하며 평단에 나설 수 있었다고 하는 것은 그 문체의 결기를 설명하는 하나의 상황적 조건일 수 있다. 그리하여 그들은 시와 소설에의 한눈팔기를 시험해 보기도 전에 벌써 평단의 한가운데로 나서게 되는 꼴이 벌어졌다. 물론 비평 양식 자체의 가능성이라는 조건도 무시할 수 없는 요인으로 주어졌다. 멀리는 프로 문예비평사에서, 가까이는 해방 공간의 문학사에서, 가장 활력 있는 가능성의 양식으로 비평의 매력은 적지 않았던 것이다. 문학을 넘어서 문화와 사회와 역사 전체와 직접적으로 대화할 수 있다는 매력은 사실은 비평 양식에 눈뜨지 못한 사람이라면 알 수 없는 것이다. 비평이란 어느 때나 문단 내 권력 기능 방식의 일종이기 때문에 비록 후대의 영광스러운 미래를 기대하긴 어렵다 하더라도 현실적으로 그리 남루하지 않다는 것도 문학의 존재 방식에 눈뜨게 된 그들에게는 적지 않은 매력이었을 것이다. 어쨌든 이 시기부터 비평은 대학이라는 학적 제도와 긴밀히 결부되기 시작하였다. 문학 교육의 제도와 결부되기 시작하면서 비평가의 길을 걷는 것은 이제 신나는 모험의 길은 아니더라도 사회적으로 안정된 길일 수 있었다는 뜻이다. 더욱이 이 시대는 에세이 양식의 일환으로서의 비평이 커다란 사회적 흡인력, 대중적 영향력을 발휘하고 확인한 시대다. 일제시대처럼 신문 학예 면의 높다란 위치에서 문화를 굽어보던 비평가 위용의 시대는 지나갔지만, 월간 문예지의 제도적 정착과 함께 비평 양식의 사회적 수요 자체가 확대되었던 것이다. 전후의 베스트셀러로 꼽히는 이어령의 『흙 속에 저 바람 속에』가 장안의 지가를 올리며 발매되었던 것이 1950년대 말, 1960년대 초의 일이다. 이 시기에 이르러, 또한 4·19와 함께 전후 세대의 문화적 패권 확립은 이미 부인할 수 없는 사실이 되었던 것이다. 그 사회사적, 문화적 변동의 와중에서 1950년대 후반 20대의 나이에 문단에 데뷔하고, 30대가 되기도 전에 문단 중진 반열에 올라섰던 평론가 세대는 이후 다시 찾기 어렵게 된다.

 이런 설명법으로도 왜 유독 그러면 이 세대에게서만 유수의 대형 비평가들이 산출될 수 있었던가 묻는다면 그 설명은 미흡할 것으로 보인다. 불모의 시대와 문화 재건이라는 주체의 의욕의 특수성과 사회적, 물적 조건의 상정만으로는 그 비평의 질적 조건을 설명할 수 없다. 문화사의 측면 조건이 더 구체적으로 상정되어야 하는 것은 이 때문이다. 부연해서 말한다면 언어(교육) 문화사의 조건이다. 이를테면 일제 말기와 해방 공간 그리고 전쟁 전후사의 시대 공간을 가로질러 가면서 세계 혼란과 언어 혼란을 심도 있게 경험한 세대가 이 세대다. 광장의 역사가 혼란된 시대일수록 밀실의 언어, 문학의 언어에 대한 꿈과 향수는 깊어지게 마련이고, 그것은 좀 더 질서 있는 언어의 세계에 대한 욕망으로 발화하였을 공산이 크다. 이처럼 현실의 혼돈 체험과 그것에 비례하는 새로운 언어 탄생, 형성의 엔트로피가 조리 있는 언어의 세계에 대한 갈망으로 전화할 수 있었고, 그것이 곧 비평적 언어에 대한 구체적인 동경으로 비화할 수 있었다는 설명이다. 문학에 대한 감수성의 측면에서 다른 근대적 문화에 대한 향수의 여지는 별로 주어지지 않았고, 따라서 학교 제도의 일관된 틀 속에서 논리적 언어를 익힌 그들은 문학과 그 문학 감상에 대한 표현의 영역으로서의 비평 양식에 다른 어떤 세대보다도 깊이 친숙할 수 있었다. 여기에 이 세대가 세례를 받았던 언어 교육의 중층적 측면이 가세의 요인으로 작용했다고도 볼 수 있다. 알다시피 일제 시기의 유년기와 해방기 그리고 전후의 청소년기에 서로 다른 중층의 언어로 교육받은 세대가 이 세대이다. 언어에 눈뜨면서 일본어로 교육받고, 해방 후엔 거센 민족 문화 탄생의 열기 속에 모국어 회복의 감격으로 문학을 익힌 세대가

이 세대이며, 또 미군과 함께 들어온 영어의 생경스러움과 더불어 서구적 보편 언어에 대한 문화 충격을 구체적이며 직접적으로 경험할 수 있었던 세대가 이 세대이다. 이와 같은 중층적 언어(교육)의 체험은 이들의 언어능력 자체를 신장했을 뿐 아니라, 그 혼란의 체험이 곧 언어적 엔트로피를 드높인 이유가 되었으리라고 생각할 수 있으며, 나아가 신생 약소국가의 청년 지식인으로서의 비애가 여기에 결합됨으로써 새로운 문화, 세련되고 질서 있는 언어 세계에 대한 욕망을 부추겼으리라고 생각할 수 있다. 그 근저의 동인이야 어떻든 비평 언어에 대한 그들의 새로운 눈뜸, 비평 언어의 가능성에 대한 믿음은 이처럼 언어와 현실, 생활의 언어와 문학의 언어, 자국어와 외래어 사이의 긴장과 갈등을 통한 그 질서 회복의 노력으로 나타났다고 할 수 있으며, 여기서 메타언어로서의 비평 언어의 가능성이 최대한 신장될 수 있었다고 할 수 있다. 유종호 비평의 생성과 전개는 그 전후 세대다운 메타언어에 대한 믿음이 가장 문화적인 양태로, 그리하여 전형적이고 대가스러운 풍모를 띠고 나타난 경우라 할 수 있거니와, 이 문학비평의 보기를 통해서 한국 현대 문예비평의 중추를 형성한 강단 문예비평의 한 전형적 운명, 궤적을 살필 수 있다는 점에서 우리에게 시사하는 바는 크다. 우리가 알듯 오늘날 대부분의 비평 종사자들은 강단 비평의 형식, 그 운명과 궤를 같이하는 상태에 놓여있기 때문이다. 그의 비평이 왜 처음부터 대가적인 풍모로 나타날 수 있었던가의 물음을 중심으로 우선 그 특질을 살펴보고 추이를 알아보기로 한다.

2-1

"비평 정신이란 무엇이냐? 한마디로 말하면 그것은 문학에 대한, 혹은 자신의 문학 행위에 대한 자의식"(「비평의 반성」, 『유종호 전집 1』, 민음사, 1995, 191쪽. 이하 『유종호 전집』은 『전집』으로만 표시한다.)이라고 그는 일찍이 갈파한 바 있거니와, 여기서 특별히 '문학'이 "자신의 문학 행위"로 부연 서술되고 있음을 주목할 수 있다. '자신의 문학 행위'란 오늘의 일반 용어로 말하면 '글쓰기(행위)'를 뜻하는 것으로 볼 수 있고, 이것은 문학에 대한 그의 관념이 시초부터 매우 구체적이고 실천적인, 그러니까 기능적인 성격조차 머금고 있었음을 뜻한다. 글쓰기에 대한 이런 구체적인 의식이 언어에 대한 자의식을 불러일으켰을 것이다. 최초 평론집 『비순수의 선언』(후에 『전집 1』로 재출간되었음)에서 가장 이른 시기에 써진 글 중 하나로 문제 제기적인 「언어의 유곡」(1957. 11)을 우리가 주목할 수 있는 이유도 이런 점에서다. 이때까지 한국 문학은 이처럼 언어 자체에 대한 정밀하고 깊숙한 탐구를 문학 언어에 대한 자의식의 형태로 보여준 바 없었음을 먼저 염두에 둘 필요가 있다. 문학이란 무엇인가의 물음은 곧 언어란 무엇인가의 물음으로 환치된다는 것을 오늘날 문예 종사자들은 당연한 것으로 치지만, 언어의 속성과 한계에 대한 이론적, 비판적 성찰을 그때까지 한국 문학은 갖지 못했다. 이 점에서 언어의 가능성과 그 한계에 대한 자의식적 규명으로 출발한 유종호 비평은 그의 비평 언어 스스로를 유례없이 정치하고 세련된 것으로 만들어주면서, 한편 그의 비평 세계를 폭 좁은 것으로 제한하기도 하면서, 유종호 비평을 처음부터 남다른 면모로 부각시킨 요인이 되었다고 할 수 있다. 비평가 역시 글 쓰는 자인 한, 자신의 언어에 대한 반성, 자각, 자의식을 동반하는 것은 매우 당연한 일임에도 불구하고 아직 한국 문학이 그것을 충분히 발효시키지 못한 상태에 있었다고 할 때, 그 선진성이 얼마나 앞서 있었던 것인가란 그 문맥과 문체를 보아 알 수 있다. 문학 언어와 비평 언어를 동일시하면서 문학의 가능성을 오히려 언어의 존재론적 한계로 치환해 사유하는 그 독특한 반성적 자세가 유종호 비평의 남다른 면모이며, 또 대가스러운 풍모이면서, 또 유종호 비평을 기능주의적으로 한정시킨 요인이기도 하다는 점, 그러나 그 비판의 자세는 매우 공격적이어서 문단 전체에 대한 부정의 음조를 띠고 있다는 점으로 이 초기 에세이를 주목할 수 있다.

"문학이나 사고의 문제는 결국 언어의 본질이나 기능의 문제로 귀착"(『전집 1』, 147쪽)한다는 명제의 확인으로 시작되고 있는 이 글은 유종호의 많은 글쓰기가 그렇듯 무수한 인용의 짜깁기 형태로 이루어지고 있다. 그 '인용의 짜깁기'를 위해 동원되는 현대문학의 교사들로는 리처즈, 발레리, 프로이트, 니체, 말라르메, 헉슬리, 사르트르 등의 이름이 발견되는데, 이 정도의 스승을 거느린 것만으로도 그 독서 사유와 넓이를 알 수 있다. 이 언어의 사상가들에 대한 섭렵 여행을 통해서 그가 말하고자 하는 것은 요컨대 문학 언어에 대한 자의식의, 반성의 유곡 정도에 의해서 결국 문학(작품)의 질 수준이 결정된다고 하는, 말하자면 언어 결정론의 사상이다. 이와 같은 논점의 제기에 덧붙여 "오늘날 우리 문학 세계에서 벌어지고 있는 온갖 후진적이며 비양식적인 추태는 문학자들의 언어의 근본 성격에 대한 통탄할 만한 무의식이 그 원인의 절반이 되어있는 것"이라고 통박하기를 마다하지 않음으로써 격렬한 부정의 자세를 드러내고 있거니와, "기만적인 모호성을 주성분으로 하는 문자의 집단을 생산해 놓고서도 자기야말로 현대 문명의 복잡성의 여실한 표현자라고 우기는 추태라든지, 스타일이 없는 데서 오는 문장의 혼란으로 한몫 보는 비평가의 추태라든지"(158쪽)를 날카롭게 예시하고 적시함으로써 자신의 극복 항이 무엇인지를 명백히 하고 있다. "결론을 말한다— 우리들의 길은 멀다."로 종지부를 찍고 있는 이 글의 시적인 언어 경제와 그러면서도 응축된 내면적 긴장, 활달한 문장 감각은 더 나중으로 갈 것도 없이 벌써 이 시기에 고도의 문체 감각으로 숙성된 것임을 보여주거니와, 유종호 비평의 때 이른 조숙이란 바로 문체의 성숙을 의미함에 다름 아님을 여기서 알 수 있다.

데뷔 시기의 문장에서 보여주는, 이처럼 거의 생득적이라 할 언어의식과 문체 감각의 조숙성이 문학의 감식자로서 유종호 비평을 처음부터 특질 지은 것이었다. 신인 심사의 자리에서 문체밖에 보지 않는다고 말할 만큼 문체에 대한 그의 집착은 철저한 것으로 소문나 있는 셈인데, 허다한 문인 발굴의 공로가 그에게 있는 만큼 그것은 기능적이기도 하면서 또한 그의 문학 의식을 폐쇄시킨 요인이기도 하다는 점을 부인할 수 없다. 난삽하고 불명료하여 쓸데없이 길고 분석적인 언어에 대한 그의 혐오는 거의 생리적인 것이었다. 따라서 그 스스로 명석하고 윤기 나는 문장을 쓰는 데 치열한 노력을 기울였을 것은 당연하며, 이 때문에 좀 더 설득적이며 설명적이어서 부연화된 양상을 빚은 후기의 문장보다 오히려 그 자신의 문장관으로 보면 초기의 문장이 더 낫다고 할 수 있을 정도다. 이와 같은 미학의 관념은 그대로 연장되어 이를테면 문학사적인 가치 평가의 자리에서까지 그것은 절대의 원리로 군림한다. 그가 다른 무엇보다 '언어에 대한 자각'의 요소를 정지용 평가의 제1요소로 보며, 또 이 점을 준거로 이 시인을 한국 현대 시의 진정한 출발점이라 본다는 것(「현대 시의 50년」, 『전집 1』)은 시 연구자들에게는 이미 상식이 된 사실이거니와 김소월, 윤동주, 서정주, 신경림 등 좀 더 토속적인 언어의 감수성에 민감하면서 현대 시의 난해성이라는 속성에 비교적 감염이 덜한 시인들에 대해 주로 호감을 표시해 온 것도 그의 일관된 태도였다고 할 수 있다. 이에 비하면 난해함의 속성을 방패로 저 현대 시의 비밀의 성에 도전하려는 이상 이래 모더니즘 후예의 시인들에 대해서는 그는 무관심이거나 경멸하는 태도, 때로는 적대감조차 표시하기를 주저하지 않아 왔는데, 이 태도 역시 일관성에 있어서는 근년 들어 발간된 『시란 무엇인가』(민음사, 1995)에 이르기까지 한 치의 가감 없이 진행되었다. "적어도 우리 사이에서 난해한 것으로 호가 나있는 시들은 썩 괜찮은 것들이 아니다. 별로 좋지 않은 수수께끼 같은 시의 해답을 찾는 데 금쪽같은 시간을 보내기에는 삶은 너무나 짧고, 좋은 시편들은 무량하게 많은 것이다."(56~57쪽)라는 어투에서 우리는 비록 눅여지기는 했을망정 난해 시의 속성에 대한 반감을 여지없이 드러내고 있음을 확인할 수 있는데, 소설 혹은 비평을 평가하는 자리에서도 이 규준은 한결같은 원리로 작용하였을 것을 어렵지 않게 알 수 있다. 이를테면 비교적 까다로운 문장의 소설을 써온 동 세대 작가 최인훈에 대해서 그가 두드러지게 호의를 표시한 바 없다든지(요령부득의 단편 「수(囚)」에 대해서 상당한 혹평의 언사를 가한 월평 「일별이언」이 『전집 1』에서 보이고, 전체적으로 담담한 어조의 평문 「소설과 정치」가 『전집 2』에서 보인다.), 이에 비해서 상대적으로 미로와 같은 자의식의 유로보다는 리얼리즘의 균형된 세계 인식을 보여주며 언어 의식에서 세련되고 고전적 정격을 보여준 소설들(예를 들면 염상섭, 손창섭, 김승옥, 이문열 등의 소설)에 대해서 진한 애정의 평문을 남겨놓고 있다든지 하는 사실들은 그 태도의 연장으로 볼 수 있다. 가장 늦된 평론집으로 이번 전집 발간 작업 중에 추가된 다섯 번째 권의 제목이 '문학의 즐거움'으로 표제화되어 있음을 이런 맥락에서 음미해 볼 수도 있겠는데, 여기에 간편한 의미에서 즐거움을 줄 수 있는 문학만이 가치 있는 문학이라는 뜻의 전언이 함축적으로 실려있는 것은 아닐까. 그 어의의 선입견 없는 뜻은 물론 문학 자체가 즐거운 것이다라는 뜻이겠지만, 그가 일찍이 "시를 이해하지 않고서는 시를 이해할 수 없다는 것도 또한 진리다."(『전집 1』, 38쪽)라는 엘리엇의 말을 인용해 놓고 있는 것처럼 이해하는 것과 즐기는 것에 대한 그의 가치 부정은 또 이토록 뿌리 깊은 것이었으며, 「언어의 유곡」에 대한 자의식과 '문학의 즐거움'에 대한 그의 공리적 태도는 이토록 한 뿌리이면서 한 물줄기였다. 이것을 모순이라고 말할 수 없을 것인가. 우리가 알다시피 좀 더 현대적인 문학 태도로서의 언어의 유곡에의 자의식적인 잠입이 모더니즘적인 문학을 낳았고, 현대문학의 난해성의 소인은 바로 여기에서 배태되었다고 할 수 있을 것이기 때문이다.

2-2

언어에 대한 자의식의 유곡을 말하면서, 그 자의식적인 언어에 너무 깊이 빠져 드는 것에 대해서는 부정을 표해 온 셈인 유종호 비평의 이런 어중간한 태도, 궤적을 두고 자기모순이라 말하는 것은 쉬운 일일 것이다. 그가 궁극에까지 몸을 던져 끝을 보는 모험적 사상가의 체질을 지닌 사람은 아니었음을 이런 문맥에서 알 수 있고, 그에게 중용의 비평가라는 칭호를 부여할 수 있음도 이런 이유에서이다. 실존주의의 풍미 속에 커 나온 세대답게 그는 여러 대목에서 사르트르를 언급하고 있지만, 굳이 비교하자면 논리의 구극을 향해 치달았던 사르트르 쪽보다 정오의 사상을 주장하였던 『반항인』의 카뮈 쪽에 체질적으로 그는 훨씬 가까웠던 셈이다. 동양적인 중용지도로 환역될 수 있는 이 태도의 반경이 곧 그의 비평 세계의 반경이라고 할 수 있거니와, 그것이 긴장된 빛을 띠었을 때 열린 태도의 비판 의식, 또는 합리주의적 의식과 결합함으로써 이를테면 순수문학이라는 폐쇄된 의식과의 결연한 싸움으로 자신을 몰아갈 수도 있었지만, 그것이 스스로를 위축시킬 때 보수적 경향으로 나타날 수도 있음을 주의할 수 있다. 중용지도의 자리 지킴이란 말할 나위 없이 성실함을 본성으로 한 것이어서 그가 끝까지 문학 바깥을 넘보지도 않고 또 시라거나 소설이라거나 하는 것 속으로 스스로를 가둠으로써 문학(문장지도)을 버리지도 않았던, 드물게 균형 잡힌 문예비평가의 자리를 지켜나갈 수 있도록 해주었다고 할 수 있다. 촌철살인이라는 말이 똑 알맞게 때로 날카로운 비수의 언어가 마치 대상을 멸절하듯이 숨 가쁘게 빛을 뿜기도 했지만, 그런 비수의 언어조차도 언제나 양날과 함께 인정의 공간을 지녀, 마치 시소의 아슬아슬한 부재하는 균형 점의 지향처럼, 허공의 무게중심을 향해 스스로를 긴장시키는 저 무상의 메타언어의 조련을 반복해 왔던 셈이다.

이렇게 말해 본다면 유종호의 초기 비평이 지녔던 강렬한 부정성을 분석비평의 날카로운 대상 해체의 정신을 무화 또는 왜곡하는 것이 아니겠느냐고 반론할 사람이 있을지 모른다. 가령 첫째 평론집의 제목으로 널리 회자되어, 전후 세대 문학관의 일종 화두처럼 인식되어 있는 소위 '비순수의 선언'만 보더라도 이를 온건한 캐치프레이즈의 조사로 이해하기는 어렵지 않겠느냐고 반론할지 모른다. 하지만 이런 통념의 인식과 그에 의한 반박이야말로 실제로 그의 글 전체를 통독하지 못하고, 단지 풍문으로만 그의 비평 세계를 접한 데서 온 오해라고 나는 말하고 싶다. 실상 「비순수의 선언」이라는 글 자체를 두고 볼 때도 그의 본래 취지와 책 제목의 인상 사이에는 사뭇 상당한 거리감이 놓인 것을 알 수 있다. 이를 책의 제호로 승격시킨 것은 물론 저자의 동의에 따른 것이겠지만, 그의 제목으로서의 원래 그것은 단지 송욱의 시집 『하여지향』이 가진 성격을 객관화하기 위한 의도에서 붙여진 것이었다. 물론 송욱 시의 현실 참여적 기운에 대해서는 십분 공감하는 바가 있었고, '선언'이라는 과격한 언사도 이래서 흘러나온 것이겠지만, 그 선언의 주체로서 평자 자신이 스스로를 옹립한 것은 아니었다. 글의 특수한 형식과 문명이 그 점을 증거하고 있다. 그 언술 형식이란 근래에 비평 형식의 일환으로 일반화되고 있는 글쓰기 주체의 분리를 의장한, 일응 '대담 비평'의 형식('남'과 '여'가 대담의 화자로서 설정되어 있다.)이라 할 것으로, 글쓰기 담화의 일방적 진술 형식을 차단하여 극적인 간접 담화의 형식을 구축하고 있는 것이 그 형식적 요체인 것이다. 이와 같은 언술 형식의 차용에서 우리는 거기에 직접적이고도 과격한 저자의 선언적 의도가 본래부터 담긴 것은 아님을 알 수 있고, 그 점은 문면에서도 드러난다. 글의 말미를 그는 다음과 같은 문장으로 장식하고 있거니와 시간의 의지에 맡긴다는 이런 객관주의적 자세의 견지란 선언을 일삼는 혁명가의 그것이라기보다 역사의 되어감에 맡기는 점진주의자의 그것에 가까움을 목소리의 톤을 보아서도 알 수 있다. "시간이란 가장 냉혹한 비평가라는 말이 있지 않습니까. 성급한 판단은 보류하고 좀 더 기다려봅시다."(『전집 1』, 73쪽)

그에게 곧잘 주어지는 '토착어 미학의 전도사', '시정신의 세례자'라는 투의 일반적 세평과 관련해서도 그렇다. 그가 비록 「토착어의 인간상」(1959. 12)을 쓰고, 그 토착어 보중(保重)의 태도를 확장해 나중에 「한글만으로의 길」(1969, 『전집 3』)을 저술하며, 또 근년의 『시란 무엇인가』에 이르기까지 모국어 시학의 순수 주의를 고집해 온 것은 사실이지만, 그것만으로 그의 비평 세계 전체가 요약되었다고 본다면 필경 오해이기 쉽다. 만약 그렇다면 소설의 언어로 육화한, 한국적 시

정신의 또 하나의 개가라고 해야 할 황순원 소설의 성취에 대해서 그가 십분 인정한다고 하면서도 그것을 근대적인 산문정신의 결여로 파악한 「산문정신고」(『전집 1』)와 같은 명문은 단지 우연의 산물이었다고만 해야 할 것이고, 또 만약 그가 순수하게 토착어 구사의 시인들만을, 그렇게 해서 이루어진 자국 전통의 미학만을 절대적인 것으로 옹호했다면, 전통 빈곤론에 해당하는 「전통의 확립을 위하여」(『전집 1』) 같은 글 역시 있을 수 없는 것이었다고 해야 할 테고, 또 그가 한 영문학자로서 혹은 서구적 문화 일반에 대한 교양적 순례자의 입장에서 초해 놓은 수많은 문예론 성격의 글들 역시 가당치 않은 것이었다고 해야 할 터이다. 만약 그렇게 그의 미학관의 요점을 한정된 강조 점으로만 옮겨놓고 본다면 그의 비평 세계 전체는 그야말로 동어반복에 지나지 않는 것으로 오해될 우려도 있다.

물론 그의 이러한 글들 사이에서 모순과 긴장을 느낄 수 있다. 그렇다면 우리의 인식, 의식이란 그가 일찍이 「언어의 유곡」에서 자인했듯이 유리알처럼, 대수(代數)처럼 투명한 것이 아님을 전제할 필요가 있다. 언어가 대수의 기호가 아니기 때문에 수많은 언어로 빚어지는 그것들 사이에는 또 수많은 긴장과 모순이 싹틀 수 있는 것이다. 오히려 하나의 건축물이 그렇듯, 콘크리트처럼 이질적인 요소의 혼합에서 더 단단하고 광대한 구조물이 탄생할 수도 있다. 여기에는 물론 분별과 가름이 필요하다. 이를테면 시 양식과 소설 양식의 차이를 뚜렷하게 준별하고자 했던 미학의 규범적인 장르 철학과 같은 것이 그것이다. 시와 소설의 어떤 양식에 대해서도 선험적인 우위를 부여하지 않고, 그것들을 평행시킴으로써 문학의 폭을 구제하려 했던 이와 같은 균형과 중용의 사상이 그리하여 오히려 그의 정신의 지렛대가 되었다고 할 수 있거니와, 토속적인 것과 외래적인 것, 주체성과 개방성, 이성과 감성, 사회와 개인, 문명과 자연, 하여튼 모든 2항 대립적인 것들 사이에서 수용과 배제의 선택 원리를 적절히 균제함으로써 초기 그다운 비평 세계의 폭을 이루었다고 말할 수 있다. 자신의 비평관을 개진함에서도 이를테면 「비평의 반성」이나 「비평의 문제들」(『전집 1』) 같은 글에서 비평의 분석 주의 정신을 배제하면서 수용하고, 또 인상비평과 관련해서도 그것을 수용하면서 배제하는 듯한 이중적 태도를 취했던 것은 그다운 본질적 태도의 발현이었다고 할 수 있다. 이를테면 절대적인 선과 악 같은 흑백논리의 세계가 어디 있겠느냐고 하는 것이 그 조숙한 세계관의 면모였다고 할 수 있고, 비평의 공간을 그가 "굴종 속에서의 자유"라고 했던 것처럼 어떤 점에서 모순어법 속에 세계의 진실이 숨어있다고 보는 것이 그다운 언어-현실관의 정체였다고 할 수 있는 것이다.

이와 같은 양가적 가치관의 태도란 그러나 비유하자면 두 줄 타기의 곡예와 같은 것이어서, 그것이 만약 정신의 긴장을 잃어버린다면 이리저리 편리하게 거처를 옮기는 부유의 철학 혹은 허무의 철학을 낳을 위험성도 안고 있다는 것을 우리는 경계할 필요가 있겠으며, 1960년대 후반 그리고 1970년대의 상당한 시기에 걸쳐 그의 간헐적인 비평적 침묵의 모습이란 그 줄타기 곡예의 어려움을 시사하는 사실이라 할 수 있다. 양날의 칼을 가진 고전적 무예의 고수처럼 어느 편을 향해서도 필살의 검을 안기리라고 했던 것이 비평 입문 초기의 패기와 야심이었으리라고 보면, 시간과 함께 내공은 떨어지게 마련이고 그리하여 한갓 해석자의 지위로 전락하는 자신의 비평적 무예의 현실을 볼 때, 스스로 비평 행위에 대한 무상성과 무용의 감각에 빠져 들게 되지 않았을까 생각해 볼 수 있다. 물론 여기에 당시 지식인 일반을 세차게 몰아쳤던 정치적 행동 주의와 허무주의 사이의 좁다란 선택의 기로가 비평가의 의식의 반경을 그만큼 좁게 했을지도 모르며, 또 한 굽이의 시대 변전을 의미하는 세대교체의 격렬한 흐름 속에서 자신의 마땅한 자리를 찾아내지 못한 탓도 그 이유의 한 가지로 가세했을지 모른다. 어쨌든 1960년대 후반, 1970년대로 넘어오면서 그의 비평적 위치는 급격히 보수적인 위치로 밀리게 되며, 그것은 우리의 탐구 과제가 된다. 왜 거인다운 풍모로 강렬한 비판 언어의 빛을 뿜었던 그의 비평 세계가

1960년대 후반을 경계로——그 경계 비의 작품으로 우리는 기념비적인 문화(정책)론의 글, 「한글만으로의 길」(1969)을 기억해 두지 않으면 안 된다——보수적인 위치로 밀려날 수밖에 없었는지.

우리의 일관된 관점은 그러나 그의 변모에 대해서까지도 초기부터의 내재적인 성격의 발현으로 설명하지 않으면 안 된다. 무엇보다 중시해야 할 것은 글쓰기를 이루는 메커니즘 자체이다. 만약 그의 비평이 처음부터 보수화될 성질을 안고 있었다고 하면, 이를 내재적인 원리로서 우리는 설명할 수 있어야 한다. 물론 단초는 있다. 「비평의 반성」을 저술하면서 자신의 비평 방법과 전략을 "조심성스러운 급진주의자와 급진적 보수주의자"(『전집 1』, 215쪽)의 양가적 체현으로 애초에 설정해 놓은 것이 그것이다. 주목해야 할 것은 그의 (급진적)보수주의에 대한 긍정의 자세이다. 마땅히 지켜야 할 것을 지킨다는 점에서 보수주의자의 영예를 그는 일찍이 받아들이고 있었던 셈이다. 이것은 운명의 예감이라기보다 예민한 자기 성찰의 결과였을 것이다. 운명이란 누구나 알다시피 성격으로 주어지는 것이다. 성격의 자각이 곧 운명의 예감이다. 그렇다면 문제는 곧 성격이라고 했으니, 우리는 문체로 돌아가 처음부터 다시 돌아보지 않으면 안 된다. 결국 또 그의 지론처럼 문체가 전부다.

2-3

왜 유종호 비평은 처음부터 대가적인 풍모를 띨 수 있었던가를 우리는 물어왔다. 시운 탓이라고도, 뛰어난 문장 감각 탓이라고도, 또 중용지도의 다원적 비판 전략 때문이라고도 말해 보았다. 이것들은 설명의 어떤 층위를 말하는 것이지만, 그것이 전부는 아니다. 궁극적인 해명이란 끝까지 불가능한지도 모른다. 다만 그 비평의 실제로서 우리 앞에 의연히 문장들이 놓여있다. 그의 문장 모두를 검색할 수는 없지만, 우리가 증거로 내세울 수 있는 것은 문장 이외에 다른 것은 없다. 다시 한번 문장을 보자. 「비평의 반성」(1958. 4) 중의 한 대목이다.

"예술가의 진보란 끊임없는 자기 희생이며, 끊임없이 개성을 멸각해 가는 일이다."라고 한 엘리엇의 말은 흔히 인용되는 의견이지만, 그가 이런 말을 했을 때엔 (……) '종교적 태도'를 견지한 흄(T. E. Hume)에 기대어 섰던 것이고 (……) 에밀 졸라 같은 자연주의자까지도 예술이란 "기질을 통해서 본 자연의 일각"이라고 말함으로써 주관적 개성을 승인하고 있다. 그러나 우리는 동시에 개성의 한계성도 명확히 인식해야 한다. 우리는 여기서 천재들이 생산한 수많은 독창적 작품은 일견 새로운 것처럼 보이기도 하지만 실상은 아주 낡은 것이 다라는 의미의 월터 페이터의 말을 명심해 둘 필요가 있다. (……) 개성을 아무리 절규해 본다 하더라도 손오공이 다시 바위를 뚫고 나오는 법은 없을 것이다. (『전집 1』, 211쪽)

저자의 수많은 문장 중에서 반드시 이 문장이 선택되어야 할 이유란 없다. 그의 문장 중에서 이 문장이 특별히 날렵하다고도 말하기 어렵다. 그렇지만 문학과 비평에서 개성의 문제, 특히 인상비평의 한계와 장처에 관하여 논술하고 있는 이 대목에서 우리는 다시 한번 유종호 비평의 중용적 성질, 그러니까 개성의 문제가 지나치게 몰각되어서도, 또 지나치게 맹신되어서도 안 된다는 절충적 성격의 입장이 드러나고 있음을 확인할 수 있다. 하지만 우리의 관심사가 여기에서 멈출 수는 없다. 문체의 무늬, 형질과 관련하여 살펴봐야 한다. 요컨대 수사학이다. 그가 자신의 논지를 강화하기 위하여 어떤 수사학을, 어떤 담론의 전략을 동원하고 있는지 살펴봐야 한다. 앞에서 나는 '인용의 짜깁기'라고 말했다. 바로 그것이다. 인용의 수사학.
  길지 않은 한 단락의 문장 안에서 벌써 네 사람의 대가가 언급되는 것을 우리는 본다. 이 점에서 우리는 왜 유종호 비평이 처음부터 대가적인 풍모로 나타날 수 있었던가의 또 한 측면을 설명할 수 있다. 대학을 갓 졸업한 청년기 저자의 손에 의해서 쓰였다고 믿기 어려울 만큼 그것은 대가들의 언술을 교묘하고도 능란하게 짜깁기하고 있다. 지식=언술=권력이라는 푸코적인 명제를 상기한다면 이 점은 금방 설명될 수 있다. 이 대가들의 음성을 빌려 저자는 스스로의 목소리에 대가의 위엄을 부여할 수 있었던 것이다. 지나치리만큼 단호한 그 문체의 어조 역시 독자들에게 목소리의 위압감을 주기에 일조했을 것이다. 지식에 목말라하던 당시의 가난한 문예 청년들에게 이 같은 서구적 원류의 폭넓은 교양과 탁견은 신천지의 발견처럼이나 여겨졌을지 모르며, 당시 선두에 서있던 지적 에세이스트들의 감응력의 힘은 이런 데서 나왔다. 홍사중, 정명환, 이어령 등의 비평가와 안병욱의 전형적인 글이 그랬다. 이런 글쓰기를 가능케 한 문화적 배면 혹은 그 기저 동력이란 무엇이었을까.

문체의 형질로서의 인용의 수사학을 끌어내려 그것을 문화적 동력으로 환원해 바라본다면 그것은 한마디로 '박람강기(博覽强記)'로 요약될 수 있을 것이다. '박람'의 가능성을 인간 능력의 한계로 보아 그 문화적 토양의 성격으로 이해한다면 그것은 아무래도 분산되고 파편화된 지식의 형태를 띠었을 것이기 쉽고, 그 뒤에는 역어 문화의 배경이 있었을 것으로 짐작할 수 있다. 요컨대 서구 문화의 뛰어난 역어 문화로서 일본어 지식의 배경이 거기에 있었을 것이라는 추정이다. 그렇지만 이 문화적 능력은 또한 '강기'의 능력과 결합하지 않으면 힘을 발휘하기 어려웠다. 메모의 치밀함으로도 한계를 극복하기는 어려웠을 터이기 때문이다. 대학을 정점으로 한 당시의 학교 교육은 암기의 능력을 최대한으로 신장하는 데 있었음을 우리는 알고 있다. 여기까지가 당시 지식인들의 일반적인 소양이었을 것이다. 여기서 저자가 한 걸음 더 나아갔다고 한다면 원서에 대한 직접 접근의 능력을 갖춘 점에 있었다고 할 수 있고, 그것이 '박람강기'의 탁월한 예외적 능력을 가능케 했다고 할 수 있다. 올더스 헉슬리 읽기의 술회(『전집 1』, 369쪽)는 그것의 증거라고 볼 수 있다. 암기의 능력은 일찍이 시 읽기, 시 음송의 취향에서 길러졌다. 소년기에 입으로 익힌 시의 가락을 몇십 년이 지나서 착오 없이 기억해 낼 수 있었다고 술회해 놓은 대목(『전집 4』,

17쪽)도 있다. 이런 '강기'는 뒤 세대로서는 아무래도 흉내 내기 어려운 것이다. 그것이 그의 문체를 만들어내었다. 그리고 그 한계까지도 그것이 지어내었다고 우리는 말할 수 있다. 왜냐하면 취향과 소양이 곧 가치의 관점까지도 지어낼 것이기 때문이다.

관념적 지식인의 한계로만 이 점을 말하려는 것은 아니다. 지식의 과잉이 지식의 한계까지도 지어낼 것이라는 점에서 말하는 것이다. 지식 자체의 방어적 성격은 말할 것도 없고, 때 이른 지식의 과잉이 지식의 회색 지대를 폭넓게 형성한다. 여기서 우리는 최인훈의 「회색인」의 세계를 떠올려도 좋다. 최인훈이 관념 철학의 세계를 배회했다면 저자는 문학적 음송의 세계를 배회하였다. 소설의 언어까지도 암송할 수 있는 언어의 무대로 인식하였다는 것은 그 자체의 자족성으로 보아서도 놀라운 세계로 여겨질 만하다. 이것은 조만간 교양 주의로 화한다. 교양 주의란 지식과 문화의 기억이 자족적인 정신의 세계를 이루는 것이기 때문이다. 인문주의라 바꿔 말해도 사정은 마찬가지가 된다. 인문주의란 가장 폭넓은 의미에서 문(文), 사(史), 철(哲)의 지식과 교양이 인간, 문화에 대한 믿음과 신념으로 폭넓게 변화된 성격이기 때문이다. 이것이 보수적인 세계관, 미학관을 야기한 장본인이라고 할 수 있다. 그렇지만 우리는 그의 보수주의를 단죄할 단계에 이르지 않았다. 그의 비평의 보수적 경과에 대해서 확인하지 않았기 때문이다. 그의 비평의 추이, 경과가 먼저 살펴져야 한다.

3

설익은 역사주의는 우리를 빈곤으로 몰아간다. 그것은 개별 역사의 구체성, 전체사의 풍요로움을 방기하고 객관적임을 가장하는 메마른 언어의 재단으로 모든 것을 색인하려 하기 때문이다. 20대에 이미 대가의 반열에 오르고, 그사이 30여 성상(星霜), 그리하여 이제 갑년의 정리기를 보낸 노비평가의 글쓰기 생애를 몇 마디의 언어만으로 일별할 수는 없다. 사진첩의 각 장마다 저마다의 추억과 음영이 배어있게 마련이지만, 그렇지만 우리는 주어진 한도 내에서 작업해야 한다. 그것이 비평의 운명이다. 청탁에 따라 써졌다고 하는 것이 대부분 비평의 변명이지만, 그것을 사진첩으로 들여다보는 마음은 초라하고 안쓰럽다. 그러나 그 순간의 언어가 가장 진실의 언어에 가까울 가능성이 높다. 그것은 화려한 언어들의 축제가 다시 한번 폭죽을 터뜨리는 순간이기도 하다. 지나온 언어들의 잔해를 앞두고 다시 한번 있는 힘껏 입김을 모아 소생의 불길을 당기려는 재생의 순간이기도 하기 때문이다. 비평의 속성과 관련, 일찍이 동 세대의 선배 비평가의 불꽃 튀기는 언어 공방전을 벌인 바(「비평의 반성」,「비평의 문제들」,『전집 1』, 그리고 김우종의 「비평의 자유」,《현대문학》, 1958. 10. 참조)도 있었던 저자로서는 비평 언어, 비평집의 운명 생리에 대하여 누구보다도 예민한 촉각을 갖추고 있었을 것이 분명하다. 그는 비평집의 발간 의미에 대하여 한때 회의를 품었던 듯도 보이지만, 한 권의 비평집을 낼 때마다 정직한 자기 고백의 언어를 잊지 않았다. 보수화의 화제를 중심으로 간단히 살펴보기로 하자.

만약 생물학적인 연령과 함께 보수화가 피할 수 없는 운명으로 주어진다고 하면, 이는 자연적 현상의 설명이 되리라. 조금 나아가 세대의 운명이라는 각도에서 사회적 위치의 상대적인 보수화가 설명된다면 이는 사회사적인 설명이 된다. 1960년대 중반기 이미 중진의 위치에 서게 된 유종호 비평은 1966년 「새로운 창작과 비평의 자세」(백낙청,《창작과비평》 창간호)를 내세우며 의욕적인 출발을 모색하는《창작과비평》의 발간에 일시 보조를 같이하는 모습을 보이지만, 1969년 기념비적인 평문「한글만으로의 길」을 끝으로 평단에서 오래 모습을 감추게 된다. 비평가로의 숨 가쁜 활동 과정에서 잃었던 영문학자로서의 자격 취득을 위해 만학의 먼 유학 길에 나서기 때문이다. 이때 한국 비평의 상황도 주지하는바, '유신' 전후의 폭풍의 계절을 만나 내면적인 모색기에 들어서게 된다. 유학에서 돌아와 1975년에 상재한 저자의 조그만 평론집『문학과 현실』(『전집 1』) 속에 물론 1960년대의 글로 널리 알려져있는 김승옥 소설에 대한 아름다운 찬사인 「감수성의 혁명」(1966) 같은 글들도 실려있지만, 「지식인과 지적 자유」(1974)를 위시한 지식인론의 글들이 그 앞머리에 세워져있음은 저 당대의 상황 문맥을 암묵적으로 반영하는 사실일 터이다. 소급하자면 실상 5·16 이후 문학과 현실, 지식인과 상황 윤리에 관한 논제는 순수문학과 참여문학으로 이름 붙여진 1960년대 특유의 논쟁 문맥을 거쳐 현대 한국 문학의 주된 쟁점으로 부상했다고 할 수 있거니와, 이 시기에 특히 1960년대 세대의 다양하고 폭넓은 등장은 전후 세대의 위치를 얼마쯤 후퇴시키고 문단 전체에 전면적인 세대교체의 바람을 가져왔다. 이 세대교체의 기운, 그 와중에서 문학과 현실의 관계에 대한 논쟁, 문학적 쟁론으로서 걸맞게 '리얼리즘 논쟁'이라고도 이름 붙여진 문학과 사회적 실천 사이의 함수관계에 대한 논쟁이 문학인들은 말할 것도 없고, 지식인 일반의 관심을 끄는 논제로 널리 주목되었다. 이와 같은 상황에 가장 고지식하게 대응한 모습이 이를테면 유종호 비평이라고 해야 하지 않을까. 당면한 사회적 실천의 요구 앞에서 '상상력 주의'의 기치로 우회해 나갔던 것이 이른바 '문지' 그룹의 기민한 대응이었음을 상기하면, 침묵의 언어로나마 대응하지 않을 수 없다고 본 것이 유종호 비평이었던 것 같다. 전집 2권을 이루는 『동시대의 시와 진실』의 '책머리에'에서 그는 다음과 같이 말해 놓고 있다.

시는 썰렁하고 구차했던 삶의 내 첫 열정이었다. 오랫동안 언어의 마술은 순평하지 못했던 마음의 약손이 되어주었다. 그러나 형용사 하나, 동사 하나의 차이에서 우주적 차이를 느끼게 하는 시들이 세계에 미만해 있는 제도화된 인위의 고통에 대한 폭력적인 무관심을 안고 있는 것이 아니냐는 생각이 들면서부터 마음은 고요하지 못하였다. 나는 한동안 글을 쓰지 않았다.

물론 이 동안 전혀 한 줄의 글도 쓰지 않았던 것은 아니리라. 아우어바흐의 『미메시스』를 공격한 것은 이 시기의 산물 중 하나로 기려질 만한 일일 텐데, 이러한 상태에서도 그는 물론 문학에의 관여를 전적으로 끊고 있었던 것은 아니라고 보인다. 1970년대 후반《세계의 문학》발간에의 관여가 그 한 모습이었다고 할 수 있고, 어쨌거나 이러한 상황 문맥 속에서 상대적인 보수화로의 물러남은 불가피한 것이 되어갔다. 더 이상 새로운 문제 제기로 나아가지 못하고 대부분 시인론, 혹은 작가론의 해설 글들로만 채워지고 있는 평론집『동시대의 시와 진실』은 이 사정의 증거로 읽힐 수 있다. 각각의 글들은 어떤 연구자의 글에 비해서도 날카로운 통찰과 예지의 언어를 담고 있지만, 비평의 언어가 해석적인 기능으로만 떨어질 때, 저 마르크스의 끈질긴 지령(知靈)이 이 땅 지성사에 다시금 복면을 벗고 나서려 하던 즈음에 그와 같은 비평 언어의 활동이란 단지 설명적인 것으로만 치부될 뿐 다른 도리가 없었다. 그 형편은 1980년대에 출간된 또 다른 평론집 『사회역사적 상상력』(1987)에서도 비슷한 지속의 양상을 보였다고 할 수 있고, 그 자의식을 또 평론가는 '책머리에'에 다음과 같이 넌지시 표해 놓고 있다. "스스로 부정할 길 없는 움츠림의 자세는 그러나 이 책이 밤 노래이기 때문만은 아니다. 그것은 필경 글쓰기가 당당하고 의연한 실천과는 먼 거리에서 이루어지며 기껏 2차적 실천에 지나지 않는다는 자의식의 소산이기도 하다. (······) 그러나 문학이 사람의 위엄에 어울리는 인간화된 사회 공간을 마련하는 데 기여해야 한다는 생각에 변함은 없다. 사회역사적 상상력에 기초하지 않은 어떠한 세계 이해나 인간 파악도 변변치 못하다는 생각에도 변함은 없다."(『전집 3』, 5쪽)

그렇다면 유종호 비평의 이와 같은 보수화 과정은 단지 상황과 세월 탓이었을 뿐이었을까. 여러 번 암시한 대로 그 경과는 유종호 미학의 본래적인 속성, 개성과도 무관하지 않았다고 진단할 수 있다. 전집 4권을 이루는 문학개론서『문학이란 무엇인가』와 제5평론집『문학의 즐거움』, 그리고 또 하나의 별저『시란 무엇인가』를 통해서 그 진면목을 확인해 볼 수 있겠거니와, 가락의 아름다움과 선명한 서정적 이미지의 자연스러운 해조에서 벗어난, 여타의 시적 취향에 대해서 그는 비평의 초창기에서부터 지금에 이르기까지 별반 애정 어린 관심을 보이지 않았던 것이 사실이다. 그가 가령 신경림이나 김지하 등 이른바 민중 시의 대표자 격인 시인들에 대해서 관심을 피로한 적이 있다 하더라도, 그것은 서정시의 고전적 품격과 관련한 척도에서였지 그 이상으로 넘쳐 나는 것은 아니었다. 「변두리 형식의 주류화」나 「급진적 상상력의 비평」(『전집 3』) 등의 글에서 저자 비평의 1980년대적인 관심 확대를 엿볼 수 있기는 하지만 그 정도로 그 시각의 심각한 전도가 이루어졌다고는 보기 어렵다. 참여문학, 민중문학적 경향에 대해서는 그렇다 하더라도 모더니즘 계보의 시적 정향에 대해서 그가 보인 태도는 더 심한 바가 있었다. 1970년대의 오규원 이래 1980년대의 새로운 현대적 감각의 시인들, 그러니까 김현이 애지중지했던 이성복, 황지우 등의 새로운 시인들에 대해서 그가 일언반구의 관심도 보이지 않았다는 것은 유명한 사실이다. 최근 시인들의 업적으로 그가 주목한 시인들로는 최승호, 조정권 등을 꼽을 수 있을 따름이다. 1980년대를 넘어오면서 그의 관심은 시 양식 쪽보다 소설 양식 쪽에 기울어졌음을 평론집 제목 '사회역사적 상상력'은 암시하고 있지만, 소설 양식 쪽이라 해도 사정은 별반 달라지지 않는다. 그 등단 초기에 집요한 애정을 기울여 예외적인 관심의 발로를 보였던 이문열의 경우를 제외하면 당대 소설가들에 대한 관심에서도 대체로 무심했던 인상을 주는 것이다. 이것은 현장 비평에 그만큼 소홀했다는 뜻도 되며, 그만큼 신예들의 작품에서 고전적 품격의 언어활동을 발견하지 못했다는 뜻도 된다. 설령 이 모든 이유의 근저에 그의 비평 초기 자주 참조되었던 엘리엇의 언명과 같이 현대에 들어와서의 감수성의 분열 혹은 타락의 요인이 근본적으로 잠재해 있었던 것이라 하더라도 그 감수성의 이반 현실에 책임 있게 대응하지 못한 비평가로서의 그의 직무 유기 책임은 면책되지 않는다. 아니다. 혹시 그렇지 않은지도 모른다. 어쩌면 그는 이 시기에 더욱 원대한 집필, 비평가의 문화적 책임에 부응하기 위한 저작을 기획했던 것인지 모른다. 요컨대 저자가 만년의 작업으로 기획하고 썼던 문학개론서『문학이란 무엇인가』의 탄생과『시란 무엇인가』의 탄생은 이 시기의 산고로 태어난 정신적 분만이 아니던가. 감수성의 변동 현실에 대해서 좀 더 책임 있게 대응하고자 한 비평적 자세의 모멘트의 일환으로서 그것들은 수태되었던 것이 아니겠는가. 그렇다면 우리는 이에 대해서도 또 한 장의 할애를 통해 차분히 살펴볼 필요가 있다.

4

지금껏 계속해서 우리는 유종호 비평을 대가 비평의 풍모로 각인시키고자 해왔거니와, 문학개론서, 시 개론서를 쓰는 일이야말로 대가적 비평의 초상에 화룡점정하는 일이 아닐 수 없다. 또 한 사람의 시 비평의 대가 김현이 죽기 전 만년의 작업으로 문학개론서 쓰기를 소망했다고 하는 이야기는 이러한 문맥에서 우리의 가슴을 찡하게 하는 전언일 수 있거니와 문예학, 문예비평의 대가들이 문학개론서의 쓰기로 돌아오는 것은 그 일의 어려움과 경복스러움을 시사해 준다. 그것이 어려운 것은 평생의 미적 경험에 대한 자기 확신이 동반되지 않고서는 설득력을 갖기 어렵고 또 써지기도 어렵다는 점 때문일 것이며, 또 동시에 동서고금의 미학을 아우르는 박학다식의 박람강기의 능력이 없고서는 그것이 경쟁력을 갖기 어렵다는 사정 때문일 것이다. 우리 주변에 문학 개설의 이름을 단 책들은 많고도 많은 것이다. 그중에서도 저자의 이 책들이 널리 호응을 받는 것은 예의 판명하고 평이한 문체에 깊은 체험의 인식이 담겨있기 때문일 텐데. 그러나저러나 또 한 권의 문학개론서를 추가한다는 행위의 의미 자체는 무엇이었을까.

방송 프로에서의 연속 강연이 직접적인 계기가 되어 우연찮게 쓰게 됐다는『문학이란 무엇인가』와도 또 달리『시란 무엇인가』는 저자의 인문주의적 관심을 직접적으로 드러내 보이고 있다. "동양에 있어서도 서양에 있어서도 시는 인문적 전통의 중심부에 자리 잡고 있었다."

(11쪽)가 그 시발 격의 문장으로 되어있는데, 여기에서의 '인문적 전통'이란 말이 그 비평 초기에 그가 그토록 불신의 태도를 내보였던(가령 전집 1권에서의 「인간 부재──한국 문학에서의 휴머니즘」이나 「오열하는 휴머니즘──한 상투 문구에의 의혹」) 휴머니즘이라는 어사의 역어 쯤에 해당하는 것으로 보면 금석지감을 갖게도 하는 것이다. 여기서 인문적 전통에의 관심 환기는 교양 주의자의 태도를 드러낸 것으로 보아도 크게 틀리지 않을 것이다. 교양 주의자는 곧 교육자이며, 교육을 통해서 인간이 더욱 인간적이고 내적으로 성숙한 문화적, 정신적 인간으로 변모해 갈 수 있다고 믿는 것이 교양 주의의 본질이라고 할 수 있기 때문이다. (김상환, 「해체론 시대의 인문주의」, 『오늘의 한국 지성, 그 흐름을 읽는다』, 문학과지성사, 1995 참조) 오랜 경과를 거쳐 처음부터 조숙했던 평론가는, 그러나 청년기답게 그 초기에는 칼날 같은 비판 의식으로 주로 무장하였던 평론가는 이제 우리 앞에 완연한 교육자의 모습으로 서게 된 셈이며, 이것은 저자가 오랫동안 대학에서 문학을 강의해 온 교사로서의 행적을 보아서도 당연하다. 문제는 초기의 치열한 비평가의 모습에서 이제 온화한 교육자의 모습으로 돌아온 그 글쓰기 주체의 자아 이동에 관련된 사실이겠는데, 이 변모 역시 그러나 처음부터의 원형질과 관련된 사실임을 상기할 수 있다. '교양'이란 본래 박학다식의 미덕을 기초로 하는 것이며, 교양적 인간이란 또 동서양을 막론하고 문화의 조화로운 형성을 목표로 하는, 말을 바꿔서 중용지도의 인간형을 이상으로 하는 개념임도 여기서 다시 한번 상기될 수 있다. (김상환, 앞 글 참조) 전통적인 인문주의 교육이 문장 교육의 형태로 이루어졌음도 널리 인정되는 사실이거니와 그것은 문(文), 그러니까 스스로의 문장에 대해서 자신 없는 사람은 감당할 수 없는 문화적 덕성의 이상 개념임도 주의할 사항의 하나일 것이다. 따라서 이와 같은 성격의 인문학적 관심이란 전형적인 문예비평가에 의해서 훌륭하게 달성될 수 있다는 사실을 뜻하며, 이 문맥에서 저자가 글의 여러 대목에서 공자를 인용하고 있음도 그 시사하는 바가 크다고 할

것이다. 인문주의와 관련된 저자의 사유의 그동안 행적이 마지막 권 『문학의 즐거움』에서 「인문주의의 허와 실」로 집중적으로 나타나고 있음도 이런 문맥에서 주목할 만한데, 그 마지막 전언 "지금이야말로 인문주의 이념과 교양 이상의 가시화가 특별히 요구되는 시점이다. 비속성 지향의 대중문화와 교양을 단념하고 스스로 아랫것이 되려는 민중 문화의 해독제로서 또 배금주의 천민 문화의 대체물로서 인문주의 이념은 우리 사회에서 대안 없는 이상일 것이다."(『전집 5』, 334쪽)의 결언은 현재 저자가 다다른 신념의 종착 지점이 어디인지를 확실하게 보여준다. 이를 어떻게 받아들여야 할까.

5

이제 마침표를 찍자. 제한된 공간 안에서 작업해야 하는 것이 비평의 숙명이라면 우리는 이에 순응해야 한다. 한 비평가의 30여 년에 걸친 사유의 흔적이 단 몇 페이지로 정리, 종결될 수 있다고 믿는다면 그것은 물론 순진한 일이다. 그 사유의 궤적이 성실한 것이라면 성실한 대로 거기에 필연의 사고 발전 과정이 있을 것이고, 불성실했다면 또 그것대로 거기에 그만한 사유의 진폭이 있을 것이다. 언어를 통한 빈틈없는 조리의 수미일관의 구조란 있을 수 없다는 것이 해체 주의자들에 의해서 알려져왔다. 하물며 시간의 축적 앞에서랴. "시간이란 가장 냉혹한 비평가"라고 그 스스로 말했던 것처럼, 시간의 냉혹한 담금질 앞에서 자신이 내뱉은 모든 언어를 완벽히 방어할 수 있는 철인의 언술가란 없다. 그런 운명을 피하고자 할 지경이면 처음부터 침묵하거나 동어반복해야 한다. 우리는 유종호 비평의 역사적 침전을 통해서 수많은 어긋남과 괴리와 분열의 흔적을 발견할 수도 있다. 그러나 그것의 드러냄이 우리의 본의도는 아니었고, 오히려 전통적인 방식으로 유종호 비평의 시초의 모습과 후기의 모습을 일치시키려 해보았다. 그럴 만큼 저자가 부단한 자기 전개보다는 시초 자신이 설정한 스탠스(stance)를 충실하게 지키고자 애쓴 문화의 성실한 파수꾼이었음을 강조한 셈도 된다. 그가 처음부터 대가적인 풍모로 나타난 조숙한 비판자의 모습이었다는 것도 우리의 이러한 전략적 의도와 무관치 않았으며, 따라서 만약 그 초기와 후기 사이에 어떤 균열의 모습이 발견된다면, 그것은 상황 여건의 차이로 인한 문맥상의 발생 차이로 이해해야 한다. 휴머니즘에 대한 냉소, 길항의 자세가 후기의 인문주의에 대한 적극적인 승인의 자세로 바뀌었다고 하면, 그것은 주체의 내용(성)이 변질되었기 때문이라기보다 상황 변화에 따른 부정의 대상성이 바뀐 것으로 보아야 한다. 요컨대 초기 비평이 휴머니즘의 어사에 냉소적이었던 것은 그것이 한국적 인정 주의와 비합리주의에 의해 채색된 채 자기 온존적 성격을 기초로 한 것으로 보았기 때문이고, 이것이 후기에 와서 인문주의에 대한 전폭적인 신뢰로 바뀌게 되었다면 그것은 문화 전반에 걸쳐 만연된 반인문주의적 현실에 대한 심각한 위기의식이 발로된 때문이라 보아야 한다. 결국 휴머니즘의 원질을 향한 주체성의 내용 자체에는 아무런 변질이 없고, 다만 주체가 놓인 상황 변동에 따른 주체의 문제의식의 변동이 여기에 있을 뿐이라고 우리는 보아야 한다.

오늘에 와서 이런 태도의 발현이 문화적 보수주의자의 근영이라거나, 시대착오적인 모습조차 머금고 있다고 말하는 것은 쉬운 일이다. 그러나 그것이 정곡을 찌른 얘기일 수도 없다. 성실한 자라면 누구나 자기 세대의 표정을 지을 터이다. 컴퓨터와 영상 문화에 길든 세대가 고도의 활자 문화, 세련된 문학 언어에 둔감할 수밖에 없는 것처럼, 과거의 세대가 오늘날의 현란한 문화 현실에 어지럼증을 느끼는 것도 당연하다. 쌍둥이끼리도 세대 차이를 느낀다는 우스갯말이 있지만, 문명의 전화 속도가 이렇게 빨라진 현실 앞에서 자기 세대의 문화에 충실했던 한 견인주의자가 오늘 심한 어지럼증을 느끼지 않는다면 그것이 더 이상하다. 근본적으로는 성실성의 윤리적 덕목 밖에서 이것이 논해져야 하는 이유도 여기에 있다. 시대 변화에 적응하고 발맞추려는 노력을 성실치 않은 자세로 타매할 수 없는 것처럼, 자기 세대의 문화

감수성에 충실한 자세를 또 부도덕하다 타매할 권리를 우리는 갖고 있지 않다.

모든 것을 세대적인 본향의 소산으로만 치부하려는 우리의 태도 또한 물론 옳은 인식의 태도는 아니겠다. 개성이 있는 것처럼, 세대 내에서도 태도와 관점의 차이는 나타난다. 가령 전후 세대 내에서 뿌리 깊은 관점의 차이를 노정했던, 요컨대 이상(李箱) 문학이 최선이냐, 정지용 시가 최고냐 하는 논쟁점(이를테면 이어령과 김우종이 전자를 택했다고 할 수 있고, 유종호는 그 후자였다고 할 수 있는데, 김우종-유종호 논쟁이란 기실 이러한 비평적 관점 차이에서 발생한 논쟁이라 할 수도 있다.)을 두고도 우리는 같은 세대 내에서의 감수성의 차이를 부각할 수 있다. 하지만 이상과 정지용의 길은 따로 있었고, 그 길의 다른 모양새만큼 오늘날의 다른 문학적 초상, 한국 현대 문예비평의 풍부함을 우리는 보지만, 그 초상을 두고 우열을 논하기란 부질없는 짓이다. 우리가 지금껏 보아온 대로, '문학의 즐거움' 혹은 '즐거운 문학'의 합리적 가치 척도를 모색하고 그것으로 변함없는 인문주의적 문화 이상을 지켜온 한 대가 비평가의 초상을 우리는 본다. 그것이 시초에는 열정적인 비판가의 모습을 띠었고, 후로는 문학적 보수주의자의 모습으로, 더 나아가서는 문화적 고전주의자의 화신으로 변모되었다고 한다면, 그것은 우리가 동일한 대상을 두고 역사적 맥락 속에서 파악하고자 했기 때문이다. 여기서 우리가 가장 많이 발견한 모습은 어떤 점에서 서양 문학자가 바친 강단 비평에의 숙명의 수행자의 모습이라고 해도 좋으리라. 평생에 걸친 문예 원론적 탐구와 현장 비평의 수행을 통한 미적 체험의 축적을 설득력 있게 개진한, 그런 점에서 한 세기에 걸친 우리 근대문학사의 미의 경험이 고스란히 일관된 필치 아래 전개되어 있다고 해도 좋을, 그의 문학개론서와 시학 개론서의 역저를 우리가 그 증거로 보기 때문이다. 비평의 원점, 비평의 미학적 규준을 꾸준히 탐색해 온 저자의 평생에 걸친 고투의 흔적은 독자의 때 묻은 감수의 손길에 의하지 않고서는 보상받을 길이 없다. 문학의 영원성에 대한 야망과 글쓰기의 무상성에 대한 흔들림의 유혹 앞에서 강단 비평이 견딜 수 있는 긴장의 최대치는 이러한 문예 미학의 학적 고구와 현장 비평의 체험적 순례를 서로 만나게 하는 길밖에는 다른 길이 없음을 우리는 인정한다.

　이처럼 문학의 위엄으로 시대에 맞서고, 그것으로 생과 문화를 보전해 온 세대의 글쓰기 결산 앞에서 그것이 유독 갑년의 회년기를 맞아 이룩된 문화적 정산의 성격을 띠고 있다는 점에 이르러서는 우리의 자세는 다시 한번 엄숙함의 옷깃을 여미지 않을 수 없다. 문학과 문화를 지켜가야 할 책무가 이제 우리에게 맡겨진 책무라는 당연한 세월의 인과 법칙을 의식해서만은 아니다. '문학의 해'라 지정된, 문예 부흥 이루기의 대망의 해가 실상 문학의 위기 시대의 역설적 표현으로 들리는 이유에서만도 아니다. 위기의식의 징후는 더 깊고 장기적이다. 다만 감수성의 차이에 의해서 새로운 시인, 새로운 산문 언어의 기운을 우리가 못 찾는 것은 아니며, 문예의 저미, 활자 문화의 위축은 앞으로 시간이 갈수록 더해 가리라는 예감을 우리는 갖는다. 시대와 문명이 달라지면 인간형(혹은 인간성) 또한 달라지리라는 저 해체 주의의 문화 인간론자들 얘기에 굳이 귀 기울이지 않더라도 새로운 인간(형)의 출현과 그에 따른 문화 변동은 불가피한 것으로 예상된다. 그렇다면 처음부터 일관되게 평이함의 문체 미학을 주장해 온 저자의 신념이 어떤 점에서 시대를 앞서 간 측면이 있지 않은가. 이와 같은 문학 위기 시대에 평명(平明)의 인문주의를 부르짖은 것은 그렇다면 단지 시대의 잔영일 뿐인가, 아니면 예언자적 목소리의 발현이기도 한 것인가. 알 수 없는 대로 이런 위기의 시대에 문학과 문예비평의 자리를 못 벗어나고 있는 자에게라면 저 '평명의 문예학'의 교사는 여전히 우리의 살아있는 교사일 수 있다. 더 이상 황금시대의 회복이 불가능하고 재능의 이룸 또한 기대 난망이라 하더라도, 잘못된 길을 접어든 자들에게 귀감은 여전히 타자의 길이 아니라 전철의 형태로 주어질 것이기 때문이다. 이미 강단 비평의 운명을 수락한 자에게라면 더욱 유종호 비평은 하나의 사숙 대상에서 벗어날 수 없으리라. 강단 비평으로 이룬 최대치의 하나가 그것임을 부인할 수 없다면 말이다.

(『합리주의의 문턱에서』, 강, 1996)

■ 비평의 궤적

비평의 방법과 그 정신의 문제
―『동시대의 시와 진실』

권영민(서울대 교수)

문학의 지적 수준

비평이란 궁극적으로 문학을 위해서 존재하는 것인가, 아니면 비평이라는 독자적인 영역이 문학과 독립해서 존재하는 것인가? 이와 같은 문제를 제기하게 될 경우 우리는 언제나 비평의 방법과 그 정신의 문제에 직면한다. 문학비평이란 문학이 그 자체를 정당화할 필요가 있을 때 긴요하게 요구되는 하나의 인식 행위이다. 비평이라는 말 속에는 '판단'과 '식별'의 의미가 함께 내포되어 있지만, 문학을 문학의 자리에 온전히 남아있게 하기 위하여, 비평은 우선적으로 판단의 의미보다 식별의 의미에 더욱 주력할 필요가 있다. 그러므로 최고의 비평은 문학의 내용이나 의미에 대한 판단에 의해 수립되는 것이 아니라, 문학의 전체적인 모습을 있는 그대로 드러내어 보여주는 데에서 성립될 수 있다고 말해진다. 문학비평이 의도하는 것은 문학을 다른 어떤 사상으로 대치해 놓는 일이 아니며, 문학이 문학으로서의 존재 의미를 가능하게 하는 여러 가지 속성들을 밝혀주는 작업이라고 할 수 있을 것이다.

우리의 근대문학사에서 비평의 확립이라는 과제가 본격적으로 제기되었을 때에도, 이러한 비평의 태도 문제에 관심이 집중되었던 것은 우연한 일이 아니다. 대상으로서의 작품을 실제 있는 그대로 보아야 한다는 순수 비평의 방식은 매슈 아널드의 '몰이해적 관심'이라는 비평 태도에 근거한 것이다. 그러기에 비평은 방법론의 확립, 기계론적인 방법의 적용에 따른 작품에의 접근만으로 완성되지 않는다. 비평이 궁극적으로 문제 삼아야 할 것은 삶에 대한 관점을 함께 드러낼 수 있는 문학의 전체적인 모습을 균형 지워 주고 그 범위를 확정 지워 주는 것이라고 할 수 있을 것이다. 비평의 성숙 여부가 정신문화의 척도가 된다는 것은 바로 이러한 이유에서 비롯되어진 것임은 물론이다.

그런데 문학비평은 문예적 차원에서보다도 문학의 연구라고 하는 학문적 차원에서 작품을 분석하고 이해하고 평가하고자 하는 경향을 드러낸다. 문학비평이 넓은 의미에서 문학 연구의 영역을 공유하는 것이라고 한다면, 방법의 수립이 중요시될 수 있다. 방법이란 하나의 목표에 이르는 과정이다. 무질서하게 분산되어 있는 상태의 어떤 대상에서 개별적인 인식을 가능케 해주는 방식이라고도 할 수 있다. 비평의 방법이란 그러나 결정론적 사고방식을 가장 경계한다. 방법이란 방법 그 자체로서의 의미에 국한되는 것이지 결코 그것이 목표가 되지 못하며, 문학비평의 방법이란 그 대상으로서의 작품이 없으면 성립되기 어렵다. 비평의 방법에 대한 다양한 논의는 결국 다시 작품으로 떳떳이 돌아오고자 하는 목표에서 이루어지는 것이다. 그렇기 때문에 문학비평의 확립이란 그 방법론의 모색이 어느 정도 성공적이냐를 따지는 데에서 만족될 수 없으며, 그러한 방법론의 적용이 얼마나 작품의 의미에 활기를 불러일으켜 주느냐에 더 큰 의미를 부여할 수 있을 것이다.

이러한 몇 가지 사실들을 전제하고 볼 때 최근 유종호 교수가 펴낸 세 번째 평론집 『동시대의 시와 진실』(민음사, 1982)은 비평의 방법적 인식과 그 적용의 문제에 있어서 우리 문학의 지적 수준을 한 걸음 내걷게 하는 보기 드문 성과로 주목된다. 특히 다음과 같은 진술을 통해 명시되고 있는 유 교수의 비평적 태도는 무엇보다도 문학과 문학비평에 대한 신뢰감에 충만해 있다는 사실 때문에 더욱 소중한 것으로 받아들여질 수 있을 것이다.

문학이 다른 예술과 마찬가지로 우리 삶의 경험을 조직하고 우리의 삶에 방향을 주는 기능을 다하고 있음에 비추어서, 문학의 이해는 그 문학이 위치해 있는 사회적 관련도를 배제하고 이루어질 수는 없다.
우리의 지적 능력의 한계 때문에 연구와 학습의 분야는 전통적인 학과로 분할되어 있으나 삶과 문화의 현장에서 모든 것은 한 덩어리로 상호 관련 속에서 얽혀있다. 이른바 전문적 분야가 어디까지나 편의를 위한 허구적 분할의 소산임을 의식하고 통합된 전체성을 늘 의식하고 희구하는 속에서 문학비평도 당당한 휴머니즘의 전통 속에 자신을 귀속하면서 성숙해 갈 수 있을 것이다.
한갓 주변적 전문 분야라는 처지를 벗어나서 의젓한 인간 과학으로 성장하기 위해서 우리의 문학비평은 영광의 고립을 피하면서 노력을 잊지 말아야 할 것이다. 문학이 행복의 약속에 기여하지 못하고 인간화된 삶에 대한 지향에 역행할 때 그것은 설 자리를 잃고 타락할 것이다.

문학이 인류의 양심이고 비평이 문학의 양심이란 말은 과장되었을 망정 의미 있는 진술이다. (305쪽)

토착어에 대한 집요한 관심

『동시대의 시와 진실』은 '시의 언어', '산문의 언어', '동시대의 작가' 등 3부로 나누어져있는데, 대부분 문학의 언어와 그것이 구현하고자 하는 삶의 진실을 밝혀내고자 하는 점에 그 의미가 집중되어 있다. 이 중에서 우선적으로 문제 삼을 수 있는 것은 '시의 언어'라는 항목으로 묶인 여섯 편의 논문 가운데에서 「시와 토착어 지향」이라는 첫 번째 글이다. 이 글은 유 교수의 첫 평론집 『비순수의 선언』에 이어지는 것으로 시의 문제, 나아가서는 문학의 형상까지도 모두 모더니티의 이름 아래 이해하고자 하는 우리 문학의 한 흐름에 반성적 계기를 제공해 주고 있다.

문학의 문제, 특히 시의 문제가 결국은 언어의 문제로 귀착된다는 평범한 사실을 유 교수처럼 집요하게 천착해 나가고 있는 경우는 결코 많지 않다. 여기서 말하는 언어란 문학의 본질에 맞닿는 부분이기도 하지만, 유 교수는 우리의 고유한 생활 습성에 젖어 익어 온 순수한 우리말(토착어)과 그것이 포괄하는 의미의 영역에 유별난 관심을 기울여오고 있다. 유 교수에 의하면 토착어란 순수한 우리말인데, 이것은 한자어 또는 외래어와 구분된다. 물론 일상적인 언어생활에서는 지식의 전달이나 의사소통에 토착어와 외래어 또는 한자어는 서로 혼용되어 불편 없이 사용되기 마련이다. 그러나 시와 소설의 경우와 같이 언어를 매체로 한 예술적인 형상화의 경우에는 토착어와 한자어라는 이질적인 요소의 대립은 분명 모종의 문제를 야기하고 있는 것이다. 토착어는 우리의 생활감정에 밀착되어 있는 말들이기 때문에 감화적 호소력을 지닌다. 그러나 생경한 한자어들은 정서적 연상대를 지니지 못한 채 관념어의 영역에 머물러있는 경우가 대부분이다. 「토착어의 인간상」에서 지적되고 있는 이러한 몇 가지 사실들은 「시와 토착어 지향」에서 구체적인 검증의 단계를 거치면서 우리 시를 바라보는 하나의 참조의 틀을 마련하고 있다.

우선 우리의 근대 시가 그 형태적인 속성에 있어서 전통적인 시 형식과 상당한 거리를 두고 발전해 왔다는 사실을 전제할 경우, 시에 있어서의 토착어의 활용 문제는 근대 시가 시적 전통의 맥락 위에 확실하게 접맥될 수 있는 유일한 연관 부분이 된다. 유 교수 자신은 결코 전통이라는 말을 사용하려 하고 있지 않지만, 우리의 근대 시가 전통적인 시가 형식에서 떨어져 나와 그 자체로서의 자기완성을 지향할 경우 가장 두드러지게 드러나고 있는 현상이 바로 토착어의 시적 활용이다. 시의 세련성이라는 것이 결국은 만해, 소월, 상화 등에서부터

1930년대의 시문학파에 이르기까지 토착어의 발굴과 그 세련으로 이어지고 있기 때문이다. 이것을 좀 더 구체적으로 설명한다면 시의 언어는 그것이 쉽고 생활 속에 오랜 역사를 가지고 있으면 있을수록 더욱 호소력을 갖는다. 쉽고 오래된 말들이란 개개인의 의식 속에 오랜 역사를 두고 살아온 말인데, 그것은 가장 구체적인 감각의 영역에 직결되어 있는 것이다. 그러므로 이러한 언어—토착어를 활용한다는 것은 대상에 대한 느낌에 섬세한 감각적 구체성을 부여하는 일과도 통한다. 특히 생각과 느낌의 통합에 있어서도 토착어의 정서적 기능이 작용됨은 물론이다.

그런데 이러한 토착어의 활용이 궁극적으로 도달하게 되는 국면은 문학, 특히 시의 세계에서 가장 긴요하게 요구되고 있는 자연스러움과 직접성을 회복하고자 하는 충동이다. 작위적이고 인습적인 것에서 벗어나기 위해 문학은 언제나 삶의 현실과 그 경험에의 충실성을 중요시한다. 토착어의 지향은 바로 이러한 문학의 자기완성에의 지향과도 상통하는 것이다.

우리의 근대 문화사에서 되풀이하여 충돌해 온 동력의 하나는 토착주의와 반토착 주의 사이의 긴장이었다. 이 두 개의 흐름은 삶의 모든 현상이 그렇듯이 딱 부러지게 구별되어질 수 있는 성질의 것은 아니나 개개 작가에게서, 또 작가의 어느 한 시기에 있어서 어느 한쪽으로의 편향과 경사를 찾아볼 수 있다. 이 두 흐름의 역사적 기능도 딱 부러지게 얘기할 수는 없다. 토착 주의의 언뜻 보아 뚜렷한 보수성이 반토착 주의의 피상적인 진보성보다 사실은 더 미래를 위해 열린 것일 때도 있고, 또 그것이 고스란히 역전되어 나타나는 수도 있기 때문이다. 우리가 주목하는 것은 성공적인 경우 토착 주의가 그 원형을 알아볼 수 없으리만큼 외래적인 요소를 동화 내지는 포용하고 있다는 점이다. 한동안 근대주의 지향의 난해 시가 돌림병처럼 퍼져 가고 있을 때 소월과 같은 토착 주의 시인들이 이해하기 쉬운 것은 그들이 복잡한 현실을 외면했기 때문이라는 의견이 지배적이었다. 알기 쉽다는 것은 자의식의 단순함과 소박함을 나타내는 것이라는 타박이 주로 토착 주의 지향의 시인들에게 겨누어진 것이다. 타박의 내용을 다소 단순화해서 견주어본다면, 그것은 세련된 도시적 감성의 소유자임을 자처하는 사람들이 시골 사람의 순박함을 비웃는 것으로 집약된다. 그러나 많지 않은 세월이 흐른 오늘, 처음부터 소박한 노래를 불렀던 토착 주의 지향의 시인보다 당대의 첨단을 걷노라고 자부했던 시인이 한결 촌스러워 보이고 단순해 보인다는 것은 지극히 역설적이다. 그것은 실패한 근대주의자들이 남긴 수많은 언어의 폐해들을 떠올릴 때 자명해진다. (48~49쪽)

결국 이러한 결론에 입각한다면, 문학이란 우리의 언어를 우리 스스로가 길들이는 작업이다. 언어를 길들이면서 우리의 목소리를 가다듬고 우리의 현실을 가다듬는 것이다. 그러므로 시의 언어 문제에서 보여주고 있는 유 교수의 관심이 토착 주의라는 특정한 경향에 집착되어 있다 하더라도, 그것은 결코 어떤 보수적 지향성이나 유폐된 언어 공간을 고집하려는 태도가 아님은 물론이다. 우리의 정서적 공감대를 형성하고 있는 토착어의 기반에 서있는 문학에서 오히려 삶의 진실성을 충실하게 드러내어 주는 충동을 느낄 수 있다는 것은 너무나 당연한 일인데도 대부분의 사람들에 의해 외면당해 왔던 사실이다. 유 교수는 이러한 토착어 지향의 문제를 새로이 제기하면서 그와 함께 경험에의 충실이란 또 다른 차원의 문제로 자신의 과제를 확대해 나가고 있는 것이다. 소월의 시를 논하고 있는 「임과 집과 길」에서는 기왕의 소월 연구가 보여주고 있는 고정관념의 틀을 벗어나고 있으며, 김수영의 시를 말하고 있는 「시와 자유와 관습의 굴레」에서는 시의 세계에서 포괄할 수 있는 삶의 모습을 한 시인의 다양한 시적 역정을 통해 점검하고 있다. 그리고 「점잖음의 미학——김종길의 시」, 「슬픔의 사회적 차원——신경림의 시」, 「시의 의식화——김광규의 시」 등에서도 시를 시의 자리에 놓고자 하는 노력이 설득력 있게 펼쳐져있는 것이다.

소설, 총체적인 삶

시의 문제가 언어에서 출발하여 경험에의 충실을 통한 자기완성에 도달하는 것임을 천명하고 있는 유 교수의 일관된 논리는 소설을 보는 그의 태도에서도 비슷하게 드러난다. 소설이라는 문학 장르는 그것이 단순한 문학상의 장르 개념이 아니라 가장 포괄적인 문학 활동의 한 양식일 수 있다는 점에서 문제적이다. 특히 근대 시민사회의 성립과 함께 삶의 현실에 밀착되어 온 소설은 그것이 목표해 온 바가 언제나 개인과 사회를 총체적인 삶의 모습으로 보여주고자 한다는 점에서 주목되고 있다. 이러한 소설의 세계를 이해하기 위한 전체적인 관점으로서 유 교수는 리얼리즘의 과정을 하나의 패러다임으로 설정하고 있는 것이다.

'산문의 언어'라는 제목으로 구분되고 있는 제2부의 내용에는 「근대소설과 리얼리즘」, 「소설과 사회」, 「한국 리얼리즘의 한계」, 「소설과 정치」, 「가난·소외·농촌·옛날」 등의 글이 포함되어 있다. 「근대소설과 리얼리즘」에서 볼 수 있는 리얼리즘에 대한 이론적 탐색은 기법과 정신의 양면에서 총체적인 조화를 기하지 못했던 우리 문학사에서의 리얼리즘에 대한 대부분의 논의들을 새삼스럽게 반성해 볼 수 있는 기회를 제공한다. 서구의 근대소설의 발달 과정을 리얼리즘의 형성과 그 쇠퇴의 경로를 통해 전체적으로 조망하고 있는 이 글은 다분히 실증적인 것이지만 서술의 입장이 중도적이라는 점에서 더욱 설득력을 지니고 있다. 이 글에서 우리가 특히 관심을 부여할 수 있는 부분은 리얼리즘의 쇠퇴 과정이다. 19세기 후반기에 대두한 여러 가지 형태의 반계몽주의적 경향은 리얼리즘의 쇠퇴에 결정적인 계기를 마련한다. 중산계급의 자신의 상실과 함께 객관성에 대한 신념마저도 무너지면서 리얼리즘은 퇴조한다. 이와 같은 경향을 소설의 형태에 결부한 다음에 얻어진 조심스러운 결론은 다음과 같다.

리얼리즘의 쇠퇴가 과연 소설 장르 자체의 위기를 예고하는 것인지 또는 모더니즘으로의 발전적인 쇠퇴를 의미하는 것인지 하는 것은 사람에 따라 의견이 다를 것이다. 우리가 확인할 수 있는 것은 리얼리즘에서 떨어져 나간 소설이 전세기(前世紀)의 걸작에 비해서 반드시 상승 곡선을 그리고 있지 않다는 것, 리얼리즘을 대치한 모더니즘이 대체로 비인간화 경향을 가고 있다는 것이다. 그리고 리얼리즘의 쇠퇴가 — 우리는 이것이 전면적인 추세라고 생각지는 않는다. 리얼리즘에의 동경은 아직 많은 작가들의 활력이 되어있다 — 문화적 맥락에서 우리의 주목을 끄는 것은 그것이 사람들 사이의 공동 경험의 축소와 공유 경험의 붕괴 그리고 경험 교환 가능성에 대한 믿음의 상실과 연관되어 있다는 점이다. 그리고 같은 시대의 역사를 살아가는 사람들 사이에서 이러한 현상이 빚어진다는 것이 사람들의 행복에도, 사회의 건강에도 기여하지 못하리라는 점이다. (159~160쪽)

이러한 진단적인 서술은 「한국 리얼리즘의 한계」에서 염상섭의 경우를 통해 특이한 방식으로 검증된다. 물론 염상섭의 경우는 그가 젊은 시절에 보여주었던 탁월한 리얼리스트로서의 활기를 잃고 뒤에 쇠약의 길을 걷게 되었다는 개인적인 실례의 하나에 속하는 것이긴 하다. 그러나 문제는 염상섭에서 찾아지는 것이 아니라 절망적이게 가난하고 구차하고 메마른 삶에서 고양된 삶의 지평을 열어 보이는 문학이 나오기란 매우 어렵다는 사실에 있는 것이다. 지나간 1970년대에 평단의 화제를 모았던 리얼리즘에 대한 논의는 바로 이러한 문제에 입각할 때에 오히려 그 논의의 타당성을 인정할 수 있다. 리얼리즘이란 사실상 서구적인 문예사조의 한 양식이라는 특수 개념으로 이해될 수만은 없다. 이것은 문학 또는 예술의 세계에서 리얼리티의 추구라는 보편적인 정신이며 방법에 속하는 것이다. 물론 인식의 정도나 그 방식에 따라, 또는 목표하고자 하는 가치관의 여하에 따라 속성이 달리 해석될 수도 있을 것이다. 그러나 리얼리티에 대한 신념의 문제만은 언제나 리얼리즘의 핵심이 된다는 점을 간과할 수는 없을 것이다.

'동시대의 작가'라는 제3부의 항목 속에는 황순원, 손창섭, 박경리, 박완서, 이문열의 작품들에 대한 실천적인 비평이 포함되어 있다. 이 글들은 시간적인 순서에 따라 배열되어 있지는 않지만, 유 교수의 분석적인 방법이 일관되게 적용된 것들이라고 할 수 있다. 다시 말하면 문학작품으로서의 소설을 결코 소설의 자리에서 떠나지 않게 하는 방법들이 치밀한 분석을 통해 다양하게 점검되고 있는 것이다. 작품 속에서 어떤 새로운 내용을 추출하는 데 주력하기보다, 우리들이 더 많이 보고 느낄 수 있도록 소설의 세계를 확연하게 제시하고 있다고 하는 것이 더욱 타당한 설명일 것 같다.

비평문학의 양심

문학비평의 현장에서 언어의 논리를 숱하게 배반하기만 해온 필자와 같은 사람에게 가장 절실하게 읽혔던 유 교수의 글은 '산문의 언어'에 포함된 「영미 현대 비평이 한국 비평에 끼친 영향」이라는 논문이다. 우리 문학의 연구에 있어서 전통적인 방법론을 구비하지 못하고 있는 점은 누구나 인정하는 바이다. 그러므로 서구적인 문학 연구의 방법이 수용될 수밖에 없고 그것들이 발전해 온 문화적 토양을 제대로 이해하지 못한 채로 단순한 기술처럼 일방적으로 적용하기에 급급했음은 물론이다. 비평의 방법이 갖는 기능성에만 집착함으로써 서구의 문학에서 얻어진 결과를 우리 문학의 척도로 쉽게 활용하였던 것도 모두 비슷한 실정에서 비롯된 일들이다.

비평이란 이미 앞에서도 인용했던 유 교수의 지적대로 '문학의 양심'일 수 있는 것이다. 우리 문학비평은 우리 문학의 전공자들에 의해서뿐만 아니라 외국 문학의 연구자들에 의해 실험장이 되어왔다. 이러한 현상은 이른바 문화의 다변화라는 측면에서 긍정적으로 수긍될 수도 있으나, 우리 문학의 역사적 의미와 그 지향을 제대로 인식하지 못한 상태에 놓여있을 경우, 자기 조정의 실패는 물론 그 가치 조정에서도 실패하고만 예가 얼마든지 있다. 유 교수가 지적한 것처럼 최재서의 경우가 그러하고, 모더니즘의 주창자였던 김기림의 경우 또한 마찬가지다. 비평의 방법이 비록 그 준거를 외국의 것에 두고 있다 하더라도, 우리 문학은 우리의 삶과 우리의 현실에서 형성된 것이기에 그러한 전체적 연관성을 통해 그 모습을 이해하고자 노력해야 하며, 그러한 주장은 또한 당연한 논리에 해당하는 것이다. 비평의 방법이라는 것이 작품을 보는 방식이라면, 그 방법론의 선택이나 적용은 하나의 세계관을 택하는 일과 다를 바가 없다. 그러므로 다음과 같은 유 교수의 지적은 비평의 세련—문학을 보는 태도의 확립을 위해서 반드시 짚고 넘어가야 할 문제라고 할 것이다.

한 비평 방법의 수용의 척도는 아마도 기본적 공식의 채택과 적용 이상으로 비평 문체의 수준에 의해서 가늠될 수 있을 것이다. 가령 신비평과 같이 문학의 자기 충족적 성격에 대한 믿음이 전제되어 있는 경우엔 더욱 그러하다. 습득된 기술이 대체로 기술의 평준화를 가져오는 것이라면 천편일률의 기계적 처리에 생기와 우아함을 부여하는 문체적 노력이 더욱 요청된다. 인문적 가치란 궁극적으로 삶의 우아함에 기여하는 것이기 때문이다. 한 비평이 대상을 잘 파악하고 있음의 척도는 문체를 통해서 드러나는 비평가의 지적 능력에서도 드러나게 마련이다. 혹종의 비평적인 글들이 청교도적 순수를 내세우면서 문체의 우아함이나 유연성에의 경멸을 표명하는 것은 세련되지 못한 취향의 자기기만에 지나지 않는다. (304~305쪽)

《문예중앙》, 1982. 6)

■ 비평의 궤적

원숙한 비평과 넓혀진 상상력
── 『사회역사적 상상력』

최동호(고려대 교수)

1

　해방 40여 년의 비평의 정신사적 흐름을 조망한 『비평의 주체성 확립을 위하여』에서 나는 앞으로 우리 비평이 나아갈 길의 첫 번째 단계로 열린 비평, 균형 잡힌 비평, 원숙한 비평으로 나가야 된다고 강조한 바 있다. 이번에 간행된 유종호의 평론집 『사회역사적 상상력』은 아마도 이와 같은 비평이 우리 문단에 존재하고 구체적으로 입증하는 예라는 사실을 솔직하게 받아들여야 할 것 같다.
　이 평론집 전체를 관통하는 저자의 유려한 문체, 뛰어난 감식력, 명쾌한 논지의 전개 그리고 고도로 축적된 인문학적 교양 등으로 독자를 사로잡는 비평적 역량은 그가 당대 정상의 평론가임을 실감케 한다.
　『비순수의 선언』(1962), 『한국인과 문학 사상』(공저, 1964), 『문학과 현실』(1975), 『동시대의 시와 진실』(1982)에 이은 『사회역사적 상상력』은 지난 30여 년간 그 자신이 겪어온 비평적 궤적을 확연히 드러내 줌은 물론 그동안 우리 비평이 걸어온 정신사적 도정을 드러내고 있다는 점에서 주목할 만한 저서이다.

유년 시절의 식민지 체험과 해방 직후의 소용돌이, 그리고 6·25동란 후의 정신적 폐허감에서 비롯된 1950년대의 비평가들 중에서 유종호의 비평적 상상력은 이제 30여 년의 비평적 연륜을 축적하면서 넓혀지고 심화되어, 50대 중반의 균형 잡힌 목소리와 설득력 있는 논리로 독자적인 세계를 구축하였다.

2

이 평론집은 크게 1) 변두리 형식의 주류화, 2) 시인과 모국어, 3) 소설과 사회사 등 세 부분으로 구성되었다. 제1부 '변두리 형식의 주류화'에는 「변두리 형식의 주류화」, 「거짓 화해의 세계」, 「급진적 상상력의 비평」, 「문학과 심리학」, 「스타일 분리에서 혼합으로」, 「문학·진실·해방」, 「오늘의 삶과 문화」 등 일곱 편의 글이 실려, 최근 저자의 관심이 어느 면에 쏠려있는가를 단적으로 드러내는 부분이라 하겠다.

20세기의 우리 문학과 그 역사의 이해를 위해서는 여러 가지 접근법이 있을 것이다. 하위 형식의 부상과 변두리 전통의 주류화라는 모형을 따라본다는 것도 무의미하지는 않을 것이다. 오랫동안 한자의 배타적 조직을 통한 시가 주류를 이루고 있던 문학 속에 '한글'에 의존하였던 '변두리 전통이 주류'로 부상했다는 것으로 20세기의 우리 문학사를 요약할 수도 있다. 좀 더 좁혀서는 현대 시의 역사가 변두리 전통의 공고한 주류화 과정이라고 요약할 수도 있다. (13쪽)

이와 같은 관점에서 내간체의 부상으로서 만해의 「님의 침묵」, 민요를 격상한 소월의 「진달래꽃」 그리고 서사적 판소리 가락의 창조적 복원으로 김지하의 담시류, 민요 형식의 시적 격상 운동을 시도하는 신경림, 풍속적 자료를 도입한 서정주의 「질마재 신화」 등을 모두 변두리 형식의 주류화라고 정리한 저자의 시각은 우리 문학의 동적인 변화를 문학의 혁신과 진전의 관점에서 수용한 것으로 충분히 공감을 얻을 수 있을 것이다. 대중문화의 안이함과 위장된 도덕성 그리고 몽매주의의 전파를 날카롭게 지적한 「거짓 화해의 세계」는 「스타일 분리에서 혼합으로」와 짝을 이루면서 변두리 형식의 주류화라는 저자의 관심을 특색 있게 집약해 주었다.

마르크스주의 문학비평을 다룬 「급진적 상상력의 비평」과 심리 비평의 문제를 다룬 「문학과 심리학」은 개념의 혼란이나 오해를 불식해 주는 동시에 기본 개념의 적확한 소개로서 저자의 이론 비평가적 면모를 새롭게 드러낸 것이라 하겠다.

이 평론집에서 저자 특유의 비평적 감성과 날카로운 통찰력을 실감케 하는 것은 제2부이다. 제2부는 「시인과 모국어」, 「시와 진실」, 「시와 구비적 상상력」, 「낭만적 우울의 변모와 성숙」, 「난폭 시대의 시적 반응」 등 다섯 편의 글로 구성되어 있다.

「시인과 모국어」에서 저자는 "모국어 없는 시인은 시인일 수 없다. 한 사람이 시인이 되는 것은 모국어 속에서 모국어와 함께이다. 외국어 속에서 시인은 시인이기를 그쳐버린다."(146쪽)고 말하면서 서정주의 「자화상」, 「꽃」, 박두진의 「향현」과 「어서 너는 오너라」 등의 시가 번역이나 외국어 속에서 얼마나 어색한 것이 되어버리는가를 명석하게 밝히고 있다. "민족어가 세계를 바라보고 경험을 해석하는 하나의 특수한 방식이라면 시는 감정의 세련을 방향 지어 주는 주요한 활력이다. 외국어로 '생각하기'는 가능하나 외국어로 '느끼기'는 어렵다는 사실을 여기서 다시 상기해 보는 것이 중요할 것이다."(158쪽)라는 그의 목소리는 깊고도 자신감 있게 들려온다.

「시와 구비적 상상력」은 제1부 '변두리 형식의 주류화'와 연결되는 글로서 1980년대 중반의 시단 동향을 날카롭게 지적한 것이다. 예민한 현장 비평가로서의 시각의 참신함은 물론 특이하게 돌출되어 나오는 것은 '옛것의 새로움'이 저자의 시각에 수용되고 있다는 점이다. 1950년대 후반의 전통 단절이나 부정의 시대에서 30여 년의 세월의 축적과 사회의 변화, 그리고 문학적 역량의 고조로 인하여 저자 스스로 적극적이며 능동적으로 비평적 자기 혁신을 성취하고 있음을 시사하는 부분이라고 할 것이다.

이러한 관점에서 저자와 거의 동년배의 시인 황동규의 시를 논한 「낭만적 우울의 변모와 성숙」은 주목할 만하다. 황동규의 시적 성숙과 저자의 비평적 성숙은 동궤의 것일 수도 있다는 생각이 들기 때문이다. 황동규의 시 「기항지」에 대한 저자의 분석은 날카롭다. "이 작품의 주조는 시각이다. '바다 앞의 집들을 흔'드는, '한지의 바람'조차 얼마나 조용하게 느껴지는가. 그것은 '조용한 마음'의 시각이 다른 감각을 압도하고 있기 때문이다."(204쪽) 등은 물론 "작품이 발표된 지 10여 년 후에 이문열의 「그해 겨울」이라는 중편이 나왔다."(205쪽)는 지적은 흥미롭다고 할 것이다.

> 우리가 유념하고 싶은 것은 '사회적 차원'이 사상된 사사로움의 인간 파악이 인간의 왜소화로 끌려갈 수도 있다는, 우리가 잘 알고 있는 사실에 관해서이다. 우리는 또한 지속적인 성숙이 인간 현상의 전체적이고도 넉넉한 조망에 의해서 깊어진다는 것도 강조하고 싶다. 이 전체적 조망 속에서 발견한 '통찰'이야말로 우리가 숭상하는 '지혜'의 요체일 것이다. (214쪽)

약간 굽어보고 있는 듯한 시각을 취하고는 있지만, 황동규에 대한 저자의 이와 같은 지적은 아마 저자 자신에게도 해당되는 것이리라. 사회적 차원의 문학적 상상력이야말로 종래의 저서와 구분되는 저자의 시각이라는 점은 물론이거니와 지혜와 통찰이란 덕목이 비평가적 성숙이라는 점에서 특히 눈길을 끈다는 사실을 지적해 두고 싶다.

최승호의 시를 논한 「난폭 시대의 시적 반응」에서도 또한 "모더니즘 속의 도시는 생활의 터전으로서의, 혹은 생존경쟁의 현장으로서의 도시라기보다는 서구 동경을 부추기는 하나의 기호였다는 측면이 강하다. 그것은 역사적, 사회적 차원이 사상되고 희석된 도시였다."(215쪽)고

하여 시와 삶을 바라보는 저자의 일관된 관점을 읽을 수 있다. 그러나 저자 특유의 관점이 발휘되는 것은 시「공터」에 대한 명민한 통찰에서다. "'하늘의 빗방울에 자리를 바꾸는 모래들'을 경탄스럽게 재경험한 독자들은 아마도 세계에 대한 새로운 감응 태세를 스스로에게 다심하게 될 것이다."(226쪽)라는 지적은 난폭 운전 시대의 비인간화 속에서 저자의 비평적 감수성이 생동할 수 있는 힘을 얻게 되는 이유를 확인시켜 준다.

제3부 소설과 사회사에는「소설과 사회사」,「결혼의 사회 경제적 기초」,「삭막한 삶과 압축의 미학」,「능란한 이야기 솜씨와 관념적 경향」,「마술적 리얼리즘」등 다섯 편의 글이 묶여있다.「소설과 사회사」와「결혼의 사회 경제적 기초」는 각각 염상섭의 소설「이심」과「모란꽃 필 때」를 사회사적 시각에서 다룬 것이다. "문학사를 통한 사회사의 조명 그리고 사회사를 통한 문학사의 조명과 같은 상호 조명은 매력적인 분야"(235쪽)라는 저자의 논리는 "엄격히 따져 모든 사회적 사실도 역사적 사실이며 또 모든 역사적 사실은 사회적 사실"(239쪽)이라는 주장에 이른다. 그러나 작품 해석에서 순진 가련한 여주인공의 파멸을 "통속적인 독자 유인책으로 해석해서는 안 된다."(248쪽)라든가 "식민지의 수탈 구조에 대한 평행적 조응으로서 진정성의 뼈대를 갖춘「이심」은 염상섭의 참으로 유쾌한 실패작"(255쪽)이라는 지적은 선뜻 동의하기 어렵다. 뿐만 아니라 "염상섭은「모란꽃 필 때」를 통해서도 가장 믿음직스럽고 허황하지 않은 근대 작가의 한 사람"(267쪽)이라는 결론 또한 소설에서 사회 비판만이 지나치게 강조되고 있는 것이 아닌가 하는 느낌을 부인하기 어렵다.

오히려 소설에 대한 저자 특유의 비평이 발휘된 것은 서정인의 단편을 다룬「삭막한 삶과 압축의 미학」이다. "세상 읽기와 소설 읽기 사이의 지혜로운 균형"(270쪽)의 관점에서 "서정인의 정연하게 압축된 고전적 질서의 작품 세계에서 요망되는 것은 사회 현실이 생성하고 변혁되고 발전하는 참다운 의미의 역사의 지평일 것이다. 이 역사의 지평 위에서 비로소 삭막하고 공허한 나날의 삶은 새로운 의미로 충일될 수 있을 것"(283쪽)이라는 논리는 자연스럽게 수용된다.

그러나 누가 이 역사의 지평에 설 수 있을 것인가. 지금 여기에서 우리가 살고 있는 시대는 그러한 역사의 지평을 개진하기 위해 고통스럽게 노력하고 있는 시대일 것이다. "대부분 1980년대에 써진 것들이다. 그 어느 때보다도 글쓰기에 곤혹스러운 시기였다. 종교를 가지고 있지 않은 처지에서 민족의 좌절과 인간에 대한 믿음의 흔들림은 계속적인 충격이었다. '캄캄한 밤에도 노래가 있는가? 아무렴. 캄캄한 밤에는 어둠의 노래가 있지 않은가'라고 스스로 번안한 시구로 겨우 노여운 무력감을 달래었다."('책머리에')와 같은 자서가 지니는 참담한 고백이 바로 새 역사의 지평에 서고자 했던 저자의 비평가적 고뇌였음을 우리는 함께 기억해야 할 것이다.

3

전체적으로 이 평론집에서 돋보이는 것은 사회역사적 상상력에로의 비평적 관점의 확대이다. 그러나 더욱 중요한 것은 저자가 새삼 깊이 드러내고 있는 모국어에 대한 깊은 사랑이며 이는 옛것의 새로움을 발견하는 동시대적 문화적 역량의 동적인 확충을 포용하려는 적극적인 자세에서 비롯된다는 점이다.

이로 보아 말하자면 저자는 이 평론집을 통해 영문학을 전공한 비평가로서 김기림, 최재서 그리고 송욱이 누리지 못했던 독자적인 영역을 차지하게 되었다고 말할 수 있다. 외국 문학에 대한 지식이 광내기 문화의 추수주의가 아니라 모국어에 대한, 그리고 모국 문학에 대한 헌신이라는 기본명제를 되살려 볼 필요가 있다.

평론집 『비순수의 선언』의 도처에서 접할 수 있었던 1950년대의 페시미즘적 사고에서 1980년대 후반의 역사적 지평에로의 비평 영역의 확대와 심화는 앞으로 우리 비평의 전진로를 새롭게 열어준다는 점에서 『사회역사적 상상력』은 커다란 의의를 갖는 평론집이라고 할 수 있다. 사려 깊고 세련된 그의 비평은 끝까지 읽어 젖히지 않으면 책을 놓지 못하게 한다는 가르시아 마르케스의 『백년의 고독』처럼 비평의 즐거움을 일깨우면서 끝까지 읽지 않으면 결코 책을 덮지 못하도록 뛰어난 설득력을 지니고 있다는 사실은 아마 누구도 쉽게 부인할 수 없는 유종호 특유의 비평적 매력이라 믿는다.

《문학정신》, 1988. 3)

■ 비평의 궤적

솜씨 좋게 제기된 한국 문학의 문제들
─『사회역사적 상상력』

이상섭(문학평론가)

　유종호 씨는 외국 문학을 전공하고 외국 문학을 가르치면서 현역 평론가로 활동하는 적지 않은 인사들 중에서 가장 먼저 평단에 나온 이의 하나이다. 외국 문학을 전공하였다는 것이 반드시 평론가의 자질을 보장한다든가 특별한 능력을 더하여 주는 것은 결코 아님을 우리는 자주 목도하는 바이지만 유종호 씨는 외국 문학─세계문학에 대한 체계적 지식을 깊이 내면화하여 한국 문학의 문제들을 솜씨 좋게 제기하고 다룰 수 있는 아주 적은 수의 본격 비평가의 하나이다. 그의 평문들에서 우리는 외국 문학자의 냄새가 가시지 않은 어눌한, 또는 이유 없이 고압적인 말투를 전혀 느낄 수 없다. 그가 평생 영문학을 가르치는 이라는 사실을 알면 놀라워할 사람도 적지 않을 것이다. 그는 가장 '국문학 교수 같은' 영문학 교수 평론가이다.
　여기 실린 글 중에서 유종호 씨가 가장 고심하여 쓴 글은 「급진적 상상력의 비평」일 것이다. 외국 문학자답게 그는 외국의 많은 연구서들을 세밀히 참고하여 마르크시스트 문학론의 기본 개념들을 비판한다. 그렇다. '비판한다.' 그는 매우 온화한 말씨로 문제성을 암시하고 말려는 듯이 들리려고 하지만, 실상은 아주 날카롭게 비판하고 있는 것이다.

마르크스가 왜 노예제도의 기초 위에 설립되었던 그리스 예술을 찬양할 수밖에 없었는지, 왜 마르크시스트들은 귀족주의가 탄생시킨 고전 예술, 근대 예술, 셰익스피어, 괴테를 배격할 수 없는지는 이념론자들의 숙명적 특기인 합리화의 과정을 복잡다단하게 하는 동안에 모순과 자가당착을 슬쩍 호도하여 넘기지 않고서는 설명할 수가 없다. 전형, 리얼리즘 등의 이론에서도 마찬가지이다. 반동적 정치사상을 가졌다던(그게 확실한가? 그의 '반동성'은 과장되었던 것이 아닌가? 또는 날조되었던 것은 아닌가?) 발자크가 자기 자신도 모르는 사이에, 자기 자신의 의도에도 불구하고 사회주의 리얼리즘을 완성한 작가가 되었다고 해석한 루카치도 자기 자신의 의도에도 불구하고 19세기 문학의 주류에 대한 그의 어쩔 수 없는 애호를 이념적으로 변명하기 위하여 리얼리즘이라는 편리한 매개를 발명한 것이 아닌가? 리얼리즘의 뜻이 그처럼 애매모호하면서도 편리한 용어가 된 것은 루카치 덕분이다. "'리얼리즘의 승리'는 그러나 지난날의 대가들을 진보주의의 계보 속으로 편입시켜 진보주의의 전통을 강화하려는 문화적 전략의 일환이다."라고 유종호 씨는 날카롭게 지적한다.

'전형'의 개념도 '사상경찰'로서의 이념론자들의 편리한 도구가 된다. '사과'보다는 '과일'이 더 전형적이겠지만, 문학에는 '사과'가 훨씬 더 중요하다. 뿐만 아니라 그냥 '사과'보다 '빨간 사과'가 더 중요하다. 아마 '빨간 사과'보다도 '크고 싱싱한 먹음직스러운 빨간 사과'가 더 중요할 것이다. 전형성에서 자꾸 멀어져가는 것이다. 그러나 '사과'라는 개념이 살아있는 한 그것은 전형성, 일반성, 대표성을 결코 잃지는 않는다. 전형성은 이념에 앞서서 의미론적으로 해명되어야 한다. 카프카를 싫어해야 하는 이유가 그의 반리얼리즘, 반전형성이라고 주장하는 마르크시스트나, 카프카를 좋아해야 하는 이유도 바로 그의 리얼리즘, 전형성이라고 주장하는 마르크시스트나 꼭 같이 언어유

희를 하는 셈이다.

그러나 유종호 씨는 물론 온당하게, 마르크시스트 문학론을 매도하려고 이 중요한 논문을 쓴 것은 아니다. 그는 우리 시대에 강력한 발언권을 가진 그 이념이 적시하는 문학과 사회의 문제적 관계를 심각히 숙고할 것을 거듭 강조한다. 매우 귀한 태도이다.

「변두리 형식의 주류화」, 「스타일 분리에서 혼합으로」, 「시와 구비적 상상력」 등의 평문에서 유종호 씨는 오늘날 이른바 고급 문학, 고급 장르, 고급 문체들의 와해를 우리의 모국어의 승리라는 '문학 정치적' 이유로 환영한다. 한글 투의 우위 확보는 한국 문학의 '정치적' 성숙을 뜻한다고 보는 것이다.

염상섭의 대작들에 대한 세 편의 글은 유종호 씨의 사려 깊은 이해심의 아낌없는 발휘에도 불구하고 그 작품들의 독자들을 증가시킬 것 같지는 않다. 가르시아 마르케스의 『백년의 고독』이 리얼리즘의 승리를 보여주는 작품이라는 평은 즐거우면서도 의심을 낳는다. 그 작품의 독특한 질을 칭찬하기 위하여 하필 '마술적' 리얼리즘이라는 기이한 용어를 사용해야 하는가? '리얼리즘'은 편리한 칭찬의 말에 불과한가? 카프카를 좋아하는 사람은 카프카를 '표현주의적 리얼리즘' 작가라고 하면 되는가?

유종호 씨는 문학에서 관념 노출이 의심되는 경우는 언제나 예민하게 지적하며, 따라서 당연히 세목들에 의한 구체화를 강력히 요청하며, 배제 아닌 포괄의 원칙을 거듭 천명한다. 그만큼 그는 정통 영미 비평의 장점들을 수용하고 있다고 보겠다.

(《한국문학》, 1988. 4)

■ 비평의 궤적

문학개론의 새로운 모습
—『문학이란 무엇인가』

곽광수(서울대 교수)

1

어느 학문 분야에서나 훌륭한 개론서를 쓰기는 쉽지 않은 일일 것이다. 개론서란 입문자들을 위한 것인 만큼, 그 저자는 우선 해당 학문 분야 전체를 보여주기 위해서 그 분야 전체에 대한 넓고 깊은 지식을 갖추고 있어야 하겠고 거기에 제기되고 있는 쟁점들에 대한 상반되는 입장들을 형평스럽게 다룰 수 있는 절도를 지니고 있어야 하겠다. 그리고 그 지식과 쟁점들을 평명하고 흥미 있게 개진할 수 있어야 하겠고 또 그것들이 구체적으로 이해되도록 풍부하고 비근한 예들을 들어 분석해 줄 수 있어야 하겠다. 꼭 필수적인 것은 이 정도로 갖추어지는 셈이겠지만 그 위에, 절도를 잃지 않으면서도 저자 자신의 해당 학문에 대한 비전을 보여주고, 특히 문학개론서일 경우 저자의 품격을 보여주면서 독자들의 독서 취향을 자극하는 문체를 구사한다면, 금상첨화라고 하겠다. 이번에 간행된 유종호 교수의 『문학이란 무엇인가』를 이미 읽은 독자라면, 방금 열거된 훌륭한 개론서의 조건들을 보고 내가 단순히 바로 이 책을 묘사하고 있는 게 아닌가라는 느낌을 가질 것이다. 사실 그렇다. 유 교수의 이 책을 읽고 나는 내 독서 체험으로는 대학 시절에 읽었던, 그 당시 서울대학교 문리과 대학에서 신화적인 명강의로 이름을 드날렸던 고 박종홍 교수의 『철학 개론』 다음으로 접하는 훌륭한 개론서라는 생각을 한다.

특히 유 교수는 '책머리에'에서 스스로 언급하고 있듯이, 자신의 큰 즐거움이었던 문학 체험에 비추어 이 개론서의 독자들도 그러한 큰 즐거움을 체험할 수 있도록 그들을 유도하게끔 집필하려고 유념했던 것 같으므로, 아주 흥미 있게 읽힌다는 것이 이 책의 돋보이는 장점이다. 저자 스스로는 이와 관련짓지 않고 달리 언급하고 있는 바이지만, 이 책에 일정한 순서가 없다는 사실도 기실 이와 관련지을 수 있는 게 아닐까 한다.

2

어쨌든 이 책에는 순서가 없다. 여전히 저자가 언급하고 있는 바이지만, 이 책은 문학 연구에 있어서 의미와 해석 부분을 주로 다루고 있는데, 가장 흔한 쟁점 하나씩을 각 장의 주제로 하여 그것을 밝혀 보이는 방식으로 집필되어 있다. 따라서 쟁점 중심으로 집필할 때의 어려움이겠는데, 이 책의 많은 장들에 있어서 그것들을 문학 연구의 어떤 체계를 이루는 범주들의 어느 하나에 정확히 대응시키기는 힘들지만 문학의 본질에서부터 문학 연구의 서지적인 측면에 이르기까지 광범위한 문제들이 다루어져있다.

그러나 돋보이는 것은 저자의 그러한 박람보다는 상반된 견해들에 대한 형평스러운 태도이다. 이러한 태도는 이 책 전체를 통해 감지되지만, 인상적인 예의 하나로 고대 비극의 영웅적인 주인공에 관한 언급을 들기로 하자.

공중 앞에서 상연된다는 외면적 형식에서 본다면 민주적이지만 영웅전설이나 영웅적 비극적 생활감정이라는 점에서는 귀족적이고, 따라서 비극은 아테네 민주제의 사회구조가 대표하고 있는 모습을 잘 드러내고 있다고 한 예술사가는 지적하고 있다. 이것은 정곡을 찌른 설득력 있는 견해라고 생각된다. 그러나 비극이 발휘하는 호소력의 일단이 귀족적인 칼로카가디아[善美]의 화신인 개인, 평균 이상의 고귀한 인간을 기준으로 하고 있다는 점에서 발견된다는 것도 어김없는 사실이다. 칼로카가디아의 이상이 특수 신분에게나 가능했던 이념이라는 사실이 그 이념의 가치를 손상시키는 것은 아니다. (287쪽)

이 언급이 인상적인 것은 그것에 다음과 같은 결론이 뒤따르고 있기 때문이다.

 희극에 대한 비극의 상대적 우월성과 그 영속적인 호소력은 그 자체가 인간의 가능성에 대한 믿음직스러운 긍정의 증거라고 해야 할 것이다. (287쪽)

인간의 영웅적 가능성을 말하는 것은 유 교수의 낭만주의적인 측면을 보여주는 것이라고 하겠는데, 뒤에 언급되겠지만 이 책에 알게 모르게 표명되어 있는 저자의 문학에 대한 전체적인 비전과 관계되는 것이다.
유 교수의 비평 활동에서 가장 탁월한 측면은 실제 비평이라는 점에 누구나 동의할 것이다. 이 책에서도 가장 탄복할 만한 측면은 다루는 쟁점을 해명함에 있어서 구체적인 작품의 예를 들어 분석하는 과정이다. 이 경우는 분석 대상의 선택이 완전히 자유롭게 이루어지기 때문에 그 선택의 적절성도 경탄스러운데, 그것은 저자의 많은 독서 체험만이 가능케 할 수 있었던 것일 것이다. 「문학 텍스트의 확정」을 논하는 자리에서 정지용의 「고향」의 둘째 연 "산꿩이 알을 품고/뻐꾸기 제철에 울건만"의 퇴고 과정에 대해 그는 이렇게 논평하고 있다.

1932년 발표되었을 때는 "뼈꾹이 한창 울건만"으로 되어있었는데 1935년의 『정지용 시집』에는 "뻐꾸기 제철에 울건만"으로 고쳐졌다. '한창'과 '제철에' 사이의 차이는 작다면 작지만 굉장히 큰 것이다. '한창'은 너무 흔하고 또 누구라도 쓸 수 있는 말이다. '제철에'는 흔히 쓰이되 과일이나 농작물이 아닌 새소리에 연결시킨 것은 창의적인 언어 구사라고 생각된다. 또 "그리던 고향이 아니러뇨"나 "마음은 제 고향 지니지 않고" 이하의 시행과의 대조를 돋보이게 해서 '한창'보다 훨씬 효과적이다. '한창'을 '제철에'로 고친 것은 시인의 언어 감각에 대한 우리의 신뢰를 두텁게 해주는 명수의 솜씨이다. (19쪽)

정녕 비평으로서 '명수의 솜씨'라고 여겨진다.
훌륭한 비평가가 갖추어야 할 일반적인 자질들을 언어에 대한 감수성(특히 시에 있어서), 많은 독서 체험, 작품에 대한 절도 있는 거리 등으로 생각해 본다면, 그러한 자질들을 유 교수만큼 고루 갖추고 있는 이가 드물 것 같다. 특히 시의 경우 나는 유 교수의 앞 저서 『사회 역사적 상상력』을 서평하면서 "시는 이렇게 읽어야 한다는 것을 보여주는 전범이라고까지 말하고 싶어진다."고 말한 바 있는데, 이 책에서도 거듭 확인되는 느낌이다.
위에 든 논평은 유 교수의 언어에 대한 감수성을 보여주는 것이지만, 그것은 달리 말하자면 이 책에서 한 장으로 다루어져 있는 러시아 형식주의에서 주장된 이른바 '낯설게 하기'라는 문학 언어관의 비평적 실천이기도 하다. 농작물에 흔히 쓰이는 표현인 '제철에'를 새소리를 두고 씀으로써 야기된 미묘한 '낯설음'을 지적한 것이다. 문학 언어가 묘사 대상에 대한 새로운 비전, 강렬한 인상을 창조한다는 사실에 대한 깨달음에서 슈클로프스키에 의해 제안된 '낯설게 하기'의 문학 언어관은, 널리 알려진 바대로 그 후 트냐노프에 의해 낡은 문학 언어와 새로운 문학 언어 사이의 거리감을 가리키는 것으로도 외연적 확장을 얻게 되는데, 그리하여 역설적이게도 러시아 형식주의를 뒤이어 받은 구조주의로 하여금 자체에서 확립된 문학작품의 내재성, 문학의 과학을 필경 벗어나서 후기구조주의(poststructuralisme)로 넘어가게 하여, 다시 문학에 역사성이 복원되게 되는 계기가 된다. 즉 문학사를 이루는 문학작품들의 변화는 앞선 문학 전통에서 '낯설게 됨'으로써 이루어지는 것이다. 이것은 달리 말해 한 작품의 독창성을 가늠하기 위해서는 같은 문학 전통의 앞선 작품들을 잘 알아야 한다는 뜻이기도 하고, 또는 전자는 후자들과 언제나 암암리의 관계를 맺고 있다는 뜻이기도 하다. 패러디라는 것은 그러한 관계를 일부러 드러내는 대표적인 예인데, 이와 같이 그러한 관계를 의식적이고 적극적인 문학적 효과로 이용하는 언술이 이른바 다가적(多價的) 언술(discours polyvalent)이다. 이 책에서 이루어지고 있는 작품 분석의 예들 가운데 탁월한 한 무리가 바로 문학 언어의 이러한 국면에 바쳐져있다는 것은 흥미 있는 일이다. 「영향·모작·수용」을 다루고 있는 장에서 나오는 예들이 그런 것들이다. 그리고 그것들은 유 교수의 많은 독서 체험을 보여주는 것이고, 그래 위에서 들린 비평가의 일반적 자질들 가운데 둘째 번 것을 그에게서 증거하는 것이기도 하다. 다가적 언술은 전통적으로 인유라고 하는 것인데, 조지훈의 경우에 대한 논평을 읽어보기로 하자.

    어떻게 보면 조지훈은 고전의 인유를 교묘히 활용한 시인이다. "다정하고 한 많음도 병인양하여/달빛아래 고요히 흔들리며 가노니"란 「완화삼」의 구절이 "다정도 병인 양하여 잠 못 이뤄 하노라"에 의존하고 있음은 누구의 눈에나 분명하다. (……) 배꽃 핀 달밤에 잠 못 이루는 옛 선비와 나그네가 중첩되어 시의 의미를 불려놓고 있다. (……) 이조년의 시조를 상기하는 시 전통에 대한 지식이 이 작품의 음미에 필요하다는 것(을) 확인할 수 있다. (330~333쪽)

'낯설게 하기'의 문학사에의 적용은 기실 실증주의 비평에서 이루어져왔던 작가들 사이의 영향 관계에 대한 연구와 같은 범주의 작업이다. 정지용의 후대 시인들에 대한 영향에 관한 유 교수의 언급은 이러한 연구에서 필수적인 그의 빈틈없는 탐구, 확인의 태도를 잘 보여준다. 박목월과 조지훈의 시편들에 나오는 '신라 천 년'의 이미지라든가, 그 후대에 널리 쓰이게 된 '사'라는 특수 조사 등이 정지용의 시에서 최초로 나오는, 그의 발명이라는 것을 나로서는 이번에 유 교수의 글을 통해 처음으로 알았고, 이상이 언급했다는 정지용의 "검정콩 푸렁콩을 주마"라는 시행이 정지용의 시에서 필경 발견되었다는 이런 것들은 모두 그의 그러한 태도를 잘 보여준다.

 유 교수가 비평 대상 작품에 대한 절도 있는 거리를 잘 지킨다는 것은 내가 그의 비평집 『동시대의 시와 진실』을 서평하며 지적한 바 있지만, 그의 고전주의적인 측면을 이루고 있는 절도는 앞에서 말한 바 있듯 문학의 여러 쟁점들을 해명하는 데도 발휘되어 있고, 작품 분석에도 사정은 마찬가지이다. 여전히 정지용의 시편에 대한 분석에서 예를 가져온다면, 김동석이 「시와 자유」라는 글에서 정지용의 「카페 프란스」의 마지막 연 "오오, 이국종 강아지야/내 발을 빨어다오./내 발을 빨어 다오"를 두고 '이국종 강아지'를 카페 프란스의 일본인 여급을 가리키는 것으로 해석한 것에 대해, 유 교수는 이렇게 반론하고 있다.

 (……) '이국종 강아지'가 과연 일본인 여급을 가리키는 것이냐 하는 것은 매우 의심쩍은 일이다. (……) 한 편의 시로 이 작품을 대하는 독자에게 '이국종 강아지'는 우선 문자 그대로의 강아지로 읽는 것이 자연스러울 것이다. 지체 없고 나라 없는 가난한 청년이 기껏 강아지에게서나 위안을 받으려는 심정을 토로하고 있다고 보는 편이 훨씬 시의 맥락에 충실한 해석이다. 일인 여급을 '이국종 강아지'라고 부르는 은유는 자연스럽지도 적절하지도 않다. 불빛에 비치는 밤비를 "뱀눈처럼 가늘다"고 표현하고 있는 정지용의 감수성과 조화되지도 않는다. (128쪽)

이론의 여지 없는 설득력을 가진 반론이다. 이것은 과도한 '읽어 넣기'를 절제하는 노력의 결과이다.

이상으로 쟁점들의 해명을 돕기 위해 제시된 작품 분석들의 탁월함을 말했는데, 아마도 이 짐에 있어서 이 책이 단순한 개론서를 넘어 훌륭한 비평서의 가치를 가지는 것으로 남게 되리라고도 말해도 좋을 것이다.

마지막으로 이 글의 첫머리에 든 훌륭한 개론서의 조건들 가운데 마지막의 금상첨화적인 조건을 두고 말해 보기로 하겠다. 유 교수의 문체에 관해서는 이전에 말한 적이 있으므로 지나가기로 하고, 문학에 대한 유 교수의 전체적인 비전에 관해 간단하게 언급하기로 한다.

유 교수가 바탕에 있어서 열정적인 낭만주의자이나 언제나 고전주의적인 틀을 잘 유지하며 지드와 카뮈가 훌륭한 문학을 정의하여 "제어된 낭만주의"로서의 고전주의라고 한, 바로 그러한 고전주의에 이른 고전주의자라고 나는 이전에 말한 바 있는데, 그러한 고전주의는 필경 절도 있는 인문주의로 귀결되는 것 같다. 그는 인간의 가치와 가능성을 영웅적으로 믿으려 하지만(우리들은 위에서 비극의 가치에 관한 그의 언급을 본 바 있다.), 또 결코 환상에 빠지지도 않는다. 그리하여 그는 문학에 인간화 기능을 기대하지만 그렇다고 해서 문학에 모든 것을 걸지도 않는다. 「문학 공격과 문학 옹호」에서 그는 이렇게 말하고 있다.

(……) 우리는 문학 옹호론의 반증적 실례를 적잖이 가지고 있다. 아우슈비츠 이후 시 쓰는 일이 불가능해졌다는 유명한 말이 있지만 아우슈비츠를 방지함에 있어 상상력의 교육이 실제적 효과를 내지 못했다는 것이 너무나 명백하기 때문이다. 20세기 최대의 조직화된 야만 주의가 바로 문명의 한복판, 인문적 전통의 숭상을 특징으로 하는 나라에서 나왔다는 사실은 누구도 부정하지 못한다.

그렇다고 우리가 문학의 인간화 능력을 송두리째 부정하는 것은 옳지 않다. 상상력의 교육이 거대하고 선풍적인 야만 주의 앞에서 무력한 것은 사실이지만 한편으로 이 세상을 살 만하게 하는 것은 조그만 선의와 인간다운 특징들이다. (247~248쪽)

 (……) 단칼로 낙원이 성취되거나 일거에 사해동포가 실현되지 않는 한 조그마한 선의와 그 축적은 소중한 것이다. 인류의 역사가 결함 많은 대로 보다 사람다운 삶을 향해 걸어온 곡절 많은 더딘 걸음이었다면 그것은 인간 선의의 축적된 노력의 결과일 것이다.(……)
 문학 옹호의 일환으로서의 인간화 기능의 지적은 극히 허약한 변론이라고 말할 수 있다. 그럼에도 불구하고 그 이상의 설득력 있는 변호론이 쉽사리 나올 것 같지도 않다. (249쪽)

이 책의 젊은 독자들 가운데 문학의 절대적인 가치와 무한한 힘을 믿으려는 열렬한 문학 지망생들이 많이 있겠지만, 문학의 가치와 힘의 참모습이 정녕 절대적인 것일 수 있을지에 대한 성찰의 계기를 유 교수의 이러한 언급들에서 찾아볼 수도 있으면 좋지 않을까?

(《세계의 문학》 1989년 가을 호)

■ 비평의 궤적

언어와 리얼리즘적 관점
―『현실주의 상상력』

박철희(문학평론가)

1

　근자 다투어 출간되는 문학 선집 중에서 우리는 유종호의 평론선 『현실주의 상상력』을 골라 기념하지 않을 수 없다. 그만큼 이 책은 그동안 발표한 평문을 단순히 집성하는 데 그치지 않고, 작자 자신이 손수 뽑은 것이기에 앞으로 새로운 평문이 추가되지 않는 한, 현재로서는 그의 비평적 편력 과정을 이해하는 데 가장 유력한 결정판이라고 할 만하다. 그의 첫 출발인 「언어의 유곡」, 「산문정신고」를 비롯하여 「시와 토착어 지향」, 「임과 집과 길」, 「근대소설과 리얼리즘」 등을 거쳐 최근의 「소설과 사회사」에 이르는 그의 중요한 평문이 모두 실려있는 것이다.
　『비순수의 선언』, 『문학과 현실』, 『동시대의 시와 진실』, 『사회역사적 상상력』 등 그동안 나온 평론집이 말해 주듯이 그의 비평 30년은 그 누구보다 문단 일선에서 많은 비평 활동을 했을 뿐만 아니라, 그때마다 개인적인 비평적 성취를 넘어서 동시대 한국 문학의 성찰을 위한 모범을 보여주었다. 그의 비평이 좁은 의미에서 1950년대 이후 비평사적 위치만을 차지한 것은 아니다. 오히려 그는 근자에 와서 동시대 다른 비평가와 비교할 때 어느 누구 못지않게 활발하고 거듭 나는 현역으로 활동하고 있다. 그런 점에서 이 책은 개인적인 차원에서는 비평 30년의 중간적 점검이지만, 1950년 이후 한국 비평의 흐름에서는 하나의 의미있는 매듭이 되어준다.

'초기 평론', '시인과 모국어', '근대소설과 리얼리즘' 등의 항목으로 이루어진 이 책 『현실주의 상상력』은 언뜻 보면 각 항목이 각각 다른 항목처럼 보이지만 실은 각 항목이 서로 긴밀한 관계를 맺고 유기성을 확보한 것은 그 자신의 계획된 의도가 아닌가 추측된다. '초기 평론'에서 표방한 언어에 대한 관심과 산문정신은 그 후 '시인과 모국어', '근대소설과 리얼리즘'에서와 같이 그의 비평의 변함없는 준거가 되어준다. 그의 비평 30년을 통하여 핵심을 이루는 모국어에 대한 애정이나 리얼리즘적 관점은 「언어의 유곡」, 「산문정신고」 등 '초기 평론' 속에 이미 싹트고 있었다고 해도 과언이 아니다. 그러한 싹들이 그 후 어떻게 자라서 가지 치고 열매 맺는가가 그의 비평 30년의 궤적이다. 그의 비평은 한결같이 언어와 그것이 구현하는 삶의 진실을 밝히는 데 있었다. 삶을 어중간한 화해적 자세로 바라보고, 그럼으로써 삶의 의미를 적당히 호도하는 언어를 그는 정면으로 거부한다. 산문정신이란 전면적 진실의 추구와 표현이다. 산문정신과 거기서부터 나오는 깨어있는 의식만이 삶을 호도한 의미를 밝혀내고 나아가 삶의 변모에 긍정적으로 작용하는 바람직한 문학의 창조에 다다를 수 있다는 것이다.

이렇듯 그에게 있어 언어에 대한 관심과 리얼리즘적 관점은 처음부터 하나다. 문학의 형식조차 인간 해방이나 민중 상승과 동행한다. 시의 토착어 지향을 평가하고 소설, 그중에서도 19세기 서구의 사회소설을 특히 주목한 것은 이 때문이다. 변두리 양식의 주류화의 가장 대표적인 장르가 소설이 아니던가. 이런 뜻에서 시, 소설이라는 장르상의 차이를 넘어서 「시와 토착어 지향」, 「임과 집과 길」, 「변두리 형식의 주류화」, 「가난·소외·농촌·옛날」 등은 그 시각과 발상이 결과적으로 상호적이며 중층적이다. 하나가 다른 하나의 메타언어가 되어준다. 그것들은 다 같이 「언어의 유곡」 등 초기 평문의 연장선상에 있는 변이요, 진화다. 그리하여 유종호의 눈길을 받아 한용운, 김소월, 정지용, 백석, 서정주, 김수영, 신경림 등이 새롭게 거듭 날 수 있었고 염상섭, 김승옥, 하근찬, 이문구, 박경리, 황석영 등을 재조명할 수 있었다.

2

유종호의 '문학과의 사랑싸움'은 한 작품이 구조로 결정지어질 이른바 작품성에 유의하면서 거시적으로 그것을 사회역사적 관점에서 읽는 일과 그 읽기의 인문적 가치를 도모하는 일이다. 그렇다고 문학 내적인 작품성의 지나친 천착에 집착하지 않는다. 또한 문학 외적인 방법론에 의존한 극단적인 환원론도 역시 경계한다.

「화해의 거부」, 「감수성의 혁명」 등 초기 평론만이 아니라 그 후 평문이 보여주듯이 작가 의식이 당대의 스타일과 사회현상이라는 복잡한 상호 작용 속에 얼마나 어우러져 있는가에 그의 비평안은 움직인다. 미학적 관점과 사회적 관점이 나란히 동행하고 있다. "문학에 있어서 이념 표현은 어떠한 형태를 취해야 문학작품의 예술적 욕구를 충족시키면서 조화로움을 성취할 수 있느냐 하는 것이다."(「문학과 이념」) 그러면서도 그의 비평적 관심은 우리 사회 현실과 문학 현실의 보다 넓은 관계, 사회역사적 쪽에 있었다. 문학의 본질적 사회성을 배제하는 순문학적 관심이 얼마나 허무한가 하고——이 점에서 그의 기본적인 비평적 관심은 형식론 또한 사회역사적 맥락에 의한 상보적인 고찰과 함께 이루어질 때 비로소 고양된 이해에 이를 수 있다는 아우어바흐의 명제를 연상케 한다.

아우어바흐는 우선 첫머리에 검토 대상이 되는 원문을 제시하고 나서 문체의 세밀한 분석을 시도한다. 이때의 언어분석 방법은 검토 대상의 차이에도 불구하고 대체로 일관성 있게 유지되어 있다. 문체의 분석과 논평을 보여주고 나서 그는 그 맥락을 이루고 있는 사회적, 역사적 상황의 설명을 시도한다.
─「스타일 분리에서 혼합으로」

문체와 그 속에 조건 지어져 있는 사회적 맥락의 치밀한 재구성을 성취하는 아우어바흐의 방법은 그의 기본적인 비평적 관심과 만나면서 그의 비평의 단단한 방법론적 전제가 되어준다. 아우어바흐와 같이 그 또한 삶과 문학의 연속적 대응 관계에 대한 믿음은 초지일관 변함이 없다. 그 믿음은 이 책의 말미에 실린 김우창의 「쉰 목소리 속에서」에서 적절하게 요약되고 있다. "문학은 사회 현실에 깊이 개입되어 있고, 문학 하는 사람은 이 사회 현실의 개조를 위하여 노력하여야 할 진보적 사명을 가지고 있으며, 그것은 가난하고 억눌린 사람들의 현실에 주목하고 그들과 함께 보다 평등하고 정의로운 사회를 실현하는 일에 참여하여야 한다는 것이다."

이러한 그의 믿음은 그의 어느 글에서나 기본 틀을 이루고 있음은 물론이다. 이런 뜻에서 「가난·소외·농촌·옛날」, 「소설과 사회사」 등은 이러한 믿음(리얼리즘적 시각)이 낳은 실천 비평이랄 수 있다. 무엇보다 진실의 발견과 제시가 문학의 소중한 구실의 하나라고 「가난·소외·농촌·옛날」에서 되풀이 강조한 것은 이러한 믿음이 거둔 성취라고 할 만하다.

말할 것도 없이 평면적 고발이나 항의의 문학이 문학의 전부는 아니며 또 문학의 가장 탐스러운 모습인 것도 아니다. 그러나 사람 살이의 가파로움에 대한 올바른 파악이나 진지한 관심이 결여된 문학치고 변변한 것은 없다. 다시 강조하지만 훌륭한 문학은 사람들의 거짓 의식을 끊임없이 고쳐주는 계기를 마련해 주어서 동시에 현실의 참모습을 지칠 줄 모르게 보여준다. 그리하여 그릇 큰 문학은 음으로 양으로 인간 해방에 기여한다. 진실의 발견과 제시는 그대로 해방적 기능으로 이어지기 때문이다.

결국 진실의 발견과 제시가 사회정의와 일치한다는 것은 시적 진실이 꾸준히 지적해 온 사항이다. 인간 해방은 그만큼 우리로 하여금 그 무엇에도 구애됨이 없이 자유로워지는 일이며, 그것은 오로지 시적 진실로만 가능한 것이다. 그러기에 시적 진실은 법보다 윤리보다 앞서고 도덕이나 신앙보다 더 인간적인 것이다. 그가 박경리의 『토지』와 황석영의 『장길산』을 비판하면서 낭만적 사고의 한 경향을 주목한다든가, 반대로 이문구의 「으악새 우는 사연」은 사실 지향적이면서도 평면적인 농촌 묘사에 머무르지 않고 농촌 인물들을 생생하게 살려내는 데 성공한 작품이라고 평가한 것은 이 때문이다. 그에게 중요한 것은 문학으로 하여금 현실과 역사적 상황을 향해 솔직하게 열어 젖히는 일이다. 그러기에 「산문정신고」나 「한국의 페시미즘」 등 20대에 써진 '초기 평론'은 30년의 시공을 뛰어넘는 그의 비평의 근본이라는 점에서 경이에 가까운 글이다.

3

그러나 뭐니 뭐니 해도 이 책에서 빼놓을 수 없는 것은 문학사적 연속성을 다룬 「스타일 분리에서 혼합으로」와 「변두리 형식의 주류화」다. 아우어바흐의 『미메시스』의 뼈대를 이루는 줏대 개념인 소위 스타일 분리와 통합을 다룬 「스타일 분리에서 혼합으로」는 비록 소개 비평이지만 한국 문학을 이해하기 위한 의도적인 논문이라는 점에서 큰 의의가 있다. 아우어바흐는 서구 문학의 역사, 특히 스타일의 역사를 스타일 분리에서 스타일 혼합으로 이르는 과정으로 파악한다. 그리고 그러한 과정은 경직된 신분 사회로부터 보다 평등한 사회로의 이행이라는 역사적 변화에 대응하는 평행 현상이 되어준다. 스타일 혼합의 가장 발전된 형태가 근대소설의 리얼리즘이 아닌가. 근대적 장르인 소설이 애초부터 낮은 신분인 중산계급을 주된 인물로 설정하였다는 것은 이런 점에서 우연이 아니다. 이것은 서구의 경우이지만, 그러나 한국 문학의 전개 과정을 얘기함에 있어서도 구심적 개념이 될 수 있다. 근대 이전과 그 후의 한국 문학의 전개 과정도 넓은 의미에서 스타일 통합 과정의 일환이랄 수 있다. 일찍이 필자도 한국 시에 있어서 '근대'의 변화는 타설적 요소의 변화와 자설적 요소의 발견이라는 패러다임에서 파악될 수 있다는 것을 구체적인 작품을 논증하는 과정에서 발견하고 확인한 일이 있다.

이런 뜻에서 한국 문학의 전개 과정을 설명하는 데 있어서 가장 포괄적인 개념을 다룬 「변두리 형식의 주류화」는 스타일 분리의 원리와 쇠퇴 현상의 문학적 실천이다. 러시아 형식주의자들의 이른바 생소화의 전위 과정을 일반화하여 한국 현대 시의 전개 과정을 파악한 것은 하나의 탁견으로서 김소월이나 한용운의 시를 그러한 관점에서 그 이전의 시가 앞에서 낯설고 새롭게 정의할 수 있었다는 것은 그의 비평이 거둔 시사적 성취다.

『님의 침묵』은 여러 갈래의 해석과 재해석의 대상이 되어왔다. 그러나 내간체라는 하위 형식, 즉 문학이라는 존칭은커녕 학문 없는 아녀자의 것이라고 천대받던 편지체를 어엿한 시 형식으로 부상시켜 놓았다는 점에서 그 정의를 찾을 수도 있을 것이다. 『님의 침묵』이 여성 화자를 채택하고 있다는 것은 그러므로 내간체 선택에 따른 필연이라고 말할 수 있다.

만해와 함께 20년대 시를 대표하고 있는 소월이 민요라는 하위 형식을 끌어올림으로써 독자적인 경지를 개척했음은 우리에게 익숙한 사실이다. 그의 성공적인 시들이 대부분 구비적 전통의 율격에 충실하고 있지만 구비적 전통에 대한 그의 경도는 직관적인 것에 머무르지 않고 많은 연찬의 결과이기도 하다.

　실은 내간체나 민요의 하위 형식은 조선조의 전통적인 공적 형식에서 소외된 사적인 형식에 지나지 않는다. 하지만 사적인 형식의 부상은 공적인 형식 앞에선 새로움이고 낯설음이 아닐 수 없다. 문학의 흐름이란 하나의 공적인 형식이 자동화되면서 지각 불가능한 것이 되고, 아울러 이에 도전하는 지각 가능한 사적인 형식이 대체되는 과정을 되풀이하는 과정이라고 할 수 있다. 형식론자들의 용어를 빌린다면 자동화와 생소화의 과정이다. 그러기에 내간체나 민요의 부상은 그 이전의 자동화된 전통적이고 공적인 문학을 갱신할 필요에서 이루어진 것이다. 하지만 내간체나 민요의 상위 부상이나 주류화가 민중의 상승이라는 근대의 사회 변화와 연관되어 있다는 것을 외면하고 있다는 점에서 형식론자의 한계가 있다는 것도 놓칠 수 없다.
　그리하여 「변두리 형식의 주류화」에서는 시를 '낯설게 하기'나 '지각의 갱신'에만 맞추어 보는 형식적 장치에 대해서는 단호히 거부한다. 오히려 사회, 역사적 의미를 강조함으로써 낯설게 하기, 그것은 충격적인 효과를 빚는다는 것이다. 이 글에서 그는 프랑스 근대문학에 있어서의 최초의 농민 묘사의 하나라는 라브뤼에르의 낯설게 하기의 기법이 역사의식으로 무장한 비전에 의해 비로소 간파되고 포착된 것이라는 프레더릭 제임슨의 설명을 상기하고 있다. 짐승처럼 농민의 처참한 몰골을 낯설게 보이게 한 것은 정당화될 수 없는 불평등의 사회구조에 대한 올바른 인식이라는 것이다. 그러기에 민요나 내간체의 상승은 민중의 상승과 병행한다는 김우창의 다음과 같은 말은 적절한 해명이라고 생각한다.

　눌려있던 내간체나 민요의 상승은 눌려있던 사회계층, 즉 여성과 민중의 상승을 뜻하고, 계급적 억압은 일반적으로 그 계층이 대표하는 인간성의 일부의 억압을 뜻하는 까닭에 내간체나 민요의 부활은 시인의——물론 독자의 '물질적, 육체적 근원으로서의 하강'과 그 상승을 위한 노력을 뜻하는 것이다.

변두리 형식의 수용은 그대로 민중적 관점의 수용이자, 억압된 인간과 자유의 회복이다. 그만큼 내간체나 민요의 부상이 여성 화자의 사회적 의미나 민중적 관점의 동시적 격상을 도외시하고 생각하는 형식론은 그의 말 그대로 너무나 일면적인 접근이다. 그런 점에서 다음과 같은 한용운과 김소월에 대한 평가는 무엇보다 유종호 비평의 매력과 강점이 되어준다.

시인으로서 만해가 탁월한 점은 내간체의 채택과 여성 화자의 다양한 기능을 통찰했다는 점에 있다고 말할 수 있다. 그것이 의도적인 탐구의 소산이었건 직관적인 파악이었건 그것은 별문제가 되지 않는다. 섬세한 사랑의 토로가 성적 분업에서 여성 몫이었다는 것 말고도 여성 화자의 관점을 취함으로써 외세 침략의 희생이 된 민족의 아픔을 더욱 선명하게 토로할 수 있다는 것을 그는 통찰할 수 있었던 것이다.

그는 사랑과 그리움을 사회적, 정서적으로 합법화시킴으로써 겨레의 감성의 순화에 기여하였지만 구비적 전통을 담당한 계층의 관점과 감정을 시의 진지한 주제로 삼았다는 점에서 획기적이었다. 조국의 산천에서 가장 흔한 진달래가 사군자를 사모하는 양반 시가에서 배제된 반면 작자 미상의 엇시조에 이어 소월이 비로소 그 고유한 이름을 불러주었다는 것은 그의 평민적 관점을 잘 시사해 주고 있다.

4

이와 같이 만해가 여성 화자의 관점을 취하고 소월이 민중적 관점을 채택한 것은 분명 스타일 통합 과정이 틀림없다. 그러나 그 모태를 이루고 있는 것은 근대화 과정과 거기 상응하는 사회 변화라고 한 것은 근대 이후의 한국 시를 이해하는 데 무척 시사적이다. 문학 형식의 부침도 민중의 상승과 이렇듯 정비례한다.

그리하여 변두리 전통의 가장 극단적인 사례로 김지하를 평가하고, 시의 구전적 전통에 의하여 민요적인 관점과 가락을 되살린 신경림을 새롭게 조명(「슬픔의 사회적 차원」)할 수 있었다. 또한 변두리 형식의 주류화와 부상의 가능성으로서 마당극의 실험을 시사한 것은 우리의 주목에 값한다. 더욱이 민요나 민담, 편지, 수기 등과 같은 하위 형식에 대한 관심은 그의 초기 평론이 보여준 토착어에 대한 애정과 무관하지 않다. 민요가 토착어로 되어있다는 것은 말할 것도 없다.

「언어의 유곡」, 「현대 시의 50년」, 「시인과 모국어」, 「시와 토착어 지향」 등은 한결같이 언어, 그중에서도 토착어에 대한 경사와 애정으로 바쳐지고 있다. 특히 「시와 토착어 지향」에서 그가 외래어 및 외래 한자어의 무절제한 수용의 거부와 토착어 지향성이 한국 근대 시의 자기 발견과 자기동일성의 성취에 결정적으로 기여했음을 김소월, 서정주, 김광섭, 김수영 등을 통하여 시사한 것은 그 누구보다 언어에 집요한 집착을 보여주었던 그가 아니면 생각할 수 없는 착상이라고 생각한다. 가령 김광섭의 경우, 「동경」에서 「성북동 비둘기」에 이르는 이 시인의 시적 도정은 그대로 토착어 지향을 통한 시적 성숙 과정이라고 할 만하다. 그만큼 「동경」과 「성북동 비둘기」의 차이는 엄청나다. 그리고 그것은 변두리 형식의 주류화와 상관관계를 이루는 것임은 물론이다. 앞에서 거론한 소월과 만해의 경우,

같은 시인의 경우에도 토착어 지향이 진하면 진할수록 그 작품은 성공하고 있다. 소월의 경우에도 「진달래꽃」, 「산유화」, 「초혼」, 「삭주귀성」 등과 같은 대표작들이 모두 토착어 지향이 강하다. 『님의 침묵』의 경우에도 「알 수 없어요」를 위시한 명편들이 토착어 지향을 강력히 나타내고 있음에 반하여 한자어의 개방적인 작품들은 대체로 시

적 성취에 있어 뒤지고 있다.

그에게 있어서 토착어 지향은 작위적이고 인습적인 것이 아니라, 자연스러움과 직접성을 회복하자는 충동이자, 가장 내밀한 자기반성적 서정성이랄 수 있다.

이와 같이 언어에 대한 그의 뜨거운 관심은 그의 글을 단단하고 논리적이면서도 평이하게 만들고 있다는 것도 놓칠 수 없다. 그의 말과 같이 에드먼드 윌슨이 스타일리스트이고 일급의 산문가라면 그것은 그대로 그 자신에게 딱 들어맞는 말이다. 곳곳에서 "자기 자신의 스타일"을 가지고 있어야 한다고 강조하고 실천한 유종호야말로 우리 시대의 일급의 '산문작가'라고 할 만하다.

《현대문학》, 1992. 1)

■ 비평의 궤적

인문주의와 90년대
── 『문학의 즐거움』

김준오(문학평론가)

　예술가의 창조 행위가 절실한 동기 부여에 의해 촉발되듯이 문학관이나 비평 방법론은 어떤 필연성으로부터 출발한다. 비록 전집의 일부로 출간되었지만 유종호 교수의 『문학의 즐거움』에서 제3부의 비평적 담론들에 주목할 수밖에 없는 이유는 여기에 있다. 유 교수가 '문학의 즐거움'을 표제로 삼은 것은 의도적이며 이 의도는 매우 의미심장하다.
　제3부의 비평적 담론들은 문학예술을 포함한 1990년대의 문제적 문화 현상을 비평적으로 재현한 것들이고 그 공통된 테마는 '인문주의적 회복'이다. 잘 알다시피 인문주의는 인간주의와 혈연적 친근성 관계에 놓인다. 다시 말하면 인문주의란 다름 아닌 인간성, 곧 인간의 존엄성에 기초한 인간주의다. 유 교수가 서구의 르네상스가 엘리트를 대표하고 변호했음을 강조했을 때(「인문주의의 허와 실」) 이것은 엘리트주의 천명이 아니라 인간의 존엄성이라는 인간주의 때문이었다.
　중요한 것은 유 교수가 인문주의를 교육의 문제와 결부한 점이다. 사실 3부의 비평적 담론은 1차적으로 인문주의 교육론이다. 유 교수가 독일의 인문주의, 특히 아널드의 교양 주의에 주목한 것은 여기에 근거한다. 유 교수에게 인문주의란 교양 주의다. 동시에 그의 비평적 담론은 인문주의 문학 교육론, 그것도 고전문학 옹호론이다. 이것은 유 교수가 『논어』의 공자를 시와 음악을 숭상한 인문주의자로 규정했을 때(『맹자』의 맹자도 마찬가지다.) "지난날의 최선의 정신과 영혼으로부터 인간 이성과 덕성이 아름답고 유용한 것"이라고 했을 때(「우리에게 고전은 무엇인가」) 가장 극명하게 드러난다. 유 교수는 고전주의자다. 그러나 유 교수의 "고전"이 좁은 의미의 사조에 한정되어 있지 않고 근본적으로 인간의 존엄성에 기초한 인문주의적 가치 개념임은 물론이다.

이런 고전주의자로서의 유 교수의 모습은 우리 시대를 기품이 없는 대중문화와 전투적이고 배타적인 민중 문화 사이에 있어야 할 고급문화가 설 자리를 상실한 시대로 인식한 데서(「가망 없는 희망」) 다시 한 번 확인할 수 있다.

흔히 우리 시대의 총체적 문제를 인문학적 고뇌의 부재로 진단한다. 유 교수가 새삼스럽게 인문주의를 선언한 것 자체는 매우 역설적으로 우리 시대가 다름 아닌 인문주의의 상실 내지는 훼손의 시대임을 반증한 것이다. 유 교수가 유물론적 세속 주의 전통과 함께 1990년대 문화적 풍토를 강타하고 있는 지적 급진주의(유 교수는 현실 사회주의로도 명명한다.)와 포스트모더니즘이 문학을 탈신비화하고 언어를 타락시켰다는 근거에서 인문주의 위기의 원흉으로 싸잡아 매도한 것은 지극히 당연하다. 특히 정치, 경제, 종교, 예술 등 모든 것의 실패로 궁극적으로 '인간의 실패'로 해석한 정치적, 문화적 야만 주의(전체주의)를 끔찍한 '아우슈비츠'의 용어로 기호화한 것은(「인문주의의 허와 실」, 「가망 없는 희망」) 매우 알레고리적이다. 이것은 사회주의의 매력이 자본주의하에서의 불만의 산물이듯이 지적 급진주의가 권위주의 정치의 억압적 요소가 촉진력이 되었다는(유 교수는 1980년대 반미 주의로 예증한다!), 우리 현대사의 가장 아픈 부분, 그래서 가장 예민한 부분을 유 교수가 건드린 데서(「가망 없는 희망」) 쉽게 감지할 수 있다.

이런 점에서 제3부의 비평적 담론은 인문주의의 '위기의 담론'이다.

따라서 현 단계로서는 당위론의 수준에 머물러있지만 유 교수의 인문주의 회복 선언은 이런 시대적 필연성의 산물이다. 다시 말하면 유 교수가 1990년대를 "인문주의 이념과 교양 이상의 가시화가 특별히 요구되는 시점"으로, 그러니까 언어의 위엄, 궁극적으로 인간의 위엄을 회복하는 계기로서 1990년대를 인식한(「인문주의의 허와 실」, 「가망 없는 희망」) 것이야말로 우리가 주목하지 않으면 안 되는 의미심장한 문학사적 의의다.

유 교수에게 문학의 즐거움은 인문주의의 상관물이다. 다시 말하면 문학의 즐거움의 회복은 인문주의 회복, 그러니까 인간주의 회복의 등가물이다.

여기서 유 교수의 인문주의 선언을 구호화한다면 르네상스의 인문주의자처럼 '고전으로 돌아가라!'이다. 유 교수가 지적 급진주의와 포스트모더니즘을 비판한 것은 말할 필요 없이 이 양자가 독자로 하여금 원전(고전)으로부터 멀어지게 한 데 있다.

문학의 즐거움은 바르트의 『텍스트의 즐거움』을 상기시킨다. 심지어 새로운 비평은 텍스트의 읽기를 예술의 에로틱스라고까지 명명한다. 이것은 물론 독자가 적극적으로 텍스트의 의미를 산출하는 다양한 상상적 놀이를 의미한다. 이 점에서 유 교수가 시인의 자질로 내세운 키츠의 "소극적 능력"을 "이데올로기에 대한 교조적 충실을 거부하는 능력"이라고 해석한 것은(「가망 없는 희망」) 매우 시사적이다.

유 교수가 "치외법권적 사유재산인 내면성"(「가망 없는 희망」)을 배양함으로써 비로소 획득되는 주체성, 곧 개성과 이 소극적 능력을 결부한 것은 여간 날카로운 통찰이 아니다. 인간주의로서 인문주의의 회복은 이 주체성의 확보이며 이 조건에서 문학의 즐거움이 향수된다는 것이 유 교수의 지론이다.

『문학의 즐거움』 1부와 2부는 인문주의 회복, 곧 문학적 즐거움의 복권이라는 3부의 테마를 실천한 작품론이다. 이 실제 비평은 세 가지

틀 위에서 수행되고 있다. 첫째의 원리는 아무 감동 없이 건조하게 이루어지는 해석주의 일변도의 비평에 대한 자기반성이다. 문학의 즐거움을 외면한 오늘의 비평도 인문주의 상실에 기여한 것으로 비판한 것은 정당했다. 즐거움의 복권으로서 작품의 '다시 읽기'는 그러므로 처음으로 메타비평적 성격을 띠게 마련이다. 메타비평이란 주체적 읽기 이외 다른 아무것도 아니다. 둘째로 문학사적 관점, 곧 다른 작품들과의 '관계' 속에서 작품에 접근하는 상호텍스트성이다. 셋째로 재래 비평의 타성을 벗어나 '작가보다 작품을 믿어라!' 하는 다분히 신비평적인 구호가 무엇보다 우리를 주목하게 한다.

유 교수가 다룬 작품들은 이른바 '현대의 고전'들이다. 이 현대의 고전이 지닌 미학적 가치로서 유 교수는 일관되게 리얼리즘을 강조한다. 『남부군』을 분석하는 자리에서 그는 리얼리즘을 "경험의 교환 가능성"으로 다시 정의한다. 유 교수가 또한 일관되게 모더니즘을 거부한 것은 모더니즘이 경험의 교환 가능성이 없다는(난해성) 판단에서다.

1930년대 김동리의 초기 단편들을 페미니즘에 의존한 리얼리즘으로 다시 읽음으로써 현실도피적, 신비적이란, 그래서 순수문학의 전형이라는 정평은 우리의 선입관을(그래서 가장 메타비평적이다.) 정면으로 해체한다. 그리하여 유 교수는 "토착적 현실의 추구와 재현에서 당대 수준의 한 극점을 보여주는 것"으로 평가한다.

언어의 위엄은 유 교수의 인문학적 가치의 중요한 한 목록이다. 현대 시사에서 드물게 고전주의적 절제 미학을 보인 정지용을 시가 언어 예술임을 자각하고 실천한 '최초'(이 문학적 타성은 사실보다 가치 감각이 더 짙다.)의 시인, 부족 방언의 순화를 성공적으로 수행한 최초의 시인으로 격찬한 것은 그리 과장되지 않아 보인다. 「질마재 신화」의 미당과 「농무」 계열의 신경림 시에서 기층민의 '풀뿌리 언어', 곧 토속어와 방언을 리얼리즘과 결부한 것은 특히 주목된다. 리얼리즘을 효과적으로 살린 이 풀뿌리 언어에서 고전의 단순성과 간명성(서정주), 명료한 '평명성'(신경림)을 읽은 것은 카프 계열의 관념적 현실주의 시와 난해한 모더니즘 시와 대비적으로 고찰한 몫이다.

그러나 장르상으로 문제가 많은「질마재 신화」를 두고 "가장 독자적이고 성공적인 민중문학의 하나"로 과대평가한 것은 선뜻 동의할 수 없고 목월의「나그네」를 체제 순응 시로 혹평한 신경림이 그 목월에 가장 많이 빚지고 있다고("시인보다 작품을 믿어라.") 진술한 것은 매우 아이러니컬하다. 토착어와 리얼리즘의 관계는 "농촌 최후의 시인"으로 명명한 이문구론에서도 볼 수 있다. 유 교수에게 시인이란 "우리말의 탁월한 구사자"다.

상고 취미의 서정적 소설로 평가되는 이태준의 단편소설에서 유 교수가 다시 읽은 것도 식민지 사회 현실의 착실한 파악과 민중 고통에의 동참 지향성, 그러니까 소설 고유의 리얼리즘이었다. 1960년대 도시적 삶을 재현한 김승옥의「서울, 1964년 겨울」을 리얼리즘으로 수용하지 못하는 경직된 편견을 반성한 점은 음미해 볼 만한 다시 읽기다.

모더니즘 시에 생리적으로 거부 반응을 보이면서도 1960년대 모더니즘 계열의 시인으로 지목되는 정현종 시에 주목한 것은 관능적 쾌락의 금기 사항(억압 체제)을 파괴한 주제와 조응해서 정현종의 시 문체가 "문법이나 통사법에 대한 고의적 반칙", 시어의 특이한 개성적 개발 때문이었다.

페미니즘 관점에서 손창섭의 역사소설「청사에 빛나리」를 우리 소설사에서 희귀한 극적 제시 방법(유 교수의 일관된 소설 평가 기준)에 의해 인물 설정의 고전적 격조가 성취된 사례로 평가하고 있지만 유 교수의 고전주의자로서의 인문주의적 관점이 가장 극명하게 드러나고 있는 것은 김삿갓의 허구적 평전인 이문열의『시인』읽기에서다. 여기서 그가 특히 향수한 것은 내면 탐구의 문학에 내장된 정신의 고양력과 교양 체험의 매력이었고 이런 근거에서 그는 우리 문학사에서 드문 작가로 이문열을 평가하고 있다. 김지하의 정신주의 시에서 읽은 것은 투명한 진정성, 그러니까 서정시 고유의 투명한 내면성이라는 인문주의적 가치였으며 조정권의 정신주의 시에서 읽은 것 역시 견인주의에서 촉발된, 비속성을 거부한 시적 기품, 곧 고전주의적 위엄과 품위였다.

  유 교수의 실제 비평은 더러 이데올로기 비평의 입장을 취하곤 한다. 그러나 고전의 단순성과 간명성, 리얼리즘의 평명성, 인간의 존엄성에 등가되는 시적 품위, 풀뿌리 언어와 언어의 위엄은 그의 실제 비평에서 지배적인 인문주의 덕목들이며 동시에 미학의 변형들이다. 유 교수의 인문주의는 보수적이고 엘리트적이며 반동적이어서 문학의 새로운 변화를 외면한 태도로 거부감을 불러일으킬 수 있다. 그럼에도 불구하고 이 원로 비평가의 충정 어린 충고를 우리는 고스란히 수용할 수밖에 없는 상황에 놓여있으며 그의 인문주의 회복 선언은 의미심장한 문화사적 의의를 띠고 있는 것이다.

(《현대문학》, 1996. 7)

■ 비평의 궤적

역풍과 나침반, 혹은 경험적 고전주의자의 시선
── 『서정적 진실을 찾아서』

정과리(연세대 교수)

　유종호 교수의 글을 읽을 때마다 나는 그이에 대한 평소의 나의 인상을 되풀이해서 확인한다. 그 인상을 짧게 요약해 '원숙하고 엄격한 고전주의자'라고 할 수 있는데, 후각만큼 쉬이 무뎌지는 느낌이 있는 반면 이 지속되는 인상의 강도는 이상하게도 줄지 않는다. 오히려 그것은 더욱 묵중한 공기처럼 일렁거린다. 이 묵중함 속에는 그이에 대한 나의 경의와 시를 보는 그이의 안목에 대한 나의 부러움, 그리고 내가 훈련받은 것과는 사뭇 다른 그이의 비평적 각도가 주는 낯섦이 어지럽게 뒤섞여 있다.
　유종호 교수에 대한 경의는 무엇보다도 그이가 무려 40여 년을 현역 비평가로서 활발한 활동을 펴고 있다는 사실로부터 자연스럽게 솟아나오는 감정이고 자세이다. 그러나 저 사실이 그저 수치적인 것에 불과하다면 느낌의 세기가 그리 크지 않을 것이다. 실상 저 사실 뒤에는 우리가 '문학적'이라는 형용어를 붙여야 마땅한 몇 가지 사실들이 숨어있다. 우선 그는 한국 현대 비평사의 '문학적' 산 증인이다. 다시 말해 그는 비평 활동을 오래 한 것만 아니다. 그의 비평문에는 한국의 현대 비평사 전체가 고스란히 녹아들어 있다. 가령 다음과 같은 구절은 그 아니면 도저히 쓸 수 없는 글이다.

 축약적인 효과를 갖는 조사 '로'의 다소 창의적인 용법이 언제부터 시 속에 쓰이기 시작한 것인지는 분명치 않다. 굳이 따져볼 필요도 없을 것이다. 6·25가 낳은 전쟁 시편 중 윗길에 속하는 「다부원에서」에 나오는 것으로 보아 최소한 1950년까지 거슬러 올라간다. 처음엔 상당히 낯설고 참신한 어법으로 비쳤을 것이다. 그렇지만 그것이 거푸 쓰이는 사이 최초의 참신성은 가시고 얼마쯤 진부하게 되고 그다음에는 아주 상투적인 것으로 들리게 된다.(『서정적 진실을 찾아서』, 민음사, 2001, 96쪽. 이후 쪽수만 표시된 것은 모두 이 책에서 따옴)

 조지훈의 "간 고등어 냄새로 썩고 있는 다부원", 김종길의 "상여로 넘으시는 아버지", 황동규의 "흑인 영가로 흐르기 시작한다", 정현종의 "신생아로 싱글거리게 한다", 이성선의 "가장 단순한 사랑으로 깨어 있다" 등의 시구들에서 보이는 조사 '로'를 분석하면서 그것의 감각적 효과의 변천을 기술하고 있는 이 대목은 1950년대의 문학적 현장과 2000년대의 문학적 현장에 공히 참석하였으며, 그 현장에서 문학 언어의 남다름을 섬세히 맛볼 수 있었던 사람만이 쓸 수 있는 글이다. 가령 1950년대의 문학적 현장을 직접 체험하지 못한 나로서는 조사 '로'의 사용이 아주 자연스러운 것으로서, 거기에서 참신함도 상투성도 느낄 수가 없다. 그러나 그렇다고 해서 나는 저 글에 대해 어떤 위화감을 갖기는커녕, 저 글로 인해 나의 시 읽기가 더욱 풍요로워짐을 느끼는 것이다. 저 어사의 역사적 맥락을 앎으로써 나의 현재적 시 읽기와 과거의 다른 이들의 시 읽기 사이에 긴장이 생기고 그로부터 다양한 해독들의 경쟁 체제가 생성되기 때문이다.
 다음, 유종호 교수의 비평이 40여 년 동안 한결같이 높은 수준을 고르게 유지해 왔다는 것이다. 그의 비평의 비법 그리고 그것의 관점 및 세계관에 대해서는 잠시 후 말하기로 하자.
　마지막으로 우리가 확인하는 사실은 그의 초기의 평문들이 지금 읽어도 전혀 바래지 않았다는 것이다. 그가 1962년에 낸 첫 평론집 『비순수의 선언』에서 한 대목을 인용해 보자.

　　많은 전통론이 추상론으로 떨어져서 무의미한 공전을 되풀이하고 있는 것은 우스운 일이다. 비근한 곳에서 얘기를 시작하지 않았기 때문이다. 누구보다도 현대적이라고 자타가 공인하고 있는 20세기의 엘리엇은 17세기의 형이상학 파 시인들에게서 시작상의 많은 것을 배웠다. 이것이 살아있는 전통의 위력이다. 적어도 과거의 한국 문학에 관한 한, 한국의 현대 시인, 작가 들이 과거의 유산에 대해서 엘리엇이 말한 '역사의식'을 전혀 갖지 않고 창작을 해올 수 있었다는 평범한 사실에 대해 한국 현대문학의 한 특수성이 있다.
　　　　　　　　　　(『유종호 전집 1』, 민음사, 1995, 20~21쪽)

　엘리엇에 관한 기술은 1950~1960년대 한국 비평의 한 편향적 측면을 보여주며, 오늘날의 안목으로 보아서는 교정될 필요가 있다. 그것을 저 말의 주인이 직접 한 바 있다.(『서정적 진실을 찾아서』, 246쪽 참조) 그러나 인용된 대목의 중심 주제, 즉 한국 문학이 전범을 다른 데에서 찾을 수밖에 없었던 현실이 한국 문학의 부유성을 낳았다는 지적은 오늘날에도 여전히 폐부를 찌르는 직언이다. 그러나 비평의 현재성을 보장하는 것은 이야기의 내용 자체가 아니다. 그것은 그 내용을 받치고 있는 인식의 합리성과 판단의 온당함이다. 그는 전통 부재의 현상에 대한 호오를 밝히기에 앞서 그것의 역사적 내력을 짚어 전통이 부재할 수밖에 없는 까닭을 살핌으로써 그것을 감정적 사실로부터 객관적 성찰의 대상으로 바꾸어주고 있다. 그리고 이 역사적 조건에 근거해 전통 세움의 가능성을 점치고 있다. 그에 의하면 그 가능성은 '언어예술'로서의 시가 마침내 한국어로서 제 모습을 드러낸 지점, 즉 정지용의 시에서 찾아진다.

하지만 이 '온당함'의 감각이 지나친 현상들을 만나면 아주 단호해진다. 위 인용문에 이어지는 다음 글을 읽어보자.

우리말로 된 '역사의식'의 대상으로서 문학 유산의 실질적 부재는 우리의 현대 시인에게 전통의 무거운 짐에 허덕이는 일이 없다는 괴로운 자유를 부과했으며, 이 사실에서 두 가지 특수 사정이 벌어지게 되었다. 그 하나는 처음부터 백지에서 출발함으로써 말라르메와는 다른 의미의 백지의 공포를 실감케 했다는 사실이고, 다른 하나는 전통의 압력의 부재가 누구나 손쉽게 시를 쓸 수 있다는 무모성을 낳게 했다는 사정이다. (『유종호 전집 1』, 21~22쪽)

이 구절에는 사태의 기술을 넘어서 한국 문학의 상태에 대한 은근한 풍자와 준엄한 비판이 있다. 비평가는 한국 문학의 역사적 맥락을 이야기하되, 그것을 무기력하게 혹은 무분별하게 수락한 한국인들의 무의지적 자발성이 낳은 희비극적 사태를 꼬집고 있는 것이다. 이 꾸중 뒤에는 당연히 그렇지 않았을 수 있다는, 지금이라도 그러지 말아야 한다는 비평가의 시각이 놓여있으며, 그 시선의 각도와 깊이를 조절하는 것은 비평가의 어떤 확고한 문학관이다.

유종호 교수의 비평은 현재에 가까이 올수록 준엄한 목소리가 두드러진다. 『서정적 진실을 찾아서』는 그러한 경향이 어떤 절정에 다다른 저서이다. 이 책 안에는 한국 비평과 한국 문학 그리고 한국 인문학과 문학 교육이라는, 문학과 관계된 제반 분야에 대한 저자의 따가운 꾸중과 대안이 두루 망라되어 있는 것이다. 이 엄격한 목소리는 어디에서 흘러나오는 것인가?

물론 그것은 그의 문학관이다. 어떤 것이든 문학관에 대한 믿음을 가지고 있는 사람만이 비평을 한다. 그 점에서 비평은 빛이고 비평의 대상은 어둠이다. 비평은 해석하고(어둠을 밝히고), 판정하며(어둠 속의 지형을 요약하며), 권고한다.(어둠 속에 길을 낸다.) 그러나 그 문학관이 문학과 세계에 작용하는 방식, 즉 비평의 방식은 저마다 다를 수 있다. 그것은 무엇보다도 그 비평이 비평의 대상을 어떤 각도에서 비추는가, 그리고 그 빛의 정도는 어떤가에 따라서이다. 유종호 비평에 대한 나의 선망과 낯섦이라는 병발적 감정은 그 각도와 조도로부터 나온다.

우리는 그 각도들을 대충 네 가지로 압축할 수 있다. 첫째, 수직 하강적인 것(위에서 대상에게로 집중하는 시선, 입법가들의 시선이다.); 둘째, 수평 대립적인 것(눈앞의 시선, 따지는 시선, 『상황』 I, II를 쓰던 시절의 사르트르의 시선이 대표적이다.); 셋째, 수평 횡단적인 것(옆으로부터의 시선, 다른 곳을 보며 말하는 비평가들, 즉 모럴리스트의 비평은 이 시선의 기초적 형태이다.); 그리고 수직 침강적인 것.(대상의 지표면에서 뿌리로 퍼져 나가는 시선, 향유의 비평가들, 즉 주제 비평가들의 시선이 이렇다.) 우리는 여기에 밑에서 위로 가는 시선, 즉 비평 대상으로부터 모든 것을 배워 자신의 비평관을 세우는 각도도 가정할 수 있으나 엄격한 의미에서 그것은 비평이 아니다.(그것을 시도한 비평가가 없었던 것은 아니나 성과는 다른 데로부터 왔다.) 비평은 그 어원으로서 '위기'를 감지하고, 그 현대적 용법으로 '비판' 하는 것이며, 그에 대한 소망적 담론들에 의해 '대화' 하는 것이기 때문이다.

유종호 교수의 비평은 이 네 종류 중에서 첫 번째와 가깝다. 가깝다는 것은 유사하지만, 필연적이든 의지적이든 동일성의 문턱을 넘지 않았다는 것을 가리킨다. 그는 입법가의 시선과 같은 지점에서 출발했으나 다른 쪽으로 약간 비틀었거나, 다른 지점에서 출발했으나 비슷한 지점으로 다가왔다. 그의 비평의 세목들을 보자.

이 책에서 비평가가 되풀이해 강조하고 있는 것은 비평의 '공정성'이다. 비평은 공정해야 한다. 어떻게 하는 게 공정한 것인가?

(1) 작품 해석: 비평가는 줏대 되는 의미와 주변적인 의미를 잘 구별해야 한다고 역설한다. 그리고 줏대 되는 것을 주변적인 것보다 우선으로 대해야 한다는 것이다. 이때 공정성은 구별의 잣대이다. 그런

데 무엇이 줏대 되는 의미인가? 그것은 기초적 독해이다. 비평가가 보기에 기초적인 독해를 무시한 비평문들이 한국 문학을 흙먼지처럼 뒤덮고 있다.

(2) 작품 평가: 작품의 평가에서도 공정성은 구별 원칙과 동의어이다. 비평가는 앞선 문학사가들이 현대문학사를 기술하면서 "습작 수준의 작품에 대해서 당치 않은 예우를 하"(420쪽)거나, 뛰어난 시인보다 이급의 시인에게 더 많은 지면을 할애했거나, "논쟁 위주"로 비평사를 기술함으로써 "정작 읽을 만한 2차 문서가 가려진"(366쪽) 것에 대해 '불공정'의 옐로카드를 꺼낸다. 그렇다면 구별을 가능케 하는 것은 무엇인가? 그것을 알기 위해서는 그의 이론적 주장과 실제 분석을 동시에 살펴야 한다. 우선 실제 분석부터 보기로 하자.

(3) 작품 분석: 그의 분석에는 상호 연관적인 두 가지 특징이 있다. ① 그의 분석 틀은 문학은 '언어예술'이라는 명제에 집약되어 있다. 그것은 문학에서 "전언이 목적이 아니"(271쪽)라, "과정이 중요"하다는 것을 가리킨다. 조금은 특이한 말이다. 그는 왜 '형태'라는 말 대신에 '과정'이라는 말을 (아마도 거의 본능적으로) 썼을까? 그 과정은 무엇을 말하는가? ② 언어예술을 그가 강조한다는 점에 비추어 볼 때 비평가 분석에 초점을 맞추리라는 것은 쉽게 예측할 수 있는 일이다. 그런데 흥미롭게도 그의 분석은 생각보다 간단하다. 가령 미당의 「풀리는 한강가에서」에 대한 그의 분석을 보자.

　　화자는 세상살이를 긴 겨울나기로 파악하고 있다. 끝날 것 같지 않은 기나긴 삼동이 끝나고 강물이 풀리는 것을 눈부신 햇살 속에서 바라보며 화자는 그 의미를 반어적으로 묻는다. "하늘의 어름짱 가슴으로 깨치며" 가는 기러기에 자신을 투영하던 화자는 따뜻한 햇살이 안겨주는 눈부신 희열에 어리둥절하면서 민들레의 소생과 떼과부의 무리들을 생각한다. 해동 철의 강가에서 촉발되는 삶과 죽음에 대한 명상은 겨울철로 파악된 삶의 인식과 어울려 보기 드문 비장미의 경지로 승화되어 있다. 그리고 그것이 일상적인 기층 어휘로 성취되어 있음에 우리는 다시 놀라게 된다. (161쪽)

　미당의 세 번째 시집이 "빼어난 음률성이 뜻과 격조를 아울러 지니고 있"(159쪽)는 시편들을 담고 있다고 고평하면서 그 예로 든 시에 대한 분석이다. 이 책에서의 분석치고는 비교적 긴 편에 속한다. 이 분석에 아쉽게도 "빼어난 음률성"에 대한 분석은 빠져있다. 그 대신 그것을 "일상적인 기층 어휘"에 대한 찬탄이 대신하고 있다. 분석의 앞자리는 이 시의 기본 주제에 대한 친절한 해설이다. 그가 '줏대 되는 의미'라고 지칭했던 기초적 독해 말이다. 그 독해를 바탕으로, 화자의 "삶과 죽음에 대한 명상"과 "겨울철로 파악된 삶의 인식"(겨울나기로서의 세상살이)이 "어울려 보기 드문 비장미의 경지"를 성취했다는 것이 분석의 핵심 전언이다. 시를 읽지 않고 분석만 따라가면 얼핏 이해하기 힘든 대목이다. 명상과 인식 사이는 아직 거리가 멀다. 어떤 명상인가가 빠져있기 때문이다. 이 비장미는 명상과 인식이 어울린 데서 왔다기보다는 이 어울림의 방식, 즉 물음의 형식에서 왔으며 그 물음의 형식을 가능케 한 것은 인간의 신산에 아랑곳하지 않는 자연의 천연덕스러움이다. 게다가 이 비장미를 설득력 있게 전달하기 위해서는 인용에서는 생략한 채 풀이에만 등장하고 있는 '밈들레', '떼과부'의 구절들도 마저 인용해 두는 게 나았을 것 같다. 왜냐하면 이 자연물과 인간 군상은 화자와 강물의 머나먼 거리를 좁혀주는 기능을 하고 있으며, 이 먼 거리의 좁아짐의 주제적 과정과 시의 음률의 변이가 서로 조응한다고 할 수 있기 때문이다.
　물론 우리가 의아심을 간직한 채 시로 돌아가 다시 되풀이해 읽는다면, 더 나아가 시 전문을 찾아 읽는다면 비평가가 생략한 것들의 상당 부분을 스스로 복원할 수 있으리라. 그만큼 유종호 교수의 지적은 기본적으로 타당하며, 우리의 복원 작업도 그에게 기댐으로써 용이하게 이루어졌다고 해야 온당할 것이다. 내가 놀라는 것은 이 때문이다.

그는 눈썰미만으로도 맥을 정확히 짚어내는 노련한 한의사와도 같다. 그러나 의아심은 여전히 남는다. 비평가는 왜 음률에 대한 분석을 빠뜨렸을까? 왜 그는 좀 더 친절히 비장미의 원천을 설명해 주지 않고 약간은 모호한 지적으로 글의 뜻을 흐려놓았을까? 해설을 위해 꼭 필요한 듯이 보이는 구절을 인용에서 제외한 이유는 무엇일까?

그가 몇 차례 되풀이해 "난삽한 개념으로 현실을 오도하는" 이론보다 "명쾌"한 분석(352쪽)을 선호한다는 것을 밝히고 있다는 것이 의아심을 해결해 줄 수는 없다. 어쩌면 "유려한 음률성, 생득적인 것으로 보이는 서정성의 확보, 모호성의 거부와 평명한 구문의 공유도 어렵지 않게 인지된다."(145쪽)는 대목에서 유추할 수 있는 것처럼 굳이 설명할 필요를 느끼지 않았기 때문인지도 모른다. 왜냐하면 그에게 미당의 시는 지극히 자연스럽게 읽히고, 따라서 독자들도 그러리라고 생각했을 수도 있기 때문이다.

그러한 추정이 타당하다면, 우리는 시의 효과에 있어서 세대의 문제를 심각하게 생각해 볼 수 있다. 나는 이 시를 이해할 수는 있으나 이 시의 어휘들과 어조를 자연스럽게 받아들이려면 과거로 여행하기 위한 준비운동이 필요하다. 어휘들은 내게 어색하다고까지 말할 수는 없으나 나의 심상 속에 자주 출몰하는 것들은 아니며, 그것들에 대한 느낌은 그만큼 뒤늦게 온다. 아마도 나의 후배 세대의 경우에, 특히 도시 출신의 독자에게는 더욱더 낯섦의 정도는 심할 것이다. 그들은 이 시를 감각적으로 느끼기 위해 새로운 문화 체계에 대한 훈련을 어느 정도는 해야 할 것이다. "서리 묻은 섣달의 기러기"가 어떻게 날아가는지, 늘 지저분하게 풀려있는 오늘의 한강이 얼었다 풀리는 광경이 무엇인지 비디오를 동원해서 배우면 더 좋을 것이다. 게다가 그들 세대에게 이 시의 리듬은 지나치게 느리게 느껴질 것이다. 왜냐하면 그들은 말[言]들이 말[馬]처럼 날뛰는 정도가 아니라 자동차처럼 질주하는 세계 속에 살고 있기 때문이다.

이것은 부인할 수 없는 사실이다. 비평가의 지적처럼 이 언어의 홍

수, 문화의 해일이 "우리 사회에서 몰아치고 있는 물량 주의 숭상과 대량생산의 회오리바람"(389쪽)과 병발적인 것도 분명 사실일 것이다. 하지만 이 세대는 이 현실을 자신들의 삶의 토양으로 받아들이며 자랐다. 그들은 그 토양을 먹고 자란 문학에 더욱 친밀감을 느낄 수 있을 것이다.[1]

그러나 비평가에게 그의 관점은 굳건한 듯이 보인다. 그는 오늘의 현실 때문에라도 더욱더 그의 관점을 고집스럽게 지키는 것인지도 모른다. 아마도 그가 '책머리에'에서, "늘 그래 왔지만 늘그막에 겪게 되는 불투명한 전망은 어느 때보다도 마음을 어둡게 한다. 그럴수록 오래 살아야겠다는 반어적 오기가 생겨나는 것도 어쩔 수 없다. 괜한 욕심에서가 아니라 크고 작은 사필귀정의 사례를 역사 속에서 확인해 보고 싶은 목마른 희망적 관측 때문이다."(6쪽)라고 말한 것은 비평가의 심사를 솔직히 드러낸 것이리라. 그에게 '목마른 희망'을 주는 것은 무엇인가?

(4) 여기에서 우리는 비평가의 이론 체계로 들어선다. 그것은 그 체계에 의해서만, 그 체계의 이름으로 그가 희망을 관측할 수 있기 때문이다. 그 이론 체계는 세 겹으로 이루어져있다. ① 이론의 실제적 측면으로서 우리는 앞에서 인용한 바 있는 "유려한 음률성, 생득적인 것으로 보이는 서정성의 확보, 모호성의 거부와 평명한 구문의 공유"의 구절을 그대로 제시해도 괜찮을 것이다. 실로 그가 분석 대상으로 특별히 선호하는 텍스트들은 평명하고(가능한 한 우리의 기층 일상 어휘

---

[1] 지나는 길에 덧붙이자면, 다음과 같은 대목도 세대 간의 언어 감각의 차이를 보여준다. 유종호 교수는 에밀리 디킨슨의 시구 "마음속에서 돌격하는 / 슬픔의 기병대"에서 '기병대'를 '백마부대'로 고쳐 옮기고는 "옛적의 기병대가 쉽게 다가오지 않아 '슬픔의 백마부대'로 옮겨보았다."(『시란 무엇인가』, 민음사, 1996, 104~105쪽)라고 적고 있는데, 그의 책을 읽고 문학을 학습할 젊은 독자들에게는 오히려 '기병대'가 더 가슴에 와 닿을 수 있다. 왜냐하면 그들은 월남전을 거의 알지 못하는 반면, 여러 문화 매체들을 통해 기병대는 숱하게 보았기 때문이다.

로 되었다면 금상첨화다.) 생득적인 서정성을 확보하고 있으며, 더 나아가 대체로 시행이 '짧고' '견고한 단순성'의 구조를 획득하고 있는 오래된 텍스트들이다. 이러한 관점에 의해 요설이 난삽한 글들은 타기해야 할 대상이 된다. 그 타기할 대상의 한 극단에 이상(李箱)의 '시'가 있다. 그가 보기엔 이상은 "모국어에 기여한 바가 하나도 없을 뿐 아니라 철 맞지 않게 그 훼손에나 기여한 시인"(428쪽)이다.

② 이론의 원리적 측면은 정전에 대한 신념이다. 이 신념은 다시 두 개의 측면을 가지고 있다. 우선 이 책의 곳곳에서 그가 힘주어 강조하고 있는 정전에 대한 믿음은 그가 탄탄한 고전주의자임을 보여준다. 고전주의자만이 진짜 입법가의 태도를 취할 수 있다.(유종호 교수의 말투를 흉내 내자면 리얼리즘이 오랫동안 한국에서 입법비평의 태도를 취해 온 것은 우스운 일이다. 어떤 변증법을 끌어 대어도 현실주의자는 현실에 살지 법에 살지 않는다.) 고전주의자의 입장에서 그의 시 읽기는 언제나 경험적인 것으로 감지된다. 그는 법을 체화하고 있기 때문이다. 다시 말해 법은 그의 무의식이기 때문이다. 고전주의자만이 진짜 입법가가 될 수 있다고 말한 소이이다. 다음, 그가 강조하는 정전은 그의 비평 세계의 실질적인 교과서 역할을 한 것으로 보이는 엘리엇, 라이어넬 트릴링, 새뮤얼 존슨, 클리언스 브룩스 등 영국을 중심으로 한 서양 비평가들을 통해, 그리고 그들로부터의 풍부한 인유를 통해, 그러나 우회적으로 환기된다. "풍부한 인유를 통해"라는 진술은 비평가의 박식을 가리킬 뿐만 아니라, 서양의 정전들에 행복하게 안착하고 있는 그의 '입장'을 가리킨다. 그의 풍부한 교양과 그의 입장은 동전의 양면이다. 그러나 "우회적으로 환기된다"는 것은 한국 문학의 정전은 한국의 문학에서 나와야 한다는 그의 생각을 가리키는 진술이다. 그것은 이 엄격한 고전주의자의 자기 엄격성 혹은 정직성을 암시한다. 그 자기 충실성이 바로 세 번째 겹을 이룬다.

③ 우리는 서두의 언저리에서 한국 문학의 전통 부재에 대한 비평가의 솔직한 인정을 읽은 바 있다. 내가 보기에 여기에 유종호 비평의

긴장과 추진력이 동시에 있다. 그 긴장을 다음과 같은 삼단논법으로 풀이할 수 있다. (가) 그는 풍요한 정전의 존재를 학습의 방식으로 체험하였다; (나) 그러나 적용의 장에서 그는 정전을 발견하지 못한다. 그가 거듭 강조하듯 "시인들이 의식하든 의식하지 않든 선행 시편과의 관계 속에서 정체성을 획득한다."(139쪽)면, 뛰어난 선행 시편들이 풍부하지도, 정당하게 정리되어 있지도 못한 것이다; (다) 그는 학습의 경험을 통해 이 땅에 정전의 필요성을 절감한다. 아무리 빈약하다 할지라도 "우리말의 창의적 활용"(138쪽)을 실천한 시편들만이 그 정전의 자원이 될 수밖에 없다.

어떻게 할 것인가? 정전의 위력을 뼛속까지 배운 사람은 당연히 그 정전이 세워진 역사를 이곳에 실험하지 않을 수 없을 것이다. 다시 말해 정전을 베껴 오는 것이 아니라, 그것의 실존을 옮겨 와야만 할 것이다. 그 실존은 문학작품들이 꾸준히 모여 스스로 정전을 이루게 된 역사, 즉 자생적 전통을 말한다. 과연 그가 오늘의 문학 현실에서 절실히 필요하다고 주장하는 것은 "우리 문학의 기초적 유산 목록"(365쪽)의 확립이다. 그 확립이 있을 때만 우리는 "뛰어난 모형을 선택해서 보여주는 일이"(274쪽) 가능할 것이고, 그 확립이 후박나무처럼 자랐을 때 "고전적 투명성과 위엄의 시를 통해 연마"(『시란 무엇인가』, 71쪽)하는 관습이 저절로 생길 것이다. 그렇다면 그가 왜 짧고 견고한 단순성의 시를 선호했는지, 왜 기층 일상 어휘(실질적으로 순 우리말)에 대한 애착을 거리낌 없이 표명했는지 그 까닭을 알 수 있다. 한국 문학은 그의 눈으로 볼 때 전통을 상실한 채로 서양의 저속한 문화에 휩쓸리고 상업주의의 선동에 휘말려 무분별하고 무차별하게 표류하고 있다. 그리고 이 부정적 사태를 극복하는 유일한 방법은 '기초적 유산 목록'을 정성 들여 쌓아나가는 것이며, 그 작업이 지난하고도 항상 되풀이되는 과제로 그의 앞에 놓여있기 때문일 것이다. 또한 그가 『시란 무엇인가』에서 이상의 「오감도 제1호」를 쉽게 흉내 내지 못할 분석력으로 정치하게 풀이하고서는, 그것을 "기계적 조작의 말놀이"로 규정하고 「오감도 제1호」는 이상(李箱, 理想, 異常) 청년의 조급한 문학 선진화의 야망이 설계한 의미의 미로이며 무의미의 실체이며 기성적 시 관습의 추문화 장치이자 함정이다. 이 함정과 미로의 견고성은 놀랄 만하여 아직도 끊임없이 길 잃고 철 잊은 나그네의 내방을 받고 있다."고 개탄한 이유도 알 수 있다. 시 관습이 세워지지도 않은 나라에서 "기성적 시 관습"을 "추문화"하는 작업은 채 자라지도 않은 한국 문학의 생명력을 앗아 가 버리는 것이기 때문이다. 더 나아가 우리는 그가 한국 비평의 무분별함과 원칙 부재의 증거들을 속속들이 찾아내고 '역사적 공정성'의 이름으로 그것을 준엄히 비판하는 한편으로, 바로 앞의 인용문에서도 보이듯 그 비판 속에 풍자의 힘을 실어 넣은 까닭을 동시에 알 수가 있다. 그 둘은 실은 같은 목소리의 두 음색이었던 것이다. 풍자는 그의 학습의 시원에서 오고, 비판은 한국 문학의 현장으로부터 솟아난다. 무분별한 문화의 회오리를 뚫고 올곧은 한국 문학의 길을 내기 위해, 풍자는 끌어당기고 비판은 민다. 풍자는 역풍이고 비판은 나침반이다. 바로 이 풍자와 비판을 실천하는 가운데 그는 자연스럽게 모럴리스트에서 입법가로 옮겨 온 것이다.

마지막으로 우리는 그가 왜 작품 분석에서 기초적 독해에 오래 공들이고, 미학적 특성을 해명하는 일은 간단명료하게 처리했는지도 짐작할 수 있다. 우선은 무엇보다도 한국 비평이 아직 기초적 독해 기술도 익히지 못한 채, '연구' 쪽으로 넘어가고 있기 때문이다. 그러나 그것보다도 더 중요한 까닭이 있다. 그것은 저 기초적 독해의 과정이 만만치 않은 것임을 그는 정확히 꿰뚫어 보았다는 것이다. 독자의 입장에서가 아니라 작가, 시인의 입장에서 말이다. 작품의 근본 주제에 해당하는 그것에 실은 글쓰기 노력의 8할이 투자되는 것이다. 그 점에서 다음과 같은 구절은 가만히 음미해 볼 대목이다.

여기서 생각나는 것은 "남김없이 철저한 것만이 참으로 흥미 있다."는 『마의 산』 서문 끝 자락에 보이는 토마스 만의 말이다. 처음에 중편 정도로 구상했다가 700페이지나 되는 대 장편소설로 『마의 산』이 귀결된 것은 그의 끈질긴 철저함의 추구 때문이었다. (297쪽)

나는 이 구절을 읽다가 그가 글 읽기에서 궁극적으로 무엇을 찾는가를 깨달을 수 있었다. 그것은 다름 아니라, 그가 "아름다운 자연이나 풍경보다도 우리 가슴에 격하게 다가오는 것은 어디에서나 인간사이다."(340쪽)라고 말할 때의 '인간사'이다. 그 인간사는 그저 사람 살이가 아니라 생의 투신이라는 뜻에서의 인간사이다. 그 인간사의 대가로서 아름답고 견고한 문학작품이 탄생했다면, 그 작품은 바로 작가가 투신한 생의 결정이다. 그렇기 때문에 문학작품에서 중요한 것은 전언이 아니라 '과정'인 것이다. 우리는 앞에서 슬며시 부려두었던 의문에 대한 대답을 얻는다. 왜 그가 '형태'라고 쓰지 않고 '과정'이라고 썼는가 하는 의문 말이다. 그에게 형태는 생의 투신이라는 절실하고 기나긴 과정의 마지막 꽃봉오리와 같은 것일 뿐일 것이며, 그에게 진실로 중요한 것은 꽃이 아니라 꽃을 피워낸 줄기의 운동이다. 그렇기 때문에 그는 작품의 기초 독해에 정성을 쏟으면서 그 배면에 숨어있는 절실한 인간사를 듣는 것이다. 또한 그 생의 투신은, 그것이 문자 그대로의 의미에 값하려는 한, 어떤 공통집합 속에 묶일 수가 없다. 모든 생은 유일한 것이며, 그 결정으로서의 문학도 유일한 것이다. "좋은 시는 저마다의 방식으로 좋은 시가 되어있다."(100쪽)

유종호 교수의 비평은 그렇다면 경험적 고전주의자의 그것이다. 그의 고전주의는 그가 정전 확립의 필요성을 절실하게 느꼈다는 사실로부터 개인적 정당성을, 그리고 그것이 한국 문학의 오늘의 현실에 비추어 타당하다는 점에서 사회적 유효성을 획득한다. 그것이 그로 하여금 입법가의 자세를 취하게 한다. 그의 경험주의는 필연적인 것이기도 하고 선택적인 것이기도 하다. 그것이 필연적인 것은 그에게 이미 확립된 정전 체계, 다시 말해 한국 문학의 원리가 존재하지 않기 때문이다. 그는 그가 학습한 서양의 고전 비평의 빛의 도움을 받아 한국 문학의 정전을 이룰 자원들을 발굴하고 수집하며 닦는다. 그 경험주의가 선택적인 것은 한편으로는 기초의 세움이라는 그의 소명의 제1원칙으로부터 나온다. 그 원칙에 근거할 때 우선적으로 소중하게 보존해야 할 문학작품은 평명하고 견고하고 우리말을 순화하는 데 기여하는 것들이다. 또한 그의 정전 모색에 조명을 담당하고 있는 서양의 고전 비평도 그의 선택의 폭을 좁히는 데 기여한다. 그 빛의 각도가 가장 잘 비추는 것은 셰익스피어, 괴테, 토마스 만 등 명예의 전당에 한참 전에 오른 옛 작가들이며, 최대한도로 그 각도를 넓히면 서양 문학의 가벼운 일탈자 쿤데라에게까지 갈 수 있다.

아마도 이 경험주의의 선택성은 젊은 독자들과 오래 대화를 나눌 긴장의 장소일 것이다. 앞에서 세대 간의 언어 감각이 어떻게 다를 수 있는가를 언급한 바가 있지만, 그가 권유하는 좋은 문학작품들의 목록은 오늘의 젊은 독자들이 볼 때는 지나치게 협소한 것일 수 있다. 더 나아가 젊은 독자들은 언어의 파격 혹은 파괴의 과정 그 자체로부터 언어의 보석을 빚어내는 것에서 자신의 길을 찾을 수도 있다. 많은 사람들이 우려하고 있는 것처럼 오늘의 한국 문화가 쓰레기 더미로 전락하고 있다고 하더라도, 그 쓰레기를 먹고 자랄 수밖에 없는 사람들은 언제나 난지도의 한복판에서 "崔난지, 金난지"(김연신)와의 행복한 만남을 꿈꾸는 것이다. 물론 유종호 교수가 몸으로 보여준 정확한 독해, 아름다운 것을 가릴 줄 아는 감별사의 안목, 그리고 그로부터 스스로 아름다운 문장을 만들어낼 줄 아는 요리사의 솜씨는 그 나름의, 필연적이고도 선택적인, 길을 찾아내야 할 젊은 독자에게 내내 소중한 참조 사항으로 작용할 것이다.

《문학과사회》 2001년 여름 호)

■ 비평의 궤적

감각과 비정(批正) — '연구'의 중립성을 넘어서
─『다시 읽는 한국시인』

윤영천(인하대 교수)

　서양 이론의 무잡한 모자이크식 개론서가 아직도 버젓이 횡행하는 척박한 풍토에 『문학이란 무엇인가』(1989), 『시란 무엇인가』(1995) 등의 소중한 씨앗을 착근시켜 문학에 대한 깊이 있는 이해를 가능케 했을 뿐 아니라 시 교육의 든든한 토대를 마련해 준 유종호 교수가 이번에는 자칫 세상의 관심권 밖으로 가뭇없이 사라질 뻔한 네 명의 '월북시인'들을 우리의 뇌리에 새롭게 각인함으로써 특히 지난 세기의 마지막 10년 이래 일종의 고질처럼 된 '연구'라는 중립주의적 타성에 혼곤하게 빠져 들었다 해도 과언이 아닌 국문학계에 매우 높은 텐션의 생산적 담론을 제기하여 눈길을 끌고 있다.
　"한국시인"이란 표제에서도 드러나듯 통일 문학사를 겨냥하고 있는 듯한 이 저술은 한결같이 비참하고 쓸쓸한 생애를 마감한 월북 작가들의 시적 행로를 매우 섬세하게, 그리고 입체적으로 재구성해 보이고 있다. 1953년 군사재판으로 처형된 임화, 6·25전쟁 중 폭사한 것으로 알려진 오장환, 『리용악 시선집』(1957)을 펴낸 이후 거의 시작 활동을 하지 않다가 1971년 폐결핵으로 사망한 이용악, 그리고 1959년부터 궁벽한 시골의 국영 협동 농장 양치기로 종사하다 1995년 83세로 작고한 백석이 바로 그들이다.

이들 시 세계에 대한 저자의 기본적 관점은 시적 성취도가 높은 작품 위주의 철저한 본문 분석에서 출발한다. 저자는 작품 외적 사실들을 통한 손쉬운 연역적 해석이 아니라 텍스트의 꼼꼼한 독해 과정을 경과한 귀납적 평가 태도, 즉 텍스트에 대한 '구심적 충실'이야말로 작품과 시인에 대한 진정한 경의의 표현이라는 입장을 견지한다. 이때 개개 시어 선택의 엄밀성, 작품 특유의 시적 형태나 구문, 시적 방법 등이 1차적인 검증 대상으로 부각된다. 언어를 구성하는 여타 요소들과 동등한 위상을 획득하는 시에서의 구두점 활용 문제도 여기서 예외일 수 없다.

이 점에서 얼핏 유종호 교수는 협애한 형식주의자로 비쳐질 수 있다. 그러나 임화의 「현해탄」이나 이용악의 「낡은 집」 분석에서 여실한 '내적 텍스트성(intratextuality)'의 정교한 적용과 치밀한 '상호텍스트성' 논의, 개개 작품을 당대의 문학사적 및 정치 경제적 맥락과 긴밀하게 연관하는 데서 드러나는 일종의 문화주의적 시각 등은 그가 결코 단선적인 신비평론자가 아님을 잘 반증해 준다. 그런가 하면 서정주, 오장환 등의 문학적 거점이었던 동인지 《시인부락》의 표제를 통해 '시인들이 모여 사는 피차별 부락'이라는 사회적 의미를 발굴하고 그들 의식의 심층에 내재한 '낭만적 허영'을 간파하는 예민한 감각, 백석의 절창 「남신의주 유동 박시봉방」이 일제강점기 소산이 아니라 해방 직후 작품임을 여러 경로를 통해 확인한 견고한 실증 정신은 이 저술이 풍부한 비평적 실감과 '연구'의 객관성을 행복하게 결합한 드문 사례이기도 하다는 것을 잘 보여준다. 아래에 이 저작의 핵심적 내용을 간추려본다.

지금껏 '평론가 임화'에 가려 '시인 임화'에 대한 본격적 천착이 이뤄지지 않았다. 일찍이 김동석은 "알짱 구체적이라야 할 데 가서는 추상적이 되어버리는 것이 시집 『현해탄』(1938) 전체가 지니고 있는 흠"

(『예술과 생활』, 1948)이라고 지적한 바 있지만, 초기 임화 시는 짤막한 서정시에서 사회 현실에 기초한 서사 충동을 추구함으로써 '정치시'의 원형을 보여주었다. 그의 정지용 비판은 이 연장선상에서 행해지는데, 그것은 '사회 파 시인의 기교 파 비판, 낭만주의자의 고전주의자 비판, 정치적 인간의 비정치적 인간 공격'의 의미를 지닌다. 해방 이후 그의 시는 독특한 예기와 박력을 지닌 짧고 간결하며 긴박한 호흡의 격문 시를 개발, 당대 좌파 시인들(이용악, 오장환, 설정식 등)에 큰 시적 영향력을 행사하였다.

오장환은 김기림이 적절히 언명했듯 시집 『성벽』(1937)을 통해 "연옥을 통과하는 현대의 지식인의 특이한 감정"을 노래했다. 그러나 그것은 사회 통념과 인습에 대한 사회적 외방인(外邦人)의 관념적 반항 시편에 지나지 않는다. 그가 뛰어난 리듬 감각의 소유자임에도 불구하고 『헌사』(1939)의 시 세계가 낭만적 허영을 통어하지 못함으로써 종종 시적 실패로 귀결되고 만 것도 바로 이에 기인한다. 그러나 외방인에서 사회 중심부로의 신분 이동이 가능해지면서 오장환은 과거의 과장된 반역과 거부의 자세로부터 전통적 가족주의로의 회귀, 당시 좌파 시단으로부터 '반동'으로 단죄될 만한, 그러나 20세기 한국 서정시의 조그만 승리라 할 수 있는 「다시 미당리」(1946) 등 일련의 일탈 시편을 남겨놓았다. 일제 말엽 '연민의 시학'을 아름답게 노래한 「성탄제」(1939) 등도 빼놓을 수 없는 그의 시적 성취이다. 그러나 월북 후 오장환의 친체제 시편들은 지난날의 시적 성취를 일거에 훼손해 버린다.

해방 이전 이용악 시 세계는 '식민지 현실의 충실한 서정적 재현'으로 요약된다. 물론 「두메산골」 연작처럼 현실도피적 성향의 작품도 있지만, 그것 역시 현실 부정의 계기로 읽힐 소지가 없지 않다. 요컨대 일제강점기 용악 시는 생활과 현실이 높은 수준의 서정력으로 형상된 하나의 문학사적 사건이라 할 수 있다. 해방 직후 「나라에 슬픔 있을 때」(1946) 같은 시인 특유의 어법과 시적 위의를 갖춘 빼어난 정치 시를 솜씨 있게 빚어낼 수 있었던 것도 이와 긴밀히 연관된다. 이 점에서 그는 리얼리즘 시인들이 종종 범하기 쉬운 '기교 경시'와 소재 주의로부터 멀찍이 벗어난 "현실주의 시인은 현실주의자이기 이전에 시인이어야 한다는 것을 보여준 20세기 전반의 최초의 사례(222쪽)"로 기억될 것이다.

「북방에서」(1940)에서 확연한 바이지만, 개인적 서정 토로가 곧장 집단적인 시적 파토스로 직결된다는 점에서 백석은 단순한 서정시인이 아니다. 초기의 백석 시 세계는 쾌락 원칙에 의해 지배되는 유아기의 고향이라는 잃어버린 낙원에 대한 그리움의 토로이자 그 복원의 절실한 호소에 다름 아니다. 백석의 고집스러운 방언 지향, 작품에서 쉽사리 간취되는 '심정적 표박(漂泊)'의 이미지 등도 잘 따져보면 이러한 '시원 회귀 성향'의 문제의식과 결코 무관하지 않다. 즉 그것은 자기 시대나 사회와의 순탄치 못한 관계로부터 말미암은 것이다. 북한에 체재하면서 돌연 그는 시와 절연하고 러시아 작품 번역 및 아동문학 평론 활동에 주력한다. (필자가 생각건대, 이런 행위 자체가 체제와의 밀월을 스스로 거부한 하나의 특이한 방식이 아닌가 한다.) 1958년 들어 문득 몇 편의 체제 찬양 시편 발표를 마지막으로 그의 문학적 생애는 1995년 작고하기까지 40여 년 가까이 실질적인 '죽음'의 상태로 일관하였다.

이 저술에서 매우 인상적인 것은 특정 개념을 원용하여 논의의 실감을 한층 드높였다는 점이다. 나치즘이라는 희대의 문화적 재난을 자초한 독일 정신의 정치적 무의식성과 관련하여, 임화의 정지용 비판에 토마스 만의 "비정치적 인간"을 적용한 것이라든지, 곰브리치의 "예사로움(sprezzatura)" 개념을 빌어 백석 시의 천의무봉을 설명한 것, 그리고 샤흐텔의 용어(원격 감각, 근접 감각)을 통해 백석 '기억 시편'들의 의미를 심도 있게 고찰한 것 등이 그러한 예이다. 한국 근대 시의 형태적 원류를 번역 시에서 찾고, 그 계보를 임화, 이상 등의 '직역된 번역 시 모형'과 김소월, 김영랑, 정지용, 서정주, 이용악 등의 '의역된 번역 시 모형'으로 양 대별한 것은 하나의 논쟁적 이슈로 떠올릴

만하다. 앞으로 좀 더 깊은 학적 탐구가 밑받침돼야 할 것이다. '모더니스트 백석'이란 통설을 바로잡은 것도 가볍게 볼 수 없다. 김기림이 촉발하고 오장환에 의해 더욱 굳어진 이 논점이 단순한 시적 기법상의 친연성에 근거한 오류임을 밝히고 "백석은 반(反)모더니즘의 시인"(323~324쪽)으로 붙박은 것이다.

그러나 이 저술에 전혀 문제가 없는 것은 아니다. 우선 과연 임화가 신동엽에게까지 영향력을 미친 '정치 시, 격문 시'의 중심적 존재인가 하는 점이다. 프로 시가의 대중화가 강조된 1927년 이후, 특히 1930년대에 들어 이런 유의 시는 강한 시적 경향성을 띠고 폭넓게 노래되었기 때문이다. 저자가 오장환의 「고향 앞에서」(1940)의 "쟁내비"를 시인 자신이 일종의 새 이름으로 알았던 듯하다고 한 것은 잘못이다. 시적 현실과 실제 사실(한국에는 '원숭이'가 없다.)의 차이를 의도적으로 강조함으로써 '슬픔의 극대화'를 꾀한, 한시적 전통에 의거한 일종의 인유적인 시적 표현이라 해야 할 것이다.

북한에서 펴낸 『리용악 시선집』이 작품의 '대폭적 변개'를 시도한 것도 반드시 진진한 흥밋거리로만 볼 일이 아니다. 간혹 작품 발표 연도를 명기하여 시 이해에 도움을 주는 경우도 없지 않으나, 가령 '전면적 개고'라 할 수 있는 「거리에서」(1946)를 비롯한 몇몇 작품은 명백한 '개악'에 해당하기 때문이다. 비교적 폭넓은 백석의 번역 활동에 대해서도 한층 상세한 정보가 뒤따라야 그가 어째서 시와 절연했는지에 대한 근본적 성찰이 가능할 것이다. 그러나 유종호 교수의 이번 노작에서 엿보이는 이 같은 흠결은 그야말로 '옥에 티'에 지나지 않는다. 이 평론집 출간이 우리 비평 풍토에서 시적 실체를 관통하는 올바른 작품 주의적 비정(批正)에 굳건히 기반하여 덧붙여 '연구'의 중립성까지도 훌쩍 뛰어넘는 진정한 비평의 정립에 중요한 계기가 되었으면 한다.

《창작과비평》 2002년 가을 호)

■ 비평의 궤적

자서전의 시대
― 『나의 해방 전후 1940～1949』

윤해동(성균관대 연구교수)

 이제 곧 '모든 사람이 자서전을 가지는 시대'가 도래할 것이라는 전망이 제기되기도 한다. 이런 전망은 인터넷을 중심으로 한 정보화 시대의 글쓰기 방식이 쌍방향 소통을 특징으로 한다는 점을 고려하면 더욱 설득력을 얻는다. 공식적인 역사나 내러티브를 넘어서 자신의 이야기를 만들고 표출하고 싶은 욕망을 인터넷은 부추기고 또한 가능하게 하는 것이다. 역사적 기억은 재현 형태상으로는 문헌과 구술로 나뉜다. 쌍방향 소통에 의해 가능하게 되는 자서전은 역사적 기억의 형태상으로 본다면 문헌이기도 하고 또한 구술이기도 할 것이다.
 유종호의 회상록인 『나의 해방 전후 1940～1949』는 저자가 저명한 문학평론가임에도 불구하고, 역설적이게도 자서전의 시대를 예감하게 한다. 이 책은 저자가 국민학교에 입학한 1941년부터 중학교 3학년이 되던 1949년까지를 대상으로 하고 있는바, 이른바 해방 전후사에 대한 '회상록'이다. 대부분의 자서전은 회상록 또는 고백록으로서의 성격을 가지는 것일 터이고, 그 둘을 양극으로 한 스펙트럼의 중간 어디쯤에 위치할 것이다. 하지만 저자는 이 책을 "근접 과거에 대한 온전한 파악을 통해서 사회사적으로 기여하고자 쓴 것"으로서, 결코 자전이 아니라는 점을 강변한다. 회상의 주체로 등장하는 저자는 다만 그가 경험한 삶의 세목에 리얼리티를 부여하는 역할에 국한되어 있다는 점을 특히 강조하고 있는 것이다. (6쪽)

저자는 "기억의 복권을 위하여" 회상을 집필한다는 점을 명확히 하고 있다. 그는 기억의 역할과 기억 투쟁을 예리하게 의식하고 있는 것이다. 그러면 먼저 기억에 대한 그의 관점을 정리해 둘 필요가 있겠다. 기억은 때때로 기억 주체를 오도하고 혼란시키므로 허망하고 종잡을 수 없는 것이기도 하다는 점을 저자는 놓치지 않는다. 그럼에도 기억은 해방의 수단이 되기도 한다고 본다. 그러므로 기억을 방치하는 것은 무책임한 일이 된다. "모든 것을 잊어버릴 권리가 우리에게는 없다."는 것이다. 그런 점에서 특히 '유소년기의 비허구적 기억 재생산'은 정당화될 수 있다. 사람은 누구나 자신의 현재 상황에 근거해서 약간의 역사적 상상력을 발휘하여 과거를 회상하는 것이 보통이지만, 급속하고 전면적인 사회적 변화가 수반되거나 주체의 자의성이나 선입견이 작용한다면 그에 따라 상상력도 일정한 방향으로 방위 설정이 될 수밖에 없다. 하지만 풍문에 의한 자의적 상상력은 신화 작용의 근원이 된다. 그러므로 기억을 복권하고 사회적 기억을 회복하는 일은 '자의적 상상력의 신화 작용'을 방지하기 위해서 특히 필요한 일이 된다. 이때 이를 매개하는 것은 기억이 가진 '참무리'로서의 역할이다. 참무리란 경험한 당사자만이 가지고 있고 드러낼 수 있는 진정성의 후광이다. 참무리는 자의적 상상력이 가진 신화 작용을 침식함으로써, 겪어보지 않은 사람에게 과거 이해의 단서를 제공할 수 있다. 많은 사람들이 기억을 기록하고 교환하여 종합 검토함으로써 역사적 진실에 다가설 수 있는 것이다. 이처럼 저자는 사회적 기억을 환기하는 회상을 통해 '개인사로부터 전체사'로 이행하는 매개의 역할을 수행할 수 있다고 보는 듯하다.

그러면 저자가 '재생산한 유소년기의 비허구적 기억'의 몇몇 단편들을 따라가 보자. '국민학교'부터 전적으로 일본의 '황국신민' 교육을 받았던 저자 또래가 조선 사람이란 것을 크게 의식할 필요는 없었고, 또 그런 의식은 조직적으로 억압되고 있었다. 가령 이토 히로부미〔伊藤博文〕가 조선 사람 안중근의 총을 맞고 죽었다든가, 일본에 대항해서 싸우는 '긴이치세이〔金一成〕'라는 조선 사람이 있다든지 하는 말을 들으면, 막연하나마 조선은 일본과 다르고 무엇인가 잃어버린 것이 있으며 손해를 보고 있다는 느낌을 받기도 했지만, 그것이 일상적인 것이 될 수는 없었다.(112~114쪽) 한편 다음과 같은 애틋한 기억도 있다. 저자가 2학년 때 여학교를 갓 졸업하고 담임으로 부임한 열한 살 연상의 일본인 여교사는, 저자를 외투 안으로 끌어안고 집 근처까지 데려다주기도 하였다. 그때 검정 외투 차림으로 함박눈 속에 서있던 그녀의 모습을 저자는 "별 볼일 없는 내 유년기 활동사진의 최고 서정시"로서 이 때문에 "많은 것을 불문에 부칠 수 있었다."고 회상하고 있다. 그 때문에 "하필이면 왜 일본 기집애가 담임이냐."라는 외조모의 발언은 망언이 되고, 며칠 동안이나 이를 용서할 수 없었던 것이다. (50~51쪽)

일제 말기에 유소년기를 보낸 사람들의 의식 속에 민족이라는 경계는 흐릿한 그 무엇일 수밖에 없었다. 그 때문에 일본이 항복 방송을 했다는 소식을 듣고서도, 당시 중학교에 다니던 저자의 이종형은 일본의 연합 함대가 건재한데 "일본이 항복했을 리가 없다."고 머리를 갸우뚱거렸던 것이다.(108~109쪽) 특히나 저자가 일본 헌병을 처음이자 마지막으로 본 것은 해방 후 어느 날로, 장총을 들고 충주의 관공서나 동사무소 건물을 지키고 있던, 청주에서 응원 나온 헌병이었다. (116~117쪽) 이처럼 일제 압제의 촉수는 유년기의 기억 속에서 새삼스러운 그 무엇에 지나지 않았다. 저자의 회상 속에 남아있는 이런 기억은 민족을 경계로 그어진 식민지에 대한 역사 서술이 그 후에 가공된 민족주의의 허구적 산물일 수 있음을 드러내고 있다.

이와 관련하여 1948년 저자가 중학교 2학년이었던 시절의 회상이 흥미룹다. 일민 주의를 강조하던 안호상이 문교부 장관이었던 시절, 학도호국단이 창설되고 교련이 정규 과목으로 채택되었으며 체육 교사들이 징발되어 단기 훈련을 받고 배속장교의 자격으로 근무하였다고 한다. 당시 교련 시간에 많이 불리던 군가 가운데 "무명지 깨물어서 붉은 피를 흘려서／태극기 걸어놓고 천세 만세 부르세／한 글자 쓰는 사연 두 글자 쓰는 사연／나랏님의 병정 되기 소원입니다"라는 가사를 가진 것이 있었다. 근데 최근에 이 군가가 박시춘이 작곡한 「혈서지원」이라는 곡으로, 일제 말기 지원병 장려책의 일환으로 작곡된 것임을 알았다고 토로하고 있다. (262~263쪽) 이를 두고 저자는 일제 말기를 함께 지내온 사람들은 서로가 공범이라는 의식을 공유했기 때문에 도리어 부끄러운 행위에 대해 서로 입을 다물고 있었을 것이라고 해석하지만, 여기에서는 오히려 역사의 연속성을 새삼스럽게 확인할 수 있지 않을까 한다.

요컨대 저자의 유소년기에 대한 기억 속에서 기존의 도식화된 민족사상(史像)을 직재적으로 확인하기란 쉽지 않은 일이다. 또한 식민지 시기와 정부 수립 전후의 시기가 지금까지 상상된 것보다는 훨씬 연속성이 강한 시기였다는 점도 잘 드러나고 있다. 지금 한국 사회에서는 기억이 화두로 부상하고 있다. 기억과 역사가 투쟁하고 있는 것이다. 기억은 역사의 출발이면서 동시에 목표가 되기도 한다. 역사는 '역사를 위한 기억'을 추구한다면, 기억은 '기억을 위한 역사'로서 '대항 기억' 나아가 '대항 역사'를 구축하고자 한다. 역사란 궁극적으로 기억의 투쟁을 통해 형성되는 것이다. 국가의 공식 역사로서의 민족사와 대항 역사를 구축하기 위한 투쟁이 바로 기억과 역사의 투쟁이 아니겠는가? 이런 점에서 저자의 의도와는 상관없이, 이 회상록은 현대 한국의 기억 투쟁에 훌륭하게 기여하고 있는 셈이다.

한편 저자는 자신의 기록이 자전이 아니라는 점을 강조함으로써, 의도적으로 자신으로부터 거리를 두는 노력을 되풀이할 수밖에 없게 되었다. 이런 이유 때문이겠지만, 이 책에는 고백만이 아니라 자신의 신상에 관한 기록을 거의 발견할 수 없다. 나아가 학교를 매개로 한 사회적 상황만을 드러냄으로써 심지어는 가족의 상황마저 알기 어렵게 되어버렸다. 하지만 이런 의도적인 '거리 두기의 과잉'은 그가 그토록 강조하는 "복권"에 오히려 장애가 되고 있는 듯하다. 기억이 가진 편견으로서의 측면을 인정한다면, 편견 없는 회상을 상정할 수 있을까? 총동원 체제기의 국민학교 4학년 시절이 "경제적, 지적, 정서적 빈민굴"이었다고 회상하는 부분이나, 이 책을 쓰면서 "형성기의 원색적인 황량함과 척박함에 대해 사회적 시민적 공분"을 느꼈다는 표현에는 기억이 가진 편견이 드러나 있는 것은 아닌가? 이런 편견은 명백히 거리 두기의 과잉 때문에 생긴 것이 아닌가 한다.

그럼에도 박완서의 『그 산이 정말 거기 있었을까』나 현기영의 『지상에 숟가락 하나』와 같은 고전적인 유년기의 회상록 목록에, 우리는 중요한 저작 하나를 추가할 수 있게 되었다고 생각한다. 발터 벤야민의 「베를린의 유년 시절」이 20세기 초반 베를린에 대한 훌륭한 '도시 사회사'로 기능하듯이, 이 책은 앞으로 해방 전후 '교육의 사회사'로서 현대사 연구에 훌륭하게 기여하게 될 것이다. 나아가 이 책은 자서전의 시대가 도래할 것임을 예언하는 듯하다. 그리하여 이제 '늙은이'나 '젊은이'나 모두 자서전을 쓰자, 모두가 자서전을 쓰는 시대로 나아가자, 이것이 역사라는 거대 서사에 대항하여 기억 투쟁에 기여하는 길이 될 것이다라고 주장하는 듯하다.

《창작과비평》 2004년 겨울 호)

■ 인상과 회고

내가 만난 유종호

신경림(시인)

1

  사범학교에 딸린 병설 중학을 나와 고등학교로 진학해서 외톨이가 된 나는 같은 처지의 아이들과 어울릴 수밖에 없었는데, 그 하나에 강형진이라는 아이가 있었다. 서울서 피난 온 학생으로 고리키의 『체르카슈』 따위 문고판을 물들인 군용 잠바 주머니에 넣고 다녔기 때문에 우리는 쉬 가까워졌던 것 같다. 나는 그를 따라 그가 누이들과 함께 세 들어 살고 있는 집에 놀러 가기도 했는데 우연히도 그의 큰 누이가 내 중학교 때의 국어 선생이었다. 내가 유종호라는 이름을 처음 들은 것이 그로부터다. 예비 시인으로 문예지에 투고도 하고 있는 그는 내가 시인 지망인 것을 알고는 같은 학교 1년 위 학년에 다니고 있는 유종호 얘기를 해주었다. 천재 소년으로 6·25만 아니었다면 벌써 시인이 되어있을 거라는 거였다. 그러면서 그가 보여주는 한 지방지에 실린 그의 시를 읽고 나는 기가 질렸다. 내 어린 눈에도 그 시는 어떤 기성의 시보다도 더 훌륭해 보였기 때문이다. 그 뒤 세계문학 전집을 전부 읽었다느니, 영어로 셰익스피어를 읽는다느니 하는 그에 대한 신화도 자주 듣게 되었는데, 이 무렵 그에 대하여 내가 가진 감정은 존경과 시기가 반반이었던 것 같다. 그러나 전교생으로부터 존경을 받는 국어 교사의 아들이기도 한 그와 직접 사귈 기회는 없었다. 그때 어울리기 시작한 문학 패거리들과 떼 지어 학교를 오가다가 마주치면 고개만 꾸뻑하고 "저렇게 대갈통이 큰 놈이 무슨 놈의 시를 쓰냐."라고 친구들이 떠들면 그 소리가 맞는 것 같아 은근히 기분이 좋았다.

  2학년이 되자 교지 《예성》을 내게 되어 나도 그 편집자로 참여하면서 시 한 편과 산문 한 편을 내었다. 내 작품들을 보고 지도 교사이던 유촌 선생(유종호의 부친)은 극찬하셨지만, 막상 뒤늦어 들어온 유종호의 글은 내 기를 꺾고도 남았다. 「숙명 기타」라는 단상 형태의 글이었는데, 내 글이 문장도 덜 여물고 아직 소년티를 벗어나지 못한 데 반하여 그의 글은 어른의 글처럼 원숙한 느낌이었다. 그래도 책이 나온 뒤 유촌 선생을 통해서 유종호가 내 시와 산문이 좋다고 하더라는 말을 듣고 크게 위안을 받았다. 그 얼마 뒤, 그가 대학으로 진학하고 서였던 것 같다. 유촌 선생이 시를 한 열 편쯤 정리해서 보여달라고 요청하셨다. 며칠 동안 끙끙대면서 열 편을 만들어 갖다드렸더니 선생은 그 자리에서 읽어보고 매우 만족한 얼굴을 하셨다. "우리 아이에게 보여보마." 그 이튿날 국어 시간에 선생은 교과서는 펴지도 않은 채 내 시를 꺼내 드셨다. 열 편을 내리 읽으신 뒤 "이만하면 당장 시단에 내놓아도 조금도 손색이 없어. 우리 아이도 그러더군." 선생의 칭찬도 칭찬이었지만 나는 유종호가 좋다고 했다는 데 더 입이 벌어졌다. 그러나 내가 유종호와 직접 만난 것은 그로부터도 이태쯤이 더 지나 나도 대학으로 진학하고서다. 충무로에서 우연히 마주친 우리는 마치 오랫동안 사귀어온 사이처럼 다방을 찾아 들어가 앉았다. 요즘도 계속 시를 쓰느냐는 질문에 나는 대뜸 주머니에서 시고를 꺼내 보였다. 그때 막 쓴 「갈대」였다. 몇 번 거듭 읽어본 그는 이런 작품이 다섯 편만 되면 가장 뛰어난 신인이 되고도 남을 것이라며 극찬했다. 그는 얘기에 취하고 나는 칭찬에 취해 우리는 세 시간이 넘게 다방에 앉아있었다. 아가씨로부터 그만 자리를 비워달라는 요청을 두 번이나 받은 뒤에야 다방에서 나왔으니까. 헤어지면서 그는 매일 관훈동에 있는 르네쌍스라는 다방엘 나가니 틈나면 놀러 나오라고 했다.

 나는 당장 다음 날 그동안 써놓았던 시 몇 편을 들고서 르네쌍스로 그를 찾아갔다. 다음 날도 다음 날도 그를 찾아갔다. 그도 「실솔」 등 여러 편의 시를 보여주었는데 그 무렵 신인으로 가장 각광을 받던 박재삼, 이형기 등의 시들보다 더 감동적인 것들이어서 나를 흥분케 했다. 우리 다음에 2인 시집을 내자, 아마 이것은 내 제의였던 것 같다. 내가 《문학예술》이라는 문예지에 시를 발표하면서 소위 문단에 데뷔한 것도 바로 이때다. 겨울방학 직전이었다. 나는 그를 만나 시 얘기, 문학 얘기를 듣는 재미로 귀향도 며칠 늦추었던 것으로 기억된다. 시골 집에 내려와 들뜬 마음을 채 가라앉히기도 전에 과외 지도나 그 비슷한 일로 귀향이 늦었던 그로부터 엽서가 왔다. 집에 내려왔으니 놀러 나오라는 것이었다. 나는 당장 달려 나가 다방을 맴돌았고, 읍내에 있던 그의 집과 시골 우리 집은 60여 리나 떨어져있는데도 이런 발걸음은 닷새가 멀다 하고 되풀이되었다. 아마 내게 있어 이 겨울처럼 행복했던 겨울도 그리 많지 않았으리라. 한데 지금 생각하면 하나 알 수 없는 일이 있다. 궁하기는 마찬가지였는데도 찻값이고 밥값이고 거의 그가 부담했던 점이다. 그 점은 지금도 매한가지여서 어쩌다 만나도 내게 돈 낼 틈을 주지 않는다.

 새 학기가 되어 상경하자 우리는 더욱 가까워졌다. 틈만 나면 르네쌍스로 그를 찾아갔고, 그가 좋다고 하는 책이면 동대문 일대 고서점을 전부 뒤져서라도 찾아 읽었다. 내가 그동안 기식하던 외가에서 나와 하숙을 하자 유종호가 내 하숙으로 들어온 것도 그 무렵이다. 처음은 을지로 2가의 무슨 합숙소 같은 2층 방, 다음은 단성사 뒤의 작고 아담한 한옥이 우리 하숙집이었다. 그는 엄청난 독서광이었고 관심의 폭도 넓었다. 초저녁에 책을 들고 앉으면 새벽까지 자리를 뜨지 않았다. 나는 본디 그렇게 맹렬하게 책을 읽는 편은 못 되었지만 그가 자지 않으니까 덩달아 밤을 새워 책을 읽지 않을 수가 없었다. 나란히 사과 궤짝을 놓고 앉아 그레이엄 그린 또는 로버트 팬 워런의 소설을 읽다가 변소에 가기 위해서 마루에 나서면 날이 희끄무레 밝아오고 딸랑딸랑 골목을 지나는 두부 장수 솔발 소리가 들리고는 했다. 날이 밝으면 우리는 잠자리에 들어 점심때까지 내처 잤다. 주인의 성화에 가까스로 일어나 아침 겸 점심을 먹고 학교나 르네쌍스로 가는 게 우리들의 정해진 일과였다. 그때 이미 그는 음악에도 조예가 깊어 학교 강의보다도 르네쌍스에 나가 바흐를 들으며 앉아있기를 더 좋아했다. 하지만 우리 사이에는 꼭 한 가지 상충하는 것이 있었다. 그는 술을 안 마시는데 나는 술을 마신다는 점이었다. 함께 하숙하는 동안에도 나는 자주 술을 마시고 들어와 쓸데없는 짓거리로 그를 괴롭혔다. 때로는 술친구들을 몰고 들어오기도 했고, 막 잠이 들려는 새벽 느닷없이 술친구들이 급습해서 난장판을 만들게도 했다. 그래도 우리 하숙은 1년이나 계속되었다.

그 뒤 그는 학교를 졸업하고 사범학교의 교사가 되었고, 나는 무엇인가 새롭게 시작해 보겠다는 생각으로 학교를 걷어치우고 시골로 내려왔다. 나는 농사도 지어보고 장사도 해보고 공사판도 기웃거려 보고 아이들도 가르쳐보았지만 무엇 하나 시원스럽게 되는 것이 없었다. 다시 시를 쓸 기회가 올 것 같지도 않았다. 당시 내게 위안이 있었다면 오직 유종호를 찾아가 만나는 일뿐이었다. 자세히 얘기하지 않아도 내 형편을 대개 짐작하고 있는 그는 내가 찾아가면 저녁을 사고 술을 사고 용돈을 주었다. 내가 돈을 벌 단 한 길은 이거다 싶어 소설을 끼적거려 보여주면 "시를 열심히 쓰는 게 낫잖아?" 하고 충고하기도 했다. 내가 주책없는 짓을 해서 그를 괴롭힌 것도 그때다. 술이 취해서 친구들 앞에서 북한 찬양 끝에 김일성 만세까지 부른 것이다. 조사 과정에서 나는 가장 가까운 친구로 유종호를 댔다. 뒤에 들으니 그 일로 그는 가택 수색도 당하고 책도 빼앗기고 적잖이 닦달도 당한 모양이었다. 그러나 그것을 사과하는 내게 그는 "원, 싱거운 사람!" 한마디로 말을 막았다. 그 뒤로도 나는 그를 찾아가 밥과 술을 얻어먹고 용돈을 얻어 썼으니, 그는 어디까지나 내게 있어 형이었던 셈이다.

그때 나는 그와 함께 『네루 자서전』을 번역한 일이 있다. 그는 돈벌이가 없는 나를 생각해서 얻어준 일이었지만 번역을 맡긴 회사가 사정이 나빴던지 원고료가 제대로 나오지 않았다. 마침 시골 살이를 마감하고 서울 변두리에 올라와 살던 나는 청주교대로 옮겨 가 있는 그에게 편지로 포악을 떨었다. 너 믿고 일했으니 다 물어내라는 투였다. 그러나 편지를 보내놓고 나는 이내 후회했다. 생떼도 이런 생떼가 어디 있단 말인가. 나는 그 편지는 없었던 것으로 하자고 할 셈으로 청주교대로 옮겨 와 있던 그를 찾아 부랴부랴 청주로 내려갔다. 그러나 나를 맞는 그는 옛날이나 똑같이 반가운 얼굴을 하고 편지 받았느냐고 물었다. 그 편지에 한 달 생활비가 실히 될 만한 돈을 넣어 보낸 것이었다. 나는 밥과 술을 얻어먹고 차비 얻어 서울 와서는 그 돈을 찾아 썼다. 고맙다는 인사 한마디 없이.

사람의 관계라는 건 주고받게 마련인데 생각해 보니 나는 그로부터 거의 받기만 했다. 내가 다시 시를 발표하게 된 계기만 해도 그렇다. 우리 문학 풍토가 10년이나 시를 안 쓴 신출내기한테 청탁해 실어줄 인심이 아닌 것은 예나 이제나 다름이 없다. 10년 만에 상경한 나도 아예 그런 것은 단념하고 있었는데 모처럼 시골서 올라온(당시 그는 공주사대에 있었다.) 유종호가 《한국일보》에 실린 시를 칭찬하면서 내게 그와 같은 시가 몇 편 더 있는 것을 확인하고는 나를 《창작과비평》의 발행인이던 신동문 시인한테로 데리고 갔다. 그러고는 그한테 《한국일보》에 실린 「겨울밤」 얘기를 하면서 이런 시가 《창비》에 발표되면 우리 시에 충격을 줄 것이라고 장담했다. 내게 다시 시를 쓸 길이 트인 것도 이래서이다. 그 뒤로 나는 툭하면 공주로 달려 내려갔다. 답답할 때도 갔고 신이 날 때도 갔다. 그의 얘기를 듣고 있으면 시원하고 즐거울뿐더러 그는 더없이 좋은 얘기 상대이기도 했기 때문이다. 그는 여전히 술은 한 방울도 마시지 않으면서 술자리는 좋아했다. 술

자리를 피하지도 않았고, 아무리 자리가 길어져도 먼저 도망가는 법이 없었다. 뿐만 아니라 술 취한 사람과 똑같이 취해 몇 시간이고 얘기도 하고 노래도 했다. 이 무렵 더러 서울서 이호철, 한남규 등과 함께 어울리는 일이 있었는데, 이때도 그는 술은 마시지 않으면서도 술자리는 끝까지 지켰고, 아무에게도 거부감을 주지 않는 뛰어난 화술로 자리를 이끌었다. 자기보다도 남을 생각하고 친구를 좋아하는 마음이 없이는 불가능한 일이었다.

2
　내가 유종호를 좋아하는 것은 그러나 우리 사이의 특별한 인연 때문만은 아니다. 나는 그의 문장을 좋아한다. 정확하고 분명한 비평 문장도 좋아하지만, 에세이 문장도 좋아한다. 다른 비평가들과는 달리 그의 비평 문장은 윤기도 있고 감칠맛도 있다. 품위도 있고 멋도 있다. 재기가 더 번득이는 것은 에세이 문장이다. 가령 그의 에세이집을 꺼내 집히는 대로 한 구절을 읽어보자. "돌이켜보면 화약 냄새와 비명 소리가 범벅이 된 판국에 미국에서 시작하여 전 세계로 퍼져 나간 청바지 입기는 근래에 있었던 가장 싹수 있는 인간 회복 운동의 하나였다. 거기에는 정의로운 사회에 대한 갈망이 있었다. 청바지 만세!" 과연 이렇게 날렵한 문장을 쓸 수 있는 문인이 우리 문단에 몇이나 될까. 이와 같은 빛나는 문장의 바탕에는 폭넓은 관심과 깊은 지식이 있음은 말할 것도 없지만.
　그는 내가 아는 한 누구보다도 문학작품을 많이 읽은 사람이다. 영문학자인 만큼 영문학 작품을 많이 읽은 것은 굳이 내세울 필요가 없겠지만, 우리나라 시와 소설을 누구보다도 많이 읽었다. 대학에서 문학을 전공하다 보니 부득이 평론을 하게 된 강단 비평가들이 흔히 눈을 주지 않고 지나간 대중소설 따위도 어쩌면 거의 읽었을 것이다. 열정적인 문학 소년 시절을 거쳤다는 증좌이지만 이로 해서 그가 문학을 보는 시각이 그만큼 넓을 수 있을 터이다. 시와 소설도 모두 찾아 읽는 것 같다. 어쩌다 만나 안 읽었을 성싶어 최근에 읽은 젊은 시인을 들먹이면 내가 미처 읽지 못한 작품들까지 들어 기죽게 하는 경우가 허다하다. "역시 취미가 공부인 사람은 달라, 안 읽은 것이 없는 것을 보면." 하고 빈정대면 그는 말한다. "공부는 무슨 공부, 심심하니까 읽는 거지." 이런 면이 없었다면 내가 그를 그토록 좋아하지는 않았을 것이다.

 글보다도 사귀고 보면 사람이 더 좋은 것이 유종호이기도 하다. 적어도 우리 또래의 경우 비평가들이 대개 이기적이다. 자기밖에 모르고, 받을 줄만 알고 줄 줄을 모른다. 소위 수재의 한계요 흠이다. 그는 그 정반대이다. 인정이 많아 남에게 주기를 좋아한다. 한남규가 아파 누워 함께 문병을 갔을 때 나는 덜렁 빈손이었지만 나오면서 그는 한남규의 야윈 손에 봉투를 쥐여주었다. 그가 백병원에 마지막 입원했을 때다. 급하게 가느라 미처 유종호에게 기별하지 못했는데 그것을 변명하자 한남규는 시트 밖으로 내놓은 술을 마시고 있을 때 시골서 올라와 그 근처 여관에 묵고 있던 유종호가 와서 술값을 치러주던 것을 생각해 냈다. 그에게 베풂을 받은 것은 나만이 아니었던 것이다.

 1970년대 중엽의 일이다. 이호철이 이른바 문인 간첩단 사건으로 잡혀 들어가 매주 월요일마다 재판을 받고 있을 때이다. 당시 유종호는 공주사대에 있었는데 한 번도 거르지 않고 올라와 재판을 방청했다. 우리가 그 수고로움을 말하면 "잡혀 들어가 있는 사람도 있는데 이쯤도 안 할 수 없지." 하고 그는 대수롭지 않아 했다. 역시 그 무렵 일로, 그와 한남규, 황석영 그리고 내가 위로차 주인이 없는 이호철 집을 찾아간 일이 있다. 빈손으로 갈 수 없어 과일 가게엘 들러 과일을 사는데 우리가 술값을 남겨놓을 요량으로 싼 것만 골라 들자 그가 나무랐다. "사람들! 그러잖아도 쓸쓸한 집을 더 쓸쓸하게 만들려고 그래? 먹을 만한 과일들을 사자고." "그러면 귀하가 돈을 다 내." 하는 한남규의 말에 따라 그가 과일 값을 전액 지불했지만, 부인과 딸과 함께 지키고 있는 텅 빈 집에 들어서서야 우리는 그의 말이 얼마나 옳았는지를 깨달았다.

그는 친구나 선후배의 뒷얘기를 듣는 일도 드물지 않다. 그럴 적마다 친구나 동기는 나를 나무란다. "종호 형을 보면 문학 하는 사람은 경우가 바른 것 같은데 너는 왜 그 모양이냐." 그는 병들거나 잘못된 친지가 있으면 못 본 체 넘어가지 못하는 것 같다. 그의 동기 중에 내 족형이 있는데 병이 들어 큰 수술을 받은 일이 있다. 그 소식을 뒤늦게 유종호를 통해서 들은 나는 또 그 얼마 뒤 그 족형을 우연히 예식장에서 만나 무심했음을 사과했다. 그는 당장은 아무 말도 하지 않았으나 술자리에서 "조카가 전화를 했다고 하던데, 유종호는 여러 번 왔었어." 하고 유종호의 예를 들어 섭섭함을 나타내었다. 그는 예의도 발라, 예순이 넘은 나이에도 특히 가까웠던 옛 스승을 찾아뵙기를 게을리 하지 않는다. 정초에도 문안을 드리고 책이 나와도 먼저 갖다드린다. 그 스승의 한 분으로 내 은사이기도 한 정춘용 선생(현재는 변호사)은 늘 말씀하신다. "사람이 훌륭하니까 글이 훌륭하지 않을 수가 없지." 하지만 그의 가장 큰 덕목은 아무래도 분수를 아는 점인 것 같다. 그는 자신이 할 수 있는 일과 할 수 없는 일을 정확히 안다. 그래서 쓸데없는 것에 집착해서 시간과 정력을 낭비하는 짓을 하지 않는다. 그 결과 4~50대의 수렁을 지나 60대에 홀로 우뚝 선 평론가가 될 수 있었으리라.

문학에서뿐 아니라 인생에 있어서도 나는 그로부터 많은 것을 배웠다.

(《오늘의 문예비평》 1995년 여름 호)

■ 인상과 회고

열린 정신과 자유인

이청준(소설가)

 지난 1960년대의 끝 자락쯤이었을 것이다. 청진동 뒷골목 세진빌딩 2층의 민음사 편집실을 사랑방처럼 드나들며 헤픈 소리를 일삼던 '60년대 문청 무리'를 두고 유종호 선생이 '재치 문답 세대'라 명명했다고, 그곳 터줏대감 박맹호 사장이 자신의 생각을 얹어 전했다. 지금으로선 금석지감이 없지 않지만 같은 연배의 필자도 당시엔 주위 친구들의 농담 경연 같은 말 놀음에 진력이 나있던 터라 그 유 선생의 정곡을 찌른 촌평에 은근히 속이 시원했던 기억이다.
 말씨와 운신이 늘 가지런하고 문장이 더없이 간결 명쾌했던 인상의 지사풍 비평가, 책제(冊題)만 하여도 섣불리 넘볼 수 없는 당당함과 위압감이 넘쳐 나는 기념비적 평론집 『비순수의 선언』을 20대 청년기에 쓴 경외로운 문학 선배, 이제 갓 글 동네 문턱을 넘어서서 매사에 소심하고 자신이 없던 내 처지에선 더러 공동 주석 곁자리 같은 데에서밖에 그 유 선생과 따로 자리를 마련하기가 쉽지 않았고 그럴 엄두도 나지 않았다.
 선생과 처음으로 자리를 마주한 것은 1970년대 초반 어느 가을 저녁

세종로 근방의 한 2층 다방에서였다. 어떤 모임이 끝난 뒤 유 선생의 지방행 차 시간에 잠시 여유가 생긴 덕이었다. 하지만 반 시간 남짓한 그날의 대좌에서도 나는 선생에게 한 발자국도 가까이 다가선 느낌이 아니었다. 이쪽에서 무슨 말을 하든 "그렇지요 뭐.", "아, 그래요?" 식으로 연장자다운 너그러움으로 고개를 끄덕여 오는 선생 앞에 나는 새삼 당신의 단호하고 낭비 없는 글발을 떠올리며 혼자서 공연히 발가벗은 느낌이었을 뿐. 이후로 유 선생과 자리다운 자리를 함께하게 된 것은 1980년대 들어부터 어느 문화 재단이 주관한 현상 공모 소설 심사를 10년 너머 계속하게 된 것과 2000년 이후의 동인문학상 월간 심사 모임으로 해서였다. 그와 함께 이따금 접해 온 선생의 글과 저작들을 통하여 나는 조금씩 당신의 생각과 인간적 면모를 비교적 가까이 엿볼 수 있게 되었다.

무엇보다 유 선생과의 작품 심사 마당은 논의 과정이나 결정이 쉽고 편했다. 작품을 가리는 선생의 소견은 그의 꼿꼿하고 묵직한 걸음걸이처럼 늘 분명하고 확고하다. 두드러진 대목 한 가지만 들자면 선생은 이야기나 주제의 크기보다 문체와 세목(細目)을 특히 우선시하는 편이다. 한 작가의 문학적 성찰과 내적 충일은 개성 있는 문체와 세목으로 드러나며, 작품의 주제나 세계는 그 문체와 충실한 세목의 총화에 값한다는 생각, 공소한 관념과 주의 주장 위주의 의식 과잉 문투에는 좀체 미더운 눈길을 주지 않으려는 선생의 감식안은 문법적 작품론에 기울기 쉬운 비평가 처지에선 그리 쉬운 일이 아닐 터임에도 당신은 그런 선입견 너머에서 대개 내 의견을 대신해 주는 느낌이었고, 그만큼 심사 방향도 쉽게 했다. 하긴 "그릇 큰 문학과 왜소한 문학을 가르는 척도는 문학적인 것만 가지고는 안 되지만 문학과 문학 아닌 것을 가르는 척도는 문학적인 것"이라는 철저한 문학성 위주의 평가가 당신의 신념이기도 했으니까.

유 선생에 대한 나의 그런 공감과 신뢰는 어쩌면 문학 담론에 앞서 당신의 인간적 면모에서 비롯된 것인지 모른다. 왜냐하면 지금까지 당신의 인생담류의 글들을 읽어오면서 나는 줄곧 우리 세상살이에 대한 공감과 친화력, 일종의 공유 의식을 지녀온 때문이다. "거칠 것 없는 당당한 어조의 문장"으로 평가한 8·15 해방 공간의 한 비평가에 대한 소회가 바로 자신을 말하고 있는 듯한 도저한 문장의 '논객' 유 선생이 의외로 우리 서정시에 대한 관심과 애정이 깊은 것을 눈치 챈 것은 당신의 『서정적 진실을 찾아서』(2001) 이전부터의 일이었다. 갈수록 변두리 한데로 몰리는 서정시 쪽에 관심을 쏟는 것이 인적 드문 사회 주변부로 자진 망명해 가는 것이 아닌가 하는 자의식으로 착잡해지는 때가 많다. 그러는 한편 거대 담론이나 그에 대한 큰소리에 대한 불신이 커지는 것도 사실이다.

『서정적 진실을 찾아서』의 서문에서 토로했듯이 유 선생의 서정시에 대한 경사는 그리 단순한 것이 아니지만, 그 웅숭깊은 열정은 선생 자신이 한 권의 시집을 내놓았을 만큼 태생적인 동기에 근원해 있어 보인다. 별똥별이 사라진 도회 하늘을 아쉬워하고, 먼 북미 땅 대학촌 동네 여행 길에선 오랜만에 만난 그곳 변두리의 반딧불이를 찾아 소일하다 돌아오는가 하면, 권태응의 「감자꽃」 동시 한 편을 빼어난 작품 반열에 올려놓는 당신의 유다른 향토정서(선생이 특히 「향수」의 시인 정지용에 심취한 것도 그가 고향 고을 선배 문인인 때문만은 아닐 것이다.)는 필경 유소년기를 보낸 향리 충주 시절이 원천일시 분명하다.

소설의 절반쯤을 유소년 시절의 시골 살이에 매달려온 내게 그 무구한 모태와 상상력의 땅에 대한 정서적 동질감에 이어, 내가 유 선생과 공유했음직한 또 한 가지 심적 토양은 8·15 해방기와 6·25 전후의 시대 체험 내용과 기억 방식이다. 유 선생의 인생사적 회고(『나의 해방 전후』)의 글들을 읽다 보면 4년의 나이 차나 남녘 해변 고을 장흥과 충주 간의 이역성에도 불구하고 당시의 세상 풍정과 내면화 과정의 유사함에 자주 놀라곤 한다. 당시의 억압적이고 복잡한 시대 운행에 대해서까지 말할 주제는 못 되지만, 시골 초등학교 풍경과 선생님들을 비롯한 주위 면면들, 동네 거리와 들길 풍경, 즐겨 듣고 부르던 노래나 진위를 알 수 없는 항간의 풍문들까지도 내 마음속 목록들과 거의 차이가 없다.

유사한 경험의 유사한 내면화 과정을 거친 유 선생과의 정서적 동질성 확인은 선생에게서 멀리 잊고 지내온 고향과 고향 선배를 만난 듯 넉넉한 친화감을 내게 심어준 것이다. 시간의 속도를 벗어난 향촌 지향 심성과 정서의 덕목은 무엇보다 우리 삶의 모자란 곳, 부끄러운 곳을 탓하고 들기보다 넓게 감싸 안아 용납하고 쓰다듬어주는 동반적 포용력에 있음에 비추어, 일테면 선생은 근자의 '과거사 정리'나 '친일 문인 시비'에 대해서도 당대를 살지 않았던 사람들의 일방적이고 독선적인 처사가 되지 않을지, 고개를 내저으며 되묻는 걸 본 일이 있음에서다. 하긴 그래서 담배는 물론 술도 그리 즐겨 하지 않는 학림(學林)의 선비시라 내 줄기찬 담배 피우기에 끊임없는 힐책과 구박을 참지 못하심에도 나는 별 허물 느끼지 않고 그냥 웃어넘길 수 있는지 모른다.

하지만 언감생심, 나로선 넘볼 수도 없으려니와 부러워하기조차 가당찮은 선생의 높은 문턱은 그 활원(闊遠)한 지적 정신 용량과 경륜의 벽이다. 주위에선 이미 다 아는 일이지만, 선생 앞에 어느 한 지명인사의 이름이 올려지면, 당신에게선 곧바로 그의 출생으로부터 종생까지의 일생사는 물론 그에 관련된 우리 근현대사 사건들이 줄줄이 흘러나오고 알려지지 않은 이면 비사(秘史)까지 흥미진진하게 덧붙여진다. 특히 문학사나 사상사의 흐름에 관한 한 선생은 국내외를 넘나드는 방대한 지식 정보가 내장된 인간 전자 백과사전 한가지시다. 이는 전문가 경지의 고전음악 감상 취미와 더불어 당신의 도락성(?) 독서벽과 집중의 축적처럼도 보인다. 게다가 가위 전 방위적이라 할 그 지식 지도의 정보들은 물량적 현학성과 조심스러운 독선의 덫을 뛰어넘어 열린 정신세계의 가치 목록 속에 재조직되고 숙성된다. 선생의 문체는 그래서 더없이 화려하고 맛스러우며, 당신의 글은 늘 새로운 지혜의 양식으로 우리 정신을 일깨운다. (세상을 읽고 재는 그 지성의 자 눈금은 얼마나 정밀한가.) 당신의 임의 자재한 동서고금 인용과 현묘한 수사의 글들에서 나는 다만 사전적 지식 정보의 습득과 부실한 생각의 시금석으로 삼는 데에 머무를 뿐이지만, 더러는 누워 읽던 책을 들고 벌떡 일어나 앉아 내 게으른 책 읽기와 생각의 비좁음에 한숨지은 적이 한두 번이 아니었음에랴.

그 순은의 고희 길 경륜에도 유 선생은 아직 삶이 모자라고 책과 글이 고프신 빛이다. 근자 어느 자리에서 선생은 이제 학교 일 그만두고 남은 세월 홀가분하게 지내시련다기에 무슨 일로 여생을 보내시려나 싶었더니, 그동안 구해 두고 못 읽은 책도 읽어야 하고, 쓰고 싶어 해 온 소설 거리도 있으니 이것저것 오랜 마음속 숙제를 시작해 보고 싶으시댔다.

> 내 삶을 정당화하는 책을 쓰지 못했다는 자괴감에 때로 속이 쓰리기도 하지만 열 받게 마련인 난세에 책을 읽고 (……) 살 수 있었던 것에 감사하고 있다. 늙어가는 징조다. (……) 삶이 안겨주는 강제를 견디며 살아왔고 앞으로도 살아갈 것이다.
> ─「내 글이 걸어온 길」

아직도 마음속 고픔이 짙게 묻어나는 선생의 이 같은 소회는 일견 편안하고 기품 있는 노년기의 '받아들임'처럼 보이지만, 기실은 그 나이 벽에 갇히지 않고 다시 나아가려는 자기 경계와 격려를 겸하고 있는바, 당신은 그 열린 정신(그래서 늘 고프기 그지없는)의 길에 관련하여 다시 이렇게 적고 있다.

> 세월을 필부로 살아오면서 목도하고 관찰한 바를 따르면, 일찌감치 형성된 융통성 없는 사고, 자기의 개인적 처지와 함수관계에 있는 격앙된 희망적 관측과 소망적 사고가 시야를 좁게 하면서 현실감각을 무디게 한다는 것이 분명하다.
> ─「열려있는 사고를 위하여」

그 벽을 넘볼 수는 없지만 선생 같은 열린 지성, 시대의 양식(良識)이자 참 자유인을 내 문학과 삶의 앞장 삼을 수 있었음을 흔치 않은 행운으로 여기지 않을 수 없다. 선생이 늙지 않으시기를, 당신의 사윔 없는 '문청기(文靑氣)'가 오래기를 빌 뿐이다.

■ 인상과 회고

멀리서 바라본 유종호 선생의 모습

김광규(한양대 교수)

　유종호 선생의 이름을 처음으로 알게 된 것은 대학 시절이었다. 유종호 문학평론집 『비순수의 선언』(1962)이 나왔을 때, 나는 독문과 3학년생이었다. 현재가 불안정하고 미래가 불투명한 그 나이에 누구나 그렇듯, 미명 속에서 진로를 잡지 못하고 헤매던 젊은 날이었다. 문학청년이라고 부르기는 했지만, 문학의 구체적 표상이 잡히지 않아서 자칫 문학과 전혀 관련이 없는 삶의 뒤안길로 나갈 수도 있었다. 그때 이처럼 당당하게 새 책을 펴내는 신예 작가, 시인, 평론가 들을 보면 한편으로는 부럽기 그지없었고, 또 한편으로는 내가 끝내 저렇게 될 수 없을 것만 같은 절망에 빠지기도 했다. 그 후 나는 독문학의 원시림을 한 발짝 두 발짝 헤쳐가며 끝없는 전나무 숲 속을 방황하다가, 1970년대 중반에야 겨우 잃어버렸던 길을 찾아 되돌아 나왔다. 그리고 잡초가 무성한 길을 건너 한국 문학의 소나무 숲으로 발을 들여놓았다.

　유종호 선생의 평론을 접하게 된 지 거의 20년이 지난 1980년대 초였다고 기억된다. 나는 문예지에 실린 선생의 글 「시와 의식화」에서

나의 이름과 작품을 발견하고 깜짝 놀랐다. 한 번 만나본 적도 없는 신인 후배의 작품을 꼼꼼하게 읽고 엄밀하게 분석해 놓았던 것이다. 물론 문학작품의 평가와 수용이 개인적 만남을 전제로 하는 것은 아니다. 그러나 이른바 등단을 한 지 얼마 되지 않은 외톨이 시인이었던 나의 작품이 일면식도 없는 중견 평론가의 주목을 받았다는 사실이 기뻤다. 내가 그려놓은 시적 형상을 선명하게 포착하고 예리하게 해석한 글이었다. 반달곰을 코끼리나 족제비라고 우기는 오류가 비일비재한 풍토에서 선생의 문학적 감식안은 탁월했다. 유신 정권 말기로부터 신군부독재 초기까지 삼엄한 검열을 겪으며, 나의 첫 시집 『우리를 적시는 마지막 꿈』과 두 번째 시집 『아니다 그렇지 않다』가 출판되었는데, 이 시절에 유종호 선생은 언제나 내가 마음속으로 생각한 첫 번째 독자였다. 자신의 작품을 정확히 읽어주는 평자를 작가는 누구나 가장 좋아하기 마련이다. 그 후 이런저런 자리에서 유 선생을 직접 만날 기회가 가끔 생겼고, 술과 담배를 전혀 하지 않으면서도 재미난 화제가 넘치는 그의 인품을 알게 되었다.

1997년에는 유종호 선생과 함께 여행할 기회가 있었다. 함부르크 주 정부 문화부와 뒤셀도르프 하이네 인스티투트 초청, 대산문화재단 후원으로 9월 중순에 독일에서 '한국 현대문학의 주간' 행사가 개최되었는데, 유 선생을 한국 작가단장으로 모시고 소설가 전상국, 조세희 선생, 그리고 번역가 정혜영 교수가 동행했다. 함부르크 문학의 집과 뒤셀도르프 하이네 기념관에서 열린 작품 낭독회에서, 유종호의 발제 강연 '당대 한국 문학의 이해를 위한 간략한 조감도'에 이어 전상국의 『아베의 가족』 일부, 조세희의 단편 「풀밭에서」, 김광규의 시 「안개의 나라」 외 아홉 편이 한국어와 독일어로 소개되었다. 많은 청중이 참석하여 성황을 이루었다. 특히 하이네 기념관에서는 평소보다 많이 모인 청중의 열기로 낭독회장의 화재 감지기가 작동하는 바람에 소방서에서 출동하는 에피소드도 있었다. 공식 행사 일정 중에 틈을 내어 뤼베크에 있는 토마스 만 생가에 들렀다. 동행하면서 유종호 선생의 폭넓은 독서량에 새삼 놀랐다. 토마스 만의 작품과 저술은 독문학 전공자들에게도 난삽하고 방대하여 접근하기가 어렵다. 그런데 유 선생은 그것들을 영역 본으로 다 읽었고, 또한 중요한 부분을 직접 인용할 수 있을 정도로 기억하고 있었다. 비단 문학뿐만 아니라, 독일의 역사와 문화 예술 전반을 넘나드는 교양과 거기서 우러나오는 온유한 지성은 일행에게 깊은 인상을 남겼다. 여행 중 점심때 식당에서 보내게 되는 한낮의 두어 시간을 아까워하며, 과거가 살아있는 현장을 하나라도 더 보려고 했던 유 선생의 왕성한 탐구심 또한 잊을 수 없다. 유종호 선생이 말 그대로 박학다식하고 컴퓨터에 필적할 기억력을 가지고 있음을 우리는 거듭 확인할 수 있었다.

기억과 망각은 과거를 인식하는 인간의 독자적 능력이자 한계라 할 수 있다. 20세기 초반에 겪은 일제강점기의 기억은 동족상잔의 한국전쟁과 함께 우리의 의식 속에서 결코 지워버릴 수 없는 과거이다. 그 과거가 각인된 표어 '항일'과 '반공'이 20세기 후반기의 우리 사회를 지배해 왔다. 세기가 바뀌면서 이 단어들이 급속히 낡아버리고, 반대로 '친일'과 '용공'이 새로운 코드로 부상했다. 이러한 변전을 축으로 지난 역사를 돌아본다면, 우리의 조상이나 부모 형제 가운데는 이른바 친일-반공, 친일-용공, 항일-반공, 항일-용공 등의 이데올로기 집단들이 이합집산하고 있을 터이다. 한 시대의 목소리 높은 집단적 유행 앞에서 조용한 개인의 내면적 자아는 무시되기 쉽다. 그러나 문학은 유행에 따라 써지는 것이 아니다. 글을 쓴다는 것은 그러므로 그 행위 자체가 동시대의 바다 속에 섞여 살면서도 그 바닷물의 짠맛을 내지 않는 싱싱한 물고기의 몸짓 같은 것이다. 유종호 선생의 글에서 나는 언제나 자유롭고 유연한 정신의 생생한 움직임을 느낀다.

최근 계간 《문학과사회》(2005년 겨울 호)에 발표된 유종호 선생의 「안개 속의 길——친일 문제에 관한 소견」을 읽어보면 이러한 정신적 자세를 확인할 수 있다. 그는 "우리 사회와 같이 열광적 집단주의가 하나의 위험이 되어있는 터전"(위의 책 336쪽)에서 "일제 말기의 사회적 분위기를 경험한 (……) 마지막 세대"이다. 그러나 "친일 문제에 대한 소회를"(337쪽) 솔직하게 피력하기는 쉬운 일이 아닐 것이다. 현대사에 관하여 조예가 깊고 비판적 성찰을 해온 사람이라도 자기의 소신을 밝히는 데 커다란 용기가 필요하다. "역사를 기억하지 않는 자는 그 역사를 다시 살게 마련"이라는 조지 산타냐의 말을 인용하면서, 그는 한일 관계사를 구체적으로 되돌아보고, 역사에 대한 근본적 이해 없이 현재 시점에서 과거를 무차별 단죄하는 것만이 과연 과거의 합리적 청산이 될 수 있을까 묻는다. "상상을 초월하는 광기의 소용돌이 속에서 살 수밖에 없었던 불행을 남의 일처럼 비방하기에는 우리의 과거사는 지나치게 기구하고 혹독했다."(345쪽)고 지적하면서, "일제의 한국 지배는 사실상 40년이 넘는다. 한 세대가 넘는 기간을 완전히 티 없이 지낸 기적의 잔류자는 없을 것"(351쪽)이라고 추정한다. "삶 경험이 얕은 젊은이들이 친일파 규탄에 열을 올리는 것은 이해할 수 있다. 그러나 산전수전 다 겪어서 모든 것을 알 만한 흠집투성이의 늙은 혼백들이 그러는 것을 보면 솔직히 인간에 대해서 절망을 느낀다."(352쪽)고 토로한다. 끝으로 밀란 쿤데라의 인용. "인간은 안개 속을 걸어간다. 그러나 옛 사람들을 판단하려 뒤돌아볼 때, 그들이 걸어갔던 길의 안개는 보이지 않는다."(352쪽)는 말은 인간을 탐구하는 문학인 모두가 음미해 볼 대목이다. 고희에 접어든 나이에 이러한 글을 쓸 수 있는 유 선생의 심오한 사유와 활달한 필력에 나는 그저 경탄할 뿐이다. 보통 때 이야기하듯 평이하게 쓴 이 글 속에 '친일'과 관련된 오늘의 근본적 문제점이 선명하고 심도 있게 논의되고 있기 때문이다.

유종호 선생은 『시란 무엇인가』, 『서정적 진실을 찾아서』, 『동시대의 시와 진실』 등 시에 관한 평론서를 많이 냈다. 또 워즈워스와 휘트먼 등 영미 시인들의 작품을 우리말로 옮겼을 뿐 아니라, 스스로 시집

『서산이 되고 청노새 되어』(2004)를 펴낸 바 있다. 시 쓰기와 평론을 겸업하는 문인들의 경우, 대개 주업과 부업의 어느 한쪽으로 치우치기가 쉬운데, 유 선생은 양쪽 저서의 수효에는 차이가 있어도 창작의 순도 또한 비평에 못지않다. 이순의 나이에 쓴 작품들이라 발랄한 생기가 튀어 오르지는 않지만, 대부분 연륜의 무게를 느끼게 하는 중후한 시편들이 이 시집에 실려있다. 가령 「반딧불이」에 나오는 "세계의 어둠"과 "인간의 그믐"(앞의 책, 16쪽), 「언제나 悲歌」(42쪽)의 마지막 두 행은 "무참한 敍事"로서 역사를 보여주고, 「민중의 나무」(44쪽)는 포플러 나무가 예나 지금이나 우리에게 주는 위안을 "줄지어 나부끼던 포플러서껀 없었다면 / 우리의 황톳길이 얼마나 더 삭막했으리" 하고 노래했다. 바로 이러한 시적 통찰력이 다른 시인들의 작품을 꿰뚫어 보는 예리한 분석으로 이어지는 것 같다. 나의 영역 시선 『Faint Shadows of Love』(Brother Anthony 옮김, Forest Books, 1991)가 한국 번역 문학상을 타던 자리에서 유 선생은 '효자동 친구'를 'A Good Son'이라고 옮긴 역자의 솜씨를 칭찬하면서 "원작보다 번역이 더 낫다."고 했다. 비평가, 시인, 영문학자, 번역가의 다각적 안목을 함께 갖춘 문학인만이 할 수 있는 조크였다. 선비와 신사의 풍모를 함께 갖춘 유종호 선생의 유머 감각은 문학 강연에서도 빛을 발한다. 어떤 때는 한 시간 내내 청중의 폭소를 자아내기도 한다. 낮은 목소리라도 할 말을 다하는 유 선생의 독특한 화술인 듯하다.

널리 알려진 대로 유종호 선생은 문학 교육의 훌륭한 스승이고, 한국의 지성을 대표하는 평론가이며, 또한 살아있는 오늘의 양심이다. 이 글은 백면서생이 멀리서 바라본 유종호 선생의 외면적 편모에 불과하다. 나보다 앞서 살아간 큰 인물로서 그가 지닌 인간적 깊이와 넓이를 상세히 그려낼 수 있기에는 내가 그로부터 너무 먼 거리에 떨어져 있기 때문이다. 그러나 그와 함께 동시대를 살아올 수 있었던 것은 나에게 커다란 행운이었다.

■ 인상과 회고

30년 세월

이문열(소설가)

　문단에 나오기 전에 누군가에게서 나는 이런 말을 들었다. 문인의 경우 등단 때의 심사 위원이나 문학적 성장의 중요한 계기가 되는 수상의 심사 위원은 평생 스승의 예로 대해야 한다고. 그게 어느 정도로 우리 문단에 수용된 관례인지 모르지만, 그 말이 맞다면 나는 유종호 선생님을 두 겹 스승으로 모셔야 한다.
　이미 잘 알려져있듯, 나는 1979년 《동아일보》 신춘문예를 통해 등단했다. 나는 그해 새로 생긴 중편소설 부문에 이순 씨와 공동 당선해 등단했는데, 그때 내 나이 서른둘로 당시로 보아서는 아주 늦은 등단이었다. 참고로 나보다 다섯 살 많은 황석영 씨는 내게 문단 16년 선배가 되고, 한 살 많은 오정희 씨는 문단 10년 선배가 된다. 따라서 내게는 유별나게 감격스러운 당선이었고, 그만큼 뽑아주신 분들에 대한 감사도 클 수밖에 없었다. 그런데 그 심사 위원 두 분 중에 한 분이 유종호 선생님이었다.
　신춘문예 시상식장에서 처음 유종호 선생님과 대면한 나는 따로 찾아뵙고 스승의 예를 드리리라는 생각에 머리만 꾸벅하고 헤어졌다. 하지만 그때는 내가 아직 대구에서 신문기자 노릇을 할 때라 따로 선생님의 자택을 찾아보는 일이 마음같이 쉽지가 못했다. 그날 저녁 뒤풀이가 끝나기 바쁘게 다음 상경을 기약하고 대구로 내려왔는데, 내가 다시 유종호 선생님을 찾아뵙기 전에 선생님의 엽서가 먼저 내게로 날아왔다. 편집위원으로 관여하고 계신《세계의 문학》이란 계간지가 하나 있는데, 중편소설 적당한 것이 있으면 보내달라는 내용이었다. 봄호에 꼭 싣겠다는 보장은 없었으나 간곡하면서도 기대가 담긴 문면이었던 것으로 기억한다.

솔직히 나는 그때《세계의 문학》이란 잡지가 있는 줄도 잘 몰랐고, 오늘의 작가상이나 민음사란 출판사도 따로 기억하고 있지 못했다. 한 3년은 늦은 군 복무에 골몰해, 그리고 다시 그 뒤 3년은 아내와 두 아이를 거느린 가장으로 고달프게 사느라, 문단의 움직임을 눈여겨 살피고 있을 여유가 없었기 때문이었다. 그저 한수산의 『부초』를 낸 출판사 또는 『머나먼 쏭바강』이 받은 상, 하면 아, 할 정도로만 오늘의 작가상과 민음사를 기억했다. 따라서 그저 어떤 추상적인 잡지에 투고하는 느낌으로 내가 가지고 있는 원고들 가운데 하나를 골랐다. 선생님의 엽서를 받은 것이 2월 초순이라 중편소설을 새로 쓰기에는 마감 기일이 너무 촉박했기 때문이다.

그때 내게는 초고 형태의 중편소설이 세 편쯤 있었다. 그 하나는 바로 그해《문학사상》12월호에 실은 「그해 겨울」이고, 다른 하나는 그 이듬해 봄인가《세계의 문학》에 실은 「들소」였으며, 나머지는 원래 중편이었으나 장편으로 키우려고 취재 자료 뭉치들과 함께 미뤄두었던 「사람의 아들」이었다. 나중에 발표된 것으로 미루어 보면 「그해 겨울」이나 「들소」의 초고 쪽이 완성도가 더 높았던 것 같다. 그런데 이상하게도 나는 1976년에 중편으로 어느 잡지에 투고까지 한 적이 있으나 그때는 벌써 장편으로 개작하기 위해 이리저리 들쑤셔 놓은 「사람의 아들」을 골라 매만지기 시작했다. 문학작품에서는 이례적으로, 책이 나간 뒤에도 몇 번이나 더 크고 작은 보수 작업을 해야 했을 만큼 마음에 차지 않은 곳이 많은 작품이다 보니, 급하게 중편 형태로 얽는 데도 적지 않은 시간이 걸렸다. 그래서 아마도 선생님께서 말씀하신 기한을 거의 다 채우거나 약간 넘겨 원고를 우송했던 것 같다.

선생님께 글을 보내고 난 뒤 나는 설레는 마음으로 《세계의 문학》 봄 호를 기다렸다. 「사람의 아들」이 거기 실린다면 《동아일보》 자매지 《신동아》에 실린 신춘문예 당선 작품 「새하곡」에 이어 두 번째로 전국적인 잡지에 내 소설이 실리는 것이 된다. 하지만 달리 해석하면 그것은 내가 한 작가로 대접받으며 처음으로 청탁받아 전문 문예지에 실린 첫 번째 작품이라고 할 수도 있다. 그런데 한 20일 뒤쯤인가, 대구 시내 어떤 서점에서 《세계의 문학》 봄 호를 사 든 나는 적이 실망했다. 아무리 꼼꼼하게 들춰 봐도 《세계의 문학》 봄 호에는 내 글이 실려있지 않았기 때문이다.

내가 무명 시절로 되돌아간 느낌으로 낙담해 있는데, 며칠 안 돼 다시 유종호 선생님의 엽서가 왔다. 「사람의 아들」은 잘 받았으나 《세계의 문학》 봄 호에 그냥 싣기에는 아까운 데가 있어 미뤘다고 하시면서 새로운 제안을 해 오셨다. 《세계의 문학》이 제정한 '오늘의 작가상'이란 문학상이 있는데 4월 말이 마감이니 글을 좀 더 다듬어 거기에 응모해 보는 것이 어떠냐는 제안이었다. 이에 나는 놀란 가슴을 쓸며 다시 「사람의 아들」을 손보기 시작했다. 선생님의 새 편지를 받은 날로부터 한 달은 더 여유가 생긴 셈이었으나, 이미 마음이 들떠 그랬는지 그때는 별로 더 고치지 못한 것 같다. 4월 말이 되어 처음 보낸 원고보다 별로 나아진 것이 없는 개고(改稿)를 보내고 다시 가슴 두근거리며 결과를 기다렸다.

제3회 오늘의 작가상 선정 발표는 그해 5월 하순 《세계의 문학》 여름 호 발간과 함께 있었다. 그런데 오늘의 작가상 선정 이유서를 보니 심사 위원으로 유종호 선생님의 이름이 들어있었다. 오늘의 작가상 수상은 그로부터 30년이 다 되어가는 이제까지도 내 모든 공식적 약력의 맨 앞에 얹히는 중요한 문학적 이력이 되었다. 틀림없이 내 문학도 그 수상을 계기로 한 단계 성장하였을 것이다. 따라서 그 심사 위원이신 유종호 선생님은 또 한 번 내가 스승의 예로 모셔야 할 분이 되었다.

하지만 그때도 선생님을 따로 찾아뵙는 예는 제대로 올리지 못했다. 요즘처럼 성대한 수상식이 없었던 데다 내가 아직도 대구에 머물러 있을 때라, 어쩌다 한 번씩 신문사에 결근을 하고 서울에 올라오면 발등에 떨어진 불 같은 다급한 일정에 쫓겼기 때문이다. 정확한 기억인지 모르지만, 내가 따로 유종호 선생님의 집을 찾은 것은 1984년 서울에 올라오고 난 뒤인 듯싶다. 목동 어디에 새로 형성된 아파트 단지로 가서 그때야 비로소 따로 선생님을 찾아뵈었다.

유가(儒家)에 속수지례(束脩之禮)란 것이 있다. 배움을 구하는 이가 스승을 찾아갈 때에 바치는 예물로 공자 당시에는 마른 생선 한 두름이었고, 우리나라 도산서원에서는 말린 조기 두 마리였다고 들었다. 내가 처음 유종호 선생님을 찾아갔을 때 무얼 들고 갔는지 기억나지 않으나, 그때 예물의 기준으로 삼았던 것은 말린 조기 두 마리였다. 이미 조기가 귀해진 때였고 나는 또 시장의 최상품을 염두에 두었으니 그리 보기 싫지는 않은 예물이었겠지만, 내 마음을 표현하기에는 터무니없이 모자랐다는 느낌만은 기억난다.

하지만 예를 숭상하는 옛 사람들이 스승을 찾아 보는 예물을 박하게 한 데는 까닭이 있을 것이다. 짐작건대 예물은 스승을 찾아 보는 예의 본질이 아니기 때문인 듯하다. 그 본질은 가르침에 대한 감사이며, 그 가장 훌륭한 드러냄은 스승이 가르치면서 기대한 대로의 성취를 이룩하는 일일 것이다. 유종호 선생님을 찾아 보는 데 소홀함이 없었던가를 되돌아볼 때도 나는 언제나 그런 점을 먼저 묻게 된다. 곧 선생님께서 나를 여럿 가운데서 당선자로 뽑고 수상자로 선정할 때 내게 걸었던 기대와 믿음에 부응하는 문학적 성취를 이룩해 나가고 있는가이다.

턱없는 자부에 취하기도 하고 부끄러움에 기죽어 지낸 적도 있으나, 이제 처음 뵌 날로부터 30년이 다 돼가는 이 날에 이르러 스스로 돌아보면 모든 게 그저 아득하고 막막할 뿐이다. 고의적으로 속인 것은 아니었으나, 내 용렬함과 천박을 일시의 재주로 눈가림하여 선생님의 과분한 기대와 믿음을 도적질함으로써 결과적으로 선생님을 속인 꼴이 나지는 않았는지 모르겠다. 거기다가 엽등월서(獵等越序), 외람되게 일찍부터 가르치고 뽑는 자리에 끼어들어 선생님을 자주 뵙는다는 핑계로, 따로 찾아뵙고 가르침을 듣는 것까지 등한히 한 지 오래니 또한 어디 가서 이 불측함을 빌어야 할지 모르겠다. 이제야 헝클어진 삶을 가다듬어 본답시고 멀리 산 설고 물 설은 땅에 와있으나, 이 또한 뉘우쳐도 미치지 못할 일만 늘이는 것이 되지 않기를 빌 뿐이다.

■ 인상과 회고

공자 · 아우어바흐 · 유종호

김철(연세대 교수)

　'사십에 불혹(不惑), 오십에 지천명(知天命), 육십에 이순(耳順), 칠십에 종심소욕불유구(從心所欲不踰矩)'라는 공자의 가르침을 완전히 '전복적으로' 풀이하던 친구가 있었다. 말인즉슨 "사십에 불혹이란 게 무슨 뜻인고 하니, 사람이 나이 사십이 되면 저마다 고집이 생긴다는 말이야. 어떤 유혹과 압력에도 굴하지 않는 똥고집! 그걸 가리켜 불혹이라 하는 거지. 그렇게 10년쯤 지나 도저히 구제 불능의 상태가 되면 그걸 천명이라고 우기는 경지에 이르게 되지. 다시 10년이 지나 육십이 되면 이순이라. 이제는 귀가 순해져서 뭐든지 한 귀로 듣고 한 귀로 흘려. 요컨대 남의 말을 아예 안 들어. 마침내 칠십이 되면 제 욕심대로 해도 어긋남이 없다. 이게 무슨 말이냐? 욕심밖엔 남은 것이 없다, 그 말이지."
　우스갯소리치고는 그런대로 인간성의 한 부정적 측면을 꿰뚫는 바가 없지 않은 이 해석에 내가 크게 공감하는 것은, 그것이 바로 다름 아닌 나 자신을 콕 찍어 가리키는 듯한 느낌을 받기 때문이다. 좌충우돌의 젊은 시절이 누구에겐들 없으랴만, 세상에 대한 불평불만이 넘치는 그만큼 사람 살이의 이치에는 한없이 둔감하고 모자란 철딱서니 없는 '젊은것'의 전형이 바로 내가 아니었던가. 젊었던 그 시절에는 영원히 오지 않을 것만 같았던 '지천명'의 나이를 넘기면서부터 그런 생각에 자주 가슴을 치곤 한다.

그런데 후회를 하고 반성을 하면 무얼 하나? 나이가 들었어도 달라진 건 아무것도 없다. 아내한테 번번이 지청구를 먹으면서도 나는 여전히 때와 장소를 안 가리고 남의 욕을, 그것도 실명을 거론하면서 자주 하고, 시시때때로 "한국이라는 나라는 해체해 버리는 것이 인류를 위해서 가장 좋다."는, 남이 들으면 맞아 죽기 딱 좋을 소리를 (그러니까 가까운 친구들하고의 사석에서만) 서슴없이 내뱉어서 친구들을 아연실색하게도 하는, 철나기는 이미 글러버린 남자인 것이다. 게다가 남의 충고나 비판을 잘 새겨듣기는커녕 벌컥 화부터 내고 보는 옹졸한 심보 역시 조금도 개선되는 바가 없다. '이순'이 되려면 아직도 시간이 남았건만, 그게 뭐 그리 좋다고 벌써 '남의 말을 아예 안 듣는 이순의 경지'에 이르렀단 말인가, 홀로 한탄하고 한탄할 뿐이다. 술이라면 모를까, 세월이 인간을 그냥 성숙시키는 것은 아닌 듯하고, 아마도 그 산 증거가 내가 아닐까 하는 생각을 요즘 씁쓸하게 하고 있는 중이다.

그러나 잘되면 제 탓이고 안 되면 조상 탓이라고, 불평불만의 크기에 비례해서 내 공부나 사람됨의 깊이가 한없이 얕은 것도 반 이상은 시대와 사회를 잘못 만났기 때문이라고 나는 되도록 그렇게 믿고 싶어 한다. 아닌 게 아니라 그렇다고 보자면 그렇기도 하다. '젊은것'들이 망둥이처럼 날뛸 때에는 또 그만한 이유가 있을 터이니, 우선 내 나이 또래의 세대가 남의 탓 하기 딱 좋은 것으로는 그 시절이 암담한 군사독재의 시절이었다는 점이다. 돌이켜 보면, 나의 20대와 30대에 해당하는 1970년대와 1980년대는 극단의 '증오'와 극단의 '열광'이 공존하는 시대였다. '극단의 증오' 쪽에는 군사독재의 통치자들과 그 추종자들이 있었다. 동시에 증오와 혐오의 크기만큼 '극단의 열광'을 불러일으키는 존재들이 있었다. 수많은 이론가들, 선동가들, 운동가들, 그리고 그 이념들이 그것이었다. 증오와 혐오의 어둠이 깊을수록 열광의 빛 또한 밝고 뜨거웠다. '적'에 대한 증오로 치를 떠는 순간과 찬란한 이념의 빛에 들리는 황홀경의 순간은 언제나 동시적인 것이었다.

그런 현상은 1980년대에 극에 이르렀다. 새파란 꽃잎 같은 청춘들이 자신을 둘러싸고 있는 단단한 담장을 향해 일직선으로 달려 나가 그대로 산산이 부서져 내리는 비극이 일상처럼 되풀이되었던 1980년대의 캠퍼스에서 어느 편인지가 분명하지 않은 목소리, 정체가 불투명한 발언, 목표와 전략이 확실치 않은 이론, 당파적 이해를 우선하지 않는 논리, 기타 이와 유사한 것으로 간주될 수 있는 모든 목소리는 단호하게 거부되었고 자주 '적'과 동일시되었다. 그 성취와 한계를 모두 포함해서 한국의 1980년대 같은 시대는 인류 역사상 다시 오지 않을 거라고 나는 생각하지만, 지금 여기서 그걸 말하려는 건 아니다. 내가 말하고 싶은 것은, 이른바 386세대를 포함해서 1980년대에 젊은 시절을 보낸 세대의 중요한 세대론적 특징 중의 하나는 그들에게 '어른'이 없다는 것이다. '증오'를 불러일으키는 어른도 어른이 아니지만, '열광' 시키는 어른 또한 진정한 어른이 아니라는 뜻에서 군부독재와의 투쟁 속에서 젊음을 보낸 세대들에게는 어른이 없었다. 아니 어른이 없다기보다는 '제 마음속에 어른이 없었다.'는 것이 정확한 말이겠다. 나는 이제야 그걸 알겠다. 그러니 1980년대에 젊은이였던 내가 어찌 그걸 알았겠는가. (이른바 386세대가 주축을 이루고 있다는 현재의 정권이 참담한 실패를 거듭하고 있는 것도 내가 보기에는 이와 무관하지 않은 듯하다.)

8·15 해방이 '도둑처럼' 찾아왔듯이 세계 사회주의의 몰락 역시 (적어도 한국 내에서는) 그러했다. 1990년대가 시작되었고 나는 '불혹'의 40대, '똥고집'의 40대를 맞이했다. 세상에 대한 불만은 여전했지만, 내가 변한 것이 있다면 나 자신에 대한 불만이 급증했다는 것이었다. 무엇보다도 나는 내가 불만이었다. 뻔하디 뻔한 상투적인 소리를

강의실에서든 글에서든 늘어놓고 있는 나 자신에 염증이 날 대로 나있었다. 나는 예전에 읽었던 책들을 다시 읽기 시작했다.

그이의 목소리는 너무 작아서 잘 들리지 않았다. 아니 그이는 늘 분명한 소리를 내고 있었지만 주위의 소리가 워낙 커서 여간 세심한 귀가 아니고는 잘 들리지가 않았다. 큰 소리들이 잦아들자 그 소리가 들리기 시작했다. 그러자 그 소리는 이전의 어떤 큰 소리들보다 더 컸다. 그러나 '열광'을 불러일으키는 큰 소리들과는 질이 다른 것이었다. 나는 그 소리의 잔잔함 때문에 마음이 편해졌고 귀가 열렸다. 동시에 이제서야 그 소리를 듣는 나 자신이 한없이 부끄러웠다. 그이의 소리는 나를 일으켜 어디론가 뛰어나가게 하는 것이 아니었다. 그이의 소리는 내가 그것으로 밥을 벌어먹는 일에 최소한의 정직성과 성실성을 지니고 있는지를 스스로 돌아보게 하는 것이었다. 이것보다 중요한 원칙, 이것보다 급진적인 이론은 어디에도 없었다. 나는 나 자신에 대한 염증에서 어느 정도 벗어나 무언가 갈 길을 찾은 느낌이 들었다. 사숙(私淑)이란 것이 있다면 이런 경우를 가리키는 것일 터이다. 그런 점에서 나는 오래전부터 그이의 제자였다.

1996년부터 나는 유종호 선생과 같은 학교, 같은 학과에서 근무하게 되었다. 세상에 대한 나의 불평불만 중에는 내 밥벌이의 터전인 이 학교에 대한 것도 꽤 큰 부분을 차지하고 있지만, 그러나 유종호 선생과 함께 감히 '입사 동기'의 영광을 베풀어준 데 대해서만큼은 특별한 감사의 뜻을 표하지 않을 수 없다. 비범함을 가장한 평범 이하의 언필칭 지식인이 무수히 많고 세상은 또 대개 그런 유의 인간들이 움직인다는 것이 경험으로부터 나온 나의 믿음이다. 그 반대의 인간형을 만나기는 어렵다. 그런 사람을 '동료'로 만나기는 더욱 어렵다. 세상에 대한 불만감이 커질 때마다 나는 나에게 주어진 이 흔치 않은 행운을 돌이키면서 위안을 삼곤 한다. 그것만으로도 나는 선생에게 큰 은혜를 입은 것이다.

자꾸 나이 타령을 해서 미안하지만, 사실 나이 든 사람과 같이 술을 마시거나 식사를 하는 일은 어지간해서는 그리 즐거운 일이 아니다. 그러나 자신 있게 주장하건대 선생의 경우는 예외에 속한다. 선생의 초인적인 기억력과 무궁무진한 지식은 널리 알려진 것이지만, 실제로 무수한 전적(典籍)이 도서관이 아니라 인간의 머릿속에 들어있는 경우를 목도할 때의 경이로움은 직접 겪어보기 전에는 상상하기 어렵다. 그래서 그런가, 나는 이스탄불의 빈약한 도서관에서 주로 기억에 의존해서 불후의 명저『미메시스』를 저술한 아우어바흐와 그 책의 한국어 번역자인 선생의 모습이 겹쳐지는 느낌을 자주 받곤 한다. 척박한 지적 환경 속에서 솟아오른 지성의 희귀한 사례로서 그 둘이 비슷해 보이기 때문이다. 존경할 만한 지성을 동시대에 만날 수 있다면 그런대로 혜택 받은 세대일 터이고, 그런 점에서 우리 세대의 이런저런 불우함도 선생 덕택에 꽤 많이 탕감될 수 있을 것이라고 나는 늘 생각한다.

  선배 세대로부터 받은 만큼 갚지 못하는 것은 전적으로 이쪽의 모자람 탓이다. 내가 '똥고집'의 40대를 지나 '남의 말을 죽어라고 안 듣는' 50대를 넘기는 동안 선생은 진정한 '종심소욕'의 경지에 이르렀다. 나는 공자의 인간론에 대한 저 '전복적' 해석이 전혀 들어맞지 않는 경우를 선생을 통해서 보았다. 천박하고 상스러운 세상사에 대한 혐오감을 노골적으로 표현할 때조차 선생의 언사는 묘한 훈훈함과 유머 감각으로 넘치는데 이 놀라운 '종심소욕'의 경지는 나에게는 영원히 불가능한 것이다.

  이번 학기를 끝으로 선생은 강단을 떠난다. 큰 사전에도 안 나오는 어떤 영어 단어 때문에 며칠을 끙끙대다가 혹시나 해서 여쭌즉 그 자리에서 '단방에' 해결해 주셨던 선생, "거리의 장삼이사(張三李四)가 베토벤의 어깨를 치면서 '안녕하슈, 노형.' 하고 수작을 부리는 것이 민주주의가 아니다."라는, 내게 깊은 위안을 주었던 토마스 만의 명구(名句)를 그 명번역과 함께 알려주셨던 선생을 이제 복도나 식당 같은 곳에서 예사롭게 마주칠 수는 없게 되었다. 저렇게 되고 싶다고 늘 흠모하던 대상을 떠나보내는 마음은 적적하고 삭막하다. 공교롭게도 가까이에서 선생을 뵐 수 있었던 시간이 10년이고, 선생이 학교를 떠난 뒤 내게 앞으로 남은 시간도 10년이다. 공부에서든 인생에서든 잘 흉내 내기는 실로 어렵다. 남은 10년 동안 나는 선생을 잘 흉내 낼 수 있을까? 자신은 없지만 애는 써보려고 한다. 그러면 혹시 공자 말씀에 부합하는 어느 순간도 오지 않을까 싶다.

(부기: 이 글을 써서 출판사에 넘기던 날 아침에 대학원 논문 심사 관계로 잠깐 선생을 뵈었는데 불쑥 봉투 하나를 내미시는 것이었다. 바빠서 보지 못하다가 집에 돌아와 꺼내 보고는 말할 수 없는 감동에 휩싸였다. 얼마 전에 선생께 내가 쓴 논문 하나를 읽어보시라고 드린 적이 있었다. 외솔 최현배의 언어 민족주의에 관한 논문이었는데, 일찍이 선생의 「한글만으로의 길」이라는 명문에 깊은 감동을 받았던 기억이 새로워 부끄러움을 무릅쓰고 별쇄본을 하나 드렸던 것이다. 그러고는 잊고 있었는데, 그 날 아침 선생이 건넨 봉투 안에는 내 논문에 대한 독후감과 뼈아픈 비판의 글이 A4 용지 하나 가득 빽빽이 적혀있었다. 선사(禪師)의 죽비 한 방에 정신이 번쩍 나는 초짜 땡추의 상태가 이런 것이려니 하면서 한동안 행복한 황홀경에 빠져 들었다.)

■ 인상과 회고

시인의 꿈으로 영근 격조 높은 문장에 빠져

박선이(조선일보 선임기자)

국립중앙도서관이 서지 목록을 모두 데이터베이스로 만든 뒤 나는 종종 인터넷으로 그 책의 바다에 뛰어든다. 오래된 책 제목들이 주는, 어딘지 쓸쓸한 울림에 빠져 들어 시간 가는 줄 모르고 놀다 오고는 한다.

유. 종. 호. 라는 이름 석 자를 검색어로 넣어본다. 61건이 뜬다. 4290년(SF 소설 같은 느낌! 실은…… 단기(檀紀)다.)에 나온 『부리츠가의 삼형제』(백자사)가 국립중앙도서관에 있는 유종호 선생님의 책 중 가장 오랜 것이다. 휘리릭, 머릿속으로 덧셈 뺄셈을 해보니, 스물둘 청년의 작업이다. 그리고 5년 후, 그 유명한 『비순수의 선언』(신구문화사)이 나왔다. 칠순을 넘기며 최근 들어는 더 활발하게 책을 써내고 있다. 2004년 한 해 동안만도 6권이나 된다! 국립중앙도서관 목록 기준으로 10분의 1을 칠순 되던 해 말 그대로 폭포처럼 쏟아내셨다.

1982년 민음사에서 나온 『동시대의 시와 진실』에서 유종호 선생님을 만났다. 세상을 보는 눈은 뻬딱했고 남을 비판하는 혀는 날이 섰지만 속내는 무지했던 영문학 전공 대학 3학년생을 온통 뒤흔들어 놓은 책이었다. 아, 시를 이렇게 읽을 수 있구나, 하고 감히 그의 수업 '비평론'을 수강했던 나는 둔한 머리와 게으른 본성을 취업 핑계로 슬쩍 덮고 있는 듯 없는 듯한 학기 내내 비실비실하였다. 그러고는 줄곧 책으로만 선생님을 접해 온 세월이 벌써 오래다.

유종호 선생님의 삶은 아마도 문장(文章)들로 채워져있지 않을까, 그런 생각이 든다. 중학교 시절까지를 기록한 『나의 해방 전후 1940~1949』를 읽으며 정말 대단하다, 대단해, 하고 몇 번이나 혼잣말을 했다. 국민학교(그 자신이 일부러 그 단어를 살려 썼다.) 들어갈 무렵부터 중학교를 졸업하기까지, 일제 말과 해방 그리고 6·25 발발 직전까지를 '미시사' 혹은 개인사로 복원해 낸 그 책에서 그는 마치 어제 일처럼 60년 전을 생생하게 되살렸다. 놀라운 것은 그 글이 전적으로 기억에 기초하고 있다는 것이다. 더 놀라운 것은 그 기억의 많은 부분이 그가 읽고 접한 문자, 글, 책 들과 함께 살아있다는 것이다.

"사공이 젓는 나룻배를 타고 강을 건너는 막심한 불편이 재미로 비쳤던 마법의 유년 시절"을 말하며 그는 기차가 서는 역 이름들을 떠올린다. 도안(道安), 보천(甫川), 소이(蘇伊), 오근장(梧根場)이란 역 이름에서 "지금 생각하면 이두문에서 따온 것 같은 지칭 기호에서 이국 정서 비슷한 것을 느끼곤 하였다."는 유년의 기억은 그의 어린 두뇌가 이미 문자의 세상에서 행복을 얻고 있었다는 외침 같기만 하였다.

그러나 어떤 문장이든 그를 즐겁게 하는 것은 아닐 터이다. 수업 첫 시간이면 으레 학생들에게 "무슨 책을 읽고 있느냐."고 묻는다는데, 도스토예프스키는 안 읽고 무라카미 하루키를 읽었다는 시류에 대해 몇 차례나 불편한 마음을 드러낸 적이 있다. 《조선일보》에서 주관하는 동인문학상의 평생 심사 위원이기도 한 그는 어느 날 작품 평을 하는 자리에서 "하루키는 포르노"라고 말한 적도 있다. 이와 관련해 그는 "앤드루 마블의 시에 나오는 것처럼 '우리에게 세상과 시간이 담뿍 있다면' 둘 다 읽어도 좋겠지만, 시간이 한정되어 있으니까 굳이 고른다면 도스토예프스키"라고 했다. 어떤 작품을 추천하며 "비통속적으로 처리하는 솜씨가 괜찮고, 작품에 격조가 있다. 작가가 문학을 많이 읽은 사람"이라고 호평했던 데서 보듯 격조와 깊이, 진정한 아름다움을 지닌 문장이라야 그를 행복하게 하는 것이다.

유종호 선생님을 어렵게 여기는 분들이 드물지 않은 것도 아마 이처럼 선생님의 뼛속 깊이 내면화한 격조 때문일 것이다. 그러나 내 생각은 좀 다르다. 발랄함 속에도 격조가 있듯이, 고전이라고 무겁기만 한 것은 아니다. 젊어서 선생님은 아프로(Afro) 스타일로 부푼(!) 머리에 굵은 검정 테 안경, 가슴 한가득 원서를 끌어안고 다니는 모습이 정말 문학평론가 같은(실례^^) 풍모였다. 그러나 근래 들어 헤어스타일은 그대로이되(조금 짧아지긴 했다.) 색깔을 순백으로 바꾸신 뒤 어쩐지 좀 귀여운 모습이 되었다. 시를 쓰고 시를 읽는 삶을 반백 년 넘게 해오면서 오히려 점점 더 젊어지고 점점 더 자유로워지는 데 성공한 것처럼 보인다.

그런 그에게 시는, 문학은 무엇일까. 일찍이 "문학의 책무는 이념의 그물을 빠져나가는 홀대받는 진실에 대한 경의를 유지하는 일"(『내 마음의 망명지』)이라고 말했던 그는 2005년 펴낸 『시 읽기의 방법』에서 역사와 인간이란 관점을 자유롭게 왕래하며 폭넓고 깊이 있는 시 독법을 제시했다.

시를 믿고 어떻게 살아가나

서른 먹은 사내가 하나 잠을 못 잔다

굳이 이 시를 고른 마음 자락을 따라가 보면, 바로 그렇게 잠 못 이루는 그 자신의 모습이 그려진다. "시의 독자들은 어느 사회에서나 극소수파일 것"이라고 말하는 그의 목소리에서, 쓸쓸함과 오연함을 듣는다.

꿈에 대해서라면, 이런 식으로 한번 물어볼 수 있을 것이다. "선생님, 커서(!) 뭐가 되고 싶으세요?" 아마 고개를 약간 갸웃하며, 눈을 한두 번 깜박깜박 하시겠지. "음…… 시인이 되고 싶어요." 이 문답의 장면은 순전히 상상이다. 하지만 바로 그런 표현만 안 했다 뿐이지, 그런 이야기는 몇 차례 밥상을 앞에 두고 나눴을 것이다. 선생님은 술도 안 하시고 음식도 맵짠 것은 안 드시는 데다 많이 드시지도 않는 터라 차근차근 말씀이 더 재미롭다. 웃지도 않고 던지는 세평과 시평은 아하! 그렇구나! 하고 정신이 번쩍 들 만큼 날카로운 풍자로 기름지다. 지방색(혹은 지역 특성)에 관한 편견을 적용해 보자면, 선생님은 속을 쉽게 드러내지 않고 자기 뜻을 거칠게 밀어붙이지 않으면서도 본디 뜻을 꿋꿋하게 관철하는 충청도 양반 그 자체다. "인저는……" 하고 말머리를 여는 말씨도 그렇다.

그런 선생님이 다소 멋쩍은 듯, 수줍은 듯, 슬며시 시인으로 데뷔한 것이 10년 전. 어쩌면 환갑이 되는 해를 기다린 것도 같다. 그러나 정작 첫 시집 『서산이 되고 청노새 되어』가 나온 것은 칠순이 되어서다.

    시끌시끌 막가는 아침의 나라에서
    시새워 죽을 쑤는 동강 난 산하에서
    터벅터벅 육십 년
    무슨 반딧불이 보자고

서산이 되고 청노새 되어 숨가빠 온 것인가

—「서산이 되고 청노새 되어」 중에서

  소리를 새겨 읽으면 빙그레 웃음이 나온다. 운을 맞춘 첫 두 행을 따라가다 보면 두 다리는 어느새 상상 속에 터벅터벅 걷는다. 숨 가쁘게 걸어가는 청노새의 안쓰러운 모습이 눈앞에 펼쳐질 듯도 하다. "소란한 사회일수록 자기 중심을 지키는 데 서정시가 필요하다."고 말했던 그다. "평생에 한 권 내는 시집이라 자신에게 느슨해지고 관대해지는 것은 어쩔 수 없었다."고 하지만 꼬박 10년을 모았으니, 다른 사람의 시를 읽던 맑고 매운 시선을 자신에게도 영락없이 적용한 것이다. 나는 유 선생님이 시인의 꿈을 언제까지나 간직하리라 믿는다. 그래서 또 10년이나 기다리게 말고, 다음 시집을 보여주시길 바란다.

《삶과꿈》, 2005. 6)

유종호 연보

1935년 10월 25일   충북 충주 출생.
1941년   증평국민학교 입학.
1944년   충주 남산국민학교로 전학.
1947년   충주중학교 입학.
1951년   충주고등학교 입학.
1953년   서울대학교 문리과대학 영어영문학과 입학.
1957년   서울대학교 졸업.
         《문학예술》에 평론 「불모의 도식」, 「언어의 유곡」을 발표하며 등단.
1959년   충주 사범학교 교사.
         제4회 현대문학상 수상.
1962년   청주교대 전임강사.
         평론집 『비순수의 선언』(신구문화사) 상재.
1966년   공주사범대학 영어교육과 조교수.
1968년   머독/골딩 『그물을 헤치고/파리대왕』(신구문화사) 번역 상재.

1970년　　　브론테 『제인 에어』(동화출판공사) 번역 상재.
1971~1973년　뉴욕 주립대학교(버펄로) 석사.
1975년　　　인하대 영어영문학과 부교수.
　　　　　　평론집 『문학과 현실』(민음사) 상재.
1976~1996년　계간 《세계의 문학》(민음사) 편집위원.
1977년　　　이화여대 영어영문학과 부교수.
1978년　　　이셔우드 『베를린이여 안녕』(샘터사) 번역 상재.
1979년　　　아우어바흐 『미메시스』(민음사) 번역 상재. (김우창과 공역)
1982년　　　평론집 『동시대의 시와 진실』(민음사) 상재.
1984년　　　로엔설 『문학과 인간상: 1600~1900년의 유럽 극 소설 연구』
　　　　　　(이화여대출판부) 번역 상재.
1986년　　　산문집 『우수의 거리에서』(한길사) 상재.
　　　　　　서울문화예술 평론상 수상.
1987년　　　평론집 『사회역사적 상상력』(민음사) 상재.
1988년　　　대한민국문학상 평론 본상 수상.
1989~1990년　캘리포니아대학교 샌디에이고 캠퍼스 객원연구원.
1989년　　　『문학이란 무엇인가』(민음사) 상재.
　　　　　　산문집 『함부로 쏜 화살』(문이당) 상재.
1991년　　　서강대학교 영문학 박사.
　　　　　　평론 선집 『현실주의 상상력』(나남) 상재.
　　　　　　『이솝 전집』(민음사) 번역 상재.
1992~1993년　도쿄대학원 객원연구원.
1995년　　　『유종호 전집』(전5권, 민음사) 발간.
　　　　　　『시란 무엇인가』(민음사) 상재.
　　　　　　제3회 대산문학상 수상.
1996년　　　연세대학교 국어국문학과 석좌교수.
1998년~　　대한민국예술원 회원.
2000년~　　동인문학상 본심 심사 위원.

2001년 평론집 『서정적 진실을 찾아서』(민음사) 상재.
        대산문화재단 이사.
        은관 문화훈장 수훈.
2002년 『다시 읽는 한국시인』(문학동네) 상재.
        제16회 인촌상 수상.
2004년 시집 『서산이 되고 청노새 되어』(민음사) 상재.
        산문집 『나의 해방 전후 1940~1949』(민음사) 상재.
        산문집 『내 마음의 망명지』(문학동네) 상재.
2005년 『시 읽기의 방법』(삶과꿈) 상재.
2006년 연세대학교 문과대학 특임교수 퇴직.

유종호 깊이 읽기

1판 1쇄 찍음 2006년 2월 10일
1판 1쇄 펴냄 2006년 2월 15일

엮은이 • 정과리
지은이 • 김우창 외 23인
편집인 • 박상순
발행인 • 박맹호, 박근섭
펴낸곳 • (주) 민음사

출판등록 • 1966. 5. 19. (제16-490호)
서울시 강남구 신사동 506 강남출판문화센터 5층 (135-887)
대표전화 515-2000 • 팩시밀리 515-2007

www.minumsa.com

값 22,000원

ⓒ (주) 민음사, 2006. Printed in Seoul, Korea

ISBN 89-374-8088-3 03800